Gregório J. Pereira de Queiroz

ASTROLOGIA

QUALIDADES PRIMORDIAIS DE FORÇAS DINÂMICAS

Quente, Úmido, Frio e Seco

"onde a mão do homem jamais pôs os pés"

2.ª edição

Curitiba, PR | 2025

FICHA TÉCNICA

EDITORIAL	Augusto Coelho
	Sara C. de Andrade Coelho

COMITÊ EDITORIAL

- Ana El Achkar (Universo/RJ)
- Andréa Barbosa Gouveia (UFPR)
- Antonio Evangelista de Souza Netto (PUC-SP)
- Belinda Cunha (UFPB)
- Délton Winter de Carvalho (FMP)
- Edson da Silva (UFVJM)
- Eliete Correia dos Santos (UEPB)
- Erineu Foerste (Ufes)
- Fabiano Santos (UERJ-IESP)
- Francinete Fernandes de Sousa (UEPB)
- Francisco Carlos Duarte (PUCPR)
- Francisco de Assis (Fiam-Faam-SP-Brasil)
- Gláucia Figueiredo (UNIPAMPA/ UDELAR)
- Jacques de Lima Ferreira (UNOESC)
- Jean Carlos Gonçalves (UFPR)
- José Wálter Nunes (UnB)
- Junia de Vilhena (PUC-RIO)
- Lucas Mesquita (UNILA)
- Márcia Gonçalves (Unitau)
- Maria Aparecida Barbosa (USP)
- Maria Margarida de Andrade (Umack)
- Marilda A. Behrens (PUCPR)
- Marília Andrade Torales Campos (UFPR)
- Marli Caetano
- Patrícia L. Torres (PUCPR)
- Paula Costa Mosca Macedo (UNIFESP)
- Ramon Blanco (UNILA)
- Roberta Ecleide Kelly (NEPE)
- Roque Ismael da Costa Güllich (UFFS)
- Sergio Gomes (UFRJ)
- Tiago Gagliano Pinto Alberto (PUCPR)
- Toni Reis (UP)
- Valdomiro de Oliveira (UFPR)

SUPERVISORA EDITORIAL	Renata C. Lopes
PRODUÇÃO EDITORIAL	Renata Miccelli
REVISÃO	Jhary Artiolli
DIAGRAMAÇÃO	Bruno Ferreira Nascimento
CAPA	Amélia Lopes
REVISÃO DE PROVA	Lavínia Albuquerque

Com gratidão ao querido amigo Luiz.

SUMÁRIO

PARTE I
AS QUALIDADES PRIMORDIAIS

1. INTRODUÇÃO 11
2. TEMPO TANTO QUANTO ESPAÇO 21
3. O TERCEIRO PALCO 41

PARTE II
OS ELEMENTOS E O ZODÍACO

4. AS QUALIDADES PRIMORDIAIS 67
5. FORMAÇÃO DOS QUATRO ELEMENTOS 75
6. FORMAÇÃO DOS 12 SIGNOS 79
7. O ZODÍACO COMO CAMPO DINÂMICO 95

PARTE III
OS SIGNOS ASTROLÓGICOS

8. INTRODUÇÃO PARA OS DOZE SIGNOS 111
9. ÁRIES 117
10. TOURO 127
11. GÊMEOS 137
12. CÂNCER 149
13. LEÃO 161
14. VIRGEM 173
15. LIBRA 187
16. ESCORPIÃO 195
17. SAGITÁRIO 205
18. CAPRICÓRNIO 215
19. AQUÁRIO 229
20. PEIXES 245

PARTE IV
A LEI ASTROLÓGICA

21. A LEI ASTROLÓGICA 257

PARTE V
ASTROLOGIA E OUTROS CONHECIMENTOS

22. MUNDO INTERIOR E MUNDO EXTERIOR...................... 279
23. SINCRONICIDADE... 283
24. SINCRONICIDADE E ASTROLOGIA 289
25. NEM MUNDO INTERIOR, NEM MUNDO EXTERIOR 293
26. NEM SUJEITO, NEM OBJETO 307
27. NEM MATÉRIA, NEM ENERGIA................................ 313
28. NEM DETERMINAÇÃO, NEM INDETERMINAÇÃO 317
29. NEM CIÊNCIA, NEM PSICOLOGIA............................. 329
    REFERÊNCIAS 339

PARTE I

AS QUALIDADES PRIMORDIAIS

1
INTRODUÇÃO

Estamos no campo, no meio do mato, no sítio de amigos, talvez. A natureza se manifesta por todos os lados. Um besouro grande sobe pela parede, o lusco-fusco azul-violeta do fim da tarde, o cri-cri dos grilos vem de todas as direções, o fogo crepita no fogão, a silhueta imóvel de um bovino é visível contra a fraca luminosidade, através da porta aberta. Minha filha comenta a ação do besouro grande, diz que sua subida parede acima é firme e decidida como é firme e decidida a imobilidade do boi que está lá fora, perto da soleira.

"Firmeza decidida", característica percebida por minha filha na escalada do besouro e na imobilidade do boi, é um fator dinâmico, a existir "por dentro" da forma exterior, tão diferente no movimento ascendente do inseto e no peso imóvel do bovino. Não foram os corpos dos animais ou mesmo suas ações imediatas que chamaram a atenção dela, mas algo comum entre naturezas tão díspares, algo que não se refere à forma física dessas manifestações da natureza, mas sim à *qualidade de suas dinâmicas*.

Esse seu olhar para a dinâmica anterior ao dado imediato dos corpos, mas que nos é visível *através* dos corpos, é um olhar semelhante àquele presente na concepção da Astrologia, um olhar que percebe a estrutura das manifestações naturais e humanas não em sua forma, não em sua função, nem enquanto indicador de outra coisa, mas no movimento que é, ao mesmo tempo, sua vida.

Uma *dinâmica pura* pode ser percebida por detrás da forma manifesta. Um ser ou uma entidade, com suas formas, gestos e manifestações, são condutores de vida. A qualidade da dinâmica desta vida independe do corpo ou da forma por meio da qual se manifesta, e mantém traços pelos quais pode ser reconhecida. Percebê-la requer um olhar capaz de renegar a forma a um segundo plano e adentrar o reino de forças e dinamismos atuantes, talvez uma espécie de "pureza" de olhar que vá ao encontro de perceber tais dinâmicas.

Esse não é um olhar "puro", no sentido de isento de carga, como o olhar da criança poderia ser mais inocente do que o olhar do adulto, mas no sentido de mais primordial, de um olhar que enxerga o que está "antes" dos corpos e das formas, um olhar que percebe como é o pulso vital que anima a forma, independendo da forma sob a qual se manifesta. É um olhar primordial, mas não infantil, no sentido de algo ainda não desenvolvido, como se fosse um olhar embrionário a preceder a verdadeira visão plena e completa.

A "firmeza decidida" pode ter gradações muito diferentes, como deverão ter a subida de um besouro e um boi estático, mas tem também um cerne que é idêntico nos dois casos, *um cerne feito de uma dinâmica particular* para o qual pouco importa como se manifestam suas diferenças sob a aparência de uma forma ou de outra, de boi, besouro ou outra qualquer.

Esse é o assunto do qual trata a Astrologia: reconhecer as dinâmicas presentes no cerne de uma dada entidade viva.

Embora pareça tratar de astros celestes e da possível influência destes sobre os acontecimentos terrestres, a Astrologia trata da estrutura dinâmica existente no substrato primordial dos seres e das coisas, nos dando a conhecer tal estrutura por meio de uma equivalência desta com as posições dos astros do sistema solar. Os astros entram na Astrologia como um *recurso de leitura*, não como causas nem como fatores primordiais ou essenciais – assim como o velocímetro de um automóvel é um recurso para a leitura de sua velocidade, não a causa desta, nem sequer um fator primordial na estrutura do automóvel.

Os astros são, para os astrólogos, um recurso de leitura de outra coisa que não algo "causado" pelo astro, nem algo que ele "simboliza". Não há uma força fenomênica emanando do astro que cause evento, situação ou predisposição. Nem há uma projeção de nossa subjetividade humana sobre o astro, com ele retornando sobre nossas vidas ou tendo conosco, a partir disso, uma relação de indicador psicológico (ou mais precisamente: se há essa projeção de significado do ser humano sobre o astro, tal projeção não é o assunto da Astrologia; seria, talvez, o assunto de uma "psicologia da astrologia", se essa matéria existisse)[1].

Distinguir as formas, que se manifestam no mundo terrestre, do cerne dinâmico de vida que as anima é onde começa o assunto Astrologia. Perceber e compreender que tudo quanto é vivo tem um movimento interno que se move em dinâmicas complementares, que essas dinâmicas complementares têm uma natureza cíclica, e que tal dinâmica cíclica pode ser vista, nem sempre na forma aparente das coisas, mas sim na natureza de seu cerne movente, isto é do que trata a Astrologia, o "logos do astral", o conhecimento a respeito do que está antes da forma física manifestada.

Recuperar a visão primordial

Essa visão de mundo é considerada, pela mentalidade dos séculos XX e começo do XXI, como pertencente a um estágio mítico ou mágico da humanidade.

---

[1] Utilizo a expressão no mesmo sentido de uma "psicologia da música", em contraposição à "música", e não como sinônimo de "astrologia psicológica", pois esta existe, não obstante sua validade possa ser contestada.

Encontrar uma qualidade como "firmeza decidida", tal qual fizera minha filha em formas tão díspares quanto um boi parado e um besouro subindo a parede, parece comentário superficial, coisa de criança, ou, no melhor dos casos, mera metáfora poética, muito mais do que uma observação sobre a qual se possa fundar um conhecimento. Uma visão das coisas muito própria de uma criança, ou mesmo própria de estágios de desenvolvimento preliminar e pré-racional da mente humana.

Faz parte da visão mágica do primórdio da humanidade, "o mundo experimentado como uno... a oposição entre homem e mundo não estar ainda presente para a consciência desperta, mas ainda como um sonho, enterrada sob a consciência de que o homem e a natureza são originalmente unos" (ZUCKERKANDL, 1976, p. 73). Um conhecimento fundado sobre uma visão de mundo na qual tudo é considerado a partir das qualidades dinâmicas contidas na forma, em que os limites e diferenças da forma são desconsiderados, em que homem e natureza são considerados da mesma maneira, assim como besouros e bois, só pode ser tomado seriamente como sendo um conhecimento primário, ou mesmo infantil, sem a ordem estruturada que tem o conhecimento cujo ápice pretendido é o pensamento científico.

Contudo, voltar a essa visão primordial, uma visão que desconsidera os limites e as distinções dadas pela forma, não é necessariamente uma *recaída* em um modo de pensamento arcaico, embrionário e pré-científico, como muitas vezes se costuma atribuir à Astrologia.

Uma visão de mundo na qual a natureza é penetrada por forças imateriais, com o puramente dinâmico existindo ao lado do físico, uma experiência de mundo em que astros distantes são partícipes de acontecimentos em minha interioridade, se assemelha muito mais às ideias mágicas e míticas dos povos primitivos ou pré-históricos do que às concepções científicas do homem moderno. Não obstante, por que deveríamos supor que essas ideias são menos verdadeiras do que aquelas que consideram a forma exterior, visível e tangível, como argumentação máxima em favor do que é a realidade? Ainda mais nestes tempos em que à materialidade da forma foi descoberto seu limite, em que se sabe o quanto a consistência da matéria é mais uma ilusão da mão e do olho humano, é uma realidade relativa mais propriamente do que uma realidade absoluta. A forma exterior visível e tangível não deveria continuar sendo a juíza máxima das questões a respeito do que é ou não realidade. Ao trilhar a concepção de mundo da Astrologia talvez não se esteja perdendo uma pretensa objetividade e sim *recuperando* algo que foi deixado para trás, no curso do desenvolvimento humano.

Em vez de uma *recaída* em padrões embrionários de conhecimento, talvez tenhamos, com a Astrologia, a *recuperação* de um aspecto da realidade que, embora presente no conhecimento dos gregos antigos, por exemplo, foi se tornando incompreendido e incompreensível no decorrer da história do Ocidente, principalmente. Em tempos nos quais à substância material não é mais dada a supremacia que um dia já teve, nos quais a música se desenvolveu a ponto de revelar a existência de outro pensamento criativo que não aquele concernido à palavra, nos quais as dimensões do tempo e do espaço são revisitadas com novos olhos, talvez a Astrologia deva fazer parte, novamente, do panteão das matérias que nos dão a conhecer a realidade.

Dois polos: as forças dinâmicas e as substâncias formadoras

As forças dinâmicas que atuam no substrato da existência, formando uma rede de relações invisíveis e intangíveis à visão e ao tato, foram desde sempre relacionadas pela Astrologia ao movimento dos astros do sistema solar. Aquele cerne movente que não é percebido diretamente na forma visível e tangível, seria visível por meio de uma correlação com a distante dimensão dos corpos celestes.

Esse é o segundo aspecto que fundamenta o conhecimento astrológico. Este, aliás, mais conhecido do que o primeiro aspecto aqui apresentado, é considerado como a marca distintiva da Astrologia, embora talvez não o seja. O exotismo de correlacionar os eventos a astros no céu chama muito mais a atenção, fisga a atenção dos que se aproximam da Astrologia por essa aparente excentricidade ou absurdo, do que chama a atenção à Astrologia sua proposição de conhecermos os movimentos internos à forma aparente, quais as diferenças e semelhanças desses movimentos vitais, e como tais movimentos compõem uma ordem cognoscível[2].

Os antigos descobriram, ou foram inspirados a saber, que as forças dinâmicas que atuam em nossas vidas obedecem a padrões análogos àqueles encontrados no movimento dos astros, dos planetas, da Lua, do Sol e das estrelas, em relação à posição da Terra. Nessa analogia entre padrões do cerne movente das entidades terrestres e padrões dos astros do céu fundamenta-se a Astrologia, utilizando o céu como um mostrador onde se podem ler os estados dinâmicos presentes a cada momento em cada situação. A partir do céu como um mostrador onde se leem estados dinâmicos está construída toda a técnica de cálculo, análise e interpretação astrológica que fornece informações sobre uma pessoa, situação, entidade ou condição da existência.

---

[2] Na Grécia Antiga, a Astrologia era considerada muito mais um assunto da filosofia, ou um elemento ordenador da visão de mundo, com a questão da "influência dos planetas" ocupando um lugar secundário em relação à tentativa de se conhecer, por exemplo, as manifestações do cerne vivente das coisas, por meio das qualidades de movimento, por eles denominadas qualidades *Quente, Úmido, Frio e Seco*.

O mostrador planetário nos fala do conjunto de forças dinâmicas presentes em um dado evento, entidade ou situação. Contudo, não fala da forma final ou da substância de que os eventos são formados. Os astros são indicadores das linhas de força que determinam a formação de um dado evento, entidade ou situação, mas a forma final destes dependerá das condições em que tais forças atuam, dependerá das "substâncias disponíveis" no local e no momento da atuação das forças dinâmicas.

Isso não poderia ser de outra maneira, considerando-se que alguém nascido no coração da África pode ter uma carta astrológica (o mostrador planetário colocado em gráfico) fundamentalmente idêntica a alguém nascido no Brasil, na China, na Sicília, no México, na Pérsia ou em alguma ilha distante na Oceania. Também um homem e uma mulher nascidos em momentos próximos podem ter cartas astrológicas idênticas; ou ainda, como uma historieta medieval coloca, o filho do rei e o filho do sapateiro nascem no mesmo momento, tendo assim idêntica carta astrológica. As "substâncias" disponíveis nesses diversos lugares e situações são bastante ou totalmente diferentes. Nascer filha de um rei na Oceania, nascer filho de um sapateiro na Sicília, ou quaisquer combinações que se queira estabelecer, produz condições sociais, culturais, materiais e genéticas muito diferentes. Não obstante, em todas essas condições uma mesma carta astrológica pode atuar "por detrás" da forma, movendo as substâncias disponíveis e fazendo viver essas pessoas em condições muito diversas – mas sendo movidas por dinâmicas idênticas.

Dinâmica idêntica e não forma idêntica é o que está descrito em duas cartas astrológicas iguais. Circunstancialmente, a forma dos eventos e das ações que envolvem a pessoa também pode ser idêntica – um caso nada incomum; aforismos prescrevem acertadamente possibilidades de eventos muito precisos para uma determinada condição do mostrador planetário. Contudo, é necessário ressaltar, a Astrologia e a carta astrológica indicam as linhas de tensão, ação e relaxamento do campo dinâmico de uma dada entidade, e não as circunstâncias nas quais se dá sua existência. A entidade ou pessoa humana viverá a coalisão entre as forças dinâmicas marcadas em sua carta astrológica e as substâncias, ou condições, dadas por sua situação geográfica, racial, cultural, social e genética.

Um astrólogo que saiba mais ou menos como são as "substâncias disponíveis" na vida de uma pessoa é capaz de, com algum bom senso e inteligência, predizer como estas serão organizadas pelas linhas de força indicadas pela carta astrológica. Daí, nasce um diagnóstico ou um prognóstico em Astrologia. Um astrólogo tarimbado faz isso cotidianamente, a ponto de as pessoas acharem que ele tem poderes divinatórios, percebendo o que pareceria impossível perceber por meios convencionais. Um astrólogo sabe das linhas de força atuantes em uma dada entidade, ou em uma situação. Se ele souber também das "substâncias" disponíveis em torno dessa entidade, poderá dizer, ou predizer, como ela se organiza ou se organizará num dado momento do tempo passado, presente ou futuro.

Dessa forma, se depreende a importância do astrólogo conhecer não apenas a sua matéria específica, a Astrologia, mas também as condições de vida em sua época, as condições sociais e culturais das pessoas ou entidades cujas cartas ele irá interpretar. Um astrólogo que se dispuser a interpretar a carta astrológica de alguém de uma cultura distante, de uma condição social que lhe é desconhecida e de uma idade cronológica a qual ainda não viveu, terá dificuldade para retratar as situações e os eventos que poderão ocorrer na vida dessa pessoa. Se um astrólogo brasileiro, classe média, 30 anos de idade, se dispuser a interpretar a carta astrológica de um mandarim ou um camponês chinês de 70 anos, e pressupondo que esse astrólogo não tenha conhecimentos especiais das condições de vida na China, terá dificuldade em delinear as situações de vida e as motivações mentais e emocionais desse chinês. Embora tenha condições de, por meio da carta astrológica, predizer em termos gerais, em palavras que expressem "dinâmicas" e não "formas definidas", o que se passa com o chinês, a sua descrição deixará a desejar, pois falta o elemento que completa a interpretação astrológica: o conhecimento das substâncias que serão movidas pelas forças dinâmicas.

As forças dinâmicas retratadas pela carta astrológica formam um polo; e as substâncias ambientais (condições biológicas, sociais etc.) formam outro polo na composição de forças da existência. O terceiro fator entre esses dois poderia ser o próprio homem e os valores com os quais aciona sua existência. Contudo, na grande maioria das vezes, o homem ignora as forças que compõem seu viver, e as coisas acabam se ajeitando simplesmente pela pressão com que as condições ambientais se impõem.

Sendo as substâncias ambientais responsáveis pela inércia e cristalização dos processos, estas tendem a se impor de modo visível e concreto, com o que o homem atual reconhece sua presença e importância com mais facilidade do que reconhece o polo das forças dinâmicas. Esse polo não é visível em manifestações diretas, não pode ser explicado pelas relações de causa e efeito materiais. Praticamente, só é reconhecido quando a pessoa é avisada de sua existência e passa a lhe dar atenção e a conhecer como são seu funcionamento e suas leis.

Aquilo que a Astrologia representa, estuda e dá a conhecer pode perfeitamente passar despercebido, ou mesmo ser considerado inexistente, fruto de fantasia de pessoas imaginativas, que não sabem que a realidade se resume ao que é visível e tangível, às ações de causa e efeito da materialidade. A realidade parece mesmo ser formada apenas pelo que foi denominado aqui de substâncias formadoras, o que inclui tudo o que as ciências atuais estudam e conhecem, desde a biologia à sociologia, das leis de mercado à meteorologia e à geopolítica. E talvez essas ciências sejam bastante suficientes para o ser humano se relacionar de maneira satisfatória com o mundo ao seu redor.

O ser humano que crê existirem somente as substâncias externas a si mesmo poderá, com base apenas nos fatores externos e físicos, visíveis e tangíveis, passar muito bem sem reconhecer a natureza da dinâmica vital que lhe anima. A existência continuará a fazer sentido com base apenas nas leis naturais, físico-químicas, sociais e biológicas que regem esses fatores externos. Daí a Astrologia ser perfeitamente dispensável.

A exceção é quando o ser humano se interessa por compreender o que anima sua vida. A Astrologia, aparentemente, não faz falta para o entendimento do mundo: embora ela possa nos ajudar a entender o mundo, entender suas linhas de força, por assim dizer, sua ausência é real e somente sentida quando queremos conhecer a natureza da vida em particular que nos faz vivos, o fator que nos confere uma unidade integrada (e diferenciada da soma dos fatores ambientais) e a possível destinação dessa vida, pois aí a Astrologia é referência única.

Alguém que se aproxime do estudo das forças dinâmicas se aproxima ao mesmo tempo de seu próprio fluxo vital, daquilo que lhe anima e dá coesão enquanto entidade viva. Essa talvez seja uma liberdade significativa em relação às condições dadas pelo ambiente: viver preponderantemente a vida que nos faz vivos.

Leitura astrológica: ênfase nos eventos ou no cerne movente?

Assim como as pessoas em suas vidas se aproximam mais da percepção das dinâmicas ou das substâncias, talvez pudéssemos também classificar os astrólogos entre aqueles que dão ênfase maior às dinâmicas puras, à leitura do cerne movente que põe a pessoa em ação em sua vida, e aqueles que dão ênfase maior às substâncias ambientais.

Os primeiros farão descrições mais abstratas, utilizando-se de palavras que ilustram condições dinâmicas, tais como instabilidade ou estabilidade, rigor ou plasticidade, veemência, submissão, obstinação, versatilidade, entusiasmo, iniciativa, reserva, lentidão, retraimento, expansão etc. Os segundos farão descrições fatuais, ilustrando o evento que pode acontecer, e não sua dinâmica interior; descreverá situações parecidas que já tenham lhe acontecido, ou acontecerá em casos dos quais tomou conhecimento, ou mesmo delineará o evento como acha que virá a ser (ou terá sido, no caso de interpretar algo do passado ou um comportamento presente), com base em seu conhecimento das condições de vida da pessoa em questão. Este segundo tipo de astrólogo corre mais riscos em sua interpretação, na medida em que a carta espelha com exatidão as dinâmicas que precedem a forma, mas não descreve *completamente* a forma; contudo, suas imagens e descrições fatuais podem fazer com que a pessoa em questão reconheça mais facilmente o que o astrólogo quer dizer. O primeiro tipo de astrólogo corre risco menor, pois se atém ao estrito indicado pela carta; contudo, sua descrição abstrata encontra menos eco no imaginário da pessoa a quem lhe interpreta a carta, ainda mais se esta não é acostumada a lidar com a dinâmica pura dos eventos; o que é a grande maioria dos casos.

O que a Astrologia nos leva a conhecer é o cerne movente das coisas. Olhos acostumados a enxergar o cerne movente por dentro da forma são raros. O exemplo de minha filha percebendo a dinâmica do besouro e do bovino é um caso isolado, um momento ocasional na vida dela ou de qualquer outra criança ou adulto, muito mais do que uma regra ou tendência. Não estamos acostumados a olhar o mundo dessa forma. Se esse tipo de olhar foi mais comum em alguma civilização ou antiguidade, não é esse o caso dos olhos ocidentais contemporâneos: ao que parece, a forma física fascina e fascinará cada vez mais.

Os próprios astrólogos não se referem ao seu conhecimento nesses termos, parecem desconhecer o cerne de sua própria arte. A parte da Astrologia que lida diretamente com essa questão, as *qualidades primordiais* Quente, Frio, Úmido e Seco, é pouco utilizada, e é até mesmo, muitas vezes, desconhecida por astrólogos.

Não obstante, esse modo de percepção está presente na relação do ser humano com algumas coisas à sua volta.

Quando vemos um cristal de quartzo ou uma ametista, por exemplo, sabemos de algum modo reconhecer quando é um, quando é outro. Embora cada formação de quartzo e de ametista tenha uma forma única diferente de todos os demais quartzos e ametistas, quem tenha lidado algum tempo com essas pedras reconhecerá em diferentes ametistas que elas são "ametista", e em diferentes cristais de quartzo que são "quartzo".

Não é a forma estrita da formação do cristal que se está lendo e na qual se reconhece sua natureza, seu "tipo": formações cristalinas são muito diferentes sempre, a depender das substâncias (físico-químicas) e das condições (geológicas) nas quais se formaram. Contudo, há algo comum a todos os quartzos, assim como há algo comum a todas as ametistas: cada tipo de cristal possui um sistema axial, um sistema de eixos e linhas de tensão (físico-químicas) de proporções geométricas invariáveis. Há algo "por detrás" da sua forma variável que nos diz isso. Esse algo comum não é reconhecível apenas por especialistas. Nosso olhar rapidamente se apercebe de traços comuns a essas pedras, que não apenas a coloração característica translúcida ou violeta, respectivamente.

O terceiro palco: as forças e qualidades dinâmicas

Essa é uma percepção semelhante àquela capaz de perceber o que estrutura o conhecimento astrológico. É o olhar de minha filha discernindo a presença de uma mesma força dinâmica operando através do inseto e do bovino. Pode ser um olhar pouco utilizado, mas ainda assim o ser humano está capacitado para ele e o utiliza, por exemplo, para reconhecer as formações dos cristais. Mas é um olhar que também se fez presente em campo bem distante do das formações geológicas.

Também as linhas de energia vital que percorrem o corpo humano, denominadas *meridianos* pela acupuntura, e utilizadas para uma série de ações de cura e equilíbrio do organismo humano, estão para o corpo físico na mesma relação em que o cerne dinâmico está para a forma. Assim como os meridianos são utilizáveis para ações definidas e de consequências materiais, modificando o funcionamento de órgãos físicos e tendo efeitos mensuráveis, mas não podem ser trazidos inteiramente para o nível material (não são encontrados leitos físicos percorridos por energia vital), também as qualidades dinâmicas que se referem à Astrologia acionam o mundo das formas sem pertencer a esse mundo.

Isso diferencia o sistema axial dos cristais, visível e tangível por meio de instrumentos que mensuram o mundo físico, daquele sistema dos meridianos da Acupuntura e do cerne vital indicado pelos dados astrológicos, os quais não podem ser vistos ou medidos. A "firmeza decidida" não pode ser mensurada a partir das ações do boi ou do besouro, embora possa ser percebida por meio destes. Nem tudo o que é perceptível é mensurável. O fato de algo ser percebido no mundo exterior, mas não poder ser medido, torna-o não uma abstração ou ilusão, mas algo de uma natureza distinta do físico e do psíquico.

A abrangência de um conceito, como o de um sistema de linhas de força a organizar a forma manifestada, que faz com que este sirva tão bem para definir coisas do mundo físico e do mundo psicológico, concede base à Astrologia. As linhas de força nas manifestações da forma têm suas determinantes para além dos dados físicos, mas podem ser lidas nas posições planetárias. As leis dos cristais podem ser lidas e reconhecidas na matéria física, são leis físico-químicas, ao contrário das leis astrológicas, que não têm correspondência no plano material.

A Astrologia trabalha com leis determinantes, cujas causas não são localizáveis no plano material, mas cujas consequências afetam o plano material. Em outras palavras, a materialidade é afetada por forças imateriais. O pensamento corrente no Ocidente coloca a imaterialidade, automaticamente, no campo da subjetividade humana, no campo da psique: o conhecimento destes nossos tempos afirma que algo imaterial "só pode" existir enquanto subjetividade humana. Para tal conhecimento, só existem dois campos: o palco material dos fenômenos externos e o palco subjetivo da psique. A Astrologia postula um *terceiro palco* como existente e tendo realidade, não sendo apenas como recurso retórico ou mera fantasia imaginativa. O *terceiro palco* não é feito de fenômenos materiais nem de estados subjetivos; é ocupado por forças e qualidades dinâmicas[3].

Um besouro subindo pela parede caiada, um boi parado em contraste com o crepúsculo, podem ser a porta de entrada para este *terceiro palco*, no qual não estamos lidando com forças materiais, nem com reações subjetivas da psique, nem com poderes misteriosos; lidamos com forças vitais cujas dinâmicas a Astrologia nos dá a conhecer.

---

[3] O conceito de "terceiro palco" é apresentado por Zuckerkandl, em seu livro *Sound and Symbol: music and the external world*, como sendo postulado pela música; contudo, ele é igualmente postulado pela Astrologia, embora esta denominação, "terceiro palco", seja oriunda dos escritos de Zuckerkandl.

2

TEMPO TANTO QUANTO ESPAÇO

O sol se põe e os primeiros pontos luminosos tornam-se visíveis no céu, iniciando condição inexistente durante o dia. De dia, o céu é uma simples vastidão total e azul, sem partes nem subdivisões. O Sol é o único ponto de referência no espaço azul sobre nossas cabeças. Por vezes, nuvens recobrem partes do céu; mas nuvens fazem parte do "nosso mundo", da superfície terrestre e não propriamente da vastidão celeste.

De noite, o céu se abre. Sobre o fundo negro, há incontáveis pequeninos pontos luminosos que não mais pertencem ao "nosso mundo", parecem fazer parte de "outro mundo". Um observador atento não deixaria de perceber que esses pontos estão a se mover lentamente.

A noite retira a coberta da vastidão azul indiferenciada. Muitas luzes se tornam visíveis no céu, e com elas reconhecemos subdivisões no espaço celeste: a localização de pontos em diferentes lugares. O céu é pontuado por infinitos sinais luminosos. Alguns desses infinitos sinais luminosos são as referências celestes usadas pela Astrologia – juntamente com o Sol diurno.

A posição espacial dessas referências parece ser o fator crucial para seus significados. Contudo, para a Astrologia, o *tempo* é mais crucial do que o espaço. A Astrologia e a carta astrológica, seu principal instrumento de trabalho, mostram que o *tempo* é um substrato atuante e que a força dinâmica do tempo é o que está presente no cerne movente da vida, a mover cada forma. O tempo é, mais do que o espaço, o *conteúdo atuante* daquilo que descrevemos como cerne movente. A carta astrológica e a estrutura da Astrologia nos apresentam *como o tempo atua* sobre nossas vidas interior e exterior, sobre nossa psique e sobre os eventos ao nosso redor.

(Não nos referimos aqui à atuação da passagem do tempo, como o passar de minutos, horas, dias ou anos afeta as situações. Pois que, na verdade, quando assim pensamos, pensamos não no tempo, mas em fatores que transcorrem no tempo. Quando falamos de "efeitos do tempo", os vestígios do tempo que vemos em uma obra de arte, uma formação geológica, um rosto, queremos dizer não dos feitos do tempo em si, mas das experiências e processos que se dão no curso do tempo: processos químicos, geológicos e biológicos, respectivamente.)

Astrologia é uma questão de "quando" mais propriamente do que de "onde". Vamos ver como isto se coaduna com os conceitos mais comuns encontrados na

Astrologia, se essa colocação inicial é corroborada, e como ela auxilia no entendimento de seus padrões fundamentais e de sua técnica interpretativa.

As principais referências celestes para a Astrologia são os signos astrológicos e os planetas. Os signos resultam da divisão em doze partes da translação da Terra em torno do Sol. Os planetas são os corpos celestes principais do sistema solar a orbitar em torno do Sol. Também o próprio Sol e a Lua, embora astronomicamente falando não sejam planetas, no uso astrológico cumprem papel semelhante ao dos planetas, enquanto referência celeste.

Não obstante, definida a Astrologia, no começo do capítulo, como uma representação da atuação do tempo sobre nossas vidas, seus indicadores, da maneira como são comumente considerados, se definem, à primeira vista, a partir de referências espaciais: um significado astrológico é atribuído à localização que o planeta ou signo ocupa no céu.

Um astrólogo fala de "Vênus *em* Aquário", de "Marte *no* Ascendente", de "Sol *na* Casa X", de "Júpiter *em ângulo* de 90° com Saturno"; fala de corpos ocupando lugares no espaço, espaço dividido em lugares justapostos, corpos se relacionando angularmente entre si. Essas são as informações que um astrólogo utiliza para delas extrair uma interpretação, localizando suas referências em certas coordenadas espaciais e, aparentemente, *obtendo da localização espacial* seus significados. Essas são as palavras que encontramos nos livros e na fala dos astrólogos, dando a impressão de que certas localizações espaciais e dos corpos celestes fornecem o sistema de referências utilizado pelo astrólogo.

Como as posições espaciais parecem indicar não apenas *onde* estão e atuam tais indicadores, mas também e principalmente a *natureza do que é indicado*, aquilo que eles significam, os indicadores que compõem a carta astrológica parecem ter sua *natureza*, e não apenas seu situamento, definidos *espacialmente*, isto é, definidos a partir do *lugar que ocupam no espaço*. Desse modo, os indicadores astrológicos remeteriam a uma relação do homem com o espaço circundante, em particular com o sistema solar, a partir da superfície terrestre.

O lugar no espaço parece dar significado aos indicadores astrológicos. Quem vier a ter contato com a Astrologia absorverá esta visão, subjacente ao aprendizado dos indicadores e do modo de interpretá-los. Ela permeia o conhecimento astrológico sem necessariamente ter sido validada como causa efetiva de seus significados, incorporando-se inadvertidamente às consequências de se assumir tal partido na interpretação da carta astrológica.

Tomado por essa perspectiva, o sistema astrológico parece estar primordialmente referido ao espaço. O tempo ocuparia um lugar secundário, embora necessário, como em outros conhecimentos humanos, tais como a física e a química, nas quais os processos ocorrem no tempo, mas não são afetados pelo tempo: embora, "é claro, ocorram no tempo, o tempo como tal não lhes acrescenta nada, serve apenas como uma zona condutora" (ZUCKERKANDL, 1973, p. 224). O tempo, na Astrologia, pareceria assim ser "mera formalidade"[4], como é nos assuntos das ciências naturais.

Excluir o tempo em prol do espaço, ou tomar um pelo outro, ou, mais crucial, deslocar de um para outro a possível causa das "influências" astrológicas é equívoco a ser desfeito, se queremos compreender a estrutura da Astrologia, as causas que tornam essa estrutura atuante e as consequências dessa atuação: apesar das referências aparentemente espaciais no estabelecimento de seus indicadores, a Astrologia tem por base referências temporais. A Astrologia trata da questão "tempo". A Astrologia é o guia principal para as culturas de muitas civilizações, para a compreensão desta dimensão que nos transpassa tão total e profundamente, embora seja pouco perceptível aos olhos e ao tato.

A referência físico-espacial não é a "causa" da influência astrológica

Algumas especulações históricas a respeito de como o conhecimento astrológico veio ter à mente humana reforçam a noção de corpos ocupando lugares no espaço celeste como sendo a referência fundamental. Tais especulações dizem que o ser humano compreendeu os ciclos cósmicos observando a posição no espaço dos planetas, do Sol e da Lua; aprendeu paulatinamente que a posição de Vênus em tal ou qual lugar no céu era indício disto ou daquilo; aprendeu a relação entre diferentes situações de vida e certas constelações a ocupar esta ou aquela posição no horizonte ou no zênite, e assim por diante. A observação visual da posição de corpos no espaço teria dado nascimento à Astrologia, segundo tais especulações históricas. A Astrologia seria fruto de uma avaliação visual de corpos no espaço associada aos acontecimentos na superfície terrestre.

O olho é o órgão por excelência com o qual o homem estabelece relação com o espaço. Os antigos astrólogos terem estabelecido o significado dos indicadores celestes a partir de uma relação visual com eles, parece depoimento consistente sobre a importância do espaço na caracterização desses indicadores e sobre a relação espacial como a causa dos astros influírem sobre eventos e condições humanas.

As ciências naturais também foram moldadas sobretudo a partir dos elementos fornecidos pela visão e pelo tato a respeito do mundo exterior. Assim, nada mais natural do que a Astrologia, mesmo permanecendo fora do campo

---

[4] Ver Eddington apud Bergson, *Durée et simultanéite*.

dessas ciências, fosse permeada por conceitos espaciais, desde um período já suficientemente longínquo, para não ser discernível quando se começou a achar, por meio de dedução incorreta, que tais conceitos estariam na raiz da Astrologia. O que poderia ser um fator menor, tomou-se como causa, como razão última para definir seus indicadores. A ponto da referência físico-espacial – por exemplo, estabelecer visualmente o lugar de um planeta no céu – confundir-se com a razão pela qual o planeta sustenta relação com a vida humana.

Devido a essa visão ser encampada sem questionamento pela maioria dos astrólogos, decorrem perguntas equivocadas sobre a relação entre planeta astrológico e ser humano: como pode algo que está lá longe, lá tão "em cima", tão distante de mim, influenciar minha vida? Como aquilo que dos astros me toca percorre tamanhas distâncias espaciais, ainda mais quando não há indicações físicas de algo atuante que, vindo dos astros, possa mover a mim e à minha existência? Em suma, por que a posição espacial de um determinado corpo celeste tem algo a ver comigo?

Tanto as questões assim formuladas quanto as tentativas de respostas dadas costumeiramente depõem contra o sentido da Astrologia e impedem a correta compreensão do que ela é. A Astrologia se torna sem sentido, um conhecimento que tenta se afirmar sobre bases inconsistentes. A resposta mais razoável para tais questões é: não, essa influência não pode existir, é total falta de conhecimento das leis básicas da física e dos corpos no espaço, e a Astrologia só pode mesmo ser despachada para a zona sombria das superstições.

Mesmo que um dia se encontrem partículas subisto ou subaquilo que demonstrem ser possível uma atuação a longuíssimas distâncias, ainda assim, tomando um exemplo ao acaso, a enorme distância de Plutão e seu diminuto tamanho em relação a, por exemplo, a distância e o tamanho de Júpiter ou da Lua, e a maior influência que o primeiro pode exercer numa dada carta astrológica, muito acima e além dos outros dois astros, continuaria depondo contra qualquer argumento com base no *espaço* para a validação da Astrologia.

Há, naturalmente, efeitos físicos de alguns astros sobre os acontecimentos terrestres, como a ação da força gravitacional da Lua sobre os oceanos, ou a ação dos campos gravitacional e magnético do Sol sobre a vida terrestre e tudo o que se passa neste planeta. A ação física do Sol e da Lua sobre os ciclos terrestres é bastante conhecida, a começar pelas estações do ano, estendendo-se para o ciclo dia-e-noite. A relação física dos ciclos do reino vegetal com a posição do Sol e as fases da Lua é bastante conhecida desde o início da agricultura. A ação física desses astros é sentida também no comportamento dos animais e do homem, e se estende para efeitos físicos profundos sobre o funcionamento hormonal e cerebral do ser humano. Contudo, não é disso que trata a Astrologia. O que a Astrologia estuda não é uma extensão mais sutil desses efeitos físicos, e sim outra classe de relação entre astro e acontecimento terrestre, na qual não há relação físico-espacial, não há efeito físico. A relação é de outra espécie.

O indicador astrológico independe da subjetividade

Contudo, há outra tentativa de resposta à questão "por que a posição espacial de um determinado corpo celeste tem a ver comigo", a qual percorre outro caminho. Diz não haver influência ou relação físico-espacial, mas sim uma relação simbólica entre planeta (ou signo) e ser humano, relação que se estabelece a partir de significados da subjetividade humana correlacionados com a posição dos astros.

Essa "relação simbólica" embute um problema: como é criada a rede de referências da minha vida com um indicador localizado em um dado lugar do céu? Se a correlação tem por base fatores subjetivos, será variável de pessoa a pessoa, o que não se coaduna com o que a Astrologia descortina.

Há aqui uma lacuna fundamental não preenchida quanto à definição dos indicadores astrológicos: como o significado de um determinado indicador astrológico pode ser o mesmo para todas as pessoas? Essa linha de pensamento depõe contra si mesma: se a relação com o indicador se estabelece subjetivamente, o que equivale a dizer, se estabelece por pura convenção particular da psique de cada um, ela irá diferir para diferentes pessoas e ainda mais para diferentes pessoas em diferentes culturas.

Não é isso o que um astrólogo observa e constata em sua prática: se olharmos a carta astrológica de um chinês ou de um árabe, mesmo que estes não tenham ouvido sequer falar da Astrologia ocidental, sua carta será tão representativa do que ocorre em suas vidas quanto a de um ocidental acostumado à nossa Astrologia. Alguém que não tenha tido contato algum com a Astrologia tem sua vida pautada por sua carta astrológica, tanto quanto a vida de alguém que estuda e conhece Astrologia. A subjetividade da pessoa interpretada, e mesmo sua relação com a Astrologia, em nada interferem naquilo que o indicador tem a dizer. A relação entre astro e ser humano não se estabelece a partir de injunções nascidas na subjetividade humana.

Mesmo se considerarmos que a subjetividade humana contém certos padrões, e que estes estão presentes por igual em todos os humanos, mas estimulados a se mover em uma conformação particular para cada pessoa, e que o sistema astrológico foi concebido a partir da projeção desses padrões sobre uma tabula rasa feita de astros e planetas, sincronizando a posição dos astros com esses padrões, ainda assim não isso é o que a Astrologia propõe. Essa "sincronização artificial", por assim dizer, sincronia de uma necessidade interior humana projetada sobre um painel de fundo neutro feito de movimentos celestes, como se a mente humana houvesse "construído" uma relação entre demanda humana e movimento do astro, é uma ideia recente introduzida no corpo da Astrologia. Nunca antes do século XX as coisas foram colocadas desse modo. A Astrologia não propõe que os astros são "coloridos" em seu movimento por uma demanda humana.

Além do que, sempre haverá um testemunho expressivo de que a Astrologia não é uma projeção da psique humana sobre o sistema solar: a Astrologia Meteorológica, a parte da Astrologia que prevê condições climáticas para um determinado período em um certo lugar, a partir de cartas levantadas para inflexões significativas dos ciclos astrológicos. Não há nenhuma psique em jogo, aqui; e mesmo assim há íntima correlação entre evento e carta astrológica. Não há subjetividade humana a interferir no processo, há apenas a correlação entre posição celeste dos astros e condição meteorológica local – e mesmo assim persiste a sincronia entre evento e carta (a subjetividade humana entra quando nós humanos constatamos que essa correlação existe; alargar os poderes da subjetividade humana e dizer que é esta que *cria* a correlação entre céu e terra, que sem a participação do humano a observar os fatos não haveria correlação alguma, é levar muito adiante a percepção humana como causa para os fenômenos naturais).

Afora o depoimento veemente da Astrologia Meteorológica, há inúmeros exemplos e situações na Astrologia referida aos humanos e os eventos associados aos seus comportamentos, que também depõem a favor da independência com relação à intermediação da subjetividade humana; esta entra como consequência, e não como causa do fenômeno registrado pela Astrologia. O que a Astrologia demonstra, por meio de seu sistema e seus métodos de interpretação do céu, é que essa sincronia não se estabelece a partir da subjetividade humana; ao contrário, é a subjetividade humana que se estabelece a partir de seu nascimento sincronizado com os astros.

Em suma, não são fatores subjetivos que realizam a relação entre a pessoa e o indicador astrológico. O fator objetivo da posição espacial também não é apto a tornar um planeta ou um signo atuante em nossas vidas. Como poderá se estabelecer essa relação? Quais fatores poderiam estabelecer uma união ou correlação entre os pontos luminosos do céu e os acontecimentos terrestres e humanos?

Tempo

No começo do século XVIII, um inventor e relojoeiro inglês, juntamente com um especialista em fabricar instrumentos de precisão, criou a primeira máquina que reproduzia o movimento dos planetas em torno do Sol; primeiro, criaram um mecanismo que reproduzia os movimentos da Terra em torno do Sol, e da Lua em torno da Terra; em seguida, uma máquina mais completa, reproduzindo os movimentos dos diversos planetas em torno do Sol. Esferas representavam os planetas a orbitar em torno de uma esfera central representando o Sol. Por meio de um sistema mecânico engenhoso, cada planeta circundava o ponto central com uma velocidade diferente. Acionadas por engrenagens e uma manivela que colocava todo o mecanismo em funcionamento, essa máquina, mais do que reproduzir o tamanho dos planetas ou as corretas distâncias destes para o Sol, reproduzia a forma e a proporção aproximadas de seus *movimentos*.

Esse planetário mecânico e movente mostrava o sistema solar a partir de uma perspectiva diferente daquela que temos quando olhamos diretamente o céu – ou, ao menos, olhando o céu sem observação mais atenta (olhando-o sem reparar em seus ciclos e movimentos, reparando apenas na impressão espacial estática). Com essa máquina podia-se ver o deslocamento das esferas em suas órbitas, seus diferentes tempos de deslocamento, as proporções entre as órbitas, e assim o aspecto do *tempo* presente no movimento do sistema solar tornava-se visível aos olhos humanos. Os *acordes do tempo* observáveis nos corpos do sistema solar tornaram-se evidentes e palpáveis.

Foi um relojoeiro quem primeiro idealizou e construiu essa réplica do movimento do sistema solar. O mecanismo utilizado na construção desse planetário em movimento era o mesmo utilizado na construção dos relógios: engrenagens de diferentes tamanhos movendo ponteiros em diferentes velocidades em torno de um mesmo eixo central. O sistema solar se assemelharia, segundo essas máquinas e seus construtores, a um relógio, a um *marcador do tempo*. Cada ponteiro do relógio tem uma velocidade sua própria, assim como cada planeta tem sua velocidade própria em torno do Sol. Sobre essa analogia se assenta a construção desse tipo de planetário, mas se assenta também uma fronteira sutil e confusa entre os limites da dimensão tempo e da dimensão espaço.

O relógio é reconhecidamente o instrumento utilizado para marcar o tempo, é o instrumento que traz à visualização e, de certo modo, à tangibilidade, essa dimensão tão mais incorpórea do que o espaço, que é o tempo.

O relógio é uma máquina que parece medir a passagem do tempo. Contudo, o que temos no relógio com ponteiros e mostrador é o deslocamento dos ponteiros pelo espaço; indiretamente, inferimos desse deslocamento uma medida de tempo. Os três ponteiros do relógio clássico deslocam-se a diferentes velocidades e isso é o que faz com que cada ponteiro se desloque pelo *mesmo espaço* em diferentes tempos; é a diferença entre essas velocidades de deslocamento em um mesmo espaço que acabamos por chamar de "tempos diferentes": as horas, os minutos e os segundos.

O tempo que reconhecemos a partir do relógio é um *tempo espacializado*, no dizer de Bergson. Não é tempo realmente, é corpo percorrendo o espaço. Por meio de um artifício de percepção, chamamos isso de "tempo", e com esse "tempo" organizamos nossa vida prática, ao estabelecermos as divisões do tempo em partes iguais. Contudo, se olharmos um relógio sem os ponteiros, essas divisões do "tempo" em partes iguais permanecem lá como divisões do espaço, mais acuradamente divisões da circunferência em doze partes iguais. Temos aqui um gráfico muito semelhante ao gráfico astrológico.

Não é preciso dizer como as experiências psicológicas, mesmo as mais simples, desmentem ser esse "tempo espacializado" a essência real da dimensão tempo.

O relógio nada sabe de possíveis diferenças de qualidade do tempo, de diferentes modos de atuação do tempo, nem de dinâmicas que possam ocorrer em um determinado instante, mas não em outro: os ponteiros passeiam pelas divisões do espaço, alheios a qualquer dessas diferenças. O relógio nada sabe efetivamente da passagem do tempo; o relógio sabe dividir o tempo em porções equivalentes a certos trajetos de ponteiros pelo espaço[5].

O relógio marca um tempo retirado de sua verdadeira natureza e traduzido para a natureza espacial. O relógio marca o espaço. No dizer de Bergson (apud ZUCKERKANDL, 1976, p. 243), "o tempo mensurável é tempo *espacializado*, tempo que teve sua verdadeira natureza sacrificada".

Apesar de tudo isso, é por meio do relógio que estabelecemos uma relação organizada com o tempo. É por meio do *tempo espacializado*, que esta dimensão impalpável se aproxima, não apenas de nossos instrumentos de medição, mas também de uma ordem mental capaz de contê-la. Podemos não compreender a natureza do tempo através de um relógio, mas por meio dele organizamos nossa relação com o tempo. A espacialização do tempo parece ser condição para que este se torne palpável aos sentidos e organizável pelo intelecto.

---

[5] Uma régua também nada sabe da natureza do espaço, contudo ocupa o espaço que mensura e, por causa disso, é utilizada como padrão para mensurá-lo. Os ponteiros do relógio ocupam também o espaço, não ocupam o tempo. Além do mais, as diferentes naturezas do espaço estão ao acesso direto da visão e do tato, enquanto a natureza do tempo não é assim acessível.

O tempo cíclico e a música das esferas

O movimento dos ponteiros dos relógios em torno de seu eixo central tem muita semelhança com o movimento dos planetas em torno do Sol, com os movimentos que definem a posição espacial dos planetas e astros que utilizamos no trabalho astrológico. Não obstante, a Astrologia trabalha, por assim dizer, no sentido contrário ao do relógio.

O tempo, como nos é dado pelo movimento dos planetas, é cíclico, é o tempo de um deslocamento que vai até um ponto diametralmente oposto e deste retorna à sua origem – seja qual for o ponto que escolhemos como origem. Completado o ciclo, o movimento do planeta retoma mais uma vez o mesmo ciclo: um planeta está sempre a "ir adiante desde" e a "voltar para" em cada um dos pontos a partir do qual se tome seu ciclo. Não apenas a órbita completa dos planetas em torno do Sol (ou da Lua em torno da Terra) é um "ir adiante desde" e um "voltar para", mas cada instante que se tome na órbita contém esse "ir" e esse "voltar": o conjunto da órbita e cada trecho seu, embora visualmente percebido como um fluxo, mais propriamente é uma oscilação entre os pontos percorridos.

Embora visual e espacialmente o astro siga uma trajetória contínua em sua órbita, seu aspecto temporal é melhor compreendido e visualizado como ciclo, como *onda*. Em termos do tempo, o que se tem é um balanço rítmico, um ir e vir, uma descida desde a crista da onda, uma reversão do movimento no término da onda, um ascender em direção a uma nova crista, o atingimento do cume o qual imediatamente se torna nova descida – com o que outra onda começa. A oscilação rítmica não é visualmente aparente no movimento do astro, entretanto, ela é a marca da dinâmica temporal do astro em sua órbita. Em termos de espaço, trajetória contínua; em termos de tempo, oscilação rítmica.

O mesmo acontece com a música. Uma melodia segue como um fluxo em uma direção (as linhas da partitura mostram graficamente esse aspecto da música: a sequência linear de notas). Contudo, a sucessão do tempo na música não é mero fluxo, não é simples passagem linear do tempo, não é um tempo "feito" de uma linha infinita para adiante, mas o tempo ouvido na música é uma combinação de fluxo e ciclo, o tempo musical é mais bem caracterizado como *onda*.

A métrica e o ritmo da música existem pelo balanço de ida e vinda do tempo, pelo tempo apresentado com acentuações que perfazem uma "ida" e uma "vinda", da batida "1" de um compasso para sua batida "2", e de volta para a batida "1" (no caso de um compasso binário, e analogamente para qualquer outro padrão de compasso utilizado). Ou mesmo em uma música onde não há compasso, essa ida e vinda, essa onda do tempo se faz audível, como, por exemplo, é o caso do cantochão.

A experiência musical mais simples, o entoar de um acalanto ou de uma marcha infantil, e também toda a estrutura da música mais complexa, contêm esse oscilante vai e vem. Não uma ida e vinda entre lugares do espaço, pois que na música não há deslocamento no espaço (a não ser que os músicos se desloquem, como numa banda desfilando; mas aí quem se desloca são os músicos: o movimento interno da música não muda, seja ela tocada com seus músicos andando pelas ruas ou sentados em cadeiras em um palco – o movimento da música é de outra natureza que não o de corpos em trajetória pelo espaço). O deslocamento de "ida" e "vinda" com o qual estamos descrevendo o tempo não corresponde a um trajeto no espaço, e sim a uma mudança ondulante de estados dinâmicos a qual transcorre no tempo. O tempo na música se revela como sendo primordialmente uma onda cíclica; e esta é uma característica do tempo, e não apenas do "tempo musical", é uma *característica própria do tempo* que a música desvela e torna aparente, audível.

> Podemos ainda dispensar as diferenças das notas e deixar nada que não a mesma nota soando sempre por iguais extensões de tempo, -. Ainda aqui, e na verdade aqui com particular clareza, há ainda o para cá e para lá, o movimento pendular, a onda; nunca – como temos demonstrado suficientemente – há mera sequência. O que produz a onda? O que gera a distinção entre para cá e para lá? A nota é sempre a mesma; a interrupção é sempre a mesma; o intervalo de tempo é sempre o mesmo. Somente uma coisa é diferente: o instante no qual a nota soa. Nada acontece de uma nota a outra nota salvo uma coisa: o tempo transcorre. O mero fato da sucessão temporal das notas, e nada mais, pode produzir a distinção entre para cá e para lá: o movimento pendular, a onda, é o trabalho do mero lapso de tempo. A onda não é um evento *no* tempo, mas um evento *do* tempo. O tempo acontece; o tempo é um evento. (ZUCKERKANDL, 1973, p. 124).

À música, costuma-se atribuir a característica de "arte do tempo"; e naturalmente que é assim. A obra musical não nos é dada toda ao mesmo tempo, como um quadro, uma escultura ou uma obra arquitetônica, que estão diante de nossa percepção inteiros a um só instante. As notas da música nos são dadas em uma sucessão temporal. Uma nota soa depois da outra; isso é música. Fazer soar todas as notas de uma obra musical ao mesmo tempo é tirar-lhe o sentido. A música ocupa uma determinada duração do tempo, e essa é a primeira maneira da música trazer a dimensão tempo à nossa percepção mais direta: ao percebermos música, percebemos com mais proximidade o transcurso do tempo.

Contudo, o tempo musical revela outra face do tempo que não é identificada à primeira vista, que não é apenas seu transcurso linear. Assim como os planetas percorrem suas órbitas, as notas musicais se seguem no tempo linear, mas em ambos os fenômenos uma segunda dimensão do tempo se abre à nossa percepção.

Estamos familiarizados com o tempo como sendo apenas o contínuo transcurso passado-presente-futuro. Contudo, a música abre essa outra janela sobre a realidade do tempo, a da oscilação para cá e para lá, e por essa mesma janela contemplamos também o movimento planetário com outros olhos: olhamos para sua *dinâmica* e não apenas para a trajetória de seus corpos; olhamos para seu movimento enquanto ciclo e onda, enquanto *onda do tempo*, e não apenas como *corpos no espaço*.

Não à toa, os antigos, quando quiseram falar da percepção mais elevada que os astros lhes inspiravam, a impressão do universo como algo vivo, falaram da *harmonia das esferas*, um termo musical referido aos astros. A música dos astros não está na consonância espacial entre eles, não faria sentido chamar isso de "harmonia". O simples fato de eles se moverem a diferentes órbitas e velocidades não promove um soar conjunto e internamente ordenado, uma "harmonia". A ordenação musical e harmoniosa dos astros só é percebida realmente no entendimento de que o cerne movente dos astros, o aspecto temporal de sua natureza, segue proporções cíclicas. Kepler dedicou parte de sua obra para demonstrar a existência de proporções matemáticas entre as órbitas planetárias e a as notas da escala diatônica, chamando de "arquétipos"[6] (KEPLER, 1995, p. 210) essas proporções encontradas muito semelhantemente na música e nos planetas.

> A imagem das constelações circulando não-sonoramente não é uma imagem da vida para nós. Não é do movimento das esferas mas de sua *harmonia*, seu soar conjunto, da qual o homem falou quando pensou no universo como sendo vivo. Pareceu a ele que a vida universal deveria revelar-se como algo audível mais do que visível. Talvez seja levar a antítese muito longe dizermos que o homem atinge a interioridade da vida pela audição e sua exterioridade pela visão. (ZUCKERKANDL, 1973, p. 5).

O cerne dos seres é feito de tempo; a forma dos seres é feita de espaço. A audição e a música escancaram a natureza do tempo à nossa percepção, e por meio delas podemos compreender ao que se refere aquilo que os astros indicam tão empaticamente a ponto de *serem* aquilo que indicam, muito mais do que apenas indicarem (deixando de ser apenas referência espacialmente distante): *a qualidade das*

---

[6] Astrólogos podem reivindicar essa palavra como pertencente ao estudo do significado das proporções dos astros, muito antes que psicólogos deitassem sobre ela suas reivindicações.

dinâmicas do tempo no qual vivemos. Não é a posição que o astro ocupa no espaço o que importa à Astrologia, mas sim a fase da onda cíclica que o astro ocupa no tempo.

A Astrologia nos faz conhecer o que se passa com alguns aspectos do ser humano e da natureza, a partir da correlação entre a fase da onda cíclica do astro no céu e a dinâmica presente no cerne dos seres e da natureza. É o tempo o que compartilhamos com os astros, não o espaço. Afinal, o espaço nos separa dando a cada coisa o seu lugar: coisas só podem ocupar diferentes lugares do espaço. Não obstante, partilhamos o mesmo tempo com os planetas no céu. O que compartilhamos ou, mais enfaticamente, o que nos une com a disposição planetária não é certa disposição dos planetas pelo espaço, mas sim a disposição destes no tempo.

A distância do espaço pouco importa na Astrologia; importa o tempo compartilhado com os astros no instante de um evento ou nascimento, o qual pode ser lido na carta astrológica – que agora sabemos por qual motivo pode ser chamado de um gráfico do tempo. E isso não apenas porque a carta é levantada para um instante do tempo. Já vimos que o aspecto linear do tempo espacializado é o que menos conta aqui. A carta astrológica é um gráfico do tempo porque nos dá a conhecer a qualidade da dinâmica presente num dado momento do tempo e consequentemente – e esta é a grande afirmação da Astrologia – está correlacionado às qualidades dinâmicas presentes em um ser nascido naquele instante ou em um evento que está a ocorrer naquele instante: tudo partilha a mesma qualidade de tempo, a cada instante.

As diversas propensões do tempo na onda cíclica: quente, úmido, frio e seco

As diferentes qualidades do tempo enquanto evento, enquanto força atuante, estão descritas no que os antigos chamaram de qualidades *Quente*, *Úmido*, *Frio* e *Seco*. Esses termos aludem a qualidades, literalmente, e não a substâncias; referem-se a diferentes fases da onda cíclica. Quando falamos do tempo atuando em uma dada situação ou ser, falamos da atuação de uma fase da onda, ou da composição de um conjunto de fases sobrepostas, que caracterizam a situação ou o ser.

As fases da onda tiveram a denominação de *Quente*, *Úmido*, *Frio* e *Seco* por essas qualidades corresponderem ao tipo de propensão característica de cada uma delas. Poder-se-ia ainda dizer que cada uma corresponde a uma diferente *direção* da onda, que ora aponta e propende para um estado dinâmico, ora aponta e propende para outro estado dinâmico. Não se trata de direções no espaço, como o acima e o abaixo, a direita e a esquerda, mas de direções em um campo dinâmico, direções sem magnitudes de ângulo nem distância; são direções de propensão.

Do tempo, podemos dizer que ora propende para o atingimento de um ápice ou crista e, uma vez atingido sua dinâmica, se modifica pelo próprio atingimento e passa para outro estágio dinâmico, ora propende para o baixio da onda, que quando atingido se modifica para retomar a propensão em direção ao ápice, novamente[7]. A essas direções de propensão do tempo correspondem as qualidades primordiais *Quente*, *Úmido*, *Frio* e *Seco*. Elas descrevem a natureza do cerne movente dos seres.

A propensão para o cimo da crista é descrita como sendo a qualidade *Quente*. Essa é a fase da onda em que a dinâmica é exteriorizante e expansiva; é um "ir adiante desde". Contudo, o movimento necessário para atingir a crista chega a um momento no qual, após esgotar suas forças e isso se tornar um ápice (o atingimento da crista), não tem mais força e perde, assim, sua coesão interna, com o que fica à mercê. Essa fase da onda na qual só resta à onda decair, soltar-se do atingimento, abrir-se ao que vier; essa inversão de direção é denominada *Úmido*. É uma fase de propensão à plasticidade e à receptividade. Essa fase abre caminho para um refluxo da onda, para um movimento de "volta para", que é denominado qualidade *Frio*. Essa é a propensão para contrair, em que as forças trazem de volta para si mesmas. A contração atinge, então, a fase na qual a contração arregimentou tanta força em direção a si mesma que passa a encontrar uma forte resistência nessa direção. Inicia-se aqui a fase *Seco*, mais uma inversão de direção, mas nesta a dinâmica é de resistência, condensação e reação tensa. De tal tensão acumulada, no seu máximo, tem início a fase da próxima onda com a expansão *Quente,* novamente.

Há uma questão pendente no parágrafo anterior: a força expande *o quê*, fica à mercê *do quê*, traz *o quê* de volta a si mesma, resiste *a o quê*? Nosso pensamento não está acostumado a pensar em forças que atuam independentes de corpos por meio do qual atuem, e, por isso, parece faltar algo na construção do pensamento: faltam os objetos que são expandidos, e contraídos, que resistem e cedem. Contudo, na descrição anterior, não há mesmo objetos ou coisas, não há um "algo" que quer se expandir, um "algo" que fica à mercê de outro "algo", um "algo" que traz "algo" de volta a si mesmo, um "algo" que resiste. Há forças atuantes que existem primordialmente à existência dos corpos. A descrição está correta. Justamente a ausência da "coisa" que se expande, que se contrai, que cede e que resiste, é o que caracteriza as qualidades primordiais. Estas são fases não de um "algo", mas as fases das forças do tempo em si mesmas. São diferentes direcionamentos das forças do tempo, em suas constantes mudanças de estado.

Colocadas em um desenho, a onda do tempo e suas fases ou direções de propensão adquirem a seguinte configuração:

---

[7] Para descrever a onda temporal, usamos aqui palavras relativas a acima e abaixo, e estas são referências espaciais. São referências espaciais se imiscuindo, mais uma vez, na descrição dos processos do tempo.

Se no gráfico e na descrição utilizamos uma orientação espacial – para cima, para a crista, para baixo, para o fundo, adiante e para trás – na descrição de propensões que dissemos não corresponder a orientações espaciais, isso se deve à falta de imagens e palavras que correspondam ao que o tempo tem a nos dizer. Por isso, recorremos a um gráfico espacial. A forma do gráfico é o que menos conta aqui, e sim a sugestão de um processo oscilante e ondeante. Um círculo poderia nos servir quase tão igualmente bem para ilustrar as propensões dinâmicas do tempo. As palavras aqui utilizadas podem ser acusadas de colocar a coisa toda em termos espaciais. Há poucas palavras e expressões no nosso vocabulário para expressar o cerne do tempo, assim como nossa própria estrutura gramatical não é adequada em lhe fazer jus. Apresentar uma obra musical como imagem do tempo seria mais adequado, a princípio, mas exigiria outro meio que não um livro escrito.

As qualidades primordiais são os alicerces da astrologia

A Astrologia nos dá, tradicionalmente, as quatro qualidades primordiais como alicerces dos elementos, signos e planetas. Os elementos, os signos e os planetas são indicadores do tempo atuante. A carta astrológica é o gráfico do tempo atuante, calculado para um determinado momento. Agora deve ser clara a afirmação inicial deste capítulo de que é do cerne movente dos seres, feito de tempo, do que trata a Astrologia.

Veremos nos capítulos seguintes as consequências destas conclusões para a definição das qualidades primordiais, dos signos e dos planetas, e da interpretação astrológica.

Agora, resta esclarecer como tempo e espaço se coadunam, pois, se até aqui foi ressaltada a atuação do tempo como aquilo que a Astrologia nos traz enquanto conhecimento, deve estar claro que o tempo não existe nem atua separado do espaço. Afinal, planetas percorrem o espaço *tanto quanto* percorrem o tempo. Se o fator tempo foi ressaltado a fim de demonstrar como as qualidades primordiais nele deitam suas raízes, agora é preciso retomar a devida relação entre as duas dimensões, e esclarecer um último ponto.

Espaço

Imaginemos que o oceano é uma criatura viva, que o conjunto total dos oceanos é um grande ser vivo. Mas imaginemos que, diferentemente de outros seres vivos, o oceano tem apenas um único órgão sensível, o qual o faz sensível à ação da força gravitacional. Esse grande ser vivo não enxergaria, nada ouviria, não teria o tato para lhe fazer perceber quando toca o solo oceânico ou as bordas dos continentes. Sua única percepção é a do campo dinâmico da gravidade. Ele não sabe mais nada que não da gravidade. Admitamos ainda que o assento de sua consciência se localiza nos estratos mais profundos, e que os distúrbios superficiais das ondas não a alcançam.

Como essa criatura perceberia o mundo? Que conhecimento teria do Sol, da Lua ou da Terra? Seria cônscia deles, sem qualquer dúvida, pois seu comportamento demonstraria que ela é sensível à influência da gravidade desses corpos. Para essa criatura, a Terra é a influência gravitacional que lhe faz sempre girar em círculos; o Sol é a influência que a faz sempre traçar uma elipse; a Lua é a influência gravitacional para a qual ela responde com uma constante ascensão e descida. Sol, Lua e Terra não são três corpos, diferentes em lugar e posição, mas três gravidades, três estados dinâmicos, diferentes em direção e tensão, cada um separadamente (e todos em conjunto) se estendendo através do espaço. A Lua não é um corpo "lá" no espaço, mas uma tensão que vem desde todo o espaço circundante; o mesmo para a Terra e o Sol. As três forças gravitacionais são percebidas em sua resultante, atuando sobre a criatura. Estão presentes simultaneamente, mas não a modo de justaposição: estão simultaneamente no mesmo lugar, como interpenetração.

Nossa criatura-oceano experimentará os corpos celestes não como corpos em diferentes lugares do espaço, mas como estados dinâmicos sobrepostos, estados mutuamente interpenetrados, todos no mesmo lugar, "fora" e em toda parte; em suma, os perceberia como o ouvido percebe uma sequência de acordes musicais: uma progressão de tensões entrelaçadas que preenchem todo o espaço circundante.

O movimento da Lua, por exemplo, não seria percebido pela criatura-oceano como um corpo mudando de lugar no céu, mas como uma mudança no campo gravitacional, que afeta a criatura a partir de "fora". Seria, para ela, um evento puramente dinâmico, a mudança de uma qualidade dinâmica do espaço, que arrasta a criatura-oceano a se mover. Assim também seriam sentidos os movimentos do Sol e da Terra: mudanças na tensão do espaço, mudanças no seu campo dinâmico. O resultado do movimento da Terra, do Sol e da Lua será identificado pela criatura-oceano não como "corpos mudando de lugar", mas como "estados dinâmicos mudando de direção e tensão", levando-a a se mover para cá e para lá. Para ela, a Lua ou o Sol não *são* corpos em um lugar, não *são* objetos no espaço, mas um *estado do espaço que lhe afeta*.

Imaginemos agora uma criatura que tem os nossos cinco sentidos, mas nada sabe sobre estar sujeita a campos dinâmicos no espaço circundante ou no tempo em que está. Tal criatura não se sente afetada por forças e campos que atuam à sua volta. Ela olha para o Sol, a Lua e os planetas, e os vê a se deslocar "lá" no espaço; mensura a posição e a trajetória desses corpos, pode até mesmo tocar alguns deles; e, ainda assim, nada sabe a respeito de estar imersa em campos dinâmicos relativos ao espaço e ao tempo desses corpos. Essa criatura é o homem.

Nossos sentidos nos fazem perceber os corpos celestes como estando "lá" no espaço sideral, a grandes distâncias. Mas não temos desenvolvido o sentido que nos facultaria perceber o "acorde de estados dinâmicos" mudando de direção e tensão conforme eles se movimentam. O ser humano nada sabe, por meio de percepção direta, a respeito de estar imerso em campos dinâmicos, nada sabe do aspecto fluente seja do tempo, seja do espaço.

Diferentemente da hipotética criatura-oceano, o homem acrescenta à percepção dos sentidos o conhecimento intelectual e indireto de estar submetido a campos dinâmicos, como o magnetismo e a gravidade[8]. Mas isso não equivale a uma percepção sensorial direta; trata-se de um conhecimento deduzido. Talvez cientistas ultratreinados em suas áreas específicas possam desenvolver um *entendimento* aguçado a respeito de estarmos imersos em campos dinâmicos; mesmo assim, esse entendimento não faculta o desenvolvimento de uma *percepção sensorial direta* do fato.

Espaço e tempo como dinâmicas

Talvez nem sempre tenha sido assim. Relatos do homem no estágio mítico e mágico da humanidade parecem indicar que outrora a relação do homem com a natureza fora mais como uma comunicação dinâmica entre o dentro e o fora, entre um mundo externo "feito" de forças atuantes e um mundo interno vivido

---

[8] Quanto a não perceber o campo gravitacional, está se falando mais propriamente de perceber a atuação gravitacional dos corpos celestes e não do efeito da própria Terra sobre nós. Não obstante o efeito gravitacional ser percebido diretamente, ele só é percebido por completo por mediação do intelecto – ilustra-o bem a história, ou lenda, a respeito de Isaac Newton e a queda da maçã.

a partir das forças atuantes em seu cerne movente. Uma relação com o mundo circundante muito mais próxima daquela experimentada pela criatura-oceano. Nos primórdios da humanidade, a percepção de campos dinâmicos talvez tivesse sido um sentido perceptivo.

Um sentido como a visão, a partir do qual atualmente nos relacionamos com o espaço, colocando-o "lá fora", definindo que os corpos estão apartados de nós e colocando-os visíveis no mundo exterior, seria outrora uma "outra" visão, durante o estágio mágico da humanidade. A visão perceberia o espaço como força, e não como lugar; veria intercomunicados o dentro e o fora, como tensões a interagir, e não como corpos apartados por distâncias. O conceito expresso pelo físico Faraday, "os corpos *estão* onde eles *atuam*", não obstante pouco considerado pela física, seria algo vívido e concreto; e não algo apenas deduzido e abstrato. Por esse conceito, os corpos celestes estão onde eles atuam temporalmente, assim como estão onde atuam fisicamente (como por meio de sua ação gravitacional, por exemplo). A partir dessa forma de percepção, seria possível ao homem uma série de ações junto à natureza, que receberiam mais propriamente o nome de *comunhões*, do que ações sobre a natureza. São as muitas ações mágicas relatadas como fatos pelas mitologias antigas, hoje consideradas como alegorias e não como possibilidades reais.

A percepção direta do espaço e do tempo *enquanto um fluxo de forças atuantes* não faz parte de nosso estágio civilizatório. Quanto a isso não há dúvida: o espaço é por nós percebido e concebido, basicamente, como o espaço "fora" de nós, feito de lugares justapostos e no qual os corpos estão a ocupar lugares definidos, um corpo está aqui e não ali; o tempo é por nós percebido e concebido como a linha passado-presente-futuro.

Entretanto, no espaço percebido através do movimento dos planetas e das notas musicais, assim como no tempo neles percebido, encontramos além da primeira face dessas dimensões cuja característica é um movimento linear, uma segunda face, caracterizada por um fluxo dinâmico que abrange tanto o tempo quanto o espaço – na verdade, é uma dimensão de *interpenetração fluente* de tempo e espaço.

Nem o espaço de lugares nem o tempo linear é o que nos apresenta a carta astrológica. A carta é uma janela aberta para a percepção do cerne movente do espaço e do tempo, que está, por assim dizer, "por detrás" da natureza imediatamente visível dessas dimensões. A Astrologia postula o que chamamos antes de *terceiro palco*, o qual não é feito nem de fenômenos materiais nem de estados subjetivos, mas por forças e qualidades dinâmicas. Temos agora esse palco definido pela natureza do espaço e do tempo que nele encontramos: espaço como dinâmica, tempo como dinâmica.

A carta astrológica – síntese instantânea de uma ordem em fluxo

Nossas construções intelectuais não costumam ter por base uma ordem em fluxo, e sim uma ordem estática. Por mais que o século XX tenha iniciado a retomada da visão das coisas em fluxo, ela ainda não é suficientemente enraizada no pensamento atual para de fato fazer parte dele. O pensamento atual é ainda estanque e separativo. Essa é sua principal característica, e dela muitos benefícios foram extraídos; mas essa é também sua principal limitação. E, como temos visto, a Astrologia, por ser o estudo de forças ou dinâmicas em estado puro, exige conseguir visualizar uma ordem em fluxo.

Quando o estudioso da Astrologia se debruça sobre uma carta astrológica, procurando compreender o que ela significa, entra em cena a característica do intelecto de tentar estancar um mundo em fluxo. O diagrama do céu, embora desenhado como um quadro estático, fotografia do céu que estanca o movimento dos astros, é na verdade um instantâneo desse movimento e como tal deve ser considerado: um corte transversal em um conjunto de movimentos simultâneos, que não retira as posições de seus estados dinâmicos, mas que é uma *síntese instantânea* desse estado dinâmico, como um acorde em meio a uma sequência de acordes, um compasso em meio a uma peça musical, o acorde planetário particular da pessoa nascida naquele momento. A carta astrológica é uma representação, estática em sua forma, de uma realidade que é, na verdade, uma constelação de forças dinâmicas atuantes em um dado momento do tempo e do espaço.

A interpretação da carta astrológica, para fazer jus ao que ela representa – os diversos estados dinâmicos presentes no cerne de uma entidade –, deveria ser feita segundo critérios que não tornassem estanques seus indicadores nem os tirassem de seu campo de relações e interações. O entendimento passo a passo dos indicadores que compõem o mapa facilita ao estudante captar cada uma de suas partes, apreender o que elas significam e como se relacionam. Essa forma de apresentar os dados astrológicos é bastante afeita à natureza do intelecto humano, que tem por principal habilidade separar e distinguir; mas essa forma de apresentá-los é bastante contrária à natureza daquilo que está sendo apresentado: é contrária à natureza fluente das forças dinâmicas simbolizadas na carta astrológica. O critério para reestabelecer seus estados dinâmicos são as qualidades primordiais *Quente*, *Úmido*, *Frio* e *Seco*.

Assim, partindo de dados aparentemente estáticos que a carta astrológica lhe apresenta, enquanto síntese instantânea de um dado momento, o astrólogo terá que *reconstruir uma ordem fluida*, fluida como a vida da pessoa a quem a carta corresponde[9].

---

[9] A técnica interpretativa que *recupera* o campo de relações e interações na análise da carta astrológica é apresentada na obra de Morin de Villefranche, em particular no trecho denominado "Teoria das Determinações", que apresenta as regras de análise para se obter uma visão dinâmica da carta.

Daí talvez até porque o estudo das qualidades primordiais é uma peça quase decorativa ou de museu, uma breve referência a uma filosofia patusca, na formação atual dos astrólogos, substituída amiúde por um estudo "simbólico" de signos e planetas, como se estes tivessem parentesco mais próximo com a mitologia ou a psicologia acadêmica do que com sua raiz essencialmente astrológica. Entretanto, as qualidades primordiais tiram a carta astrológica da visão estática, visão enganosa daquilo que ela representa, e a levam de volta a um estado dinâmico, no qual o que se tem é a leitura de movimentos, a leitura de forças entrelaçadas e que se compõem em um campo de tensões, único a cada carta.

Conceber a carta astrológica como *constelação de forças dinâmicas* é contrariar as formulações do pensamento corrente, inclusive de boa parte do pensamento astrológico atual; mas é retomar o fundamento do edifício astrológico.

3

O TERCEIRO PALCO

Onde a mão do homem jamais pôs os pés.
(autor desconhecido)

Para conhecer o que são as qualidades primordiais apresentadas pela Astrologia, é preciso conhecer a natureza do tempo, isto é, do terceiro palco, pois as qualidades primordiais estão aí enraizadas. Por meio delas, podemos entender um pouco da natureza do tempo; em especial, conhecer o movimento que há nele e como a dinâmica do tempo afeta nossa existência pessoal. É disso que trata a carta astrológica, no fim das contas.

A carta é um retrato de nosso tempo pessoal ou, dizendo melhor, do tempo que portamos dentro de nós, em nosso cerne movente, do tempo que nos torna vivos, do tempo de nossa vida, das dinâmicas por meio das quais a vida se projeta desde o plano do tempo, no qual está nossa essência, em direção à sua manifestação sobre o espaço, o qual é ocupado pelas formas que nossa vida adquire.

As formas que nos constituem estão dispostas pelo espaço, enquanto o cerne que nos move está enraizado na dimensão do tempo. Se no espaço existimos de maneira evidente, de modo visível e tangível, é no tempo que está aquilo que nos move e nos anima – e que é retratado pela carta astrológica.

O espaço é facilmente reconhecível: ocupamos com nosso corpo um lugar no espaço e, em torno deste, há todo o imenso espaço do mundo ao nosso derredor, o espaço do mundo fenomênico. Há ainda o espaço físico dentro de nosso corpo e, dentro deste "espaço interior", de maneira bastante misteriosa, está nossa subjetividade, alimentada pelas sensações e percepções obtidas por meio do corpo, a partir do espaço fora ou dentro de si mesmo. Esses são o primeiro e o segundo palco, o mundo exterior e o mundo interior, ambos pertencentes à dimensão espacial. Esses dois mundos são estudados e dados a conhecer, ao menos até certo ponto, por meio da física, da química, da biologia, da medicina, da psicologia.

A dimensão tempo não é facilmente reconhecível. Costumamos confundi-la com a dimensão espaço, quer dizer "espacializamos" o tempo e o reduzimos ao que ele não é, a saber, a linha cronológica passado-presente-futuro. Nossa percepção nos diz que ocupamos com nosso corpo vivo um período desse tempo cronológico, ou mesmo ocupamos uma série de momentos do tempo. Contudo, não sabemos ao certo como estabelecer relação com essa dimensão.

Não podemos nos deslocar no tempo ao bel-prazer, como podemos no espaço: ir para frente ou para trás, para a direita ou para a esquerda, para cima ou para baixo. Não há escolhas desse tipo que possamos fazer em relação ao tempo. Aparentemente, o tempo transcorre como que através de nós: o tempo nos atravessa em seu "deslocamento" contínuo do abismo do 'não mais' em direção ao abismo do 'não ainda', e não há nada que se possa fazer diante disso.

Expressões como "parar o tempo", "prolongar um momento", "fazer o tempo passar mais depressa" ou "mais devagar" dizem respeito a um desejo impossível ou a uma expressão poética, não a um gesto efetivo. Diante da passagem cronológica do tempo, não podemos fazer coisa alguma. Ele simplesmente passa.

Como já procuramos mostrar, o tempo cronológico, como o percebemos, é a projeção da dimensão tempo sobre a dimensão espaço; é a imagem do tempo refletida sobre o espaço, não é o tempo verdadeiramente. Como sobre o reflexo no espelho, de nada adianta tentar fazer algo sobre essa projeção do tempo sobre o espaço, o "tempo espacializado", pois nunca alcançaremos o objeto ali refletido.

É como o tempo contido nos ponteiros do relógio: podemos mexer na posição espacial dos ponteiros, à vontade, que nunca iremos alterar a passagem do tempo realmente. O que quer que façamos no espaço não afetará essencialmente o tempo em sua inteireza, pois essa é uma dimensão mais abrangente do que o espaço e somente ações dentro da abrangência do tempo o afetarão (não obstante, algumas ações no espaço possam afetar os aspectos do tempo projetados sobre o espaço).

O terceiro palco é onde o tempo *vive* sua própria natureza: sucessão de propensões vibratórias, tensões de um nada físico que se transformam e retornam a ser umas as outras, um manancial de movimentos vitais. A vida está no tempo, não no espaço; o que equivale a dizer que a vida não pode ser encontrada no mundo das formas, mas somente em algo que as transcende, que está além das dimensões do espaço[10]. A vida pertence ao tempo. As ciências naturais procuram (em vão) a origem da vida em algum lugar do espaço, mas não atinam em procurá-la na dimensão tempo.

---

[10] Um exemplo visível e tangível de uma propensão vibratória que produz forma concreta, no caso uma vibração sonora, é o experimento no qual se utiliza uma placa de metal sobre a qual é espargida areia aleatoriamente e, sob o impacto de uma vibração com altura definida, isto é, uma nota musical, a areia se organiza em torno dos padrões da onda estacionária causada pela vibração, formando padrões de linhas geometricamente definidas, isto é, padrões de forma física definidos. Demonstra-se assim, fisicamente, que vibração definida gera forma definida.

O terceiro palco: o tempo

O tempo é uma criança brincando, jogando: reinado da criança.
(Heráclito)

O tempo é denominado *quarta dimensão*. É a dimensão seguinte às três dimensões do espaço: a linha unidimensional, a superfície bidimensional e o volume tridimensional. Nessas três dimensões nos é dado tudo o que percebemos e sabemos a respeito da dimensão que é chamada, no conjunto dessas três, simplesmente de *espaço*.

Cada dimensão superior engloba a anterior e lhe acrescenta algo que nela não existia. Assim, a segunda dimensão do espaço, a superfície, engloba a primeira, a linha. Uma superfície contém a linha, ou uma infinitude de linhas, abrangendo-lhes e sendo-lhes uma dimensão a mais. Para a linha, é inconcebível *o que é* essa *dimensão a mais*. Para ela, existe apenas sua "linhidade", nada podendo conceber a respeito dos espaços ao seu lado, que é justamente onde começa a existir uma segunda dimensão, a superfície.

Por exemplo, digamos que exista um ser unidimensional, cuja movimentação na vida se resume a percorrer uma linha – se ela reta ou curva é indiferente. Esse ser nada saberá do que ocorre ao seu lado ou para trás, saberá apenas do que está adiante. Seu olhar, pressupondo que tenha olho, será dirigido apenas para adiante, e o que ficou para trás não pode mais ser percebido, é como se deixasse de existir para ele. O espaço por vir é a única sensação de sua vida. A percepção humana do tempo se assemelha à distorção que esse ser espacialmente unidimensional tem do espaço total. Assim como para esse ser unidimensional nada resta senão caminhar em direção ao espaço por vir e, nesse caminho, perceber que o que antes era o "adiante" se aproxima de onde está, assim também o ser humano percebe somente o patíbulo do devir se aproximando (e o passado se esvaindo). O ser humano e o ser unidimensional se limitam a perceber o que está por vir e o que se foi como sendo linhas no tempo e no espaço, respectivamente.

A terceira dimensão do espaço engloba a segunda. O espaço tridimensional contém uma infinitude de superfícies, e cada superfície contida na tridimensionalidade volumétrica não alcança conceber o que é esta dimensão, pois aquilo que define o espaço tridimensional, a profundidade espacial, não está ao alcance da percepção bidimensional.

Por exemplo, um ser bidimensional que habite exclusivamente a superfície da água, digamos uma superfície hipotética e perfeitamente bidimensional, não será capaz de compreender que os dois círculos que percebe e cuja superfície rodeia e tateia podem, embora sem estar unidos por nada que pertença ao seu mundo bidimensional, ser duas partes distintas de um único ser – como seria o caso, quando esse nosso ser bidimensional tocasse e percebesse o contorno da circunferência das pernas de um homem que passeia dentro da água. elementos totalmente apartados e distintos em sua dimensão, quando vistos de uma dimensão acima, podem conter uma unidade que para o ser bidimensional é desconcertante e incompreensível.

A percepção dessa unidade é ainda mais inalcançável para o ser unidimensional, pois este sequer é capaz de perceber que há coisas separadas e distintas; para ele, há somente uma unidade simples, isenta de qualquer possibilidade de distinção, diferenciação ou separação: há somente um *único* ponto à frente a ser percorrido *a cada vez*. Tudo lhe é unitário, não devido a uma percepção abrangente que a tudo engloba e que a todas as conexões percebe, mas por uma redução perceptiva que reduz ao mínimo o que é percebido.

Assim também o tempo, a quarta dimensão, engloba a terceira dimensão, abrangendo-a de modo a estar em todas as partes desta e estar ainda em outras partes que a percepção nascida na terceira dimensão não concebe existirem. A percepção da quarta dimensão não somente engloba todo o espaço volumétrico como percebe o próprio tempo como ele é: não pontos separados em uma linha cronológica – ontem, o passado; hoje, o presente; amanhã, o futuro –, mas percebe a verdadeira natureza dessa linha, na qual o que é percebido como passado-presente-futuro está entrelaçado em uma interpenetração que não concebe diferença entre esses três "tempos" (afora perceber que ocupam posições relativas diferentes). A linha do tempo é uma unidade viva enquanto linha, não enquanto pontos separados. A linha do tempo da quarta dimensão, quando projetada na terceira dimensão do espaço, aparece à nossa percepção como pontos distintos (o passado, o presente, o futuro), quando esta não é sua verdadeira natureza, é apenas um limite dentro do estágio atual da percepção humana.

O tempo percebido como quarta dimensão – o primeiro nível de percepção legítima do tempo – nos é dado em sua verdadeira natureza como sendo uma *linha condutora*, a qual expressa a unidade entrelaçada daquilo que costumeiramente consideramos como pontos separados, aos quais chamamos de passado, presente e futuro. Na verdade, a *sensação de continuidade* entre esses pontos não é estranha à nossa percepção; separamos o tempo em pontos quando pensamos nele, mais propriamente do que quando o percebemos. Dizer que o tempo é fluxo significa que é continuidade, que ele é unidade contínua, tal qual a linha espacial é o fluxo contínuo dos pontos que nela estão contidos. Essa unidade da linha temporal possibilita ao tempo conter movimento, não como salto de um ponto ao outro –

como seria atravessar um rio saltando sobre pedras aqui e ali, acima do nível d'água –, mas como barco que singra a própria água do rio em um transpasse contínuo.

Percebemos o tempo como algo que passa por nós, essa é a sensação primária que temos dessa dimensão. Diferentemente do espaço, que não nos provoca a sensação de um fluxo contínuo de movimento, o tempo nos vem com essa sensação e nunca sem ela, nem nunca de outro modo. No espaço, aparentemente, temos a escolha de ficarmos parados ou nos movermos; há a possibilidade de movimento no espaço, mas este em si não nos obriga ao movimento, não nos é dado como passagem e transitoriedade obrigatórias; podemos retornar a um lugar ou não, podemos nos estabelecer em Casablanca, ir adiante para Lisboa ou voltar a Paris. Na dimensão tempo, não temos escolha: essa dimensão nos transpassa em seu transpasse contínuo – ou melhor, essa é nossa percepção primária e, por conta dessa sensação de transpasse contínuo, alguns pensadores dizem ser o tempo a sede do movimento.

Contudo, a dimensão tempo nos parece ser movimento contínuo não porque ela de fato se mova para frente continuamente (embora essa seja nossa sensação), mas porque o tempo é a dimensão na qual as coisas são vibração mais propriamente do que matéria; o que existe na dimensão tempo é oscilação e propensão, não corpos, nem magnitudes. O tempo é o reino das dinâmicas puras; ou, nas palavras de Heráclito, o reinado da criança, de uma criança brincando, de seu mover-se.

A sensação de movimento percebida quando procuramos perceber a dimensão tempo provém do *estado vibratório* ou *oscilação,* que é a marca distinta da quarta dimensão: a sensação de incompletude de um estado de "não ainda" para a incompletude do estado de "não mais". Não há movimento "para adiante", não mais do que há contramovimento e pulsação equilibrante de um movimento de "volta desde". Embora essa parte do movimento não costume ser captada pela sensação primária do tempo, é ela que inspira uma ideia recorrente quando se *pensa* a respeito do tempo, que é a ideia de "eterno retorno", de algo do tempo que sempre volta, espiralada ou circularmente, ao ponto em que iniciou.

O "sempre para adiante", que não obstante é um "eterno retorno", se faz visível na trajetória circular dos ponteiros do relógio: sempre adiante e, simultaneamente, sempre voltando ao mesmo lugar. O movimento circular que propende ora adiante, ora de volta, isto é, o movimento vibratório – e não um movimento qualquer! – é a verdadeira natureza do tempo da quarta dimensão.

Assim, a analogia do tempo, enquanto linha da quarta dimensão, com a linha no espaço unidimensional tem seu limite de validade na exata fronteira em que o tempo enquanto dimensão é vibrátil de uma maneira como a linha espacial não o é. Aos nossos olhos, dois pontos em uma linha no espaço não propendem um para o outro, não fazem parte de um estado de incompletude que clama por completude.

Como veremos logo adiante com detalhe, de tudo o que há no mundo conhecido, talvez apenas a música torne perceptível a oscilação do tempo, de maneira direta aos nossos sentidos: um "ir adiante desde" o presente, um "vir desde" o passado em direção ao presente, sendo a dinâmica fundamental do tempo musical, como na batida 1 para a batida 2 de um compasso binário, e o "retorno" à batida 1 no compasso seguinte; um "retorno para adiante" ou um "avanço para trás", uma afirmação que só tem sentido no terceiro palco. A sequência dos signos no Zodíaco é, na Astrologia, a representação para o movimento essencial do tempo, para o paradoxo de um "retorno para adiante".

Como os signos do Zodíaco e como as notas musicais, cada momento de propensão do tempo contém algo da propensão que o gerou e algo da propensão que será gerada a partir dele, é tanto armazenagem quanto antecipação. Assim, aquilo que percebemos como sendo o tempo presente contém algo do passado, isto é, armazena o passado em si mesmo, assim como o tempo presente antecipa em si mesmo o futuro, pois assim se entrelaçam esses pontos "separados", por meio da oscilação dinâmica para depois e para antes, a propensão dinâmica que atravessa os três "pontos do tempo", conferindo-lhes uma unidade viva.

O tempo considerado pela percepção da terceira dimensão é mesmo "mera formalidade" cronológica; é um tempo morto em sua essência, um tempo que abdicou de sua propensão dinâmica e que é apenas contagem da passagem de momentos cirurgicamente separados, pois que percebidos a partir de sua sombra projetada na terceira dimensão do espaço. O tempo, do modo como é percebido pela terceira dimensão, dificilmente seria uma dimensão habitável: ele se resume a um infinito "não mais" que já passou e um infinito "não ainda" que está por vir, os quais espremem e não permitem lugar viável para o presente, o qual se esvai em ser tempo algum, um tempo infinitesimal que alcança a inexistência. Literalmente, é um tempo que não existe, é "mera formalidade" contabilizada pelo relógio.

O tempo na quarta dimensão, sua legítima dimensão – o que equivale a dizer: o tempo visto a partir do terceiro palco – é vibração que oscila continuamente e contém diversas fases de propensão, as quais são estudadas pela Astrologia e às quais foram dadas as denominações de Quente, Úmido, Frio e Seco.

É não somente um tempo vivo, mas, como afirmamos, é o tempo no qual reside a raiz da força vital da vida. Literalmente, nossa vida é definida pelo tempo, do instante de nascimento ao de morte. De acordo com esse pensamento, a Astrologia considera a carta astrológica para o instante em que a pessoa nasce, e diz que a vida aí nascida recebe a natureza vital desse momento do tempo.

O tempo enquanto onda vital é o aspecto do tempo diante do qual podemos fazer alguma coisa. Considerando o tempo como movimento vital é possível – e somente assim é possível – vivermos o tempo, quer dizer, é possível participarmos ativa e conscientemente do tempo que estamos a viver. Não se trata de nos deslocarmos para frente ou para trás no tempo – pois estas são referências de liberdade *no espaço* –, mas sim nos alinharmos com esta ou aquela onda vital no agora, nos alinharmos deste ou daquele modo com as ondas vitais que vibram no agora. Esse gesto é pouco compreensível para nossa mentalidade, acostumada a pensar somente em termos de espaço.

No capítulo dedicado à descrição detalhada das qualidades primordiais atuantes nos signos astrológicos será esclarecido ao que se refere essa liberdade possível no tempo, ao descrever as possibilidades de nos alinharmos com esta ou aquela propensão do tempo inscrita em cada signo, de nos alinharmos deste ou daquele modo com as propensões do tempo presentes nos signos astrológicos.

Assim como a segunda dimensão une partes que para a primeira dimensão são separadas (embora isso sequer fosse perceptível ao ser unidimensional), a saber, une a infinidade de linhas que compõem uma superfície; e também a terceira dimensão une partes que, para a segunda dimensão, estão separadas, a saber, une a infinidade de superfícies que compõem o espaço volumétrico; assim também a quarta dimensão (o tempo) une partes que, para um ser cuja percepção é tridimensional e apenas espacial, são separadas e distintas: une passado, presente e futuro em um entrelaçado tal qual um fio de linha de costura é feito, não de uma sequência de pontos descontínuos, mas de um entrelaçado de fios menores de algodão, os quais se interpenetram em pequenos encadeamentos que nos causam a impressão de formar uma grande, forte e longa linha única, quando, mais acuradamente, são pequenos trechos de linhas de algodão no fio de costura – a linha utilizada mitologicamente pelas Parcas para alinhavar e coser os destinos humanos –, isto é, pequenos trechos de propensão dinâmica que se interencadeiam na linha do tempo.

A cada dimensão a mais, há maior sentido de unidade entre todas as coisas. Quanto maior for o número de dimensões em que um ser vive, maior será sua percepção de unidade para tudo quanto existe. O espaço com cada vez menos dimensões separa os seres e as coisas existentes. A existência que se dá sobre uma única linha está mais impossibilitada de se unir a outras existências do que aquela existência que se dá sobre uma superfície, a qual permite uma união dentro do mesmo plano; e assim, o espaço volumétrico permite uma miríade de uniões a mais. O espaço com cada vez mais dimensões permite que os seres se reaproximem e estabeleçam contato de cada vez segundo mais maneiras e ângulos.

O tempo, uma dimensão além do espaço, une os seres e as coisas de uma maneira inimaginável para nossa percepção treinada apenas até a tridimensionalidade espacial. O tempo nos une, em primeiro lugar, por partilharmos todos exatamente o mesmo momento do tempo – para nossa percepção, nunca alguém está vivendo em um tempo diferente que não neste exato momento. À percepção humana, pertencemos todos, e a todo momento, ao mesmo exato instante do tempo. Estamos todos, seres e coisas, vivos no mesmo instante e unidos por este instante que estamos a viver. O velho aforismo "o espaço separa, o tempo une" ressurge em seu pleno sentido.

O surgimento da segunda dimensão liberta o ser unidimensional de seu aprisionamento do espaço unidirecional, no qual o que é deixado para trás nunca retornará e o espaço em aberto à frente será sempre seu confinamento. Na superfície, esse ser pode se locomover em todas as direções dadas pela superfície; ele ganha uma liberdade antes inexistente, a qual lhe possibilita ver e perceber o conjunto de toda a linha que antes percorria inexoravelmente em uma única direção.

O surgimento da terceira dimensão liberta o ser bidimensional de sua percepção separatista e distinta das coisas que ocupavam seu universo de duas dimensões, feito de superfícies rasas. Coisas que antes aparentavam serem separadas, agora se mostram unidas na terceira dimensão, como vimos no exemplo das pernas do homem que atravessam a superfície da água.

O surgimento da quarta dimensão liberta o ser tridimensional da inviabilidade de se estar em diversos ou em todos os lugares do espaço ao mesmo tempo.

O próprio tempo ocupa todos os lugares do espaço ao mesmo tempo, e isso não nos parece um despropósito – pelo contrário, é tão óbvio que nos escapa e sequer pensamos a respeito desse milagre: o tempo é o mesmo em todos os lugares do espaço. Neste mesmo instante, e a qualquer instante, e não importa a distância, o instante é o mesmo para todos os pontos do espaço. Como algo pode estar em todos os lugares do espaço infinito ao mesmo tempo? Embora não compreendamos como isso se dá, o tempo é fator de entrelaçamento mais forte do que qualquer coisa que exista nas três dimensões do espaço.

(Se postularmos uma quinta dimensão, equivalente a uma "superfície de tempo", abrangendo uma série infinita de linhas do tempo da quarta dimensão, então, nesse plano, poderemos nos deslocar livremente pelos vários pontos ou "agoras" da linha temporal e perceber a totalidade de pontos contidos em uma dada linha. Na quinta dimensão, somos livres para escolher qual momento do tempo viver, podemos a cada "agora" saltar para outra linha do tempo, o que equivale a dizer, saltar para outra linha com a qual uma das Parcas está a tecer outro destino. Uma sexta dimensão, que reúna volumetricamente todas as linhas e superfícies do tempo, todas as possibilidades do destino, no qual se tem acesso a todos os momentos de várias possibilidades de tempo, é algo de ainda mais difícil compreensão. Por mais tênue que sejam os pensamentos a essa altura, podemos entender que a Eternidade seria o conjunto dessa sexta dimensão, o conjunto de todos os tempos. O conjunto das três dimensões do espaço mais as três dimensões do tempo é representado pela estrela de Davi, com seus dois triângulos entrelaçados e simétricos. Para quem pretenda encontrar no terceiro palco a localização de Deus, dos deuses, ou mesmo do Ser, é preciso entender que esse é apenas mais um palco dentre os diversos que compõem o conjunto das dimensões da manifestação, e que qualquer localização do imanente, do imanifestado ou da divindade deverá ser buscada para além dessas seis dimensões, todas elas componentes da manifestação em seus diferentes graus de vibração. Essa busca iria muito mais além do que o escopo deste trabalho, que é entender onde se enraízam as forças atuantes indicadas na carta astrológica.)

O tempo em que vivemos é o *mesmo* aqui em um lugar da superfície terrestre e em todo o sistema solar. Portanto, um determinado tempo presente aqui na Terra pode ser compreendido quando sabemos *ler o tempo* na disposição dos astros do sistema solar. A Astrologia é o conhecimento que nasce da compreensão de que há uma unidade de *tempo* entre céu e terra, e se vale dessa compreensão para orientar um significado do tempo à vida prática do ser humano.

Por isso, tentar entender a Astrologia por meio de forças que são transmitidas pelo espaço – seja o espaço físico fenomênico, seja o espaço interior da subjetividade humana – torna-a mera superstição, tolice de gente sem noção. As forças descritas pela Astrologia são as forças do tempo, são *forças transmitidas por meio do tempo*, para as quais não importam as diferenças ou as grandes distâncias no espaço, pois estas são inoperantes tanto para conter quanto para propagar os acionamentos contidos no tempo.

O que transmite a energia das forças estudadas pela Astrologia é o tempo, não o espaço. Tradicionalmente, o espaço é o único meio apto à transmissão para qualquer tipo de energia. É devido a essa velha tradição advinda das ciências naturais que sempre se buscou *no espaço e não no tempo* encontrar algum sentido para o que a Astrologia postula – em vão.

Sabemos bastante bem, e até intuitivamente, o que é necessário para dois seres ou dois objetos transmitirem um para o outro suas forças, por meio do espaço: eles precisam de algum modo partilhar algum espaço, obrigatoriamente. O calor, ao ser transmitido de um corpo a outro, a uma grande distância, mais se dissipa quanto mais espaço houver entre os corpos. A lareira acesa na sala no primeiro andar aquecerá muito pouco ou nada o quarto localizado no segundo andar, pois lareira e quarto do segundo andar não partilham propriamente do mesmo espaço. O meu grito de chamado para que meus filhos venham almoçar se perderá caso eles estejam a uma grande distância ou fechados em algum outro lugar, isto é, se não partilhamos o mesmo espaço.

Para exemplificar melhor como funciona a transmissão de forças por meio do espaço e do tempo, em vez de tomar um exemplo da física, com seus corpos retirados da realidade comum e estabelecidos em um plano idealizado, utilizemos exemplo mais próximo das situações que experimentamos na existência: várias pessoas em uma sala de cinema assistem a um filme. Na saída, todas conversam a respeito do filme que viram – o filme é uma informação partilhada por todos que estavam no espaço da sala de cinema. Não há a necessidade de um contar o filme para o outro, antes de começarem a trocar impressões a respeito dele. Todas essas pessoas partilharam do espaço no qual a informação contida no filme esteve acessível durante certo tempo, a saber, o espaço da sala de cinema onde se deu a projeção do filme. Outras pessoas que não partilharam daquele espaço, no momento em que passou o filme, não foram informadas de seu conteúdo, nada sabem sobre ele; são pessoas que não estavam na sala de cinema, estavam em outro lugar.

Quando partilhamos de um mesmo espaço, podemos partilhar as mesmas informações contidas nesse espaço (dependendo apenas de se estar atento ao que é informado). Pessoas ocupando espaços diferentes e distantes terão que se informar umas às outras para, então, ter essas informações do filme, para compartilharem delas. Desse modo, o espaço partilhado permite a transmissão de forças e informações, a partir dos corpos e de suas qualidades que ocupam o espaço, valendo-se do espaço partilhado como meio de transmissão.

Entretanto, há a possibilidade de se transmitir forças e informações por meio do tempo. Embora em termos do conhecimento acadêmico essa cogitação esteja longe de ter sentido prático, em termos de Astrologia é o que faz um astrólogo quando escolhe começar uma atividade ou um relacionamento durante a fase crescente da Lua, sabendo que esse é um tempo que *transmite* "crescimento" ao que quer que nasça sob seus auspícios, ou que escolhe o momento de boa angulação entre Mercúrio e Júpiter para uma atividade comercial, sabendo que esse tempo *transmite* "facilitação para o intercâmbio" ao que quer que aconteça sob seus auspícios.

O tempo transmite forças dinâmicas, e para que estas sejam transmitidas é preciso, como no caso do espaço, que partilhemos o tempo no qual a força é transmitida. Ora, partilhamos o momento atual sempre e com tudo. O tempo é verdadeiramente partilhado, a cada e em todo momento, por todas as pessoas. E assim se dá com a qualidade do tempo em que vivemos: interagimos com a propensão que o tempo transmite, a todo instante. Contudo, nossas características pessoais e particulares nos são dadas pelo momento em que nascemos, isto é, por aquilo que o tempo *transmitiu* ao nosso nascimento; por assim dizer, somos representantes do momento do tempo em que nascemos.

Fazendo comparação com o exemplo do filme partilhado por quem estava na sala de cinema, temos que o "filme do tempo", por assim dizer, é partilhado por todos, independentemente do espaço ocupado: a quarta dimensão engloba a terceira, o tempo engloba todos os espaços (por mais estranho que possa ser isso ser dito assim). As forças presentes no tempo – a onda vital que oscila e vibra em suas variadas diferenciações – são vividas por todos sem que seja preciso haver troca de informação entre cada ser por intermédio do espaço. O tempo é o meio de transmissão. Essa é a base conceitual na qual se estabelece a relação entre os corpos celestes presentes em nosso sistema solar e os eventos que ocorrem na superfície terrestre, na vida de cada um de nós. Nossa vida foi acionada pelo tempo presente no instante de nosso nascimento, e a qualidade desse tempo pode ser lida na disposição espacial que os corpos celestes do sistema ocupavam nesse instante. De acordo com a técnica legada pela tradição astrológica, na leitura da posição de corpos no espaço, alcançamos a visão das forças e propensões que o tempo movia naquele dado momento e que estavam presentes em tudo daquele momento, inclusive na vida do ser ali nascido.

O terceiro palco: a música

Música é arte temporal no sentido especial de
que nela o tempo se revela à experiência.
(Victor Zuckerkandl)

O que a música tem a nos dizer a respeito do tempo e das possibilidades da relação do ser humano com essa dimensão?

A música é considerada a arte do tempo. Em primeiro lugar, música é a arte do tempo por suas notas serem dadas em uma sucessão temporal. É preciso o transcurso do tempo para a obra musical ser exposta. Uma obra musical cujas notas soem todas no mesmo instante de tempo é sem sentido, está fora de sua natureza (a não ser que seja essa a proposta do compositor, mas não sei se há alguma proposta desse tipo). Não é assim com um quadro, uma escultura, uma obra arquitetônica, uma peça literária ou um poema; essas obras estão presentes com todas as suas partes a um só momento: o quadro na parede, o edifício sobre o solo, o poema na folha de papel, e assim por diante. A notação de uma obra musical na partitura está lá com todas as suas partes a um só momento, mas a partitura musical não é, ainda, música; é sua notação, mais ou menos como o projeto da obra arquitetônica não é o edifício construído, é também sua notação, e, nesse caso, tanto o projeto quanto o edifício são dados inteiros a um só momento. A música, não.

Necessitamos de tempo para percorrer o edifício ou o poema, mas a obra está lá, inteira, sem exigir ou ocupar o transcurso do tempo – nossa apreciação da obra ocupa o tempo, mas a obra é dada, por assim dizer, "fora do tempo". Podemos visitar os quadros de um museu a qualquer hora no horário do museu aberto; a apresentação de uma obra musical tem um horário marcado para o seu início – e a música transcorrerá durante certo tempo, depois do que estará no "não mais" do passado. Nesse primeiro sentido, de que a obra musical existe somente enquanto exposta no transcurso de certo tempo, a música é arte do tempo.

Mas, como afirma Zuckerkandl, música é também a arte do tempo no sentido em que ela engaja o tempo como uma força atuante. Ao ouvir música, ouvimos mais do que o aspecto acústico da nota musical, ouvimos a interrelação entre as notas, a qual nos dá a perceber tensões, movimentos e dinâmicas. As notas musicais não existem desvinculadas de suas relações dentro do conjunto, existem apenas enquanto conjunto, enquanto seleção de alturas de afinação escolhidas dentro de um espectro sonoro, quer dizer, notas musicais existem enquanto partes de um todo, de uma escala. As notas dentro de sua escala têm relações particulares, as quais criam certa qualidade dinâmica interna inerente a essa escala. Diferentes esquemas de organização das alturas, quer dizer, diferentes maneiras de se distribuir as notas conforme sua altura dentro de uma oitava produzem diferentes movimentos internos à escala; quer dizer, produzem diferentes qualidades dinâmicas.

Para ter ideia de como as notas dentro de uma escala formam um sistema integrado e indissociável, a comparação com os números na matemática pode ser esclarecedora. Assim como as notas, os números também não existem isoladamente. Ninguém inventou o número 3, ou outro qualquer, antes ou depois dos demais números e o acrescentou ao conjunto de números, obtendo uma nova disposição entre eles. Isso não faz sentido. O conjunto dos números veio à existência como um todo único, e só assim pode ser. As notas musicais existem somente enquanto partes de um conjunto de notas em relação, pois assim como os números, é em sua relação de uma para com as outras que está o seu sentido. Sons soltos encontrados na natureza, mesmo que tendo uma altura definida, não podem ainda ser considerados sons musicais, por existirem dissociados de um sistema organizado de tensões que os torne "música". Número e nota musical *são parte de um sistema* e só existem enquanto tal.

As qualidades dinâmicas das notas diferem do simples dado físico-acústico de cada nota tomada isoladamente. Um osciloscópio é o aparelho capaz de medir os diversos aspectos físicos da vibração acústica: sua altura, timbre e intensidade. Contudo, o osciloscópio não registra as qualidades dinâmicas das notas, pois estas não pertencem ao mundo físico-espacial, pertencem às relações das notas, isto é, pertencem à dimensão do tempo manifestado por meio da nota musical, pertencem à nota enquanto janela que se abre para dar expressão à dimensão tempo. As qualidades dinâmicas não são registradas por aparelhos físicos e, não obstante, também não existem como parte da subjetividade humana; elas têm assento no terceiro palco, como demonstrado extensamente pelo filósofo da música, Victor Zuckerkandl, no livro *Sound and Symbol: Music and the External World*.

O trabalho desse musicista expõe e demonstra em detalhe o que são as qualidades dinâmicas presentes nas notas musicais. Aliás, estas são mais apropriadamente denominadas *tons* musicais (tom, do grego, *tônus*, tensão): um sistema de notas é um sistema de tensões, de forças. Ao ouvir música, ouvimos a condução dessas forças dinâmicas, por meio das notas musicais ou, mais acuradamente, por meio do sistema que as notas musicais põem em movimento quando soam na música. Os compositores, e ainda mais os grandes compositores, fazem suas obras pondo em movimento esse sistema, muito mais do que pensando em notas isoladas.

> Um sistema no qual o todo está presente e operativo em cada lugar individual, em cada lugar individual conhecido, por assim dizer, sua posição dentro do todo, sua relação a um centro, pode ser chamado de um sistema dinâmico. As qualidades dinâmicas das notas podem ser compreendidas somente como manifestações de uma ação ordenada de forças dentro de um dado sistema. As notas de nosso sistema tonal são eventos em um campo dinâmico, e cada nota, enquanto soa, dá expressão a uma certa constelação de forças presente no ponto do campo no qual a nota está situada. Notas musicais são condutores de forças. Ouvir música significa ouvir uma ação de forças. (ZUCKERKANDL, 1976, p. 36).

As notas musicais, *por serem parte de um todo*, gravitam umas em torno das outras, atraem-se e se repelem, equilibram-se e se tensionam, direcionam-se umas para as outras, apontando para além de si mesmas, como um gesto particular seu de *afirmar o lugar que ocupa dentro do todo* e como gesto de *seu estado de incompletude diante do todo* ao qual pertence. As forças ouvidas na música são seu desejo de união ao todo ao qual pertencem e lhes dá significado. Não à toa os sábios chineses da antiguidade diziam ser a música análoga ao amor. As notas desejam completude dentro do sistema vibratório que as criou. Tanto a manifestação do estado de incompletude vibratória quanto a dinâmica criada em direção à completude fazem das notas musicais expressões da dimensão vibrátil e ondulante do tempo, pois o sentido de união integradora é exatamente a marca particular desta dimensão.

Entretanto, as forças do tempo são ativas na música também em outro sentido. Na análise do metro e do ritmo musicais, Zuckerkandl demonstra como estes são não apenas manifestações que ocorrem no transcurso do tempo, mas que, por meio do ritmo e do metro, as forças do tempo atuam na música; isto é, o tempo se torna audível na obra musical. Em música, "a sucessão temporal nunca é dada como uma simples sequência, como um simples fluxo, mas como uma combinação de fluxo e ciclo, uma onda" e o que se move nessa onda é o próprio tempo: "as forças da onda são forças do tempo – ou melhor, é o tempo como força; ...música é arte temporal no mais exato sentido de que, para sua finalidade, ela engaja o tempo como uma força" (ZUCKERKANDL, 1976, p. 199; 200).

Em uma peça musical, mesmo na mais simples, e especialmente naquelas em que há mais camadas de sentido musical, há uma série de ondas rítmicas sobrepostas, com diversos níveis de fluxo de tempo acontecendo simultaneamente. Em um exemplo bastante simples, podemos citar a sobreposição de uma melodia construída em quatro compassos como um nível de fluxo do tempo, enquanto em cada um desses compassos temos o fluxo de tempo próprio deste, seja um compasso binário, ternário etc. E isso alcança grande complexidade nas peças da música erudita, com níveis e subníveis que se sobrepõem, criando uma textura rítmica tão ou mais rica quanto aquela que experimentamos em nossas vidas.

Ao fazer ou ouvir música, experimentamos o entrelaçamento de diversos níveis de fluxo de tempo, e um musicista que saiba produzir adequadamente esses diversos níveis na rítmica de sua execução musical causará especial impacto aos ouvintes. Desse modo, o tempo se manifesta na música enquanto força atuante e pode ser reconhecido como uma força atuante sobre nossa vida, e não somente quando ouvimos ou fazemos música.

Torna-se agora mais compreensível a razão pela qual Astrologia e Música se aproximam, por que de tempos em tempos autores escrevem a respeito da afinidade entre estas duas expressões humanas, porque os antigos, ao verem os movimentos celestes, os chamaram de "harmonia das esferas", porque importantes astrólogos são também musicistas: Astrologia e Música lidam diretamente com a dimensão tempo. Enquanto na Música o tempo se revela de maneira sensível à nossa percepção direta, na Astrologia o tempo se revela ao nosso intelecto, ao investigarmos sua atuação sobre nosso destino pessoal e os acontecimentos da vida humana.

As qualidades primordiais são a matéria-prima da Astrologia e permitem ao astrólogo entender as propensões e oscilações do tempo, assim como as notas musicais são a matéria-prima para o musicista operar as forças do tempo. Música e Astrologia, cada uma pelo caminho que lhe é próprio, revelam a natureza e a atuação do tempo. Na ausência desses dois conhecimentos, o ser humano seria menos capaz de compreender esta dimensão. Seríamos seres com menos sensibilidade a uma dimensão a mais.

O terceiro palco: as qualidades primordiais

[...] e você quer encontrar os segredos do universo, pense em termos de energia, frequência e vibração.
(Nikola Tesla)

Aquilo que a carta astrológica, por meio de suas qualidades primordiais, tem a nos dizer diz respeito ao tempo, à qualidade do tempo que trazemos em nossa vida particular, assim como à qualidade do tempo em que estamos inseridos a cada momento. Há uma relação entre astros no céu e o tempo vivido na superfície terrestre que, embora pareça sem sentido ou mera superstição, consta dos textos e dos conceitos de muitas tradições antigas, como da própria Astrologia.

A relação entre os astros do céu e o tempo vivido pelos homens é declarada no "Gênesis" bíblico, no Quarto Dia da Criação, no qual está escrito "Deus disse: 'que haja luzeiros no firmamento do céu para separar o dia e a noite; que eles sirvam de sinais tanto para as festas quanto para os dias e os anos; que sejam luzeiros no firmamento do céu para iluminar a terra'" (BÍBLIA DE JERUSALÉM, p. 32). O sentido dessa relação pode ser interpretado como sendo a do tempo cronológico, da contagem das horas, dos dias, semanas, meses e anos – todas essas medidas do tempo cronológico têm por base os luzeiros do dia e da noite, o Sol e a Lua. Contudo, o sentido dessa relação pode ser interpretado para além da equiparação do movimento dos astros com as marcações cronológicas dos calendários. A relação entre astro no céu e tempo na vida humana mostra *também* as diferentes fases das forças do tempo a que estamos submetidos, pois que os diversos momentos dos astros no céu estão a "separar o dia e a noite", isto é, distinguem as diferentes propensões atuantes do tempo.

Para entender corretamente o que uma carta astrológica tem a dizer, é preciso compreendê-la a partir do terceiro palco, isto é, do tempo e de suas qualidades primordiais, antes ainda do entendimento astrológico convencional (o qual se inicia com o estudo dos quatro elementos, e daí dos signos e planetas).

O conteúdo representado por uma carta astrológica vive no terceiro palco, no tempo, que é onde vivem as qualidades primordiais.

O termo "qualidades primordiais" se refere a qualidades de uma natureza primordial pertencente a um plano anterior às coisas manifestadas no espaço (sejam essas coisas objetos, abstrações, sentimentos ou condições). Os quatro elementos pertencem já à dimensão manifestada. As quatro qualidades primordiais ainda não; elas pertencem ao terceiro palco, ao tempo, uma dimensão que não pode ser reconhecida diretamente, como as dimensões espaciais do mundo exterior e do mundo interior podem ser conhecidas.

Há um abismo separando as qualidades primordiais dos elementos. O mesmo abismo dimensional que existe, para a percepção humana, entre o tempo e o espaço.

O abismo que separa a dimensão onde as quatro qualidades primordiais se estabelecem e aquela na qual se estabelecem os quatro elementos pode ser assim delineado: os elementos são a substância constitutiva do que existe, sejam coisas objetivas ou condições subjetivas; as qualidades primordiais são as dinâmicas presentes no cerne dessas substâncias. Os elementos são substâncias que pertencem à dimensão espacial, as qualidades primordiais são propensões que pertencem à dimensão tempo. As próprias palavras escolhidas pela tradição astrológica para designar um e outro conceito são esclarecedoras a respeito da diferença: *elemento* e *qualidade*.

Os elementos são percebidos diretamente nas situações, as qualidades primordiais não são percebidas diretamente. Reconhecer que elas existem e atuam exige um passo além da simples observação e constatação do imediato.

A "intangibilidade" das qualidades primordiais torna difícil serem manipuladas pelo pensamento quando da interpretação da carta astrológica. Praticamente elas são abandonadas na leitura de uma carta, assim como foram abandonadas historicamente dentro do estudo das técnicas e dos conceitos que formam a Astrologia, substituídas por toda sorte (ou abandonadas ao azar) de conceitos estrangeiros à Astrologia. Não obstante tal dificuldade, as quatro qualidades primordiais continuam a ser o cerne essencial da Astrologia. Mesmo quando abandonadas, persistem em ser a melhor explicação de seus processos, em especial na fundamentação da natureza de signos e planetas e das interações dinâmicas entre esses vários indicadores da carta.

O abismo que separa elementos e qualidades deve ser bem compreendido, e vamos nos debruçar um pouco sobre ele.

As qualidades primordiais preexistem e formam os elementos

Não é de todo incomum encontrar comentários igualando, por exemplo, Quente como sendo Fogo, Úmido como Água, Seco como Terra. Aparentemente podemos substituir Quente por Fogo ou Úmido por Água, sem que nada se modifique no conceito (já é mais difícil substituir Ar por alguma das qualidades primordiais, e quanto à Terra, fica-se em dúvida entre igualá-la a Frio ou a Seco).

O calor está igualmente presente tanto em Fogo quanto em Quente. A umidade é igualmente presente na água e no úmido. São coisas aparentemente indistinguíveis. Não seria mero preciosismo querer separar essas coisas, ou não seria confusão de tempos antigos dar dois nomes ao mesmo conceito, ou ainda uma imprecisão de fundamentos, algo típico de uma ciência mal estabelecida, como alguns imaginam ser a Astrologia?

Enquanto palavras designando condições encontradas no mundo, realmente úmido e água, fogo e quente, poderiam ser igualáveis. Mas note o seguinte: o fogo é algo que existe manifestado, vemos o fogo, podemos tocar o fogo, não obstante queime nossa mão. O "quente" é a qualidade de algo; quente não existe sem que exista "algo quente". Eu não sinto "quente" sem sentir algo que está quente. O mesmo com água e úmido: podemos ter um copo cheio de água, mas não podemos ter um copo cheio de úmido. É preciso "algo úmido" a encher o copo. Existe somente "algo úmido", não existe o úmido sem ser a qualidade de algo. Confundir elementos e qualidades primordiais é tal qual confundir as qualidades com as coisas que contêm essas qualidades.

Tendemos a duvidar que existam qualidades afora serem atributos de coisas. Tendemos a crer que a qualidade está presente nas coisas, e que não pré-existem a elas: primeiro o elemento dado, depois suas qualidades. É preciso ter um corpo para ter calor; não existe o calor que não emanado por um corpo. Não há secura ou umidade sem que exista um corpo que seja seco ou úmido. Assim a mentalidade corrente estabelece a ordem do mundo.

Mas o que a Astrologia propõe é o oposto: as qualidades pré-existem às substâncias e às coisas manifestas, as qualidades são as formadoras dos elementos: as qualidades *são* primordiais, têm primazia sobre as substâncias que formam os mundos conhecidos, o mundo exterior e o interior. Quente, Frio, Seco e Úmido são dinâmicas que pré-existem a tudo o que é manifestado, e formam o "interior" dos elementos que compõem o mundo. A dinâmica precede o corpo, o fluxo precede o lugar, a vida não é decorrência de substâncias capazes de se tornarem vivas, a vida precede o corpo vivo.

As qualidades Quente, Úmido, Frio e Seco não se referem apenas, nem prioritariamente, às propriedades da matéria às quais acostumamos atribuir essas palavras. Elas se referem a dinâmicas que ocorrem no "terceiro palco" ou, colocando de outro modo, referem-se às dinâmicas internas do tempo e do espaço, sejam estes do mundo exterior ou interior.

Quente não se refere ao calor diretamente, mas a uma qualidade interna do tempo, o "ir adiante". **Frio** não se refere à baixa temperatura, mas à qualidade de "voltar para", de "contrair-se de volta a si". **Seco** não se refere à ausência de umidade, mas a uma terceira qualidade, a de resistir, reter, conservar-se a si mesmo. **Úmido** não se refere à presença de água e umidade, mas a uma quarta qualidade do tempo, a de se abandonar, se plasmar, deixar-se ir, e do espaço, a de ser plástico e flexível.

Essas são qualidades em si e não propriedades que decorrem de substâncias. São forças operantes e constituintes fundamentais da manifestação, e não qualidades decorrentes das muitas formas que a matéria ou a subjetividade venham a ter.

Essas qualidades primordiais são tensões, são *forças puras*, isto é, não decorrem da ação de corpos ou de coisas; são forças que acionam. A palavra que os gregos utilizavam para isso era "em ação", "*en ergo*", ou, como a conhecemos, *energia*: energia é o que está em ação ou o que aciona. A utilização moderna desse conceito fez com que, de maneira despercebida, pensemos que energia só é possível como decorrência de corpos em ação, como a energia elétrica produzida pelo movimento de uma turbina, ou a energia cinética produzida pela musculatura do corpo – que por sua vez é movimentada a partir da energia química metabolizada pelo organismo, que por sua vez provém de alimentos, isto é, de corpos, em um encadeamento no qual, aparentemente, sempre o corpo precede e é a fonte da energia, sempre a substância precedendo a qualidade. Dentro dessa visão, somente no nível da energia atômica passamos a ter energia precedendo aos corpos e às coisas.

A Astrologia coloca a questão em outros termos: primordiais mesmo são as qualidades, as dinâmicas; destas resultam os elementos, substâncias ou corpos. A primazia é da dinâmica sobre o corpo, da qualidade sobre o elemento, e não apenas no nível infraestrutural da matéria, mas também nas questões práticas da vida, na subjetividade e no comportamento humano, isto é, na ordem do mundo como o experimentamos.

As qualidades primordiais permitem definições astrológicas mais precisas

O abismo entre elementos e qualidades existe também quando examinamos a questão por outra perspectiva: os quatro elementos estão presentes na formação de tudo que existe, de cada uma e qualquer entidade existente; as quatro qualidades não estão presentes todas elas em todos os elementos.

O fato de o Zodíaco (com seus doze signos e, portanto, com os quatro elementos) estar presente em todas as cartas astrológicas e, consequentemente, em toda entidade existente, dá testemunho eloquente sobre a presença dos quatro elementos em toda entidade. (Como decorrência disto, toda entidade conterá também as quatro qualidades primordiais.)

Os elementos são como substâncias existentes em tudo o que há no mundo, recebendo diferentes ênfases em cada entidade. Como exemplo disso, temos a tradicional medição do temperamento conforme a distribuição dos planetas pelos signos. Em toda carta astrológica, os quatro elementos estão sempre presentes, mas em cada carta há uma ênfase particular em um ou outro elemento, caracterizando aquela entidade não pela presença ou ausência dos elementos, mas por suas diferentes proporções.

Agora, as quatro qualidades primordiais não estão presentes em cada um dos elementos, como também não estão presentes em cada um dos signos e dos planetas. E não apenas isso: é justamente a presença de algumas qualidades e não de outras o que caracteriza um elemento e o diferencia dos demais.

Em um elemento não estão presentes as quatro qualidades primordiais; o elemento é fruto da combinação de duas das qualidades primordiais. *A presença* de duas qualidades *e a ausência* das outras duas qualidades forma e caracteriza o elemento. Em um nível, no nível manifestado, tudo está em tudo (os quatro elementos compõem tudo o que existe); em outro nível, no que denominamos "terceiro palco", nem tudo está em tudo.

Na prática, por que tudo isso interessa ao astrólogo? É de alguma serventia ou essa distinção seria "mera filosofia"?

O astrólogo que interpreta cartas astrológicas lida com a importante questão do uso das palavras ao descrever comportamentos, atitudes, situações e eventos para uma pessoa: as palavras podem conter muitos significados, e boa parte deles é usada corriqueiramente de maneira imprecisa; aparentemente, coisas muito distintas podem ser descritas com as mesmas palavras (como também diferentes palavras são utilizadas para se descrever uma mesma situação).

Veremos agora, na prática, como o estudo das qualidades intrínsecas aos elementos fundamenta o entendimento de sua dinâmica interna e, como isso, torna específico o que pode ser descrito com palavras, a partir da carta astrológica.

Tomando um exemplo, dentre muitos e muitos possíveis, temos o uso de palavras como "sensibilidade", "criatividade", "comunicabilidade", "praticidade", usadas amiúde pelos astrólogos para descrever comportamentos e capacidades humanas. São utilizadas bastante na descrição dos temperamentos. A tradição astrológica atribui sensibilidade ao elemento Água, criatividade a Fogo, comunicabilidade a Ar e praticidade a Terra.

Entrementes, há também uma sensibilidade tipicamente fogosa, como quando uma pessoa se mostra sensível a um ideal ou a um valor moral, tendo sua emotividade fortemente mobilizada. Há ainda uma sensibilidade do tipo aérea, como quando da percepção das imagens mentais, e uma sensibilidade do tipo terrosa, como quando de um carinho físico ou da lida hábil com um instrumento. Portanto, a sensibilidade atribuída ao elemento Água, a sensibilidade do tipo aquática é, então, apenas um dos tipos possíveis de sensibilidade. É o tipo a que nos referirmos mais comumente como sendo "sensibilidade"; é o que se convencionou chamar de sensibilidade, em termos comuns, havendo, contudo, outros tipos possíveis de sensibilidade. Assim, como pode um astrólogo dizer que a sensibilidade é um atributo do elemento Água e não dos outros três elementos?

O mesmo se dá com o conceito de "criatividade", que embora atribuído a Fogo (e aqui há controvérsia, outros o atribuem à Água ou Ar), não se restringe a existir somente como criatividade do tipo fogosa. A criatividade tipicamente terrosa pode ser expressa por uma engenhosidade capaz de extrair soluções e resultados surpreendentes de um problema concreto, como o fazem engenheiros, físicos e todos aqueles que lidam com a realidade física – e o fazem criativamente. Do mesmo modo, há também uma criatividade do elemento Ar, como quando se tem um *insight*, e uma criatividade aquática, como quando um instrumentista interpreta de maneira inspirada uma composição musical ou quando a fantasia imaginativa projeta novas possibilidades sobre a realidade.

A mesma demonstração feita para sensibilidade e criatividade vale para os conceitos de comunicabilidade e praticidade: cada um destes pode ser aplicado a todos os quatro elementos.

Essas quatro naturezas diferentes, apesar da tradição astrológica atribuir cada uma delas especificamente a um elemento astrológico, podem ser também atribuídas aos demais elementos, de modo que todas se indiferenciam, até certo ponto, o que equivale dizer: de certo modo, tudo está em tudo. Assim é o reino dos elementos.

Uma Astrologia cuja interpretação é fundamentada sobre os elementos, sem chegar a se fundamentar nas qualidades primordiais, uma Astrologia que diz haver emoção para Água e sentimento para Fogo, ou sensibilidade e criatividade, sem compreender do que se trata exatamente a dinâmica interna dessa sensibilidade ou dessa criatividade, é uma Astrologia que acaba necessitando apoiar-se em (e se apropriar de) conhecimentos, filosofias ou práticas externas a elas para, com isso, realizar melhor suas definições. Isso poderia levar a crer que a Astrologia não é capaz de parar em pé sobre suas próprias pernas.

Nessa Astrologia, as definições podem, com justiça, ser acusadas de indefinidas, as distinções de indistintas – quando nos aproximamos perto o suficiente daquilo que ela tenta definir e percebemos quão suas fronteiras são incertas. É uma Astrologia que tende para o "tudo está em tudo", em que "tudo vale" ou, em alguns casos, "tudo conforme o gosto do freguês", ou do astrólogo, ou ainda em que alguma "inspiração de momento" fornecerá as fronteiras para definir os indicadores e, assim, as palavras que os traduzirão. Essa Astrologia recebe a acusação de ser vaga e inexata. Por vezes, tal acusação vem acompanhada da ponderação, equivocada, de que um conhecimento simbólico que dá a conhecer o ser humano só poderia mesmo ser "subjetivo", querendo com esse termo dizer: aproximativo e inexato.

Não obstante, dentro da própria Astrologia temos o que é necessário para delinear as distinções que torne mais acurada a interpretação da carta astrológica: as qualidades primordiais. Estas são capazes de dar contornos definidos e exatos ao que é subjetivo tanto quanto ao que é objetivo. Entretanto, as qualidades primordiais estão do outro lado do abismo.

O lado das dinâmicas e o lado das coisas: uma distinção fundamental

Habitar o outro lado do abismo é estar em um campo de distinção e diferenciação a partir de *dinâmicas*, e não em um campo no qual se tenta diferenciar as *coisas*, sejam elas eventos, sentimentos ou condições.

Uma *sensibilidade Quente e Seca* será facilmente distinguível de uma *sensibilidade Fria e Úmida*. Seja qual for essa distinção, e no capítulo seguinte ela é esclarecida em detalhe, somente pelos termos técnicos agora utilizados torna-se clara que uma não tem qualquer semelhança com a outra.

Habitar esse lado do abismo, o "terceiro palco", o lado onde existem dinâmicas mas não elementos, nos dá outra visão a respeito das definições dos quatro elementos, dos signos e dos planetas. Quando estamos desse lado, isto é, quando utilizamos as qualidades primordiais como definidoras dos elementos, somos capazes de compreender como estes funcionam "por dentro"; e assim também os signos e os planetas.

Assentados nesse "terceiro palco", as semelhanças e as diferenças das formas não mais nos sensibilizam. É a dinâmica do cerne movente das coisas o que se evidencia à nossa percepção. Aqui, vistos a partir do outro lado do abismo, o besouro subindo a parede caiada e o bovino sentado diante da soleira têm as semelhanças de suas dinâmicas abertas à nossa percepção.

As qualidades primordiais como primeiro passo para a diferenciação

Para o estudo prosseguir, uma terceira característica diferenciadora entre qualidades e elementos deve ser olhada mais de perto. Temos a seguinte condição, passada por alto nos comentários anteriores, mas sobre a qual agora nos deteremos: de um lado do abismo, as formas se diferenciam e sua natureza interna se confunde (como nos exemplos sobre o uso das palavras sensibilidade, criatividade etc.); do outro lado, as formas se tornam indiferentes e a natureza interna destas se abre à visão e à diferenciação.

Na visão costumeira, um besouro e um boi são seres muito diferentes; estar sentado e subir a parede são atos distintos; permanecer contra um fundo imóvel e se deslocar ascendentemente são condições distintas. Entretanto, para a visão a partir do "terceiro palco", todos esses seres, atos e condições têm uma qualidade em comum, uma qualidade primordial que está presente e se sobressai como seu traço distintivo: aquilo que, no início, denominamos empiricamente de "firmeza decidida".

Mas, ainda mais estranhamente, tudo o que ocorre no "terceiro palco" se resume a uns "poucos" estados dinâmicos, a forças, a qualidades que os antigos denominaram de Quente, Úmido, Frio e Seco. A essas quatro, *e apenas essas quatro*, se resumem todas as dinâmicas que irão gerar tudo quanto existe no campo das formas. E é nesse palco tão parco em distinções que dizemos haver diferenciações especiais que ajudarão no traçado interpretativo da carta astrológica e na caracterização do ser humano e dos eventos de sua existência? Como podemos dizer que algo se diferencia de maneira mais evidente justamente no campo em que tudo é mais unitário, em que tudo se resume a quatro fatores?

Podemos tornar a questão ainda mais crítica se lembrarmos do que foi mostrado antes: que esses quatro fatores são, em essência, diferentes fases de um ciclo, são direções de uma mesma onda que pulsa, são fases de algo que é absolutamente uno. Como pode o uno ser um claro diferenciador?

O entendimento das distinções desses quatro fatores primordiais – por assim dizer, da primeira distinção da unidade que é perceptível à nossa mente – é a raiz de todas as demais distinções. A partir dela, todas as fragmentações subsequentes podem ser acompanhadas e entendidas. Por esse motivo, o estudo das qualidades primordiais é a raiz da Astrologia, a raiz dos fatores que podem ser lidos numa carta astrológica: é o primeiro passo para a diversificação encontrada no mundo.

Se nos níveis mais adiante da fragmentação e das subdivisões da manifestação, por exemplo, na descrição de um planeta em um signo em uma casa, há características que podem ser tomadas como sendo outras, se os fragmentos – quando tomados isolados de sua raiz em direção à unidade – podem ser confundidos uns com os outros, como peças de um quebra-cabeça que parecem muito iguais, e quando encontram seu lugar dentro da composição total, quando encaixadas na sua posição correta, revelam completamente seu desenho e caráter, e assim descobrimos que só poderia ocupar aquele lugar, assim também os fragmentos da manifestação, quando enraizados corretamente em seu lugar de origem, revelam sua natureza distinta, seu desenho e caráter. Desse modo, as qualidades primordiais operam revelando o significado mais pertinente de cada sinal astrológico e de cada combinação de sinais astrológicos: as qualidades primordiais indicam o lugar que cada fragmento ocupa no todo. A *combinação* desses fatores, as várias possibilidades de combinação entre as muitas fases de um ciclo e as diferenças que delas decorrem, cria a multiplicidade que habita o campo dos elementos e das formas.

Veremos adiante como é isso na prática, como um determinado sinal astrológico na análise da carta, que diria coisas com limites incertos se lido separadamente de sua raiz, revelará traços distintos das outras manifestações parecidas ou congêneres, se o compreendemos a partir das qualidades primordiais.

As diferenças de orientação de uma onda que pulsa, das fases de uma vibração, quando bem compreendidas, revelam em que parte ou fase dentro de um campo dinâmico se encaixa cada peça do quebra-cabeça da manifestação, do quebra-cabeça astrológico, e é essa orientação para com relação ao seu lugar dentro de um ciclo o que torna as quatro dinâmicas primordiais capazes de – apesar se serem apenas quatro e muito próximas a serem unas – diferenciar forte e incisivamente: são a raiz de cada forma possível, de cada sinal astrológico, e revelam em cada fragmento da manifestação *para qual origem ele está orientado*, a qual fase de onda corresponde em sua essência.

Sem a correta referência ao lugar onde são unos, os fragmentos da manifestação não são compreendidos por completo; ao menos, não na forma de compreensão e conhecimento propostos pela Astrologia. Sem essa referência, os fragmentos são apenas partes isoladas, cujas respostas a uma questão serão parciais; mesmo quando pontualmente corretas, não remetem a uma visão do conjunto vivo. Em várias respostas, na interpretação de uma carta astrológica, isso será crucial.

Para quem nunca lidou com a necessidade de se encontrar a resposta a uma questão em uma carta astrológica, pode parecer preciosismo ou especulação conceitual. Entretanto, quem é solicitado a dar respostas claras e positivas diante da questão a ser respondida pela carta, sabe o quão decisiva é a análise dos sinais envolvidos, em direção a um "sim" ou "não", a um "por aqui" ou "por ali".

É diferente um "sim" ou um "não", um "por aqui" ou "por ali" tomado em relação ao todo de um dado ciclo ou campo completo, e outro que resulta da análise e da compreensão apenas de um fragmento considerado. As qualidades primordiais são o elo de ligação de cada parte com o todo, na carta astrológica.

Ler a carta astrológica do ponto de vista das qualidades primordiais é mantê-la concatenada como um todo movente, como uma *constelação de forças dinâmicas*, é manter-se fiel ao seu significado pleno. Ler a carta sem a referência (mesmo enquanto pano de fundo) das qualidades primordiais contém o risco de a leitura se perder de seu todo; por exemplo, de se ficar identificado com certas descrições de um dado signo ou planeta e se perder de sua referência fundamental, isto é, de seu cerne movente. Perder precisão e qualidade específica na resposta e torná-la apartada do contexto completo no qual se insere são decorrências que apequenam a prática astrológica.

O terceiro palco, o palco no qual as coisas revelam o aspecto mais unitário de suas naturezas, vem, assim, em auxílio do trabalho astrológico.

O abismo que separa elementos e qualidades é também uma tomada de respiração nova, hausto fundo de alento vivificador para elementos, signos e planetas. Esse alento revela as diferentes possibilidades de criatividades, sensibilidades etc., pois estas são explicitadas em seu movimento interno particular, o qual distingue uma da outra e permite a mais completa tradução de um dado comportamento ou processo humano.

Depois de nos debruçarmos sobre o abismo que separa elementos e qualidades, depois de bordejarmos as fronteiras do terceiro palco, vamos adentrá-lo, usando para isso a linguagem própria das forças puras, trazendo as qualidades primordiais à frente do seu próprio palco, deixando que elas nos mostrem como se organizam e como se compõem para formar as manifestações como as conhecemos, cá deste lado do mundo, habitado por bois, besouros e crianças.

PARTE II

OS ELEMENTOS E O ZODÍACO

4

AS QUALIDADES PRIMORDIAIS

Tudo flui e nada permanece. Tudo cede e nada se fixa.
As coisas frias tornam-se quentes e as quentes, frias.
O úmido, seca; o ressecado umedece.
[...]
O primeiro aspecto torna-se o último, e o último novamente o primeiro,
por uma súbita e inesperada reversão.

Eles se separam e depois se unem novamente.
Tudo vem na estação certa.
(Heráclito)

As qualidades primordiais precedem os corpos e as substâncias, são forças puras, como vimos nos capítulos anteriores. Para serem apresentadas, no entanto, precisamos nos valer de descrições dessas forças atuando através de corpos e substâncias, pois é assim que nosso intelecto consegue apreendê-las.

Permanecer em uma descrição "pura", como a descrição de forças que "vão em direção a" ou que "voltam para", ou ainda de forças que "resistem e se condensam" ou que "cedem e se amalgamam quando confrontadas", tornaria o trajeto descritivo bastante mais árduo do que ele já é, e o afastaria da finalidade deste trabalho: trazer de volta as qualidades primordiais como fundamento do corpo de conhecimento astrológico.

Se por um lado, por se tratar de forças puras, estas saem de sua natureza se descritas em termos de forças físicas, por outro lado, saem também de sua natureza quando descritas em termos psicológicos, como a força de uma motivação, de uma inibição, de uma racionalização, de uma acolhida simpática.

Não há muita saída, se queremos descrevê-las, que não a de nos valermos dessas "decaídas", por assim dizer, da dimensão de pureza das forças para suas projeções no mundo físico e psíquico. Para falar do terceiro palco, somos obrigados a falar de suas projeções no mundo físico e psíquico. Portanto, em sua descrição, usaremos tanto termos que indicam a aplicação dessas forças no mundo fenomênico quanto no campo da psique. Se por um lado, a descrição não será tão pura quanto se poderia idealizar, por outro, isso será útil na medida em que é nesses dois campos que experimentamos a presença delas. Mas que isso não nos confunda: estas são projeções das dinâmicas originais sobre esses dois campos, não são as forças em si mesmas.

Desse preâmbulo depreende-se que o que se passa no campo da psique e o que se passa no campo dos fenômenos do mundo exterior tem uma mesma raiz comum. Ao descrever o mundo psíquico, as qualidades primordiais parecem lhe dar conotações mecanicistas, de um funcionamento como máquina, como se tensões e resoluções impessoais a formassem; e, ao descrever o mundo fenomênico, as qualidades primordiais parecem lhe dar conotações de ser vivo, como se vontades, anseios e demandas estivessem presentes em fenômenos que costumeiramente não são considerados vivos.

Com isso, as qualidades primordiais demonstram algo que o conhecimento da Antiguidade afirmava: *tudo é vivo*; ou ainda, *tudo está correlacionado*. Não no sentido de que uma pedra é um ser vivo tal qual um animal ou um humano são seres vivos, ou que se correlacionam de igual para igual no campo das formas; mas no sentido de que em tudo quanto existe, pedra, animal e homem, há um cerne movente, um movimento interno vivo, não obstante seja invisível aos olhos físicos e intangível às mãos – e que *esse cerne movente*, em tudo presente, *se correlaciona vivamente*. As qualidades primordiais são a chave para a compreensão de como isso se dá, a chave para a lógica possível no entendimento dessas correlações e para verificar quando elas ocorrem e em quais condições.

Os elementos, signos e planetas serão adiante descritos como campos dinâmicos movidos por leis e forças. Tal descrição permite entender como eles *funcionam em si mesmos*, e não apenas o entendimento de suas atuações projetadas no palco físico ou psíquico. Esta descrição difere daquelas da astrologia psicológica, pois não reduz os indicadores astrológicos a um contexto psicológico, nem os reduz a acontecimentos e eventos; abrange os dois, apagando a falsa linha demarcatória construída entre eles.

A aplicação quase exclusiva da Astrologia à psique humana é fruto de uma visão muito recente. A Astrologia mais antiga – a da Renascença, por exemplo – aplicava os conceitos astrológicos não somente aos seres humanos como também a situações e fenômenos que não possuem propriamente uma psicologia humana, como plantas, animais, minerais, pedras preciosas, condições meteorológicas etc. A abordagem das qualidades primordiais permite que os significados de elementos, signos e planetas sejam aplicados de maneira direta a qualquer nível da natureza.

A mentalidade corrente distorceu a Astrologia, retirou-a dos campos em que antes atuava e fez com que refluísse forçada e exclusivamente para dentro da psique humana, permitida a apenas aí permanecer. Recolocar a Astrologia em seu devido campo, o qual abrange igualmente o mundo exterior e o mundo interior, é uma tarefa a que as qualidades primordiais podem se propor com a segurança de realizá-la.

As qualidades primordiais como cerne comum às várias dimensões da vida

As qualidades primordiais e suas combinações descrevem *tipos de movimento*. A impressão final é a de que cada elemento, signo ou planeta corresponde a certo tipo específico de movimento, cujas características resultam da interação das qualidades primordiais. É esse movimento interno, e não suas decorrências físicas ou psicológicas, o que define um signo ou um planeta astrológico. É esse movimento interno, esse *cerne movente do indicador astrológico*, o que permite saber "como funciona" um signo ou planeta, seja qual for a condição em que se encontre na carta astrológica.

Esses tipos de movimento estão presentes e vivificam os diversos reinos da natureza. No reino vegetal, por exemplo, uma planta pode conter o mesmo cerne movente presente em outro reino, digamos, no mineral. Essa interação entre os mesmos cernes moventes (as mesmas classes de movimento) presentes em diferentes reinos da natureza é a base para as correlações existentes entre signos, planetas, cores, pedras preciosas, sons, plantas, animais, características humanas físicas e psicológicas etc. Essa é a base para os processos de cura, estímulo e sedação do temperamento e do organismo humano por meio da utilização de componentes dos outros reinos da natureza. É o cerne movente de um reino natural sendo absorvido e passando a constituir o cerne de outro reino, processo desconhecido e desacreditado pelas ciências naturais, pois que sua fronteira é o campo das substâncias e das formas, e o conhecimento aqui apresentado se encontra além dessa fronteira.

Em nenhum dos reinos os diversos tipos de movimento ocorrem de forma evidente, na imensa maioria das vezes. O exemplo inicial do besouro e do bovino é eloquente quanto a isso. No reino humano, por exemplo, alguém de signo solar Aquário, cujo cerne pode ser resumido como uma "expansão contínua sem tensões internas que a refreiem", não é visto por aí abrangendo o ar em várias direções – pelo menos não de modo visível – nem tem em sua vida um progresso isento de resistências e aborrecimentos – inclusive porque há outros fatores em jogo na sua existência, além de seu lado aquariano. O cerne movente dos seres e das coisas raramente se deixa vislumbrar.

A visão dinâmica dos elementos, signos e planetas, concedida pelo estudo das qualidades primordiais, organiza e amplia a compreensão de sua natureza essencial. Constitui ainda fonte de confirmação da validade ou não de diversas características secundárias de signos e planetas, pois cada característica secundária deve ser uma variação da expressão de seu movimento fundamental.

Quente, úmido, frio e seco

Partimos dessas quatro qualidades que, como já vimos, nascem das diferentes fases de uma onda cíclica; são as direções de propensão do tempo. O que a princípio é unitário, se subdivide em quatro fases. Em resumo:

Quente é a propensão direcional para o cimo da crista da onda; a fase de dinâmica expansiva, o anseio para sair de um polo e alcançar outro polo, é o movimento de "ir adiante desde".

Úmido é a propensão direcional para uma transição, para ficar à mercê, para modificar e inverter a direção quando o movimento, tendo atingido o ápice do que pode atingir, perde dinamismo e coesão, tornando-se vulnerável a modificações. Nesta fase, resta à onda soltar-se do atingimento e se abrir ao que vier. É fase plástica e receptiva.

Frio é a propensão direcional para o baixio da onda, a fase dinâmica de contração,

o anseio de voltar para o polo inicial, é o movimento de "voltar para".

Seco é a propensão direcional para um segundo tipo de transição, a propensão para resistir, condensar e para a reação tensa. Novamente a direção do movimento se modifica e inverte, ao atingir o máximo de contração.

Da tensão acumulada, da resistência a se voltar mais ainda para si mesmo, surge mais uma vez a propensão *Quente*, dando início à fase seguinte da onda.

As direções de propensão colocadas em desenho mostram-se como fases de uma única onda ou ciclo. Elas não se diferenciam por magnitudes diferentes, posições no espaço ou por serem entidades diferentes. O movimento que se expande não é outro que não o mesmo movimento que se contrai, *em outro momento*. A fase de transição que passa de expansão à contração, ou desta àquela, continuam a ser o mesmo movimento, *em outro momento*. É uma unidade (a onda) que se diferencia em suas diversas faces *no tempo*:

As subdivisões da onda se caracterizam por duas fases de movimento em direção a (Quente e Frio) e duas fases de platô ou transição (Úmido e Seco); uma paridade que o desenho ilustra, com Quente e Frio sendo linhas que se alongam e Úmido e Seco formados por platôs onde a direção do movimento se modifica. Há similaridades entre Quente e Frio e similaridades entre Úmido e Seco; há ainda diferenças entre esses dois pares de qualidades.

O movimento presente no cerne das coisas se apresenta de diferentes maneiras em diferentes tempos, não por conta da cronologia externa medida pelo relógio, e sim devido à fase interna do tempo. Esse cerne movente é reconhecido por suas diferentes direções de propensão. O tempo que a Astrologia nos dá a conhecer, embora possa ser situado no tempo cronológico, é propriamente as propensões da onda; poderíamos dizer, da *onda vital*.

Naturalmente, o que a carta astrológica nos mostra é mais complexo do que esse desenho simples de uma unidade da onda do tempo. Este é o ponto de partida, a *unidade básica* com a qual trabalha a Astrologia. Começaremos, a partir dessa unidade básica, a mostrar como se caminha para o mundo dos corpos e das substâncias, saltando por sobre o que antes chamamos metaforicamente de abismo que separa o mundo das qualidades do mundo dos elementos e substâncias.

Para adentrar esse mundo, é preciso explicar antes, em detalhe, uma característica do tempo mencionada, de modo a compreender como acontece a relação entre as qualidades primordiais.

O tempo armazena e antecipa

Além do tempo se caracterizar pelo movimento cíclico, outra característica é que, em seu movimento vibratório, ele *armazena a si próprio* e *antecipa a si próprio*. Comparamos antes o tempo a uma linha de costura, de algodão, feita de pequenos trechos de fio de algodão que se entrelaçam formando a linha maior; e dissemos que assim também o tempo é feito não de pontos separados de passado-presente--futuro, mas como que feito de fios entremeados destes, criando uma continuidade entre passado, presente e futuro. Nesse sentido, um dado momento do tempo é interagente com os momentos do tempo que imediatamente lhe antecedem e sucedem: o tempo presente carrega, ou *armazena*, algo de seu passado, assim como carrega, ou *antecipa*, algo de seu futuro.

Vejamos um exemplo disso na estrutura fundamental da música. O tempo rítmico contido no metro de uma música é feito de divisões, isto é, de compassos, e cada compasso tem uma subdivisão interna. Para facilitar, digamos que o compasso de nosso exemplo tem dois tempos, o primeiro e o segundo. O compasso começa no tempo 1, segue para o tempo 2, e daí vamos para o tempo 1 do compasso seguinte, e assim segue a estrutura do tempo neste exemplo.

Para reconhecer os dois tempos dentro do compasso, quando *ouvimos* a música (e não quando lemos a partitura e podemos ver a anotação de qual nota preenche qual tempo) tais tempos precisam apresentar alguma diferença. Essa diferença é ouvida não quando ouvimos separadamente a nota que preenche o tempo 1 ou a nota que preenche o tempo 2. Tomadas em separado do contexto do tempo musical, elas não nos dizem nada a esse respeito. Mais propriamente, ouvimos a diferença entre os tempos ou batidas dentro de um compasso quando ouvimos o deslocamento de uma nota para outra, quer dizer, quando ouvimos a melodia, e, mais ainda, quando essa melodia é executada de acordo com seu fraseado rítmico.

Ouvimos no movimento das notas algo que veio da nota (ou silêncio) anterior e algo que se projeta para a nota (ou silêncio) seguinte. Desse modo, uma fase da onda ou uma batida do compasso contém a fase ou batida anterior, assim como a seguinte, caso contrário a onda do tempo não poderia ser reconhecida como tal, a melodia não seria ouvida como tal, a música não seria o que ela é.

Na música, a batida 1 carrega em si a batida 2; reconhecemos no tempo 1 de um compasso que este é prenhe do tempo 2 (cria a expectativa deste), assim como reconhecemos no tempo 2 que ele resultou de 1 (é a completude deste); a completude em 2 irá gerar novamente um novo 1, e assim por diante. Não fosse assim, não distinguiríamos o tempo 1 do tempo 2 em uma obra musical, assim como na onda do tempo não distinguiríamos Seco de Quente ou Quente de Úmido etc., não fosse pela característica do tempo armazenar e antecipar a si próprio.

Tanto a expectativa quanto a completude são dados do tempo e não do ouvinte da música ou observador da experiência. Que isso não é efeito da memória do observador, mas é imanente da natureza do próprio tempo, foi demonstrado por meio do estudo da natureza da música por Zuckerkandl, em seu livro *Sound and Symbol*.

Colocado em termos das qualidades primordiais, temos que a fase Quente armazena a fase Seco, carrega em si mesma a fase Seco, que é seu "tempo" anterior; assim como, a fase Quente antecipa e traz em si a fase Úmido, que é seu "tempo" seguinte. Frio armazena em si a fase anterior Úmido, assim como antecipa a fase posterior Seco, e assim por diante.

Colocada em desenho a relação de uma propensão com sua antecessora e sua sucessora, como uma dada propensão *armazena* em seu próprio momento a propensão que lhe antecede e *antecipa* a que lhe sucede, conforme as fases oscilam:

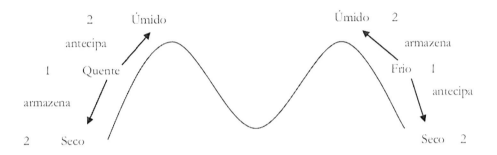

Ora a propensão Quente é "Quente sucedendo Seco", com Seco armazenado em Quente, ora a propensão Quente é "Quente antecedendo Úmido", estando Úmido antecipado em Quente.

O mesmo acontece com a qualidade Frio, que ora é "Frio sucedendo Úmido", armazenando Úmido em Frio, ora é "Frio antecedendo Seco", estando Seco antecipado em Frio.

A ideia de passado, presente e futuro na sucessão do tempo, em vez de ser abolida, é experimentada como interpenetração, ora como um "ir em direção a", ora como um "voltar desde", com os tempos sendo experimentados ora como "1 em direção a 2" ou "Quente em direção a Úmido", ora como "2 desde 1" ou "Quente desde Seco". (Observação: pela semelhança entre "movimento que lança adiante" e o tempo forte do compasso musical, o tempo 1 do compasso, na exposição desta ideia associamos a batida 1 a Quente e a Frio, como a batida forte de um compasso binário, e a batida 2 a Seco e Úmido, como seu tempo fraco.)

O encadeamento das qualidades primordiais e os 4 elementos: fogo, ar, água e terra

O costume, no trato com essa questão, é considerar que a qualidade Quente combina-se com Seco ou com Úmido, como se duas substâncias se mesclam para formar um terceiro componente, como as moléculas de hidrogênio e de oxigênio se unem para formar a substância 'água', ou como duas cores em tinta a óleo, o amarelo e o vermelho, por exemplo, se misturam para formar um só tom de tinta laranja. Entretanto, o que estamos a demonstrar aqui é que as qualidades primordiais não são substâncias, mas propensões do tempo, as quais não são substanciadas. Não se pode pensá-las como se pudéssemos pegar parte de uma e parte de outra. É preciso pensá-las em termos das dinâmicas do tempo, se queremos compreendê-las em sua verdadeira natureza. Assim, é por *armazenagem e antecipação* (característica do tempo, as fases do tempo que se interpenetram) e não por *combinação* (característica do espaço, enquanto coisas que se mesclam justapostas no espaço) que as qualidades se relacionam.

Temos quatro interpenetrações ou estados de armazenagem possíveis entre as qualidades primordiais: o estado "Seco e Quente", o estado "Quente e Úmido", o estado "Úmido e Frio" e o estado "Frio e Seco".

Assim como no compasso musical há uma sequência de elos que encadeiam a onda métrica, também as qualidades primordiais se encadeiam. Em um metro ternário, por exemplo, os elos se formam entre a batida 1 que se encadeia com a batida 2, a 2 que se encadeia com a 3, a 3 encadeada com a nova batida 1 do compasso seguinte. O movimento de "ir adiante desde" da batida 1 cria a propensão de expectativa em direção à batida 2; um outro impulso mais fraco "adiante" leva da batida 2 à 3, em uma sustentação da expectativa; finalmente, o movimento da batida 3 "volta para" a nova batida 1 do compasso seguinte, produzindo o estado de completação, de repouso métrico, que é por sua vez o lançamento do movimento para o novo compasso. O balanço do ritmo musical é seu equilíbrio.

Assim como na música, também as qualidades primordiais se interpenetram e encadeiam umas às outras. A interpenetração das qualidades primordiais cria aquilo que conhecemos como *elementos* – o Fogo, a Terra, o Ar e a Água. É o primeiro passo em direção ao mundo conhecido, seja ele o mundo externo dos fenômenos ou o mundo interior da psique. Estamos agora em paragens mais conhecidas, cuja natureza e contornos são mais familiares.

5

FORMAÇÃO DOS QUATRO ELEMENTOS

Os quatro elemento s surgem das quatro interpenetrações, ou estados de armazenagem e antecipação possíveis, entre as qualidades primordiais, "Seco e Quente", "Quente e Úmido", "Úmido e Frio" e "Frio e Seco". Em cada par, temos duas propensões trabalhando juntas. Assim como na música duas notas soando uma em sucessão a outra dão início à melodia, à música como tal, também nas qualidades primordiais, quando duas trabalham juntas dá-se o início daquilo que é reconhecível como um elemento constituinte da vida.

Uma única nota soando, um som de afinação definida soando, não é ainda música, propriamente. O som do telefone quando "tirado do gancho" é uma nota musical que soa continuamente, um Lá absoluto, um som de altura definida que vibra a 440 Hz. Ninguém dirá que ouve música quando liga o telefone e ouve esse som afinado. Se um segundo som afinado soasse no telefone, qualquer fosse essa nota, poderíamos ter a percepção de uma música começando: melodia e música acontecem a partir da interação de duas notas. Assim também, os quatro elementos astrológicos têm início quando duas propensões atuam de modo interrelacionado.

A propensão "quente armazenando seco" corresponde ao *elemento Fogo*

O elemento Fogo é um movimento expansivo a sair de um estado de tensão, uma dinâmica provida por tensão. Fogo é definido tanto por expansão quanto por tensão; é, na verdade, a articulação entre essas duas propensões o que lhe caracteriza. É um tempo que pressiona para a exteriorização, a mobilização, e propende a sair de onde se está para alcançar algo. É o tempo de "ir adiante". Na música seria algo como a batida 1 do compasso métrico. Seu movimento tem poder de arranque e iniciativa, com a imposição de sua dinâmica sobre o mundo em torno. Esse é o cerne do elemento Fogo.

Por ser encadeado com Seco, Quente tem sua expansão fortemente centrada em sua tensão interna e sua estrutura. Fogo é o elemento da motivação que anseia mover o mundo à volta, mas que, por estar preso à sua própria nascente, Seco, se ocupa mais em garantir sua força do que em realmente doar-se generosamente ou se expandir sem reservas. Há sempre uma reserva, segura pela qualidade Seco, o que vale dizer: lutar por e para si mesmo, mais do que realmente mover o mundo.

Por mais que sua motivação fundamental seja dinamizar e mover o mundo, Fogo tem parte de sua dinâmica voltada para preservar o autofortalecimento.

A partir do estudo do cerne fogoso, podemos entender melhor, por exemplo, quando nos referimos aos conceitos de "sentimento" ou de "intuição" atribuídos a este elemento. O sentimento fogoso não é o de se sensibilizar com algo, mas é o sentimento que propende a um movimento exteriorizador, um sentimento que mobiliza, que move com clara propensão para o futuro, para um ir além. A intuição fogosa tem também a marca da mobilização à ação, da inspiração que exige modificar as condições seguintes de acordo com a natureza do que foi intuído. Tanto o sentimento quanto a intuição fogosos carregam a marca de uma propensão que anseia se autoafirmar, correndo juntamente com uma generosa abertura de sua energia. Colocado de outra maneira: seus motivos são sempre *pessoais*, mesmo quando doando energia ou se expandindo. Adiante, veremos como isso tem gradações para cada um dos signos do elemento Fogo.

As ilustrações aqui apresentadas não pretendem esgotar todas as possibilidades interpretativas da natureza fogosa, mas fornecer um primeiro delineamento sobre como as propensões primordiais se comportam.

A propensão "quente antecipando úmido" corresponde ao *elemento Ar*

O elemento Ar é movimento expansivo a beirar a receptividade. É uma expressão que quer receber do mundo um retorno em relação ao que colocou, uma expressão motivada pela entrada em cena do outro, ansiosa de troca e interação. É o tempo de se relacionar.

Se o movimento expansivo de Fogo, o qual se encadeia com a qualidade Seco e com isso impõe e afirma seu movimento, é unilateral, a expansão de Ar é encadeada com Úmido e propende a ora se colocar ora acolher e receber. Daí Ar ser o elemento da comunicação e das interações, por excelência. É uma comunicação que tem seu centro de gravidade não na recepção ao outro, mas na colocação de seus motivos e interesses. E nisso se apresenta o que pode ser considerada a deficiência de comunicação do "comunicativo" elemento Ar: a preeminência de suas colocações sobre as colocações do outro. É propensão à comunicação, à troca, à interação, mas não sobre bases iguais entre os participantes. Talvez o elemento Ar pudesse ser melhor definido não como o elemento da "comunicação", mas o elemento que *anseia ser capaz de alcançar a comunicação e a interação*. Isso é a descrição de uma propensão, mais propriamente, do que falarmos de "comunicação" em si mesma, como ato consumado.

O gosto pelos relacionamentos e a facilidade de comunicação, costumeiramente atribuída aos signos do elemento Ar, devem ser revistos a partir da descrição de seu cerne movente. Nas relações e comunicações que estabelece, o elemento Ar tem a propensão de se impor, reservando a seu partícipe um papel secundário. E, adiante, veremos como cada signo de Ar propende à sua maneira para esse jogo de diferentes pesos para cada polo da relação.

A propensão "frio armazenando úmido" corresponde ao *elemento Água*

É movimento de contração, de "volta para", que traz em si uma propensão receptiva e acolhedora. É um trazer para si, um recolher e acolher. É um chamado evocativo em direção a si mesmo daquilo que está fora, no mundo. Essa propensão tem sua peculiaridade na atração, por assim dizer, no vazio que promove e que gera um vácuo atraente a ser preenchido. É quase como que um desfalecimento diante do qual todos voltam seus olhos, atraídos pelo súbito vazio. No compasso da métrica musical, corresponderia a um "tempo fraco", à fase final de um ciclo, um tempo que urge por completação e que, em função desta, angaria as forças em torno. É o tempo que fica em suspenso, de algo que se conclui pela ausência de possibilidades.

No limite máximo de Úmido, a dinâmica se esgarça e se desfaz. É um ponto de terminação, mas também de inflexão: deste nada, a polaridade natural da vida dá início ao caminho de volta, ao movimento de contração, ao Frio.

O elemento Água é descrito como sendo sensível, impressionável e emotivo. As duas primeiras características são claramente entendidas no parágrafo acima. A sensibilidade e a impressionabilidade são aquelas da receptividade ao mesmo tempo acolhedora e desejosa de se completar pelo que recebe. Por mais que a plasticidade da qualidade Úmido não confira força de ação impositiva à Água, a ausência de tensão de Úmido ao promover uma dinâmica dúbia e instável, por assim dizer, ao promover *uma força sem força*, acaba por criar um vácuo a ser preenchido, cria uma dinâmica centrípeta, que magnetiza e atrai as forças à volta. A emoção relativa a este elemento deve também ser entendida por este seu cerne: é emoção enquanto estado sensível e reativo às dinâmicas que lhe chegam desde fora; é a emoção do que se impressiona viva e fortemente pelo que lhe toca. E daí a oscilação em relação ao ambiente ao seu redor, ao estado emocional das pessoas, a mercê ao impacto dos estados do mundo com os quais se põe em contato.

A propensão "frio antecipando seco" corresponde ao *elemento Terra*

É a propensão para contrair em direção a um estado de tensão. É definido tanto pela contração quanto pela tensão, sendo caracterizado pela articulação entre essas dinâmicas. Assim como Água, é também movimento de contração, de "volta para", mas, ao contrário daquela, é movimento que firma e fixa o que é trazido de volta, gerando acúmulo progressivo de tensão e estruturação. Por se encadear em direção a Seco, Frio propende a se ressecar, diminuindo sua movimentação e aumentando a "aspereza interna", por assim dizer, com o que o movimento de contração se paralisa mais e mais. Terra é o elemento do adensamento das dinâmicas, ao torná-las cada vez mais coesas e condensadas. É um tempo que arraiga, internaliza e cristaliza. Seu movimento fortalece estruturas, firma o que há e tende à estabilização.

O cerne do elemento Terra é a dinâmica cristalizadora, por excelência. Como Frio propende para se tornar cada vez mais Seco, isto é, o movimento tende a se tornar mais e mais tenso, a contração encontra um limite para acontecer. Nesse limite, a dinâmica se extingue, o movimento para por um instante. Tudo cessa. A imobilidade reina absoluta. O reino do movimento puro torna-se ausente de movimento. Esse é um momento semelhante àquele do elemento Água, no qual o movimento se suspende por um instante, quando a "força deixa de ter força".

Em tempo de Terra, o movimento não fica suspenso no ar, mas travado em sua máxima contração possível. No tempo de Água, não há uma paralisia, mas uma suspensão na qual o movimento não é impedido, só não tem força para acontecer. Na máxima contração de Terra, o movimento que existia fica impedido de continuar a acontecer. É sua imobilização ou, mais propriamente, o seu fim. Neste ponto haverá uma reversão do movimento, e de Seco será retomada a fase Quente.

A característica atribuída pela tradição ao elemento Terra é a da materialidade, do aspecto físico da existência, da concretude e, de fato, é no elemento Terra que o palco das dinâmicas parece dar lugar ao mundo das formas e das coisas concretas.

A partir do estudo do cerne terroso, podemos entender melhor, por exemplo, quando nos referimos aos conceitos de "forma" e de "praticidade" atribuídos a este elemento. A "forma" é o resultado final da condensação dos fatores da vida. Na verdade, mais do que "forma pronta", o tempo de Terra é a tendência à estabilização e à condensação máxima; é ainda uma propensão, um "voltar para" a estabilidade. Não é a estabilidade final em si mesma. É ansiar o ponto de repouso mais estável possível, é a busca da certeza mais segura, da formulação mais confiável. A "praticidade" do elemento Terra resulta do sentido de melhor ocupação possível do estreito campo disponível para as forças atuantes; é um saber operar dentro do mínimo. Assim, pode-se compreender por qual motivo a praticidade terrosa muitas vezes diminui o sentido ou o valor daquilo que está organizando. Há um estreitamento intrínseco no tempo Terra.

6

FORMAÇÃO DOS 12 SIGNOS

Cada elemento, embora definido por duas qualidades primordiais, varia quanto à interpenetração destas, ora centrado mais em uma das qualidades, ora em outra. Essas variações dentro do mesmo elemento dão origem aos signos astrológicos. Portanto, os signos astrológicos são variações da manifestação dos quatro elementos.

Cada elemento corresponde a uma fase do ciclo do tempo e essa fase contém outras fases menores e específicas, ou subfases, dentro de si. Essas subfases diferentes dentro de um elemento dão origem aos signos astrológicos. Estes são a expressão de diferentes "tempos" dentro do trecho de onda do seu elemento. Assim, cada elemento se manifesta de três maneiras distintas, em três "tempos de manifestação".

A apresentação tradicional fala de três variações dos elementos, descritas como "dinamismos": cardinal, fixo e mutável; respectivamente a manifestação por *impulso*, *conservação* e *variação* de cada elemento.

Entretanto, seguindo a linha de pensamento adotada neste trabalho, chegamos ao mesmo delineamento por outro caminho: a variação dentro de cada elemento ocorre em três etapas, uma de impulso inicial, outra de conservação e uma terceira de variação. Essas três etapas são evidentes quando as qualidades primordiais são pensadas como entidades do tempo, mas permanecem incompreensíveis quando pensadas como substâncias corporificadas.

Tomemos o elemento Fogo como início.

Fogo

Formado pelas qualidades Quente e Seco, encontramos três fases internas e distintas dentro da fase Fogo: a primeira, na qual Seco predomina sobre Quente, é uma subfase da onda em que a tensão coercitiva, a força acumulada que impulsiona e inicia a expansão, é ainda mais forte e presente do que o próprio movimento expansivo (o signo de Áries); a segunda, na qual Quente predomina sobre Seco, a subfase da onda na qual o movimento expansivo predomina e se estabiliza sobre a tensão que iniciou o movimento (Leão); e a terceira, na qual a propensão Quente, embora carregada da tensão inicial Seco, se aproxima e absorve traços da propensão dispersadora Úmido, caracterizando-se então por ser uma subfase mutável da onda dinâmica (Sagitário).

Colocando a distribuição das três subfases no gráfico da onda dinâmica:

Áries é o impulso que nasce do acúmulo de tensão, o ápice de Seco a ponto de este começar a se expandir. É a tensão da prontidão para se mover, para romper para fora do que era antes. O lapso de tempo em que a tensão liberada se torna movimento é a subfase Áries. O movimento tem dificuldade para romper a inércia de Seco e, quando o faz, surge e explode abruptamente. O movimento surge carregado de tensão impositiva. O movimento é veemente, contundente e entrecortado. O idealismo de Quente é altamente impositivo. A fonte de vida, a qualidade Quente, está a serviço de sua própria estrutura (Seco), por ser esta qualidade mais forte que aquela. O predomínio da tensão Seco impede a livre movimentação de Quente, o que exige que algo reforce sua vontade para esta vencer a tensão de contenção, e, então, finalmente mover-se, realizar seus intentos.

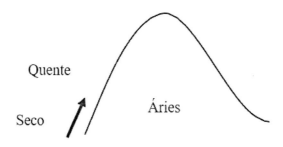

Áries tem por indicador o carneiro, animal de chifres muito duros, mas sem grande vontade própria, que diante das provocações reage com ímpeto e pouco controle de sua força. É um signo de partida e projeção à frente e ao alto: há um longo caminho adiante. Dentre as diferentes propensões entre os pólos de uma pulsação, Áries é o signo da transição entre um polo atingido e a retomada da dinâmica para "ir adiante desde" esse pólo; há a vontade de o polo atingido ser reafirmado ao mesmo tempo em que retoma o movimento depois de atingir um ponto de parada. Áries é quando o tempo é reversão, desde a parada para o novo início.

Leão é a conservação do movimento de expansão. Por ser a subfase em que a propensão Quente predomina sobre Seco, o movimento expansivo é mantido constante pela tensão de Seco, presente mas não-dominante. É se expandir 'para fora' e ao mesmo tempo conquistar o 'fora' para integrar seu mundo de 'dentro', fazer do fora seu domínio expandido. Colocando em termos do tempo, é sustentar o presente, nele incluindo o futuro imediato, incluindo aquilo que enraizado no presente anseia pelo futuro.

O lapso de tempo em que o movimento expansivo conserva sua coesão é a subfase Leão, caracterizada pelo domínio, pela vontade e pela expressão de sua força e brilho. A força expansiva da qualidade Quente se manifesta sem grande tensão, tornando constante e controlada a atuação sobre o ambiente. Os princípios pessoais a tudo comandam. A vontade é forte, tácita e plácida. É difícil modificar esse movimento: a rigidez de Seco mantém a coesão dentro do seu âmbito de domínio, que progressivamente se expande. Também é difícil penetrar no ambiente controlado por essa força expansiva, assim como é difícil algo desse domínio sair do controle ou ser levando para fora.

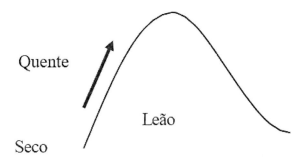

Esse signo se denomina Leão e tem por indicador o leão, animal de grande força, embora a use com parcimônia. Ou descrevendo de acordo com as diferentes propensões do tempo: Leão é signo do transcurso estável do tempo, do momento presente abrangente em direção ao futuro.

Sagitário é a variação e a adaptação do movimento expansivo, quando este passa a dividir sua coesão interna com a receptividade ao que vai fora. Apesar do predomínio da armazenagem de Seco, esta subfase antecipa Úmido. O lapso de tempo em que o movimento expansivo se equilibra entre a característica de coesão interna e também a de receptividade ao exterior é a subfase Sagitário. A natureza harmoniosa e criativa é análoga à de Leão, além de ganhar caráter comunicativo e mental (Quente e Úmido combinados correspondem a uma parcela de Ar neste signo). É um signo de troca, como se pertencesse também ao elemento Ar, mas de uma troca subordinada à imposição de seu valor próprio (Fogo). A maior flexibilidade permite conciliar as aspirações pessoais àquelas mais amplas e coletivas. A flexibilidade permite ainda que a expansão (Quente) se dê com liberdade e pujança, estando os entraves internos (Seco) suavizados pela qualidade Úmido. A expansão aqui é mais ampla do que em Leão, abrangendo mais campos, mas sem domá-los por completo, e sim passando por eles e indo adiante como se oscilar em direção a expansões contínuas fosse sua única meta: não dominar um território, mas expandir os territórios. O espírito de comando une-se à disposição de considerar o efeito de seus impulsos nos relacionamentos, caracterizando assim seu sentido de justiça.

Esse signo se denomina Sagitário, que é metade animal (Quente e Seco) e metade homem (Quente e Úmido), ligação entre Fogo e Ar. Ou descrevendo de acordo com as diferentes propensões do tempo: Sagitário é signo do lançar-se ao futuro mais amplo e distante, é a propensão para abraçar a onda completa do pulso do tempo, é atingir o cimo da onda, o limite do horizonte visível. A posição de

Sagitário no Zodíaco em repouso, logo antes e em direção ao ponto culminante mais alto do círculo, é expressão dessa propensão sagitariana.

As mesmas três subfases estão presentes nos demais elementos, e podem ser demonstradas da mesma maneira, levando, contudo, a dinâmicas muito próprias para cada um deles.

Ar

O elemento Ar, distintamente de Fogo, não tem a primeira subfase marcada por impulso, mas pela variabilidade e adaptabilidade do dinamismo mutável. Talvez seja essa mesmo uma característica do elemento Ar: a primeira fase de sua natureza se apresenta como adaptação e ponderação, enquanto a natureza de Fogo se apresenta primeiro como impulso inovador. A variação adaptável se dá na subfase onde a natureza Quente e Úmido armazena ainda um tanto de Seco (Gêmeos); a segunda subfase aérea é marcada pela conservação do movimento expansivo Quente pela presença de Úmido, caracterizando-se por uma conservação branda (Aquário); e a terceira, na qual a propensão Quente se abre à propensão Úmido, o que estranhamente lhe dá o caráter de novo impulso (Libra).

Distribuindo as três subfases de Ar no gráfico da onda dinâmica:

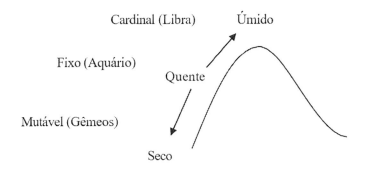

Consideremos agora, cada uma das subfases do elemento Ar.

Gêmeos é uma oscilação entre se afirmar e acolher, entre falar e ouvir, entre inalar e exalar, a subfase da comunicação e da troca, por excelência. Em Gêmeos, a natureza não é tão plástica nem abstrata, e as percepções (Úmido) têm como contraparte alguma forma de atuação prática (Seco). Há uma pequena tensão que objetiva as inspirações, tornando-as racionais e lógicas. As relações são motivadas, em parte por razões mentais e abstratas, em parte por razões estratégicas e práticas. A expansão dessa combinação deveria ser ilimitada (como a de Aquário), mas o aporte Seco a mantém dentro de um círculo restrito, criando um paradoxo, o de ter que se expandir sempre dentro do mesmo quadro de possibilidades. Isso traz o desejo de constante variação deste signo, denominado Gêmeos. Seu símbolo é os dois irmãos gêmeos, comparados a Cástor e Pólux, um de origem divina (o espírito, Fogo, Quente e Seco), outro de origem humana (as relações humanas, Ar, Quente e Úmido). A respiração é regida por esse signo e tem a característica de ser um movimento constante (Quente), cujo comando pode ser voluntário (Seco) ou involuntário (Úmido), predominando este sobre aquele.

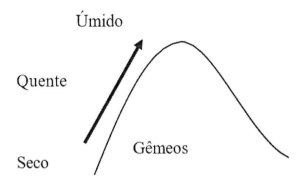

Já a segunda subfase de Ar, o signo de Aquário, se caracteriza pelo predomínio de Quente sobre Úmido, isto é, pela "conservação receptiva do movimento expansivo": uma expansão que quanto mais se expande (Quente) mais acolhe a tudo e a todos (Úmido). Há uma poderosa expansão das impressões recebidas. Uma pequena impressão vinda de um fato qualquer provoca forte reação criativa, a qual gera um estado de constante excitação e a tendência a participar dos relacionamentos comandando-os, devido à força (Quente) de suas percepções (Úmido). Não há tensão para conter essa expansão, portanto essa combinação atinge sempre o limiar de suas possibilidades. Há uma busca de liberdade, de novos conceitos e horizontes e de tudo o que sugira ampliação de limites. Seus conceitos tornam-se supremos a tudo mais por terem uma aparência mais criativa e verdadeira (mais Quente) do que aquilo que é percebido da realidade (que Úmido). Esse signo denomina-se Aquário, o aguadeiro, que expande suas percepções sobre o mundo. Signo do homem, pois nele a vida atinge o limiar máximo de suas possibilidades, caracterizado pela expansão infinita de Quente predominando sobre Úmido.

Libra é o impulso causado por uma impressão que vem de fora. É Úmido impulsionando Quente, por mais contraditório que pareça a dinâmica mais passiva de todas colocar a mais ativa em movimento. Mas na subfase Libra ocorre esse paradoxo. Como Úmido predomina, a atuação de Quente é regida pelas circunstâncias, por aquilo (ou aquele) com que se mantém relação. Há uma atuação no sentido de tornar coesas as inúmeras impressões recebidas. A criatividade está a serviço do outro, do ambiente, no sentido de acalentar a relação entre si e o outro. A indecisão predomina, pois são muitas as impressões recebidas para um poder relativamente menor de unilas. No entanto, dar unidade e direção às impressões e relações é fundamental, pois essa é a participação da qualidade masculina Quente, que é o fator que lhe dá vida. Esse signo denomina-se Libra, cujo indicador, a balança, representa o constante jogo de harmonização com as impressões recebidas. Pela predominância de Úmido, Libra tem acentuadas características femininas, apesar de ser um signo masculino (Quente). A figura feminina da justiça aparece em segundo plano no indicador, evidenciando que é mais importante o equilíbrio – a balança – do que o fator que causa o equilíbrio.

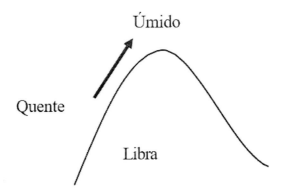

O equilíbrio em Libra é instável, aliás, como todo equilíbrio verdadeiro. No ponto máximo da presença dominante de Úmido, este retira de Quente sua força de movimento e de mobilização, ficando não somente Libra, mas a própria qualidade Quente à mercê do que lhe toque de fora. Esse "desmaio", o abandono típico da qualidade Úmido, leva a uma reversão do movimento do tempo: o que era Quente abandona-se e começa a se permitir permear do que lhe mobilize desde fora, se tornando a qualidade Frio: o que era expansão, no limite da expansão úmida, reverte seu movimento para uma progressiva contração. O tempo que se expandia passa a se contrair, a vida que se manifestava para fora de si mesma passa a se retrair, a se voltar para si mesma. Neste ponto tem início o elemento Água, subsequente a Ar na onda do tempo.

Água

O elemento Água tem sua primeira subfase marcada por uma transição, assim como Ar. É o predomínio de Úmido sobre a dinâmica de movimento (Quente no caso de Ar, Frio em Água) que caracteriza a primeira subfase aquática. A dinâmica aquática tem início pela propensão à variabilidade e à adaptabilidade do dinamismo mutável. É o signo de Peixes, a dinâmica na qual se está totalmente à mercê de todo movimento que ocorre a sua volta, como os peixes no mar. A seguir, no tempo, o progressivo aumento de Frio e diminuição de Úmido dá lugar à fixidez do signo de Escorpião, dinâmica de absorção máxima do que vem de fora – mais Frio do que Úmido –, e de tanto introjetar as impressões que absorve ele se transforma nelas, o signo da identificação emocional por excelência. A terceira fase do elemento Água se dá quando Frio e Úmido se aproximam do tempo Seco. É o tempo do signo de Câncer, no qual o que é introjetado nas fases anteriores é levado para fora, por meio de uma ação concreta em direção ao mundo – possibilitada pela presença de Seco nesse signo.

Distribuindo as três subfases do elemento Água no gráfico da onda de tempo, temos:

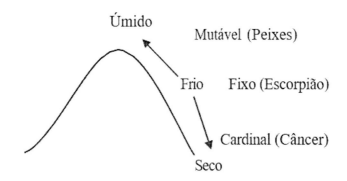

Peixes é o primeiro dos signos de Água na onda do tempo, a dinâmica em que Úmido predomina sobre Frio. É o momento em toda a onda do tempo em que há menor poder de atuação, isto é, quando se está mais à mercê de seja lá o que for. É um plasmar-se ao que vem do mundo. Há uma grande plasticidade (Úmido) à superfície e ao imediato da situação, sem, no entanto, a força necessária para interiorizar a fundo o que é experimentado, a ponto de absorver e se tornar realmente aquilo com o que se pôs em contato. O mimetismo de um animal que adquire o colorido de cada ambiente em que está, mas permanece com a superfície de sua pele sempre disponível para mudar de cor novamente a cada vez que o ambiente se modifica, é talvez a imagem mais eloquente para a dinâmica pisciana. É o signo dos peixes do mar, peixes que não dão a si mesmos direção própria, mas cujo mar que os envolve os direciona e leva em suas marés e correntes ondulantes. Há a sensação de que não adianta fazer nada por si mesmo. Há a predisposição, ou mesmo a necessidade, de que uma força superior e externa a si mesmo venha trazer ordem e lhe redimir da condição de estar entregue a essa perene oscilação.

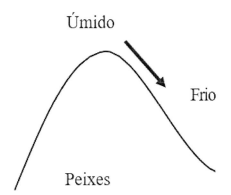

Seguindo adiante na linha do tempo, Úmido dá lugar ao predomínio de Frio. Esse é o signo de Escorpião, em cuja dinâmica há uma intensa e total interiorização do que lhe venha do ambiente. As percepções são acumuladas até que a contração (Frio) se torne absoluta, pois que Úmido não oferece resistência. O processo de acumulação e condensação das percepções chega a um ponto limite – uma espécie de "frio absoluto" –, quando então as percepções ou emoções deixam de existir, isto é, desaparecem do espectro visível, "morrem". Neste mecanismo ocorre uma transformação pela pressão de interiorização levada à máxima potência. Essa concentração cria uma força e um poder que se assemelham à vontade. Toda e qualquer percepção se cristaliza em um desejo, em uma relação na qual se está atado ao ambiente e sobre o qual se busca controle e domínio.

Conforme seguimos a linha do tempo e Frio predomina sobre Úmido, muda a dinâmica do elemento Água, ao entrar em ação a qualidade primordial Seco. A tensão adicionada contém o processo de absorção forte (Escorpião) ou variável (Peixes), e faz com que, a partir do que começou a absorver, e depois de um certo ponto de absorção, passe a atuar sobre o mundo conforme a impressão absorvida. Esse é o signo de Câncer, que se emociona e reage concretamente ao que lhe emocionou. Uma sensibilidade que reage prontamente foi associada ao caranguejo, pequeno animal que mostra prontamente suas garras, suas tenazes, à menor impressão de estar ameaçado, diante de sentir que sua sensibilidade foi provocada por qualquer motivo.

É uma natureza que se assemelha à de Terra, por se constituir em parte de Frio e Seco. Assim, a natureza emocional de Água ganha a condição de moldar o mundo fora de si e de persistir tenazmente. Não há em Câncer um aprofundamento das emoções, como em Escorpião, devido à tensão de Seco, que logo faz a impressão recebida ser ejetada de volta para o mundo, tornar-se uma resposta, uma reação para fora a respeito do que foi sentido. No funcionamento deste signo, os gestos e a atuação são movidos pela sensibilidade, pela fantasia, pelos caprichos. A índole é protetora, devido à sensibilidade e à capacidade de agir *pelo ambiente*, mas não exatamente de agir sobre ele, pois Úmido prevalece sobre Seco. Sua principal característica é a de se impressionar com o que ocorre à sua volta e agir de acordo com as necessidades do ambiente – ou de suas necessidades diante das pressões do ambiente.

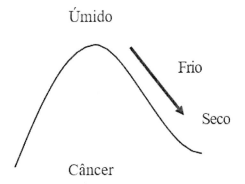

Terra

Na continuidade da onda do tempo, com a qual estudamos os elementos e seus signos, encontramos as qualidades primordiais Frio e Seco, as quais formam o elemento Terra, cuja dinâmica é a reação ativa e resistente (Seco) às condições externas que se apresentam a ele e que assimila para si (Frio).

Em sua primeira subfase, ainda há um rastro de Úmido no Frio que predomina sobre Seco, como vemos no gráfico a seguir. A contração em direção à concretude material está ainda atenuada aqui pela presença de Úmido. Há um tanto de imaginação salvaguardada neste signo, Capricórnio, que tem por dinâmica a ação sobre o mundo (Seco) mesclada com sua fantasia, com suas impressões subjetivas (Úmido). É o signo da lida com os limites materiais, tendo a expectativa de ir além desses limites. A seguir, e na sequência, Frio predomina sobre Seco, agora sem a presença de Úmido: a absorção e a contração encontram resistência, há o máximo de retenção com inércia, isto é, há a manutenção de tudo o que esteja nas redondezas deste mecanismo, denominado Touro. Com o avanço na onda do tempo, o predomínio de Seco sobre Frio faz surgir Virgem, signo de dinâmica mais tensa do que absorvente, funcionando como uma espécie de filtro ou barreira que se coloca diante do que é absorvido.

Conforme Seco se impõe sobre Frio, a tensão interna aumenta, e a tal ponto que o movimento de absorção (Frio) sofre uma súbita e inesperada reversão, com a qual nasce um novo período expansivo da onda do tempo, e todo o ciclo se inicia novamente com Seco se tensionando a tal ponto que passa a produzir o movimento Quente, com o que temos novamente o signo de Áries, no qual Seco e Quente estão presentes, com o predomínio do primeiro.

Distribuindo as três subfases do elemento Terra no gráfico da onda de tempo:

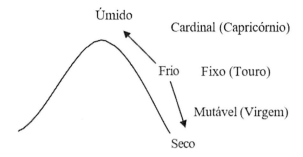

O primeiro signo de Terra na onda do tempo é Capricórnio. Úmido está presente apenas como aporte, as qualidades fundamentais são Frio e Seco, com a predominância de Frio. Nascendo no tempo que vai de Úmido a Frio, o impulso inicial da mecânica capricorniana se dá pela sensibilidade, pela percepção, pela imaginação, como se sua natureza fosse aquática; e um lado de sua natureza realmente é aquática, aquele lado que o inspira a buscar na subjetividade, na interioridade, os motivos que deem sentido às suas ações. Capricórnio atua a partir do que dita sua sensibilidade; ou, deveria ser assim. Quando Frio e Seco tornam-se predominantes, sua força de objetivação como que "apaga", por assim dizer, a presença do impulso subjetivo inicial (Úmido). A cabra com rabo de peixe, que é o justo símbolo deste signo, se esquece que tem rabo de peixe, rastro deixado para trás de sua natureza aquática, e pensa que é uma cabra e se dispõe a subir montanhas, montanhas que toma como suas metas, conquanto esquecido de seu rabo de peixe, não um ponto frágil, mas sua capacidade inerente de sentir, de navegar pelas águas da emoção e da sensibilidade. Integrar as ações objetivas com a subjetividade que lhe habita é o trabalho da natureza capricorniana, para tornar-se o ser que potencialmente é, para se tornar uma totalidade coerente dentre seus aspectos heterogêneos de peixe e cabra.

Em Capricórnio, temos a passagem do elemento Água para o elemento Terra, a união entre mundo interior subjetivo e ação dirigida a realizar coisas concretas no mundo exterior.

Seguindo a onda do tempo, temos a subfase na qual Frio se estabelece como a qualidade primordial fundamental, deixando Úmido totalmente no passado, e adentrando para adiante na qualidade Seco. É o signo de Touro, em que Frio predomina sobre Seco: o movimento de contração e absorção é mais forte do que a resistência, obtendo-se o máximo de retenção com inércia, isto é, a manutenção de tudo o que está ao seu redor, exatamente como está. É o signo da conservação e da estabilização, no qual se tem a inércia e a obstinação a qualquer tipo de mudança, pois aquilo que um dia existiu, que marcou (Seco) seu interior (Frio), será preservado como está. A estabilidade do animal touro, sua forma física estável, grande e mansa, é uma figura adequada para a "firmeza decidida" presente no cerne movente deste signo.

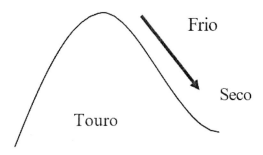

Chegando ao último tempo do elemento Terra, a qualidade Seco se torna mais forte e predomina sobre Frio. É o signo de Virgem, cuja natureza é mais tensa do que absorvente, mais paralisadamente crispada do que movente, criando uma espécie de barreira ou filtro a tudo o que pretenda absorver desde o exterior. Apesar de sua motivação básica ser a absorção (Frio), na verdade absorve-se muito pouco; nada é aceito com facilidade, devido ao atrito de Seco. É um movimento que causa seleção, escolha, discriminação. E muito do que é aceito é mantido na superfície deste mecanismo, pois a forte tensão de Seco não permite um fácil recolhimento em si. A seleção efetuada nem é interiorizada de fato, nem exerce atuação sobre as circunstâncias externas (característica de Quente, enquanto aqui há Frio). A seleção ocorre então numa faixa restrita, que é a dos meios de contato com o ambiente: nem totalmente dentro, nem exatamente lá fora. Não há nem uma análise do exterior, nem uma análise do interior, mas sim dos meios materiais de contato (a tênue pele) entre esses dois mundos. O caráter é restrito à eficiência e à utilidade na lida com o mundo material. O espírito é o de imediatez e economia. Há uma ausência de sentido de finalidade e uma busca por facilitar a mecânica de funcionamento entre as coisas e situações.

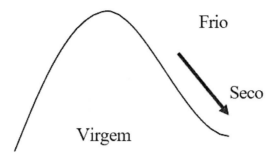

Esse signo tem por indicador a figura de uma virgem, indicando a importância aqui dos meios de contato com o mundo. O símbolo da virgem indica pureza, a limpeza a que o atrito desse movimento conduz, a separação de tudo o que não deve entrar; mas indica também uma paralisia crescente a que esse movimento está arriscado, pelo quanto que a virgem ainda não reproduziu a vida que contém em si.

Enquanto no extremo oposto, quando Úmido predomina, temos uma espécie de término ou finalização do ciclo, com o "desmaio" e a perda da capacidade de ação presentes nos signos de Libra e Peixes, e a curva do tempo ali era obrigada a se deixar levar para outra direção, após ter chegado a um ponto de máxima, neste outro extremo, com o predomínio de Seco, temos outra espécie de término da onda do tempo, pois que esta estagna sob o avanço paralisante da tensão de Seco. O movimento cessa quando a tensão interna chega ao seu máximo. Tudo terminaria por aqui, aparentemente; como também, terminaria no ponto de máxima de Úmido.

Contudo, a tensão acumulada pelo extremo de Seco reverte a direção da onda do tempo: o movimento Frio, impedido de continuar a se contrair, gera grandes tensões quando tem seu movimento impedido, acumulando energia no interior do mecanismo Virgem. Essa energia chega a um ponto no qual quer se manifestar, quer ganhar dinâmica para fora de si mesma. Revertendo a direção de Frio para Quente, nasce aqui a nova onda do tempo. A grande proporção de Seco predominante tem agora uma parcela também da qualidade primordial expansiva, Quente. É o signo de Áries que se anuncia, iniciando um novo ciclo de vida.

A ordem de formação dos signos, demonstrada aqui sobre a onda do tempo das qualidades primordiais, não é a mesma ordem dos signos no Zodíaco. Embora começando as duas em Áries, o Zodíaco termina em Peixes; esta demonstração sequencial dos signos termina em Virgem. O primeiro hemiciclo desta demonstração termina em Libra e começa em Peixes; no Zodíaco, Libra começa o segundo hemiciclo, e Peixes o encerra. Por outro lado, Câncer e Capricórnio são formados por um conjunto idêntico de qualidades primordiais, com propensões levemente diferentes; Gêmeos e Sagitário também o são. Já na ordem zodiacal, esses signos ocupam posições diametralmente opostas – são efetivamente signos opostos. Já os pares de signos Leão e Aquário, e Touro e Escorpião, ocupam pontos diferentes da mesma face da curva do tempo, e igualmente no Zodíaco, são signos opstos também.

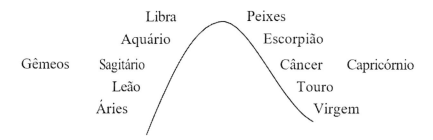

Há a inversão das posições quando os signos ocupam seu lugar no Zodíaco, em relação à ordem obtida nesta demonstração. É preciso lembrar que estamos mostrando a formação dos signos dentro dos elementos e a partir de suas qualidades primordiais. Se há uma sequência nesta demonstração dentro de cada elemento, e também de um elemento para outro, esta é a sequência relativa ao ciclo dos elementos em suas qualidades primordiais. É o tempo como ele ocorre no "terceiro palco", na dimensão das qualidades primordiais, das forças puras. É uma espécie de tempo "ideal", do tempo antes dele se manifestar juntamente com a dimensão do espaço: Seco, Quente, Úmido, Frio, Seco... O transcurso do tempo em nossa dimensão das coisas, dos corpos, das substâncias, se dá em outra ordem de elementos e signos. Essa outra ordem, aquela que vivemos diretamente em nossas percepções, está inscrita no Zodíaco e será estudada no próximo capítulo.

7

O ZODÍACO COMO CAMPO DINÂMICO

A onda do mar leva, a onda do mar traz.
(Dorival Caymmi)

Muitos comentários a respeito do Zodíaco, a matriz fundamental do conhecimento astrológico, procuram explicar *por que* ele é composto da maneira que é, com esses doze signos e não com outros, distribuídos nessa sequência e ordem específicas, e não em outras. Esse tipo de especulação não chegou a uma conclusão frutífera. As bases do Zodíaco se esquivam a ser encontradas pela mente racional.

Nosso estudo seguirá por outra linha: não *por que* o Zodíaco é assim, mas posto que o Zodíaco é como é, *o que* decorre disso? Pelo fato dos signos serem arranjados desse modo, e não de outro, o que isso *faz* pela Astrologia? O que a Astrologia *possui* em seu sistema de 12 signos dispostos de uma maneira definida e sempre a mesma?

Não tentaremos aqui descobrir ou demonstrar, a partir das qualidades primordiais, por qual razão os signos no Zodíaco têm essa ordenação. Angariar provas convincentes de que o Zodíaco deve ser como ele é e sempre foi, parece contribuição desnecessária para firmar algo que não precisa ser firmado. Não há outro Zodíaco operante em nossa Astrologia. Não há outra ordenação dos signos que contenha a mesma consistência, coerência e durabilidade. Se por acaso não sabemos por quem, como, onde ou por que método ele foi criado, isso não depõe contra sua eficácia em ser verossimilhante à vida. Apenas aponta para o fato de que processos desconhecidos por nós o criaram.

O Zodíaco ordena os signos no seguinte encadeamento, bastante bem conhecido por todos que lidam com Astrologia:

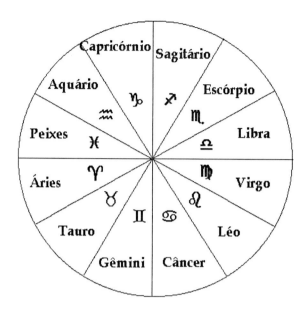

Começando em Áries, o Zodíaco alterna signos do elemento Fogo, Terra, Ar e Água, nessa ordem; alternam-se signos de dinamismos Cardinal, Fixo e Mutável, nessa ordem. Tais ordens criam o equilíbrio interno do Zodíaco, quando olhado a partir dos signos astrológicos. É com essa ordem que trabalha o estudioso da Astrologia, ao estudar os signos como um conjunto vivo – que, aliás, é a maneira correta de estudar os signos. Tomados separadamente, como peças isoladas, tornam-se partes mortas fora de um corpo vivo, tornam-se peças soltas sobre as quais se constroem equívocos conceituais e juízos parciais.

Agora, retirando uma primeira camada na visão dos signos do círculo do Zodíaco e deixando em primeiro plano suas qualidades primordiais, o que estas falarão a respeito desta matriz? E será que teremos outro tipo de visão a seu respeito? Naturalmente, essa "segunda visão", por assim dizer, não irá cancelar a anterior, dada pelos signos, e nem é melhor do que aquela. Tampouco é pior. É outra visão que, como dissemos antes, é obtida a partir de outro ponto de vista, a partir do terceiro palco, do palco das qualidades primordiais, uma dimensão de forças puras, desconhecida para nossa percepção diária e nossos conceitos habituais. A distribuição das qualidades primordiais no Zodíaco resulta no seguinte gráfico:

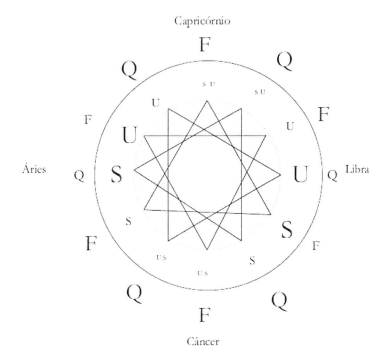

As qualidades primordiais Quente e Frio, relativas a cada um dos signos, estão colocadas por fora, no círculo exterior do desenho. As qualidades Úmido e Seco estão colocadas no interior do círculo.

Quente e Frio alternam-se ritmicamente pelo Zodíaco. Este se inicia com um signo de qualidade Quente (Áries), segue-se um de qualidade Frio (Touro), então outro signo Quente (Gêmeos), e assim por diante. Essa alternância das qualidades Quente e Frio forma um dos ritmos fundamentais, o qual é retratado nos signos por aquilo que denominamos signos masculinos (Quente), relativos a Fogo e Ar, e signos femininos (Frio), relativos a Terra e Água.

Masculino e feminino se alternam na ordem do Zodíaco. Essa é uma informação fundamental do que essa matriz contém a respeito do ciclo da vida: que a vida, para existir, para ter continuidade, para se manter manifestada (isto é, para não morrer, para não deixar de ser vida) necessita de uma alternância rítmica de fatores masculinos e femininos. Que há dois fatores masculinos distintos (Fogo e Ar), como assim também dois fatores femininos distintos (Terra e Água), é um segundo nível dessa mesma informação. A duplicidade masculino-feminino é dupla em si mesma, dois masculinos e dois femininos, formando um quadrilátero de pulsações que se intercalam.

Na dimensão das qualidades primordiais, temos a alternância apenas entre duas qualidades, Quente e Frio. Torna-se claro que se trata de uma pulsação alternada entre expansão e contração, como no batimento cardíaco, como, aliás, em todos os movimentos orgânicos, fisiológicos, cerebrais, comportamentais e psicológicos dos seres vivos. Desde o movimento pulsante de expansão e contração de um ser vivo bastante simples, como uma anêmona ao se mover pela água do mar, até os movimentos mais sutis do cérebro humano, os pulsos cerebrais mensuráveis na atuação de descargas elétricas e neurotransmissores, a vida se manifesta com um pulso de vai e vem, em contínua expansão e contração.

O fluxo vital existe enquanto pulso alternado, o que reconhecemos com facilidade em diversos ritmos físicos, como dia e noite, atividade e repouso, alimentação e digestão, nascimento e morte, verão e inverno; mas não o reconhecemos com a mesma facilidade em outros aspectos da existência humana: atenção e dispersão, disposição e indisposição, amor e ódio, inibição e ciúme, luta e alegria, doação e satisfação, ser impressionado fortemente e ter necessidade de se expressar com a mesma força, pois que esses pares sugerem não alternâncias complementares, mas coisas e situações completamente diferentes e díspares, segundo a mentalidade comum. Contudo, o Zodíaco nos fala de alternâncias complexas, a serem compreendidas quando do estudo dos signos e seu encadeamento.

Em um breve exemplo elucidativo: ao signo de Sagitário segue Capricórnio, isto é, depois da expansão alegre e mais plena possível da dinâmica sagitariana segue-se a contração preocupada e restringente de Capricórnio. Há uma alternância aqui – que se manifesta onde estão esses signos em uma carta astrológica, mas se manifesta também em todos os processos da vida, em algum momento – entre a confiança em tudo o que podemos fazer de melhor (e em que nada nos colocará obstáculo) para, logo em seguida, haver a desconfiança do que poderá vir a ser a partir das escolhas feitas, e a constatação das dificuldades para se manter íntegro em respeito a essas escolhas.

Embora aparente tratar-se de alternância entre confiança e desconfiança, e este realmente é um nível dessa pulsação, trata-se mais propriamente da alternância natural da vida entre gastar energia e ter que concentrá-la novamente, em seguida; ou, quando isso é vivido com exacerbação, torna-se o esbanjamento de energia e a cobrança posterior com o que foi feito dela. A desconfiança capricorniana surge do temor em relação ao que fizemos quando podíamos esbanjar, quando havia sobras, e de ter que avaliar como as usamos, se com responsabilidade ou de maneira perdulária. Capricórnio traz embutida a preocupação com os possíveis excessos cometidos em Sagitário. A desconfiança capricorniana nasce da excessiva confiança sagitariana, como uma das pulsações alternantes da vida; assim como também a extrema confiança sagitariana traz embutida – antecipada de seu futuro, podemos dizer – a segurança de que algo adiante irá lhe colocar freios e limites, desejando então mais ainda se soltar à grande nesse momento.

E assim com todos os demais signos, em seu encadeamento no Zodíaco, com cada um interagindo com seu anterior e seu posterior, de mãos dadas como em uma dança de roda, onde um puxão mais forte ou um segurar de mãos mais fraco interfere decisivamente no andamento de seu parceiro à anterior ou posterior.

Esse pulso está inscrito na ordem zodiacal, que vai além de apenas falar de um ritmo binário quente-frio-quente-frio, mas nos diz também que há um pulso interno variável entre momentos mais Quente e menos Quente, entre momentos mais Frio e menos Frio, como é mostrado no desenho pelo tamanho maior ou menor das letras Q e F, a designar uma e outra qualidade. O Zodíaco começa com a qualidade Quente, em uma propensão menor, em Áries (que é mais Seco do que Quente); a qualidade Frio, a seguir, é uma propensão maior, em Touro (mais Frio do que Seco); segue maior por mais três signos (até Leão) e, então, se torna uma propensão menor, em Virgem e Libra. Torna-se propensão maior de Escorpião a Aquário, e volta a ser propensão menor em Peixes e, então, em Áries novamente.

Essa sequência nos diz que em um dos pontos de transição do Zodíaco, o eixo horizontal ladeado pelos signos de Virgem e Libra, por um lado, e pelos signos de Peixes e Áries, na outra ponta, encontramos uma menor atividade das qualidades primordiais ativas, Quente e Seco. É como se para ultrapassar esses pontos de transição – as passagens do signo de Virgem a Libra, e de Peixes a Áries, pontos muito críticos, bem conhecidos dos astrólogos – fosse necessário diminuir a atividade dessas qualidades, como se nesses pontos de inflexão dentro do ciclo vital representado pelo Zodíaco fosse preciso a vida pulsar um pouco menos forte, para superar um momento de crise. Nesses pontos, é como se a vida fosse encapsulada dentro de uma casca, como fazem as sementes que têm que resistir a condições climáticas e geológicas adversas, para, contidas na casca que as protege, resistirem a essa passagem e preservar a vida para a nova fase que surgirá adiante, no signo seguinte.

Assim, temos que Virgem e Peixes são como que signos de encapsulamento da vida, signos em que o pulso vital bate menos forte devido a condições externas, como forma de se proteger, deixando a tarefa de viver esse momento do ciclo para sua 'casca', para sua capacidade de resistir ou se adaptar ao meio, respectivamente as qualidades Seco e Úmido. A outra qualidade primordial desses dois signos é Frio, a propensão de contração, recolhimento e interiorização. Não à toa, esses signos são reconhecidamente pontos de crise na caminhada zodiacal, sendo inclusive considerados signos "kármicos", isto é, nos quais a vida (e a nossa vida, em particular) não pode seguir o caminho que gostaria, livremente, por estar submetida a fatores externos maiores e incompreensíveis à primeira vista.

Não se trata de esses signos serem fechados ou arredios à vida, embora se comportem assim muitas vezes, mas se trata de uma fase em que a vida precisa ser preservada dentro das condições vigentes, mesmo que adversas, e muitas vezes serão bastante adversas nessas inflexões, pois está a se preparar uma nova condição que surgirá logo adiante, no início do próximo hemiciclo zodiacal, em Libra e em Áries, e não valerá a pena desperdiçar a vida durante a passagem, e sim sabiamente saber adaptar-se com abnegação, em Peixes, ou resistir com inteligência, em Virgem.

Na fase zodiacal imediatamente seguinte a esses signos, encontram-se Áries e Libra. Signos também de predomínio das qualidades primordiais passivas, Seco e Úmido, respectivamente, sobre Quente. Quente marca momento de expandir a vida, novamente. Em Áries, que é Seco, expandir a vida afirmando-a sob qualquer condição, afirmando-a acima de tudo, afirmando-a seja contra as condições externas ou aliando-se a ela; afirmar a vida é a função da fase Áries.

Depois da crise pisciana, em que a vida refluiu (Frio) sem condição de reagir (Úmido) ao que acontecia ao seu redor, tendo que aceitar as condições vigentes com humildade e abnegação, mas talvez esperançosa de redenção, estão preparadas as condições para renascer novamente pulsante e desejosa de manifestação no signo de Áries, a ponto de voltar a se impor soberana sobre tudo o mais (e se impondo com soberania excessiva, muitas vezes).

Já em Libra, mais Úmido do que Quente, não se trata de afirmar a vida, mas de conduzi-la suavemente a compor com o mundo ao seu redor, conciliar o fator vital com as condições em que se manifesta, adaptando-se ao mundo *em nome de* fortalecer seu cerne vital. Depois da crise virginiana, em que a vida se recolhe devido à dureza áspera das condições, Libra é a vida ansiando dialogar com essas condições ásperas e encontrar com elas a conciliação possível para prosseguir seu caminho Zodíaco adentro. Nessa adaptação transformadora surge a segunda metade desse caminho, o caminho da vida.

Há dois pares de signos de manutenção da vida, em sequência, de Touro a Leão, de Escorpião a Aquário (todos esses são signos fixos em seu dinamismo), há dois pares de signos de transição do fluxo vital, Virgem e Libra, Peixes e Áries. Esse encadeamento de manutenção da vida por algumas fases, e depois fases de transição para nova retomada, é um dos pulsos fundamentais da vida, como mostrado pela ordenação das qualidades primordiais no Zodíaco.

É visível no desenho que Seco e Úmido encontram-se de maneira exclusiva em diferentes hemisférios zodiacais: Seco existe apenas no primeiro hemiciclo, Úmido no hemiciclo final.

Enquanto as qualidades Quente e Frio oscilam regularmente, ora uma, ora outra, por todo o Zodíaco, como oscilação constante da onda vital, ou da onda do tempo; as qualidades Seco e Úmido se distribuem de maneira destacada nos dois hemiciclos: Seco ocupa todo o primeiro hemiciclo, enquanto Úmido ocupa todo o segundo hemiciclo do Zodíaco. Cada uma dessas qualidades tem graduações de força dentro do hemiciclo que ocupa, indo de um ponto de força no início, enfraquecendo, e novamente se tornando forte no final do hemiciclo. Há um pulso aqui também, de maior intensidade para menor, depois novamente para maior.

O Zodíaco começa o primeiro hemiciclo em Áries, com propensão forte de Seco, e permanece com a propensão Seco por todo o primeiro hemiciclo, até Virgem, graduando de muito Seco em Áries até progressivamente menos Seco em Câncer, e daí, progressivamente mais Seco até Virgem. Nos pontos de menor propensão Seco, esta se combina com Úmido, em Gêmeos e Câncer, e este último é ainda menos Seco, pois que Úmido lhe é predominante.

O Zodíaco começa seu segundo hemiciclo em Libra, com propensão forte de Úmido, e Úmido prossegue por toda esta segunda metade até Peixes, graduando de muito Úmido em Libra até progressivamente menos Úmido em Capricórnio, e daí, progressivamente muito Úmido, novamente, em Peixes. Nos pontos de menor propensão Úmido, esta se combina com Seco, em Sagitário e Capricórnio, e este último é ainda mais Úmido, pois que Seco lhe é predominante.

Os dois últimos parágrafos foram escritos simétricos de modo a mostrar a simetria que existe entre a presença de Seco em todo o primeiro hemiciclo e a presença de Úmido em todo o segundo hemiciclo do Zodíaco.

Aqui, a vida parece querer dizer que toda a sua primeira fase está dedicada a se afirmar, afirmar sua estrutura, construir-se e impor-se por meio da forma construída pelo ser vivo – dinâmica relativa a Seco. E que toda a sua segunda fase é dedicada a ser perceptiva, a valer-se da estrutura antes constituída, para então perceber, relacionar-se, compreender, impressionar-se com o mundo em que o ser vivo se estabeleceu – dinâmica relativa a Úmido.

Há, assim, um grande pulso entre Seco e Úmido, entre construir-se e ser perceptivo, que abarca o sentido da vida. Em uma instância, a vida pulsa, expande-se e se contrai, em um inalar e exalar constante, em uma sístole e diástole que não cessa. Em outra instância, a vida percorre um grande arco de construção de si mesma e um segundo arco de percepção e compreensão a respeito de si e de tudo.

As qualidades Quente e Frio são expressão pura do pulso vital, as qualidades Seco e Úmido são expressão da construção da forma de vida e suas funções de autoconstrução e percepção. Os signos do primeiro hemiciclo, de Áries a Virgem, são relativos a construir e afirmar a forma de vida, suas funções básicas, seu modo de atuação e presença neste mundo. Os signos do segundo hemiciclo, de Libra a Peixes, são relativos ao desenvolvimento da capacidade de percepção e compreensão por parte do ser vivo, o homem.

O signo de Aquário, quase ao final do Zodíaco, diz-se ser relativo ao homem – dentre todos os tipos de vida alinhados no ciclo zodiacal, o homem ocupa um ponto ao final do ciclo, no qual a percepção, a compreensão, o relacionamento é muito mais vigente do que a autoafirmação simples e inicial da vida. Essa identificação do ser humano com o signo de Aquário nos diz bastante do papel humano dentre os muitos tipos de vida e daquilo que leva o ser humano à sua plenitude possível, assim como de sua incompletude intrínseca, pois há ainda o misterioso signo de Peixes à sua frente.

As qualidades primordiais na onda do tempo e no zodíaco

Quente e Frio e Quente e Frio e Quente e Frio e... Seco e Seco e Seco e Úmido e Úmido e Úmido...

São dois desenhos diferentes, mas simétricos em sua totalidade. Uma bela simetria assimétrica, por assim dizer, em que o fluxo vital oscila de diferentes maneiras, passa por diferentes fases em seu nascimento, desenvolvimento, fim e renascimento. Aliás, enquanto estiver pulsando e oscilando dentro das bases contidas no Zodíaco, a vida não tem fim, ela prossegue pulsando. Apenas quando em alguma dessas doze fases um ser vivo não responde ao padrão do fluxo vital, retratado na matriz do Zodíaco, na matriz dos seres vivos, é que este ser deixa de ser vivo; morre. Os segredos da vida estão realmente contidos no Zodíaco. O Zodíaco é o diagrama do *pulso da vida* – este, aliás, é o título de um importante livro do astrólogo Dane Rudhyar sobre o tema. Essa não é uma frase de efeito nem mera afirmação poética. É uma afirmação técnica, da tecnicidade própria da vida.

A onda do tempo na qual desenvolvemos o entendimento a respeito das qualidades primordiais, e que é também a onda vital, o movimento intrínseco da vida presente no cerne movente de cada ser vivo, tem uma determinada sequência das qualidades primordiais: Quente, Úmido, Frio e Seco. Uma alternância simples entre as quatro qualidades, sempre nessa ordem, inalteradamente. Toda a demonstração a respeito do que são essas qualidades e de como elas se compõem, formando os elementos e os signos, foi feita a partir dessa sequência.

Quando mostramos a ordem dos signos do Zodíaco e suas respectivas qualidades primordiais, vemos que essas qualidades ocupam posições e funções totalmente diferentes daquela sequência simples e direta antes mostrada na onda do tempo, ou onda vital. Por exemplo, de Áries para Touro, não temos depois de Quente a presença de Úmido, como seria de se esperar na ordem das qualidades na onda do tempo, mas depois de Quente e Seco em Áries temos Frio e Seco, em Touro; e assim por diante.

Essa não é a sequência que encontramos entre as qualidades na linha do tempo, como estudadas anteriormente, quando mesmo a formação de todos os signos estava contida na sequência natural entre as qualidades. Como se explica essa diferença? Por que no Zodíaco o encadeamento das qualidades primordiais segue uma ordem distinta daquela? Por que em uma dimensão as qualidades se movimentam de uma maneira e em outra dimensão se movimentam de outra?

A resposta está contida na correta colocação da pergunta: em uma dimensão, em outra dimensão. No *terceiro palco*, dimensão das qualidades puras ainda não manifestadas, as qualidades primordiais têm uma sequência. A formação dos próprios elementos e dos signos segue esta sequência: a propensão Quente torna-se a propensão Úmido, que em seu movimento torna-se Frio, que se torna Seco, e que em seu movimento dá início, novamente, à propensão Quente. Esse é o circuito eterno da vida, enquanto permanece no terceiro palco sem se manifestar no mundo físico e no mundo psíquico. Quando se manifesta no primeiro e no segundo palcos, o mundo físico e o mundo psíquico, o fluxo vital ganha outra complexidade de movimento e dinâmica. As coisas já não correm como em uma linha unidimensional de tempo vital. O Zodíaco, que é a manifestação da vida no primeiro e no segundo palcos, no físico e na psique, traz então outro encadeamento das qualidades primordiais, outro encadeamento para os signos e os elementos.

Há um salto entre linha vital unidimensional, conceito distante de nossa realidade, e Zodíaco, matriz verossímil da nossa realidade. Como dissemos antes, há um abismo entre o campo dinâmico puro, no qual as propensões vitais estão ainda, por assim dizer, desencarnadas, e se encontram em uma espécie de caos primordial – e caos quer dizer uma ordem primordial, uma proto-ordem, ordem preparatória que precede a ordem manifestada – e o campo das manifestações físicas e psíquicas, que é onde percebemos a existência. Não que o terceiro palco seja incompreensível, pois vimos que não é. O que ocorre é que esse abismo entre uma dimensão e outra escapa a uma ordenação lógica mais fácil. Não obstante, leis definidas operam na passagem entre uma dimensão e outra. Isso a que chamamos de abismo tem suas leis; entretanto, escapam ao escopo deste trabalho.

Se conseguimos compreender as qualidades primordiais em sua própria natureza e em seu próprio palco, compreendemos melhor a vida como a encontramos com nossos órgãos de percepção, sensação e intelecção, ao estudarmos os signos e os elementos dentro do encadeamento que lhes é dado no Zodíaco.

Mas se acrescentarmos ao estudo convencional de signos e elementos também o estudo de sua natureza interna, suas qualidades primordiais, esse estudo trará um conhecimento mais profundo, mais completo, mais verdadeiro, a respeito de seu funcionamento e de suas decorrências para a interpretação astrológica. O Zodíaco será, então, compreendido como sendo uma constelação de forças dinâmicas.

A sequência dos signos e o tempo

No segundo capítulo, quando falamos de tempo e espaço, e da correlação das qualidades primordiais com esses conceitos, destacamos que o tempo, enquanto oscilação de um momento para outro, enquanto movimento que vai, por exemplo, da primeira batida de um compasso musical para a segunda batida, equivale à dinâmica Quente, enquanto da segunda para a primeira batida do compasso seguinte equivale à dinâmica Frio. Essas qualidades primordiais, em sua alternância ao longo do Zodíaco, marcam o pulso fundamental da vida, o tempo de "ir em direção a" e o tempo de "voltar para" oscilando ciclicamente a cada passo zodiacal e, com isso, marcando em todo o Zodíaco um tempo cíclico que vai e vem no conjunto do Zodíaco, mas também vai e vem a cada par de passos dados.

Considerando a primeira batida do compasso como o tempo 1, e a segunda batida como o tempo 2, Quente é a saída do momento 1 para o momento 2, e Frio a volta de 2 a 1, na oscilação do tempo. A alternância entre Quente e Frio ao longo do encadeamento dos signos nos diz da pulsação fundamental da vida e do tempo. Temos que o tempo e a vida são definidos astrologicamente por serem uma oscilação, uma vibração ou onda; como a onda métrica na música, como a poesia que, quando diz que a vida vem em ondas como o mar, mais do que uma metáfora poética afirma uma verdade apoiada em uma cognição, mesmo que intuitiva, por parte do poeta.

Quente e Frio, sendo movimento, identificam-se com aquilo que chamamos de "energia", e correspondem à dinâmica do tempo em ação, oscilando para lá e para cá, como oscila a onda métrica na música, como vibra a vida e oscila tudo o que transcorre no tempo.

Sendo reação mais propriamente do que ação, Frio e Úmido se identificam com aquilo que chamamos de "forma", ou de envoltória e defesa da vida; correspondem a "pontos de parada", por assim dizer, do tempo. No próprio Zodíaco, os signos mais Secos e mais Úmidos ocupam o eixo das Casas I VII, também chamado de "eixo do espaço" (espaço que opõe e separa a mim do outro, o eixo "eu outro"), sendo Áries relativo a mim (o centro do "meu" espaço) e Libra ao mundo (as cercanias do "meu" espaço).

Os signos que contém, além de Frio ou Quente, também uma mescla de Seco e Úmido (Gêmeos, Câncer, Sagitário e Capricórnio, todos compostos por três qualidades primordiais), isto é, os signos que, por assim dizer, "cancelam mutuamente" as qualidades Seco e Úmido (qualidades da forma) e têm assim reforçadas as qualidades Quente e Frio (qualidades da vida), ocupam o eixo das Casas IV e X, o "eixo do tempo", sendo Câncer relativo ao passado e Capricórnio ao futuro.

Oscilando entre o eixo do espaço em Áries e Libra (marcado por Seco e Úmido) e o eixo do tempo em Câncer e Capricórnio (marcado por Quente e Frio), o Zodíaco organiza uma noção de tempo que se "espacializa" e que depois se "tempifica" novamente, ou ainda, de um espaço que se "tempifica" e depois se "espacializa" novamente. Os signos do Zodíaco nos mostram noções de tempo e de espaço que se interpenetram, noções que a física viria a descobrir somente muito tempo depois de a mandala zodiacal existir.

Os signos e seu encadeamento temporal

Na descrição dos signos foram feitas considerações a respeito da fase do tempo a que se referem, dentro do encadeamento que ocupam no círculo do Zodíaco. Agora, em resumo, colocamos essas considerações de modo sucinto em sequência, ora resumindo o que foi dito na descrição dos signos, ora ampliando.

Áries é o ponto de partida do Zodíaco. É, por assim dizer, o nascimento do tempo, como o conhecemos. É o tempo ainda enquanto um ponto, não uma linha, nem um movimento: o estalar instantâneo de um Agora. Em Áries, não há ainda como falar de linha do tempo nem em cronologia. Áries é um Agora. Sua dinâmica se projeta, idealmente, sem pendências em relação ao passado, com tudo começando de agora para adiante, cujo centro é realmente a manifestação imediata de sua energia. A liberação instantânea da energia vital existente é a questão de Áries. É o signo do tempo imediato.

Touro é o signo em que o tempo se alonga tão extensamente que é como se não existisse, como se aquele tempo pontual em Áries se tornasse seu oposto complementar, a totalidade de todo o tempo, a eternidade. O tempo não é sentido na subfase Touro como uma linha cronológica, mas é sentido em sua totalidade, como um *imenso e interminável agora*. Touro pode ser considerado o signo do tempo, no sentido de representar a matéria-prima da qual é feito o tempo.

Em **Gêmeos**, o tempo se movimenta de um ponto a outro. É o primeiro signo, na ordem do Zodíaco, em que o tempo cronológico é uma questão a ser lidada. Como veremos adiante, a organização no tempo é essencial para a mecânica geminiana encontrar seu equilíbrio.

Câncer é o signo relativo ao tempo passado, àquele tempo que *não mais*, em contraponto ao *não ainda* dos signos que vêm a seguir até Capricórnio. O movimento canceriano remete ao passado e sempre mais ao passado, no que pode vir a ser mesmo seu bloqueio, se essa tendência predominante não for equilibrada.

Leão é o signo relativo à afirmação de um tempo que parte do presente em direção ao futuro, um pouco semelhante a Áries, mas contendo já um passado a ser considerado e que leva consigo. A dinâmica leonina se volta para conquistar mais e mais, fazendo do passado a motivação para se atualizar no presente.

Virgem é resolver todas as questões que impedem de avançarmos para um novo agora, para um momento de equilíbrio, para um tempo presente. O tempo presente, no qual Virgem sente que após a tarefa cumprida poderia parar e descansar, está sempre logo adiante de si mesmo, sempre quase ao alcance, mas nunca alcançado.

Libra é responder a tudo o que está presente no agora, no momento presente, conseguindo dar conta de se equilibrar na linha fina do presente. Passado e futuro importam menos do que se equilibrar na situação atual que está vivendo.

Escorpião é, em termos de tempo, sair da inércia do presente em direção ao futuro e, como primeiro movimento para isso acontecer, livrar-se de tudo o que não tem futuro. O passado é o lastro a ser imolado para estar em condições do futuro.

Sagitário é apontar diretamente para o futuro.

Capricórnio é o futuro concretizado, o futuro tornado palpável, é fundar-se em um futuro que antes não existia e que Capricórnio percebe como sendo seu presente. Para ele, o futuro antevisto é a única possibilidade de se existir.

Aquário é estar no futuro, é admitir somente o futuro que se apresenta aos seus olhos.

Peixes é como estar além do tempo, "onde a mão do homem jamais pôs os pés", é pairar de volta ao início de um ciclo indo para o seu final. A dinâmica pisciana pede remissão por tudo o que se passou, de modo a merecer um novo presente que, de estalo, surgirá em Áries, novamente.

O zodíaco como campo dinâmico e os planetas astrológicos

O Zodíaco, com seus doze signos, é o campo dinâmico fundamental da carta astrológica. A disposição de forças mostrada, e detalhada até certo ponto neste capítulo, dá uma visão a respeito de como é constituído esse campo dinâmico, o qual está presente como figura de fundo *atuante* em todas as cartas astrológicas.

A posição do Zodíaco em relação às coordenadas das Casas astrológicas, que particularizam o Zodíaco para cada ser humano.

O Zodíaco em si mesmo funciona como mandala divinatória, a partir da qual se pode tirar conclusões a respeito de uma situação ou de alguém; isso porque o Zodíaco *atua* enquanto campo dinâmico que retrata o pulso da vida. Quando aplicada às Casas da carta astrológica dessa pessoa ou situação, o poder divinatório aumentará consideravelmente, pois temos aqui uma particularização do pulso vital *atuante* aplicado a uma pessoa ou situação. Talvez a Astrologia pudesse parar por aqui, por assim dizer, e ter plena validade enquanto método de autoconhecimento e de orientação para os assuntos da existência, apenas com o Zodíaco e sua aplicação a um dado ponto da superfície terrestre, por meio de sua particularização às Casas astrológicas.

Contudo, há ainda os planetas astrológicos – essa importante parte da engrenagem celestial do tempo. Os planetas atuam como variações e acentuações dentro do campo dinâmico fundamental, que é o Zodíaco, sem, no entanto, impedir que se manifeste a malha básica de interações e forças dinâmicas presente na sequência dos signos e suas qualidades primordiais.

Os planetas com suas qualidades primordiais (pois que também são por elas constituídos) interferem, tensionam, acentuam, fortalecem ou enfraquecem aspectos da malha dinâmica básica, podem, em alguns casos, até se sobrepor a ela, mas sempre atuarão dentro dos *caminhos* propostos pelo campo dinâmico do Zodíaco. Quando a tradição astrológica nos legou as regências de planetas sobre signos – as correlações entre eles –, apontou para o fato de um planeta sempre atuar associado a um signo, ou mais de um. Assim, pode-se concluir que um planeta atua astrologicamente em consonância com o Zodíaco, nunca à revelia ou dissociado deste.

Por exemplo, com Júpiter no signo de Touro, não temos apenas a combinação das qualidades de Júpiter e Touro, como na soma de dois ingredientes (que é a maneira como a princípio se procura interpretar um planeta em um signo), mas temos Júpiter ocupando – e tensionando – o campo dinâmico *inteiro* do Zodíaco a partir dessa sua posição: desde Touro se projetando e tensionando todo o Zodíaco; e assim com todos os demais planetas em suas posições zodiacais.

O emaranhado de forças interatuantes não é facilmente discernível à primeira vista, nem pode ser obtido a partir da leitura de manuais que dão receitas para as posições astrológicas *sem considerá-las dentro do contexto total do campo dinâmico presente naquela carta em particular*. O estudo dessas sobretensões a interferir no campo dinâmico fundamental do Zodíaco é o que caracteriza a interpretação astrológica mais refinada, aquela que estuda correlações e inter-relações entre os diferentes fatores que compõem uma carta, aquela que considera a carta astrológica como representação de um ser vivo.

PARTE III

OS SIGNOS
ASTROLÓGICOS

8
INTRODUÇÃO PARA OS DOZE SIGNOS

As explicações sobre as qualidades primordiais ganham, agora, caráter prático. Naturalmente, os conceitos que as contextualizaram permanecem válidos e presentes, embora não voltem a ser citados ou relembrados de maneira explícita nos capítulos seguintes.

No estudo da carta astrológica, aparentemente, passamos a tratar de outro assunto que não as propensões adiante ou de volta, de resistência ou abandono, como conduzido até aqui, não obstante toda interpretação da carta resultar das combinações intrincadas dessas forças primordiais.

Os próximos capítulos descrevem as qualidades primordiais aplicadas ao funcionamento dinâmico de cada um dos doze signos. Irão mostrar passo a passo como da dimensão das propensões chegamos aos tipos de situação indicados pelos signos que encontramos na existência diária.

O livro se torna prático na descrição das qualidades primordiais que compõem os signos, como também pelos exemplos de interpretação destes aplicados às Casas astrológicas. As Casas astrológicas são doze setores sobre o qual se sobrepõe o Zodíaco, formando a base da carta astrológica. Cada um dos setores diz respeito a uma área de experiência na existência. Esse dado da interpretação astrológica será utilizado para dar exemplos concretos de como atuam as qualidades primordiais na vida prática.

Para o leigo, a descrição é de maior serventia na medida em que saiba, em sua própria carta astrológica, a posição dos signos nas Casas, informação que se obtém pelo cálculo do signo ascendente. A partir dele, poderá acompanhar o que cada signo descreve em seu caso pessoal. Em todo caso, a partir dos vários exemplos de aplicação do funcionamento do signo, o leigo poderá reconhecer seus comportamentos.

Para o astrólogo, a descrição dos signos e de sua aplicação às casas deve ser considerada como ponto de partida, material de estudo e inspiração, mais do que definição acabada ou definitiva do que significam os signos nas Casas quando vistos por suas qualidades primordiais.

De signo para signo, foi variável o grau de detalhe com que foi explicada a atuação de sua dinâmica pelas doze Casas. Não houve a intenção de fazer um trabalho exaustivo em descrever todas as possibilidades e todos os casos possíveis. A ideia é apresentar os fundamentos do signo, exemplificando-os em uma Casa e outra de maneira mais completa, de modo a inspirar a aplicação nas demais Casas e em outras condições astrológicas. Além do mais, se em uma Casa foi descrito certo aspecto de atuação do signo e em outra Casa descrito outro aspecto diferente, isso não quer dizer que uma atuação aconteça só em uma casa e não na outra. As descrições das várias facetas do signo, feitas para diferentes Casas, são intercambiáveis, isto é, aplicam-se todas elas a todas as Casas que o signo venha a ocupar. Para não ser repetitivo e maçante, aplicou-se a descrição a uma Casa ou outra.

Signos nas casas: base da interpretação astrológica

Dentre as interações entre os dados astrológicos (entre planetas, aspectos, signos e Casas), a descrição dos significados dos signos nas Casas é a menos enfatizada e da qual se encontram menos descrições em livros. Dos planetas nos signos e dos planetas nas Casas encontramos descrição em praticamente todo livro-texto que dá a conhecer os rudimentos da interpretação. Estranhamente, a descrição dos signos nas Casas quase não comparece nos livros. Entretanto, a presença dos signos nas Casas forma a matriz de base para a carta astrológica e deveria ser estudada a fundo antes de serem salpicados os planetas sobre esse campo de forças dinâmicas que está na base da carta astrológica – e opera mais estruturalmente do que tudo o mais nela.

Signos e Casas juntos tecem uma rede de forças típica, ou diria melhor, arquetípica, sobre a qual atuarão os planetas, seja lá como forem salpicados, e embora criem caracterizações fortes e configurações tensionantemente únicas. Contudo, não irão modificar o campo de base formado pelos signos nas Casas – acrescentarão outros fatores, sem dúvida; trarão relevos que antes não existiam; criarão condições que só os planetas mobilizam. E tudo isso se dará *dentro* do campo de forças formado pela posição dos signos nas Casas, e nada ocorrerá fora e à revelia desse campo. Mesmo quando os planetas levam-no ao limite de suas possibilidades, o campo de forças de signos nas Casas nunca deixará de ser a base para as dinâmicas da carta astrológica. Isto é, signos nas Casas – *muito mais que os planetas* – são a base da interpretação astrológica consistente.

Daqui vislumbra-se uma vez mais o que foi dito no início do livro: a Astrologia é o estudo do cerne dinâmico dos entes viventes, mais do que o estudo das estrelas no céu. Pode-se até prescindir do estudo dos planetas e, permanecendo exclusivamente no campo dos signos e Casas astrológicos, fazer Astrologia boa e válida. Pode-se estudar e interpretar como atuam os signos sobre as Casas, e disso retirar conhecimento suficiente para alimentar uma pessoa de informações úteis para se conhecer e cuidar de sua vida.

Signos e Casas são definidos a partir da relação entre dois astros, a Terra e o Sol, incluindo assim os dois principais astros do céu em sua definição – aquele astro que habitamos e aquele do qual provém a vida. Os astros não estão completamente de fora quando consideramos apenas signos e Casas; entretanto, somente os principais dentre eles e não como indicadores particulares dentro da carta astrológica.

Assim, nos próximos capítulos, chegamos à parte prática do livro, oxalá mantendo vivos os conceitos lançados inicialmente, de modo à interpretação astrológica manter a visão da carta astrológica enquanto constelação de forças dinâmicas. A partir deste estudo, pode-se partir de boa fundação para se aplicar os planetas sobre signos e Casas. E, reiterando: os signos e o Zodíaco são muito mais a Astrologia do que o são os planetas e os céus aparentemente distantes, embora estes sejam cintilantemente visíveis aos nossos olhos.

Os signos e a mecânica das forças astrológicas

Os signos, vistos a partir das qualidades primordiais que os formam, podem ser considerados como se fossem *mecanismos atuantes*, isto é, forças atuantes cujo espírito é mecânico, como é mecânica uma máquina simples tal qual uma tesoura, uma ratoeira ou um alicate.

Sua mecânica, contudo, não se dá pela ação de corpos rijos, como acontece com os exemplos citados; trata-se mais propriamente de uma *dinâmica mecânica*, como ocorre na mecânica dos fluídos: há movimentos inerentes aos signos astrológicos que forcejam por acontecer, por se realizar, sejam quais forem as situações que encontrem no mundo das formas. Conforme a situação encontrada, a dinâmica interna do signo, que atua sempre da mesma maneira, *mecanicamente*, chegará a resultados diferentes, embora sua dinâmica seja sempre a mesma. Muitas situações dessas serão descritas nos capítulos dedicados a cada um dos signos.

Os signos serão tratados, então, como mecanismos, no sentido acima indicado. Com isso, não se afirma determinismo absoluto resultante de seu funcionamento, mas que há *aspectos invariáveis* nesse funcionamento, e que qualquer interferência nesse funcionamento só poderá ser feita a partir da observância desses aspectos invariáveis e de uma utilização inteligente que se valha da mecânica invariável e coopere junto a ela.

Um paralelo pode ser feito com a lei da gravidade e o voo de pássaros e aviões: estes se valem da força da gravidade para voar, voam por se apoiarem – literalmente – nessa força e no ar atmosférico para neles se moverem em direção oposta àquela exigida, a princípio de modo absoluto, pela gravidade: ao alto.

Muito diferentemente, uma folha, ao se desprender do galho da árvore, embora possa percorrer sua queda pelos mais belos arabescos, não age de encontro à lei da gravidade, como o fazem pássaro e avião. A folha que cai obedece passivamente às variações dos ventos, enquanto obedece também passivamente a força gravitacional que a trará fatalmente até o solo. A folha reage – e apenas reage – automaticamente às forças mecânicas que atuam sobre ela.

Pássaros e aviões utilizam-se dessas mesmas forças mecânicas para, por meio da administração inteligente e voluntária (mesmo que por uma volição instintiva), ganharem a liberdade de se mover para onde quiserem (dentro de certos limites, naturalmente). Essa liberdade perdura enquanto durar o uso inteligente e voluntário das forças gravitacionais e atmosféricas; cessado o uso, ficarão novamente à mercê dessas forças: cairão. Essa liberdade existe sem a anulação das forças gravitacionais e atmosféricas; existe *justamente* por existirem tais forças.

Assim é com a utilização das forças que os signos astrológicos representam (forças estas que existem, vale a pena lembrar, no cerne movente da pessoa, e das quais os signos são sinais indicadores). Sem negar nem anular a sempre presente atuação dessas dinâmicas mecânicas, uma pessoa pode se valer delas para a consecução de atos e gestos de sua escolha, acrescentando a essas linhas de forças perenes um deslocamento próprio seu, um desenho de movimento criado por sua inteligência e vontade, tal qual, no nível puramente físico-instintivo, faz o pássaro contra o céu.

Não há contradição, nem sequer paradoxo algum, entre a mecânica absoluta das forças astrológicas e a liberdade possível de deslocamento em meio a elas, assim como não há contradição entre o voo de um pássaro e a lei da gravidade. Aliás, não fossem absolutos a direção e o tensionamento da força gravitacional, se a lei gravitacional oscilasse por um só instante, o voo do pássaro ficaria comprometido, sua capacidade de voar seria perdida. Assim também, não fossem absolutas e fixas as forças astrológicas, não estaria garantida a possibilidade de liberdade humana.

Tanto pássaros quanto aviões dispõem, em algum grau, de vontade e inteligência para se utilizarem das leis físicas naturais e automáticas – obviamente, no caso dos aviões, são os seres humanos que os constroem e dispõem dessas capacidades. Este é um grau de liberdade: aquele que permite participar de modificações sobre o mundo dos fenômenos físicos.

Muito diferente é a questão quando se trata das forças astrológicas. Já vimos como estas não pertencem ao mundo dos fenômenos exteriores, estão em outro palco, pertencem a uma dimensão presente tanto fora quanto dentro dos seres, são forças constituintes dos seres e não forças a serem manipuladas fora deles. Manipulá-las é, no mais exato sentido, manipular a si mesmo.

A liberdade necessária para a manipulação das forças astrológicas não é a mesma liberdade necessária para lidar com o mundo físico, conhecendo as leis da geometria, construindo aviões, pontes, prédios, aquedutos ou plantando, pois tudo isso acontece fora do ser humano. Manipular as forças astrológicas requer um tipo de liberdade que poderia ser mais bem descrita como "perceptiva", isto é, uma liberdade na qual a pessoa é capaz de se perceber sendo movido enquanto lhe movem as forças que lhe constituem.

Trata-se da manipulação de forças que não apenas estão "dentro" de si mesmo, mas que *são o próprio si mesmo*. Esse é um feito muito diferente do voo de um pássaro ou da construção de uma ponte ou edifício, nos quais o ser vivo manipula forças externas a si próprio. No caso das forças astrológicas, se trata de manipular movimentos que *somos nós*, movimentos que constituem aquilo que percebemos sendo nós mesmos – e a percepção de sua atuação em nós mesmos é o caminho para lidar com eles.

Como é a percepção da pessoa que conta, quando se trata de interferir nas forças astrológicas, somente a própria pessoa tem acesso a manipulá-las, só a própria percepção da pessoa as acessa em seu cerne movente; somente sua vontade é capaz de mover as qualidades primordiais presentes nela mesma – nada de fora percebe diretamente ou acessa esse cerne.

Esse é um dos motivos pelos quais muitos consideram as forças astrológicas como fruto da imaginação, como inexistentes na assim chamada realidade objetiva: elas podem ser percebidas e manipuladas somente pelo próprio ser vivo que as contêm em seu cerne, não podendo ser percebidas ou manipuladas desde fora. Quem se dispuser a conhecê-las em si mesmo poderá comprovar sua existência. Quem quiser conhecê-las atuando sobre as outras pessoas ou sobre o mundo exterior, pouco poderá conhecer delas. Nesse sentido, o conhecimento proveniente da Astrologia é, e só pode ser, autoconhecimento.

Nos capítulos seguintes, iremos comentar tanto a dinâmica de atuação de cada signo quanto algumas das possibilidades de administração voluntária possíveis em sua dinâmica. Tais comentários serão feitos em termos comportamentais, pois é aí que tudo isto se torna mais claro. A descrição conceitual e distante, a respeito de propensões e dinâmicas, ajuda a entender o funcionamento "puro" dessas forças, mas é com a descrição dos acontecimentos decorrentes na vida prática que assimilamos mais completamente o que isso significa em nossas vidas.

Os comentários se dirigem de modo especial para os pontos de bloqueio das dinâmicas dos signos, pois é o que interessa mais no estudo astrológico que se volta ao autoconhecimento. A partir da elucidação de onde cada mecânica emperra, poderemos ajudar nossa própria natureza a se completar, a se tornar plena. Não houve qualquer interesse aqui em "elogiar" os signos ou apontar seus "defeitos". Esta não é uma obra voltada para falar bem ou falar mal de signos ou de pessoas destes signos. Os comentários dizem respeito ao funcionamento de dinâmicas astrológicas, não são comentários sobre pessoas e seus comportamentos. Não se pode aplicar o que é dito com finalidade técnica a respeito da mecânica de um signo para uma pessoa que tenha nascido sob o Sol nesse signo ou com esse signo no Ascendente. É preciso não confundir inteiramente a dinâmica de um signo com a pessoa que tem esse signo saliente em sua personalidade.

9

ÁRIES

[...] como domar a explosão com mão serena e contida, sem deixar que se derrame a flor que traz escondida.
(Alguns Toureiros, João Cabral de Melo Neto)

Áries é descrito como a dinâmica em que *a qualidade Seco predomina sobre a qualidade Quente*. Há uma tensão estruturadora (Seco) mais forte do que o impulso de expansão (Quente). O movimento expansivo tem dificuldade para romper a inércia de Seco, e não a rompe. Sua dinâmica está pronta para o gesto de exteriorização (Quente), mas não se exterioriza, pois é contido por fatores de sua própria estrutura (Seco).

O sentido de expansão ocorrerá em função de expandir sua estrutura, fazendo a si mesmo ocupar uma situação que antes era do ambiente, o que significa que sua função é primordialmente a de *conquistar o ambiente para si*.

O mecanismo de uma ratoeira, dessas antigas, é muito semelhante ao de Áries, no qual uma mola que lança uma armação de metal está pronta para ser acionada, mas é contida por uma trava que, assim que destravada, fará a mola disparar, em rápido e brusco movimento, arremessando a armação de metal. Como é de se esperar numa ratoeira, o elemento que deslocar a trava receberá o impacto do disparo da mola contida, em uma reação tão instantânea que o elemento deslocador ficará *subjugado* pela propulsão e pelo impacto. A liberação deste mecanismo, quando ocorre, é instantânea e total. Nada sobra da energia inicialmente acumulada na mola propulsora.

O mecanismo geral de ambos é muito semelhante. O que é a trava na ratoeira, é o diferencial de Seco (estrutura tensa) predominando sobre Quente (natureza expansiva) no signo de Áries.

Na ratoeira, ao final, há um travamento da armação de metal em uma nova posição sobre a base da ratoeira, afinal, a ratoeira deverá prender um rato (sua conquista padrão). Em Áries, ao final do movimento *sua estrutura subjuga algo do ambiente*, pela projeção total de sua energia para o ambiente, não havendo mais tensão interna e sim uma estrutura projetada para fora (Seco e Quente), além de um esgotamento natural da capacidade de mobilização pela ausência de energia acumulada.

Talvez se possa chamar a reação de Áries de uma reação integral a algo que toque sua estrutura (Seco), levando-o a afirmar os princípios que acionam sua estrutura (Quente). Esta é uma maneira de definir a dinâmica ariana, surgindo assim seu conceito básico: autoafirmação.

Uma ratoeira pode ter alguma parte de metal amassada ou enferrujada que prenda a liberação de sua mola, agindo de modo impeditivo como trava suplementar e indesejada, fazendo o desprendimento da trava normal não liberar a energia potencial da mola. Assim também, a dinâmica de Áries pode ter tensões dentro de sua estrutura que bloqueiem parcial ou completamente a liberação da energia acumulada. A energia acumulada ou residual, decorrente da não mobilização de toda sua energia, provocará efeitos que seu mecanismo não tem como assimilar. Ao invés de se projetar para fora, a energia expansiva impacta a própria estrutura, danificando-a.

Uma situação comportamental que ilustra o excesso de tensão ariana é a reserva quanto a agir diante de uma determinada solicitação exterior. Por exemplo, alguém com Áries na Casa I, que modifica algo em sua imagem física, mudando o cabelo ou os óculos, por exemplo, e depois se inibe para se mostrar assim aos outros. Perante o olhar da outra pessoa (o estímulo externo), não liberar sua imagem pessoal. Não ser quem se é perante a presença de alguém. O exemplo é mais completo se considerarmos a pessoa com Áries na I tendo que admitir algum aspecto de sua identidade perante si mesma, e se negando a isso, parcial ou inteiramente.

Em outro exemplo, alguém com Áries na Casa XI poderá, diante do ambiente social no qual participa, conter demasiadamente sua maneira de ser, defendendo-se mais do que se projetando e, dessa maneira, buscar conquistar a simpatia ou o direito de participação no ambiente. Por exemplo, alguém que se mantenha reservado e distante diante de amigos e do meio social, evitando compartilhar suas ideias, interesses e gostos, deixando ao seu redor o mundo girar e se omitindo de participar dele.

Para melhor usufruir dos exemplos dados aqui, considere que todas as pessoas terão a dinâmica Áries em alguma Casa de seu mapa astrológico, portanto todos nós temos este traço se manifestando na lida com algum setor da existência.

Por outro lado, há ratoeiras cuja trava se solta sem estímulo, sem que nada a toque. Travas cujo elemento bloqueador está gasto ou, de alguma forma, desliza com o passar do tempo e libera a mola sem que lhe seja solicitado. As ratoeiras que pela manhã estão prendendo o queijo.

Assim também, o mecanismo Áries pode liberar sua torrente de energia propulsora sem estímulo externo algum a lhe incitar.

Uma situação típica dessa "falha mecânica" de Áries ocorre quando a pessoa se torna o seu próprio elemento estimulador. No caso de uma mudança na imagem física, como no exemplo anterior, seria Áries não esperar que as pessoas apreciassem (ou não) sua imagem, mas providenciando para que elas sentissem logo o impacto que ele julgou que elas deveriam ter perante suas melhorias sensacionais. A autorreferência despropositada seria uma manifestação desse deslize precoce de sua tensão interna. A mola disparou por vontade da mola. Não obstante, o *design* deste mecanismo indica que ele "foi feito para" funcionar em uma entrega absoluta ao acionamento exterior.

Um exemplo ideal do bom funcionamento desta dinâmica é descrito no código da cavalaria antiga, no qual o cavaleiro colocava sua espada sob a vontade do rei, mesmo que morresse por isso. Solicitada, toda a força se manifesta, incondicionalmente. Sem ser solicitada, a força do cavaleiro se mantém contida e em guarda, em treinamento e afiando seus instrumentos. Esse é um exemplo bem mais nobre e galante que o da ratoeira.

A figura de Lancelott nas lendas dos cavaleiros é a que melhor representa a dinâmica psíquica ariana. Lancelott, o mais valente e destemido dos cavaleiros, colocou sua espada a serviço do rei Arthur. Após percorrer o mundo em busca de um rei digno a quem servir, encontrou-o em Arthur. Tornou-se o cavaleiro preferido, o mais próximo e aquele cuja obediência era a mais absoluta. Não havia vacilações em sua conduta, sua vontade era feita da vontade do rei, o estímulo exterior ao qual ele concordou em reagir integralmente.

Mas, conta a lenda, Lancelott um dia começou a obedecer não mais à vontade do rei, mas à sua própria vontade de namorar a rainha.

Vejamos por que, funcionalmente, o mecanismo Áries sai de seu desígnio ao agir assim. Seco predomina sobre Quente: a necessidade de coesão represa o movimento expansivo, isto é, as motivações (Quente) estão em função de sua estrutura (Seco). Na medida em que as motivações do ariano vão por conta própria, sem o acréscimo de uma motivação ou vontade externa, não terão força suficiente (menos Quente do que Seco) para mover a totalidade dessa estrutura. Serão motivações parciais movendo somente parte de seu todo, causando uma cisão interna. Portanto, a resposta de Áries às próprias motivações rompe com sua integridade (uso esse termo em seu sentido funcional, mas decorre também uma conotação moral).

É o que vemos acontecer com Lancelott a partir do momento em que tem dois reis a obedecer: a escolha por Arthur e o desejo por Guinevere.

Somente um estímulo externo é capaz de acrescentar a quantidade de força necessária que equilibre as quantidades de Quente e Seco, de modo a promover uma mobilização integral da dinâmica Áries.

A ratoeira está a serviço do destravamento de sua mola. Uma ratoeira não pensa se foi um rato, um tremor das tábuas do chão ou o dedo de alguém que lhe acionou o mecanismo. Surgida a força necessária para a completação de sua função, a mola é disparada.

Uma ratoeira que faça "considerações pessoais" sobre se vai prender ou não este ou aquele estímulo que a destravou, será facilmente jogada no lixo. Assim também, a função Áries de nada serve ao introduzir motivos pessoais em seu acionamento.

A questão para o comportamento Áries é: quem é o meu senhor? Em nome de quem eu atuo? O caráter Áries precisa ter sempre um senhor a quem servir.

Mas o quanto essa escolha é feita voluntariamente? Às vezes Áries está a serviço de uma imagem concebida na infância, sem percebê-lo; ou pode agir a serviço da melhor recompensa; ou estar à mercê de um senhor a quem teme, mantendo-se preso; ou pode procurar ser independente e não ter um senhor (o que lhe é impossível, sempre haverá um; melhor escolhê-lo voluntariamente).

Normalmente, Áries não escolhe seu senhor. Este acaba sendo a somatória do acúmulo de tensões internas, motivos e remoimentos pessoais não expressos. Como se vê, um senhor aleatório que não leva a nada que não a uma reafirmação que é ao mesmo tempo seu travamento.

Há uma cena em um filme sobre os cavaleiros do rei Arthur, "Excalibur", na qual uma voz pergunta a sir Percival diante do Santo Graal, "Quem é o seu Senhor?", ao que ele responde "Arthur", depois de ter passado pela tentação de servir a Morgana ou simplesmente desistir de Arthur, pois as coisas andavam difíceis para o lado dele.

Percival, o escudeiro de Lancelott, aquele que buscou e insistiu com Lancelott para se tornar seu escudeiro, aquele que mesmo de início desprezado, aquele que não duelou com o rei para lhe testar forças, mas que mostrou lealdade incondicional a seu senhor desde o início, foi quem reconduziu a ordem ao reino de Arthur, ordem perdida pela cisão de Lancelott.

O belo Lancelott, desde o início arrogante em seu desafio ao rei a quem iria servir. Uma hora ou outra, o vigor de seu valor-próprio iria surgir e dividi-lo. O feioso Percival, desde o início decidido a servir a seu senhor, independente deste apreciar sua lealdade ou não.

O tensionamento da mola do mecanismo Áries dá a ele sensação de força, que realmente possui, gerando uma forte sensação de valor-próprio.

Não deveria importar ao mecanismo Áries escolher o melhor senhor, o mais forte, o mais capaz, o que aparece nas colunas sociais. O valor do seu senhor, para

Áries, está na direção que este senhor dará para o seu impulso. Áries escolhe sua orientação de vida, escolhendo o senhor a quem servir.

Nesse sentido, o próprio Arthur teve uma bela reação Áries quando, em batalha no início de seu reconhecimento enquanto rei, com sua espada apontada para a cabeça de sir Uryens, que lhe negava obediência, disse a Arthur não poder obedecer a quem não havia sido sagrado cavaleiro ainda. A resposta imediata e simples de Arthur foi entregar a espada Excalibur na mão de Uryens para este sagrá-lo cavaleiro, sob o risco de Uryens decepar sua cabeça e ficar com o reino. Nesse momento, Arthur estava obedecendo inteiramente às leis que governam o espírito dos cavaleiros, às quais também o rei deve obedecer e servir.

Esse destemor que beira o destempero está presente nas reações arianas, quando plenas, desequilibrando o jogo de forças que o tensiona e o lançando em suas ações que, depois de iniciadas, não tem mais como voltar atrás.

O rato é o rei para a ratoeira, a sua figura de referência e obediência, de quem, inclusive, a ratoeira recebe o nome. O mesmo acontece com os cavaleiros, "sou cavaleiro do rei Arthur" soando mais forte que o nome pessoal dos cavaleiros. No entanto, entre todos, destacou-se o nome de Lancelott, aquele que obedeceu à sua própria vontade e não à vontade de seu rei. Lancelott não teve a pureza de alma do mecanismo de uma ratoeira.

Voltando para exemplos mais próximos, alguém que tenha o signo de Áries, digamos, na Casa IV deveria responder com plena prontidão às solicitações que lhe surgem no ambiente doméstico. O lar é o seu rei. Os estímulos vindos do ambiente familiar devem receber reações plenas e imediatas. Afinal, se você tem Áries na Casa IV e aderiu a um lar, ele será tudo para você, e você se entregará a ele por inteiro. O mecanismo Áries não permite outra atitude, um contato a meia medida. Sua dedicação ao lar e às suas necessidades irá direcionar o desenvolvimento de seu caráter.

Em outro exemplo, com Áries na Casa IX, a pessoa deveria reagir integralmente à filosofia de vida adotada por ela, sem concessões para consigo mesma. A obediência aos seus ideais direcionará então o desenvolvimento de seu caráter. Essa é uma atitude de alto risco. Tudo ou nada. Não é de se estranhar que a "educação" modifique a dinâmica ariana, tornando-a civilizada e branda. Áries incomoda e, problema maior, exige uma integridade de atitude para a qual não fomos educados nem preparados. É-nos ensinado que certa reserva é sempre de bom senso e bom-tom.

O estado de prontidão da dinâmica Áries é o mesmo do cavaleiro para com suas armas. Elas têm que estar afiadas e azeitadas, prontas para o uso. Assim como a ratoeira para funcionar deve estar armada na posição de máxima tensão da mola, temos que cultivar a prontidão para agir na direção daquilo que escolhemos obedecer, no setor de vida em que está o signo de Áries em nossa carta.

O acúmulo de tensão é natural no mecanismo Áries. Não é preciso se preocupar com ele. Entretanto, pode haver embaraços para liberar a tensão: pouca disponibilidade para o estímulo (impulsos pessoais interferindo), por impedimento do movimento (excesso de tensão interna), excessiva sensação de valor-próprio (arrogância) ou pela capacidade de resposta diminuída (deficiência orgânica, de atenção ou de algum funcionamento interno). E a tensão em Áries precisa ser liberada, de tempos em tempos.

O excesso de solicitações, internas ou externas, perturba a capacidade de resposta. Se as solicitações externas são controláveis apenas em parte, as solicitações internas, isto é, as motivações causadas por afinidades e as tensões acumuladas, deveriam ser mantidas em nível mínimo. Ao diminuir ao mínimo o assoberbar-se com autoimportância, a prontidão para a ação é liberada.

Os cuidados com a saúde física e psíquica são também fundamentais para a dinâmica Áries, pois esta, ao atuar, o faz através de um forte desgaste em sua própria estrutura. Momentos de recuperação são fundamentais para a manutenção da boa atuação.

Estes momentos de descanso devem ter características especiais, pois Áries responde muito fácil e prontamente a todo estímulo externo. A ausência de estímulos à volta, sejam pessoas, objetos ou situações, é fundamental em sua recuperação. Ausência de estímulos pode significar estar olhando para o movimento das folhas das árvores, acompanhar uma brisa, vaguear por uma paisagem ou simplesmente deitar quieto. Dez minutos sem estímulos à volta recuperam muito mais este mecanismo do que duas horas de tentativa distração com estímulos variados.

O sentido de "obrigação de responder" é muito forte em Áries. Esse é seu impulso mais básico, a *ansiedade da mola sempre armada*. Portanto, a recuperação depende do mecanismo Áries admitir não responder durante esse prazo de dez minutos com estímulos externos suaves.

Admitir por dez minutos, não estar obrigado a responder a nada, que ninguém nem nada irá atacá-lo e que não é sinal de fraqueza deixar de realizar conquistas importantes por dez minutos. Experimente essa atitude na área de vida em que Áries está em sua carta astrológica, e veja como é renovadora. Perceba o sentido de equilíbrio pessoal e a sensação de retomada da integridade que rapidamente acontecem.

O mecanismo Áries, diante de um estímulo externo, poderá estar assoberbado demais consigo mesmo para reagir a ele, enquanto diante de outro estímulo externo se mostrará hipersensível para respondê-lo. A diferença está em como cada estímulo reforça ou deixa de reforçar a sensação de força e valor-próprio. Se o estímulo reforça a importância de sua força (por confirmá-la ou por desafiá-la), então Áries se mostrará hipersensível. Se o estímulo desconsidera essa questão e simplesmente exige que sua vitalidade seja colocada em uma aplicação externa, sem enaltecê-lo, então Áries desconsidera esse estímulo, por não ver nele significado algum.

Em um exemplo com Áries na Casa II, teríamos o impulso para realizar conquistas materiais apenas quando estas revelassem o seu valor enquanto conquistador. Realizar trabalhos produtivos que trouxessem bom retorno financeiro, mas que não o tornassem valoroso pelo desafio de produzi-los, podem ser menosprezados pelo tipo ariano de Casa II.

Outra forma de cultivar o estado de *prontidão de resposta* para Áries é a prática de atividades, normalmente envolvendo bom empenho físico e muscular, em que as tensões acumuladas sejam liberadas de pronto, depois relaxadas, e então serem colocadas em movimento novamente, pela movimentação pura e simples, seja do corpo e dos músculos, seja da mente e da imaginação.

Em um exemplo com Áries na Casa III, a dedicação integral a um aprendizado solicitante de atenção e esforço (assunto relativo a esta Casa) durante um tempo determinado, é uma forma de treinar a prontidão de resposta, isto é, aprimorar o mecanismo Áries. Com Áries na Casa V, poderia haver a dedicação a uma atividade criativa, que solicitasse realmente bastante de sua veia criativa. Enfim, em cada Casa, uma atividade que solicitasse expressão plena das suas capacidades.

Os jogos e esportes, principalmente no seu sentido mais antigo, como o utilizado pelos gregos ou nas contendas dos cavaleiros, têm este sentido: de um espaço aberto para a pessoa utilizar, aprimorar e perceber suas forças (aquilo que no sentido competitivo seria chamado de "medir forças", como forma de retomada da dinâmica ariana é mais apropriadamente considerado como "perceber o estado de suas forças").

O outro defeito do mecanismo Áries é a "liberação involuntária" da força acumulada, como nas ratoeiras que se destravam sozinhas, prendendo precocemente o queijo. Equivale à dinâmica de Áries agindo sem que lhe fosse solicitado, ou à atitude de se precipitar ao menor toque, como se tudo em sua direção tivesse o teor de provocação ou desafio. A ansiedade por liberar sua carga interna de tensão o faz assim.

Em termos mecânicos, corresponde à ratoeira que alguma parte da trava escorregasse ou cujo sistema de travamento fosse mais fraco do que a força da mola.

Na psique, corresponde a uma fraqueza de caráter: a constituição geral não suportar lidar com cargas fortes ou uma espécie de indolência ariana, as quais levariam a logo liberar sua força. Atitude semelhante à daqueles personagens que "primeiro atiro, depois pergunto quem é", por ser mais fácil agir assim. Sendo sua força superior à do outro, esmaga logo o outro, desconsiderando-o. Esse é o teor da indolência (insensibilidade, apatia) deste signo. Desconsiderar o outro é a forma de apatia ariana, subjugar o outro é a forma de resposta ariana ao outro.

Não estamos neste ponto falando do possível destravamento em momento equivocado devido ao acúmulo excessivo de tensão e vaidade, como abordado antes. Trata-se de uma ansiedade por logo liberar a resposta, descompromissadamente, que o torna hipersensível ao estímulo, levando à falta de adequação da reação ao estímulo.

Não importa se é o dedo de uma criança que tocou a ratoeira, afinal, ela é uma ratoeira e todos deveriam estar avisados de como uma ratoeira funciona. Não teria sentido falarmos de pouco caso e desatenção da ratoeira por não modular a reação ao estímulo que lhe toca. No entanto, onde está Áries em nossa carta astrológica, temos a possibilidade de modular a reação brusca e forte que surge.

Neste ponto chegamos a uma questão não mais do nível mecânico. A ratoeira não pode modular suas reações ao estímulo. Não há como um mecanismo automático, como o da ratoeira, modular sua resposta, pois não há um sistema moderador em seu *design*. Sua linha de reação é liberar toda a energia diante do estímulo – e apenas isso. Áries toca seu limite de possibilidade de aprimoramento enquanto reação psíquica mecânica e automática.

Aqui, inicia o caminho da resposta voluntária. Temos que deixar de "ser" o mecanismo (deixar de estarmos inteiramente incluídos em sua mecânica) e passarmos a ser "algo" que administra o mecanismo, ser algo mais que um meio psíquico mecânico. Não se trata mais de burilar o mecanismo, mas de conduzi-lo.

A modulação ou adaptação da força de sua reação ao estímulo é a linha de atuação voluntária para Áries. Ser capaz de conduzir a força de sua reação é, para este signo, o grande triunfo da liberdade sobre o automatismo psíquico. Dane Rudhyar diz que o maior dom para o signo de Áries é a *adaptabilidade*.

O dom da adaptabilidade é bem diferente do bloqueio da liberação de tensão, causada por atritos internos, assim como é bem diferente do abrandamento de força imposto pelo ajustamento social.

Adaptabilidade é ter condições de medir a situação externa que acontece, *independentemente* da pressão interna que carregue, e, a partir disso, ser capaz de escolher a modulação adequada segundo a finalidade de atender adequadamente à demanda. Essa finalidade deve ter sido definida, também, independente das pressões internas, ou seja, deve ter sido definida previamente a partir de algum valor escolhido como padrão pessoal.

Por exemplo, alguém com Áries na Casa V, que apresse o andamento da aproximação e do envolvimento amoroso a partir de sua ansiedade de ação, impondo ao outro que esteja receptivo ao amor, é a ação impositiva e subjugadora que distorce a natureza do assunto ao qual está aplicada: a relação amorosa. A necessidade irreprimível de subjugar a pessoa desejada torna a conquista o centro da questão, e não mais a expressão amorosa. Conquistar alguém passa a ser a finalidade na vida afetiva, o fator para se sentir satisfeito ou insatisfeito na vida amorosa.

A pessoa com Áries na Casa V há que perceber, além do próprio afã em demonstrar sua paixão e disposição amorosa, a disposição da outra pessoa, *independentemente* de seu afã. Caso a outra pessoa mostre disposição favorável, poderá ainda procurar perceber a natureza dessa disposição, o que mais agrada a ela e ao conjunto da situação, quais as formas de favorecer o enlace etc.

Ao inserir um padrão de valor junto com essa percepção, como por exemplo, o de *não causar dano a nada animado ou inanimado*, sua atuação se dará não subjugada pelo próprio mecanismo, mas se utilizará deste mecanismo capaz de fazer algo novo irromper no relacionamento. Áries, para manifestar seus afetos, precisa manifestá-los plenos e, no entanto, reconhecendo que o mundo não é obrigado a se subjugar a eles. Poderá, assim, participar da conciliação harmoniosa entre suas predisposições afetivas e da outra pessoa envolvida.

Em outro exemplo, com Áries na Casa II, a pessoa fará qualquer negócio para conseguir resultados materiais, pelo impulso de conquista imediata. Aqui, a pessoa deveria não estar obedecendo a pressão por resultados imediatos, mas conduzir as atividades rentáveis de forma estruturada. O erro do mecanismo Áries é mover apenas parte de sua estrutura devido à ânsia de definição (mesmo que parcial), perdendo assim o sentido de integridade.

Como imagem de apoio, consideremos os cavaleiros que faziam conquistas movidos por razão mais abrangente e significativa do que a simples satisfação de conquistar. Suas lutas continham um idealismo, lutar pelo rei, que lhes dava a complementação de motivação (a parcela que falta da qualidade Quente para mover a totalidade da qualidade Seco), tornando sua luta maior do que um gesto pessoal. Morrer nesse combate era glorioso, era uma expressão da totalidade de sua estrutura em nome de seu senhor (a motivação elevada à qual aderiu).

Para o mecanismo Áries, somente após a percepção da situação em separado de suas pressões e urgências internas é que se torna possível a percepção abranger uma gama maior de eventos e de estímulos.

Antes disso, Áries será responsivo somente aos estímulos que reforcem sua própria força ou àqueles fortes o suficiente para acionarem seu mecanismo de destravamento, o que requer boa dose de impacto e contundência, afinal sua mola está tensa e bem presa. Força ausente de equilíbrio é o bloqueio para a dinâmica Áries.

10

TOURO

> *[...] vim a um lugar que a toda luz é mudo.*
> *(Divina Comédia, Dante Alighieri)*

O signo de Touro é formado pelo *predomínio da qualidade Frio sobre Seco*.

O mecanismo Touro absorve (Frio) o que dele se aproxima, gerando o aumento da consistência daquilo que se aproximou, e do próprio mecanismo, na tentativa de tornar mais coeso (Seco) tudo que lhe toque, condensando em uma coesão única o objeto exterior e o mecanismo.

O movimento de contração predomina sobre a coesão interna. A pressão, de fora para dentro (Frio), força a coesão interna (Seco) a se tensionar ainda mais, gerando a dinâmica de condensação e concentração.

Temos um mecanismo semelhante a Libra, pelo movimento de ligação entre dois polos, o exterior e o interior. Essa semelhança é expressa, dentro do Zodíaco, pela regência de Vênus para os dois signos, o planeta da *ligação por afinidade*.

No entanto, a dinâmica de Touro não liga propriamente dois mundos, em sua atuação de alta condensação. Ela consolida e conserva mais do que une. É uma consolidação de si mesmo, uma fortificação do próprio mecanismo (psíquico) e não uma receptividade unificadora com o mundo exterior.

Sendo a captação (Frio) predominante sobre o adensamento (Seco), temos a compressão cada vez maior da densidade, o que arraiga sua estrutura, a partir do que é captado. A captação se impõe à estrutura até o ponto em que nada mais cabe na estrutura.

Pela contratensão de Seco, que *quanto mais pressionado mais responde com veemência*, a captação encontra limite. Num certo ponto, a força de Seco se torna automaticamente tão poderosa quanto Frio, pois Frio fortalece a qualidade Seco. Este é um mecanismo que encontra em sua atuação uma *estabilização natural*.

Captação e adensamento até a estabilização: nessa fórmula está sintetizado o mecanismo Touro. Sua característica principal é a de conservação e de manutenção do que existe. Uma vez estimulado, se manterá fiel ao estímulo, pois para conservar algo que lhe tocou terá que se impregnar desse algo.

Touro é o processo de conservação em sua interioridade de algo que lhe tocou desde o ambiente. É uma conservação que atrai para si o objeto conservado, criando uma forte relação de ligação e fidelidade aos estímulos.

A dinâmica de Touro reage aos eventos puxando para si e adensando as situações às quais está em contato. Isso acontece com objetos, e sua tentativa de conservação física de tudo o quanto existe; acontece com valores, ao ser fiel ao senso comum e a todas as ideias que tenham sido colocadas a ele; acontece com relacionamentos, mantendo a ligação com as pessoas com quem está ligado; e acontece com seus sentimentos, fixando-se aos teores emocionais que já estejam presentes em sua interioridade.

Desde o primeiro instante de funcionamento, este mecanismo acumula os estímulos que recebe, e os primeiros estímulos que chegaram ao psiquismo permanecem presentes daí em diante. O que viveu no primeiro instante de vida lhe preencheu de tal modo que, a partir de então, passa a conservar o que está lhe ocupando.

Passa a existir uma inércia ao ingresso de novos eventos ou estímulos. O mecanismo está sempre no ponto de acúmulo limite e de estabilidade de acúmulo.

A estabilização leva à negação dos novos estímulos. Reação que se assemelha à de Áries: há um assoberbar-se de motivações próprias no mecanismo Áries e um preenchimento, não com motivos, mas com memórias e coisas arraigadas no mecanismo Touro. Em ambos, há uma negação ou desconsideração dos estímulos externos, por estarem internamente ocupados consigo próprios. São mecanismos voltados para a autoafirmação e a autopreservação, respectivamente.

No mecanismo Touro, essa auto-ocupação é o processo de conservação de tudo o que lhe impressionou desde o primeiro momento de vida. Mesmo que não se lembre especificamente do que está sendo guardado, há a sensação de nada mais caber, pois o que se passou foi suficiente para superlotar a capacidade.

Esse é o velho problema de todas as instituições que guardam e colecionam, como museus, bibliotecas ou acervos, onde um local é determinado para a instituição ou um prédio é construído para ela, guarda-se o acervo do que se possui até então, e começam a chegar as novas peças, livros, que o museu ou biblioteca realmente anseia e precisa, mas não cabem mais e não podem se livrar do que já possui, pois é tão importante quanto as novas aquisições ou doações, e então procuram-se soluções de acrescentar sem mudar o que já está presente, abarrotando-se os porões com material mal catalogado ou se colocando provisoriamente em um outro local as novidades que chegam, de modo a verdadeiramente não integrarem o acervo original.

Pela própria dinâmica taurina para conservar, essa situação tenderá a não mudar. O provisório permanece como definitivo.

Aliás, essa é uma das características que podemos procurar no setor da existência onde está o signo de Touro em nossa carta astrológica: aquilo que foi ali colocado um dia a modo provisório se estabelece como definitivo, deitando raízes estáveis no solo da Casa astrológica. Por não haver ocorrido a decisão de firmar o que de início era provisório e com a instalação se fazendo pelas leis da inércia, passamos a considerar como passageira e circunstancial uma situação que dura de há muito, dando tratamento parcial a algo que se tornou estrutural.

As situações mais arraigadas no comportamento ou na psique de Touro são vistas, por ele mesmo, como apenas circunstanciais, pois, não tendo sido decididas por ele, julga não fazerem parte de sua vida, sendo aos seus olhos "mero acaso estar passando por uma situação como esta". Mas a integração por inércia se deu.

O movimento natural da vida e sua constante modificação de situações começam a se tornar um problema para Touro, pois este não tem como captar e estruturar o que se passa ao momento por causa do abarrotamento proveniente do passado. O mecanismo Touro se aparta do fluxo da vida e passa a viver num mundo à parte, onde a realidade é outra. Esse é seu principal ponto de bloqueio.

Alguém que tenha o mecanismo Touro atuando no âmbito da Casa XII, por exemplo, terá a reação de conservar as pendências e deficiências pessoais, os inimigos e os obstáculos por superar. Conservar, por Touro, implica em fortalecer a situação assim como ela é: uma deficiência será reforçada naquilo que lhe falta, uma pendência será cristalizada em uma impossibilidade de resolução, com um inimigo haverá um pacto definitivo de convívio inamistoso e os obstáculos ganharão algum tipo de pedestal onde seu valor como barreira será mantido.

Uma deficiência reforçada no que lhe falta, na prática, adquire a forma de um hábito que acentua a deficiência. Por exemplo, tendo dificuldade para dormir e deficiência de repouso físico e mental, consolidar o hábito de dormir tarde, dormir de qualquer jeito sem se preparar e ter compromissos muito cedo pela manhã, ou ainda dormir fora de horários razoáveis.

O pacto com um inimigo pode ser exemplificado com a reação de adorar as piores memórias, de se alinhar com a conservação dos momentos negativos ou ruins que estejam presentes em sua memória. Alguém que se lembre com perfeita nitidez do pior e que o acalente rememorando voluntariamente, "esquecendo-se" dos momentos positivos vividos com igual intensidade (podendo até negar que momentos positivos lhe marcaram). Outra manutenção de inimigos é ter acordos e parcerias com aqueles que lhe sejam francamente prejudiciais.

Em resumo, Touro na Casa XII, diante de um determinado mal, toma atitudes que o conservem.

Com Touro na Casa II, para termos um exemplo contrastante com o anterior, a pessoa manterá os recursos que possui. Considera-se a Casa II como depositária de todos os recursos com os quais a pessoa construirá sua existência. Alguém com Touro na II, em vez de construir e prosperar a partir dos recursos disponíveis, terá a reação de colecionar tudo que de bom pode possuir. Alguém que tenha como recurso um conhecimento amplo e especial irá reagir a esse recurso intelectual guardando as ideias para si. Outro que tenha condições materiais abundantes reagirá acumulando os recursos financeiros, sem pensar em investimentos ou qualquer outra forma de dinâmica para seus bens de valor. Outro ainda produzirá coisas belas ou competentes e as guardará para si, colecionando seu próprio potencial, em vez de colocá-las na dinâmica do comércio.

Com Touro na Casa VIII, ao acontecer uma perda, a própria perda será preservada: se alguém morreu, a ausência dessa pessoa será cultivada – não propriamente a memória da pessoa que morreu, mas sim será mantido o vazio e a ausência dessa pessoa. Nada poderá ocupar o espaço deixado vago. A ausência será conservada para sempre.

Em qualquer ponto da carta astrológica no qual se localize o signo de Touro haverá ausência de dinâmica. Touro conserva seja o bom ou o ruim, retirando a dinâmica das coisas e colocando-as em uma condição ou papel de cristalização inerte. As reações no âmbito taurino saem da dinâmica natural da vida e passam a formar uma "dinâmica" particular e fechada, "num lugar que a toda luz é mudo".

Diferente da estagnação fértil de um pântano, onde de uma mistura caótica as coisas se decompõem e ressurgem, a estabilização de Touro se conserva em dinâmica fechada, como que recriando um sistema pessoal que imita a dinâmica das coisas, mas apartada dos processos gerais. Poderíamos chamar o signo de Touro de "particularização da vida".

Mas a conservação tem um limite, a partir do qual é inviável conservar a mesma coisa. Mesmo as pirâmides do Egito, haverá um dia em que não conseguirão mais se conservar. A impermanência é da ordem geral das coisas e de certa forma a dinâmica de Touro tenta atuar contra essa lei.

Na verdade, como que reproduz a dinâmica da vida dentro de uma determinada circunscrição, onde certas mudanças podem existir, certos ciclos, mas não a incorporação de novas mudanças. Dentro de certo limite de tempo, esta mecânica funciona bem, isolada de problemas. Uma árvore conserva sua flor ou seu fruto com frescor durante algum tempo, mesmo depois de passada a plenitude destes. Depois, inexoravelmente, eles dão lugar a uma nova fase, a flor cai e dá lugar ao fruto, o fruto apodrece e larga a semente, e assim se sucedem etapas.

O mecanismo Touro apreciaria flores que permanecessem belas e frescas para sempre. As flores definitivas a embelezarem eternamente sua vida. Frutos que permanecessem alimentos sadios para sempre, numa saciação continuada.

Em certo sentido, as frutas ou flores embalsamadas lhe satisfazem mais que as instáveis frutas e flores cuja vida pulsante se esvai. O estímulo que contenha pouca vida a ser perdida, o que equivale a pouca emoção vital, estará mais adequado para ser processado por este mecanismo.

Tudo o que denota estabilidade relaxa o mecanismo Touro, pois será assimilado naturalmente por ele. Daí, a boa relação dos representantes deste signo com ambientes em que as forças da Natureza se mantenham idênticas desde tempos imemoriais: uma montanha, uma árvore centenária, o movimento do mar. Ou sua boa relação com objetos e situações que se mantenham preservados desde antes de seu nascimento, o relógio do bisavô que ainda hoje funciona, aquele procedimento transmitido desde os antepassados que mantém os negócios da família funcionando, certo gesto que historicamente tem dado certo, um material ou objeto que resiste para sempre.

Para o mecanismo taurino, esses são sinais de que o poder de conservação é útil e funcional, de que sua atuação é bem recebida e dá bons resultados. Reforça a noção de que nada precisa ser mudado e que a manutenção de tudo é sempre bom. Portanto, além de um possível relaxamento benéfico, reforça a tendência a exceder sua imutabilidade.

Decerto os doze signos buscam uma sensação desse tipo, de que sua função é boa e útil, mas Touro, pelo próprio espírito estabilizador, procura mais do que todos a sensação de "estar certo" em sua conduta. Ele não pode "estar errado", pois isso significaria ter que mudar, o que contraria sua natureza. Não há espaço na psique taurina para a sensação de "estar errado". "Estar errado" em alguma conduta contraria profundamente sua natureza. Há uma crise a cada vez que percebe que poderia "estar errado".

Muitas vezes a resposta a essa sensação de "estar errado" vem a modo de "hoje, casualmente, posso ter caído em erro", mas "no meu passado, já acertei e é só questão de recuperar o passado que estava certo". O mecanismo Touro procurará em algum valor registrado em seu passado a recuperação do futuro. Há uma dificuldade visceral para a introdução de qualquer situação, motivo ou valor novo em sua existência. Chega a não entender nem perceber os estímulos que já não tenha conhecido no passado, negando que possam existir tais coisas.

Somente o que foi iniciado existe, nada de novo havendo ainda por se iniciar.

Essa poderia ser uma máxima do mecanismo Touro.

A qualidade Seco se torna mais intensa pela ação de Frio, igualando-se a ela e estabilizando os processos deste mecanismo. Isso está previsto no próprio mecanismo, ocorrendo espontaneamente, independente do evento que lhe estimule. A característica mais marcante, que lhe faz diferente dos demais, é a de seu funcionamento ter um ponto de estabilização.

A reação taurina típica é conservar indefinidamente um processo *depois que ele é iniciado*. Touro não julga nem considera os inícios dos processos e menos ainda dá início a eles. Tudo o que cair em suas mãos sofrerá a ação de continuação. Touro também não julga nem considera o valor das situações, mas o que cair em suas mãos sofrerá a ação de continuação.

Alguém com o signo de Touro na Casa VII, por exemplo, terá dificuldade para iniciar o convívio com uma nova pessoa em sua vida, mas procurará se manter indefinidamente associada a essa pessoa, assim como a considerará sempre da mesma maneira, não admitindo as mudanças de comportamento que ela venha a ter.

A fidelidade que nasce de um convívio assim estabelecido pode ser inteiramente falsa, na medida em que o que está sendo conservado está apenas na imaginação taurina. A pessoa com quem convive poderá ter mudado em muitas coisas, e a psique taurina continuará considerando os mesmos valores e procedimentos de relação que anteriormente funcionaram ou foram válidos. O fechamento do mecanismo Touro em sua própria dinâmica, que lhe parece completa, perfeita e natural, pois que estável, afasta-o da consideração da realidade exterior.

Mesmo diante de sua realidade interior, em particular com Touro na Casa I, haverá a manutenção de uma identidade passada, mas estável, em detrimento da atualização dos interesses, pontos de vista e necessidades de momento.

Seguindo essa linha de pensamento, uma saída efetiva e perenemente saudável para Touro é pôr-se em relação somente com o que seja do mais alto teor e com valores eternos, pois somente o que for eterno poderá ser preservado, não importando o quanto se dê a passagem do tempo cronológico. Cultivar o Bem Eterno, em todas as suas formas, deveria ser o cultivo taurino.

De algum modo, temos isso expresso em exemplo corriqueiro, quando o curador de um museu procura as peças mais significativas e "eternas" daquele assunto de que trata o seu museu. Não interessa ao museu se determinadas obras foram feitas inabilmente em uma época, devido a carências culturais ou porque o autor era tecnicamente inábil. Um museu procura o que tenha um valor humano eterno. Um museu de pintura não coloca nas paredes os rabiscos coloridos de uma criança, nem uma obra bem intencionada sobre algum tema menor, porque "afinal, é pintura também". Uma seleção é necessária para que as peças preservadas deem sentido ao museu. Aliás, os museus têm sua fama derivada diretamente da qualidade do acervo que possuem, o que pressupõe uma escolha do que será preservado.

Alguém com Touro na Casa XI, deveria escolher bem os amigos com quem anda, pois o ambiente social será preservado, não importando que pessoas contenha. Antes que certas pessoas se instalem em sua vida, como costuma acontecer com as pessoas que têm Touro na Casa XI, uma escolha é necessária, orientando o foco do cultivo para uma situação ou alguém que seja bom.

A seleção dos elementos a serem conservados é uma necessidade básica do mecanismo Touro, um modo de manter saudável seu funcionamento, mantendo a funcionalidade em linha com objetivos almejados.

Mas isso não resolve a questão da estabilização além da conta, da "mumificação" da existência, que se instala involuntária e automaticamente onde está o signo de Touro. Mesmo um valor eternamente positivo, quando fixado em uma forma, perde a validade com o tempo.

Para tratarmos dessa questão, devemos voltar ao entendimento da dinâmica taurina.

Seco, que se fortalece cada vez que é pressionado, semelhante a uma brasa que se acende com o sopro tornando-se brasa incandescente, é a qualidade primordial que, dentro da formulação do mecanismo Touro, atua além do limite funcional.

Se o adensamento e a tendência à manutenção se dão pela atuação conjunta de Frio e Seco, a estabilização, ou melhor, o travamento deste mecanismo, se dá pela igualação de Seco a Frio.

Portanto, o adensamento da qualidade Seco deve ser controlado para que não ocorra o bloqueio de sua dinâmica.

Dentro da funcionalidade adequada a esta dinâmica, Frio predomina, isto é, sua principal motivação é absorver, captar situações do ambiente. Adensá-las e conservá-las deveria ser somente o tratamento particular que dispensa às situações. A motivação principal é captar. Mas o apego ao já captado se impõe, como vimos até aqui, e bloqueia a motivação principal.

Neste ponto chegamos a uma questão não mais do nível mecânico, pois que Touro não pode, enquanto mecanismo automático, impedir o fortalecimento da qualidade Seco. Esse tipo de atitude da dinâmica de Touro toca o seu limite de possibilidade de aprimoramento enquanto reação psíquica mecânica e automática.

Aqui, se faz necessária a resposta voluntária. Temos que começar a deixar de "ser" o mecanismo (estarmos inteiramente incluídos em sua mecânica) e passarmos a ser "algo" que administra o mecanismo. Não se trata mais de burilar o mecanismo, mas de conduzi-lo.

O não envolvimento com o excesso de Seco que se cria em seu interior é a linha de atuação voluntária para Touro. Isso pode ser traduzido psicologicamente por não se apegar ao que captou. Ser capaz de manter e cuidar de algo sem se apegar definitivamente é, para este signo, o grande triunfo da liberdade sobre o automatismo psíquico.

Rudhyar diz que o maior dom para o signo de Touro é o *desapego*, ideia perfeitamente clara dentro desta explicação de sua dinâmica. Trata-se de um desapego específico, com relação à não-fixação nos mesmos valores, desapego de sua necessidade de se manter atado fixamente aos mesmos valores, objetos, pessoas etc.

Isso não significa chegar à não-conservação ou à transformação, pois estas são funções que não lhe cabem, são próprias do signo que lhe é oposto, Escorpião. Quando se fala de um signo ser o seu oposto para se equilibrar, pensar na negação da função original do signo é engano, trata-se de se refletir na natureza do signo oposto para assimilar os limites de sua função, dentro da ordem geral das coisas.

A função Touro é realmente conservação, mas a dinâmica de Touro deveria se manter desapegada de sua função, aberto às transformações naturais e necessárias para que o todo continue em seu caminho, equilibrando, assim, sua função particular em relação ao todo geral. Em outras palavras, é *conservar vivo*, e não conservar morto, mumificadamente.

Touro deveria se manter desapegado de sua função, fundindo-se com os objetos que conserva, sem confundir-se com eles, como a árvore que se funde à terra que lhe dá o sustento, mas pode ser separada da terra, pois que árvore e terra não perdem seus limites. Dependem uma da outra, às vezes em um emaranhado de raízes difícil de separar, mas raiz e terra não se confundem. Um desentranhamento radical, por certo, muitas vezes é assimilado com dificuldade pela árvore e pela terra, podendo mesmo custar a continuidade de sobrevivência delas.

Alguém com Touro na Casa III, por exemplo, apega-se a pensamentos que parecem "resolver tudo" e garantir solução para o encaminhamento prático das coisas, tornando-se ideias fixas. Os gestos e procedimentos decorrentes, muitas vezes sem a menor ligação com a realidade, passam a ser uma finalidade em si.

Outra imposição de finalidade é o apego a temas e formas de conversação, com certas pessoas sempre certas conversas, como modo de consolidar a ligação com elas. Um novo assunto que venha à baila será desconsiderado ou retraduzido na conversa sempre a mesma. Ou, para uma conversa, fazer questão de estar em ambiente idêntico à da mesma conversa anterior. O convívio com as pessoas torna-se a *forma* que o convívio tem.

Aliás, a *forma física* é o elemento com maior capacidade de conservação, o mais utilizado pelo mecanismo Touro para o processo de fixação.

O *desapego à forma concreta* que têm os convívios e a organização de cotidiano é a atuação voluntária de Touro, quando na Casa III. Aceitar outros ambientes para o convívio, outras ideias para organizar o seu dia, alterar os caminhos que percorre, introduzir novos pontos de vista e assuntos em suas conversações são expressões desse desapego.

A atitude interna de desapego está associada à percepção de que determinado modelo ou forma não é imprescindível para a relação se dar, que alguma forma é necessária sim, mas que não precisa ser aquela determinada à qual se acostumou e se apegou.

O desapego à forma estabelecida permite ao mecanismo Touro se livrar daquelas situações cujo conteúdo ou valor tenha se esgotado, e que se mantêm por inércia da repetição das formas, e permite também introduzir formas novas que atualizem conteúdos e valores.

Se Áries é erupção de vida, Touro é a conservação do que está vivo. Uma vez sem vida ou perdida a motivação primordial, a forma não deveria ser mais conservada, e esse deveria ser o sentido de seu gesto de desapego.

Touro, como o signo da *preservação da vida*, considerado em todas as Casas astrológicas, deveria ter esta e somente esta função: preservar o que aí esteja vivo. O que requer, obviamente, a atitude de perceber que algumas coisas estão mais vivas do que outras e a adesão voluntária ao que é mais vital.

Na Casa III, essa atitude equivale a rever constantemente o real interesse nos convívios cotidianos que estabelece e dar forma aos conteúdos que queira trocar com essas pessoas, não se deixando levar pela rotina de convívio. Equivaleria também a falar o que está pensando e sentindo com relação a alguém, e não apenas reproduzir histórias sempre as mesmas, conversas-padrão. Em suma, dar forma ao que está vivo diante da pessoa ou situação, isto é, estabelecer novas rotinas na direção daquilo que quer realçar, cultivar e criar.

Na Casa II, a atitude voluntária equivale a ganhar dinheiro a partir de algo que realmente produza ou comercie, ou ainda, gastar dinheiro com o que lhe seja realmente necessário. Isto é, rever as motivações financeiras e recriar as condições para a captação e o uso dos recursos materiais. Tentar conservar ganhos de atividades esgotadas ou continuar gastando com o que já passou são modos de percorrer o automatismo típico da mecânica taurina.

Na Casa XII, a atitude voluntária de *preservar a vida* equivale a constituir hábitos que se oponham às deficiências e obstáculos, criando rotinas que, como muralhas, contenham para fora de si os maus hábitos e os demais inimigos.

Touro deve ter o espírito da conservação justa, movido pela vida que está a necessitar de uma forma para ser contida, e não movido pela inércia de estabilidade. De todos os signos, Touro é aquele que mais perto está das leis da existência, no sentido de preservação da vida, mas também de apego a ela e de toda a inércia em que o viver implica. Touro representa a escravidão à vida, mas também cultivar o que de mais precioso a vida possa conter.

A Tradição atribui a Touro a última etapa do processo de iluminação, onde os quatro passos no caminho espiritual, *Querer*, *Saber*, *Ousar* e *Calar,* estão relacionados aos signos fixos do Zodíaco, sendo Touro o *Calar*. Uma vez conquistado o tesouro da luz espiritual, este é dado ao sentido taurino da conservação para que, no círculo fechado de sua dinâmica, distante do desperdício da roda dos acontecimentos, a espiritualidade impregne profundamente a existência.

11

GÊMEOS

> *Tentei escrever o Paraíso*
> *Não se movam Ouçam falar o vento esse é o paraíso.*
> *(Canto 120, Ezra Pound)*

Gêmeos tem sua dinâmica interna formada pela qualidade *Quente predominando sobre Úmido com aporte Seco*: a expansão de princípios (Quente) associa-se ao que lhe impressiona (Úmido) e, juntamente, ocorre a expansão da coesão interna (Seco).

Se considerarmos as qualidades principais, o predomínio de Quente sobre Úmido, temos a característica de Gêmeos manifestar seus princípios (Quente) de forma adaptável e versátil (Úmido). Este mecanismo se expressa moldando-se ao que lhe toca desde fora, ao ambiente, e sendo receptivo a ele. É impressionável ao que vem em sua direção e, a partir das impressões às quais é aberto (Úmido), manifesta a si próprio (Quente) em relação ao que lhe toca. Ao acrescentar a qualidade Seco, temos uma resistência ao ambiente, o que faz com que também se imponha a ele.

Fortalecer seu princípio vital a partir do que vem do ambiente, expressar sua vitalidade para o ambiente. Essas são as duas faces e as duas fases da dinâmica geminiana.

A expressão física desta dinâmica é o processo respiratório, que tem como característica fundamental a mobilidade entre duas fases. A respiração que traz o ar para dentro dos pulmões e leva o ar para fora dos pulmões; a respiração que responde à pressão externa da atmosfera e à pressão interna dos pulmões; a respiração que responde à necessidade de absorver oxigênio e de eliminar gás carbônico; a respiração, cuja função é uma porta de vai-e-vem, corresponde no organismo físico ao que é Gêmeos astrologicamente, é a dinâmica de troca em duas mãos com o ambiente, na qual ambas as mãos estão em função da vitalidade do organismo: Quente predomina sobre Úmido e sobre o aporte Seco.

A dinâmica de Gêmeos pode ser comparada também a outra função orgânica, também sob sua regência, o sistema nervoso que tanto envia ao cérebro as mensagens nervosas que do ambiente chegam ao organismo como envia as mensagens do comando nervoso central, acionando o organismo para agir sobre o ambiente.

O predomínio de Quente sobre as demais qualidades indica que o fundamental do mecanismo é a expressão de seu princípio vital, seja adaptando-se ao ambiente ou se impondo a ele. A presença de Úmido predominando sobre Seco indica que a adaptação ao ambiente é mais importante do que impor seus apetites. Esse é o traçado global da dinâmica de Gêmeos.

Dentro da lógica inerente às qualidades primordiais, que utilizamos aqui para analisar os signos, não faz sentido pensar que Seco e Úmido compõem um par que atua junto, ao mesmo tempo, sendo capaz de gerar movimento ou acionamento. Pensar o par Seco e Quente atuando ao mesmo tempo em que atua o par Úmido e Quente seria o equivalente a conjeturar sobre como seria inalar e exalar ao mesmo tempo. Nossos pulmões, mesmo sob um comando competente e treinado, não são capazes de estar parte deles inalando e parte exalando, ao mesmo tempo. A função respiratória, reconhecidamente relacionada ao signo de Gêmeos, nos dá demonstração suficiente, o leitor pode experimentar a este momento, da impossibilidade de inalar por um pulmão e exalar por outro, mesmo sendo dois os pulmões, mesmo sendo duas as narinas. O acionamento da mecânica geminiana exige uma alternância *no tempo* da ação de seus componentes. A essência do processo deste mecanismo é um *pulso no tempo,* mais do que um tipo de ação: um *pulso rítmico* entre as ações de captar e emitir.

O pulso rítmico como essência do mecanismo Gêmeos está presente em seu próprio indicador: os dois gêmeos, de mãos dadas, dançando. O símbolo original deste signo não mostra a figura de dois gêmeos estáticos, nem de dois gêmeos um ao lado do outro, simplesmente. São dois gêmeos, de mãos dadas, dançando. E nesse símbolo, além dos gêmeos, há um terceiro fator: a dança, o movimento de dança, ou ainda, a possível música que é dançada pelos gêmeos. Esse fator, que não está visivelmente presente na imagem do signo, e nem em suas interpretações superficiais, é, não obstante, sua essência. Há três fatores atuantes em Gêmeos, este é o signo relativo ao número três, e de fato ocupa o terceiro lugar na ordem do Zodíaco. Embora seja considerado o signo das dualidades, Gêmeos ordena três fatores atuantes. O movimento dos gêmeos, a música dançada pelos gêmeos, simboliza a presença e a importância do *tempo* na mecânica deste signo astrológico. O *tempo* é trazido à frente da cena por exigência das qualidades primordiais.

Temos aqui um problema que não estava presente nos signos anteriores: a questão tempo, o tempo como fator necessário para distinguir as qualidades primordiais em ação. A qualidade primordial Seco, assim como o aporte Úmido, no mecanismo Gêmeos, deve ocupar o tempo em momentos distintos, se é para o mecanismo funcionar realmente. Toda a eficiência da mecânica geminiana dependerá da eficiência de ocupação do tempo por parte de Seco e de Úmido.

(Mesmo que não tenhamos descrito em termos de tempo os mecanismos Áries e Touro, estes independem de diferenciações ao longo da linha do tempo para funcionar. Inclusive, são mecanismos para os quais o tempo bem poderia inexistir: Áries é o primeiro estalido do tempo, por assim dizer, seu início primeiro, no qual o tempo ainda não se define enquanto transcurso; Touro pretende uma anulação do tempo, quer tirar as coisas da ação do tempo, congelando-as numa eternidade precoce. Naturalmente, essas tentativas nunca funcionam verdadeiramente assim. As dinâmicas ariana e taurina têm que se resolver dentro dos limites que o tempo lhes impõe.)

Seco e Úmido atuam em momentos distintos e alternados, obrigatoriamente, ora um, ora outro, se associa à qualidade Quente, quando a dinâmica geminiana move ou aciona algo. E aqui começam as questões quanto ao funcionamento adequado desta dinâmica: Seco e Úmido se alternam em que ordem? Que garantias são dadas de que irão se alternar? O que poderia levar a Seco e Úmido a atuar em um mesmo momento, paralisando a dinâmica? Sendo Úmido predominante, o que resulta disso no processo de alternância entre as qualidades primordiais?

Vamos estudar em detalhe essas possibilidades da dinâmica de Gêmeos. Primeiro, é preciso estabelecer que Quente atua o tempo todo, enquanto Úmido e Seco se alternam. Quente é o fio condutor da dinâmica. Quente é sua motivação fundamental: manifestar seu princípio vital e sua unidade interna. Há um polo estável, Quente, e dois pólos que se alternam. Esses são os três fatores que compõem o mecanismo. É isso que se refere a característica geminiana de variação em torno dos mesmos assuntos, variação incessante em seu movimento afastando-se pouco de um eixo invariável, variações sobre um mesmo tema. É como a respiração: sempre em movimento, mas um movimento que não nos leva a lugar algum, movimento que mantém a vida no corpo, que areja a vida, *que leva a vida a viver*.

Úmido tem predominância sobre Seco, sendo este apenas aporte. É razoável pensar que Úmido tem preeminência na ordem de alternância com Seco. Começa o mecanismo agindo como Quente e Úmido: uma expansão que se associa ao que lhe impressiona, a expansão de sua natureza por meio da recepção do que há fora, por meio de negociações entre a força expansiva e sua moldagem com relação àquilo sobre o que se expande: desenvolver-se ao receber, crescer por ouvir. A fase receptiva dos processos de troca, negociação e comunicação compõe a essência da face Quente-Úmida do mecanismo Gêmeos.

As características geminianas de troca, negociação e conversação são bem conhecidas. Este é tido como o signo da comunicação, da conversação e das relações comerciais de troca e interação com o ambiente imediato. Que isto se deve a uma "imposição receptiva" é revelado pelo estudo de sua mecânica interna.

Fosse apenas esta a composição do mecanismo, os processos de troca com o ambiente tenderiam à expansão ilimitada, pois Úmido não gera tensão que contenha a expansão. Esta prosseguiria indefinidamente até a força centrífuga de Quente chegar ao máximo da ampliação de seu campo de ação e aí perder força, quando então deixaria de se expandir, passando Úmido a predominar. Nesse limite de atuação, suas margens tornam-se indistintas e rarefeitas, como a atmosfera se rarefaz quanto mais alto nos afastamos da superfície terrestre. Até este ponto a mecânica Gêmeos é idêntica à do signo de Aquário, como a estudaremos adiante.

Entrementes, em Gêmeos, Seco entra em ação.

E, para que este mecanismo funcione realmente, como já dissemos antes, Seco só pode entrar em ação em momento distinto e subsequente àquele em que atuou Úmido. A expansão receptiva Quente-Úmido torna-se, em um dado momento, a expansão ativa Quente-Seco.

No paralelo com a respiração, é a inalação (Quente-Úmido) a dar lugar à fase de exalação (Quente-Seco). O movimento de absorver ar do ambiente chega a seu limite, devido ao surgimento de uma tensão (e todos que respiram, no limite de sua inalação, perceberão ao que me refiro aqui), a partir da qual se dá a natural entrada na fase de exalação. Por ser necessária a alternância nasce um pulso rítmico; ao final da exalação, torna-se necessária também uma inalação – e mais uma vez o leitor pode perceber em sua própria respiração ao que me refiro: quanto mais longa e profunda é a exalação (quer dizer, quanto mais chegamos ao limite possível da exalação), mais forceja a inalação por acontecer, por tomar sua vez na alternância rítmica entre as duas fases do pulso.

Em termos físicos e fisiológicos, no ponto máximo da inalação é a pressão cada vez mais alta dentro dos pulmões, uma tensão maior do que a atmosférica, que força o início da expulsão do ar; no ponto máximo da exalação, quando a pressão dentro dos pulmões é menor, a pressão atmosférica força a entrada de ar para dentro de nossos pulmões. Esta é a dança dos gêmeos, o ar de dentro e o ar de fora, que embora gêmeos idênticos, ou quase, são dois diferentes, a ir e vir rítmica e incessantemente. É a dança entre duas tensões, entre a tensão do "dentro" e a tensão do "fora" de um organismo. Assim, Gêmeos é o signo da relação com o meio ambiente imediato, é o signo da interação das pressões de uma entidade com aquilo que está imediatamente fora e em torno dela, signo da relação da entidade com seu entorno imediato.

Mas como o par Quente-Úmido, que é movimento flexível para fora, pode ser comparado à absorção de oxigênio, sendo a dinâmica de absorção e interiorização relativas à qualidade primordial Frio?

A expansão receptiva Quente-Úmido é expansão da vitalidade, a qual é conseguida, na respiração, quando da inalação de oxigênio, o gás a incendiar a vida no organismo. Esta ativação da vitalidade é a expansão causada pela respiração, causada por uma absorção do ar para dentro dos pulmões.

Esta é a mesma resposta à questão de por que a respiração, que é contração e expansão, movimento do ser para fora e para dentro, é simbolizada por Gêmeos, um signo Quente, portanto um signo de expansão. A inalação não seria uma contração, portanto um movimento ligado à qualidade Frio? Porque a respiração é expressão da vida, da vitalidade do ser, tanto no ato de inalar quanto no de exalar. Inalar pode parecer gesto passivo e receptivo; contudo é uma expressão e uma necessidade da vitalidade. Inalar e exalar, em seu conjunto, compõe uma expressão da vitalidade, com um aspecto de expressão que se volta "para fora", a exalação, e um aspecto que se volta "para dentro", a inalação. Esta inalação não é uma legítima receptividade ao que vem de fora, aceitando seja lá o que for; é sim uma imposição ao ambiente de absorver dele o ar que o organismo necessita: é uma expressão do organismo, um legítimo gesto da qualidade Quente. A inalação não é um movimento com a receptividade de Frio, que se amalgama e se transforma no que é recebido, mas um movimento com a receptividade de Úmido, introjetando algo de fora que irá se somar com o intuito de reforçar seu centro vital (Quente).

Alguém que tenha este signo fortemente marcado em sua carta astrológica será caracterizado por uma obrigação para interagir com o que está à volta, sensibilizando-se com o que está ao redor, pelo ambiente imediato e respondendo ao que lhe toca de imediato. A cada coisa que toca o mecanismo, este começa a pulsar, em um ir e vir em relação àquilo que lhe tocou. É este pulso rítmico sua característica principal.

Alguém com este signo na Casa VI, por exemplo, ao exercer seu trabalho e cumprir suas tarefas para consigo mesmo ou para com os outros, responderá às solicitações do ambiente e às suas próprias, como quem está em um carrossel a mudar de perspectiva a cada instante e a olhar para um novo ângulo a cada passo, pois as solicitações são sempre muitas, para cada lado que ele olhe. Poderá estar se dirigindo para o trabalho, e notar que o punho da camisa precisa ser costurado, que o carro precisa ser lavado, lembrar-se que o relatório pode ser melhorado em certo ponto, que ficou de levar tal coisa para aquela pessoa. Ao estar no ambiente de trabalho, estará novamente cercado de solicitações; para alguém que cumpra deveres domésticos, estar em sua própria casa pode se tornar um afogamento em trabalhos que está a dever, os quais incessantemente são solicitados por cada objeto, lugar, condição ou pessoa com que entre em relação em sua casa. Para cada lado que olhe, uma solicitação é "inalada" e nasce a obrigação de "exalar" uma ação. Assim, a pessoa se envolverá em uma girândola de atividades, pois reagirá a tudo o que percebe como sendo uma solicitação a ser respondida de imediato.

Dessa imagem de uma posição particular do signo de Gêmeos na carta astrológica, nos aproximamos da questão principal em seu funcionamento. O pulso rítmico entre Úmido e Seco, o qual na respiração corresponde ao pulso entre inalar e exalar, é formado por aquilo que vem do ambiente e também por aquilo que ocorre dentro do mecanismo. Mas diria que é principalmente afetado por todas as impressões que vêm desde o ambiente, por Úmido ser mais atuante do que Seco.

No exemplo dado acima, as múltiplas impressões vindas do ambiente de trabalho hipersolicitam o mecanismo Gêmeos, de modo a este inalar múltiplas impressões ao mesmo tempo e ser exigido a múltiplas reações correspondentes. A alternância rítmica, a grande característica do mecanismo, é perdida. A aflição por manter diversos ritmos ao mesmo tempo, a agitação em nome de corresponder a várias solicitações, estressa o mecanismo. Úmido e Seco são exigidos a atuar ao mesmo tempo, perde-se a alternância entre uma qualidade primitiva e outra, a alternância que causa o movimento deixa de existir, o mecanismo entra em paralisia: o pulmão do Zodíaco não respira mais, os gêmeos não executam mais sua dança por haver muitas músicas e ritmos simultâneos e diferentes a serem dançados.

O signo de Gêmeos deixa de cumprir sua função quando é levado a se mover entre os dois polos simultaneamente, com uma rapidez na qual, ao estar em um dos polos, anseia aflitivamente estar no outro e, quando está no outro, anseia imensamente estar no primeiro. O erro fundamental do mecanismo é a insatisfação de estar na fase do pulso rítmico em que está, insatisfeito no lugar ou polo em que está, compelido por uma aparente necessidade de estar do outro lado. É um movimento tal como se quisesse ir e voltar ao mesmo tempo, um estado interno de contradição, uma vertigem pelo não estar aqui, seja qual for o aqui, e estar lá, seja qual for o lá. Esse é o estado de paralisia do mecanismo, justo ele cuja essência é movimento.

Imaginemos um fole, como aqueles utilizados para soprar ar em uma lareira de modo a aumentar o fogo, em seu movimento de abrir a sanfona para o ar atmosférico entrar dentro do fole e depois se mover fechando a sanfona, expulsando o ar novamente para fora. Esse artefato só funciona quando se conjugam os movimentos de abrir e fechar a sanfona; é *o conjunto dos dois movimentos* que produz aquilo a que se destina o fole: atiçar o fogo.

Vocês já devem ter visto uma criança lidar com um fole desses. É comum quererem mover tão rápido, abrindo e fechando o fole, querendo chegar logo no efeito de soprar e atiçar o fogo, que não cumprem direito nem uma nem outra fase: nem abrem o fole completamente, nem o fecham com a eficiência para que saiwa ar soprante a atiçar o fogo da lareira.

A ânsia por estar em dois lugares, com duas pessoas, em duas atividades, em duas relações, que comumente se atribui a Gêmeos é, no fundo, a ânsia por ocupar todas as fases de um ciclo ao mesmo tempo, a ânsia de cumprir sua função – como a criança com o fole diante da lareira. Como o ciclo depende de distintos movimentos ao longo do tempo, é impossível cumprir sua função desconsiderando o tempo, e com isso dá-se a paralisia do mecanismo. Não uma paralisia quieta e estável, mas uma que é feita de alta aflição por se mover não obstante sem sair do lugar: uma forte instabilidade sem nada mover direito, um fole usado com imperícia, um pulmão cujo movimento não troca ar nem alimenta o organismo.

O mito dos gêmeos Castor e Pólux, associado a Gêmeos, ilustra a condição imposta para que esta dinâmica funcione: durante um certo tempo, um dos gêmeos ocupa o Olimpo e é um deus, enquanto o outro ocupa a terra e é humano; em um dado momento, os dois invertem de posição, e o gêmeo humano vai para o Olimpo e se torna deus, enquanto o gêmeo divino vem ao mundo humano e se torna humano. Os dois nunca se encontram, ou no máximo se encontram em algum ponto de sua ascensão e descida simultâneas, talvez um pequeno aceno no rápido cruzarem-se nessa estrada de mão dupla que, na mitologia grega, liga o humano e o divino.

O tempo e o contratempo, a alternância rítmica das batidas 1 e 2 do compasso binário na onda métrica da música, o que antes estava aqui agora está lá, e o que estava lá agora está aqui, o movimento de um polo ao outro e o movimento de volta ao primeiro polo, os dois coordenados: esse é o segredo para o bom funcionamento da dinâmica geminiana.

Proponham a alguém do tipo Gêmeos escolher entre duas possibilidades, e vocês verão alguém que sabe que deverá oscilar entre os dois polos, sem abrir mão de nenhum deles, e que não sabe qual sentido tem a proposição de escolher entre eles; alguém que não decide o que fazer, pois o que está proposto é uma escolha entre duas coisas, entre dois polos. Esse tipo quer percorrer esses polos, se movimentar entre extremos, e não escolher um dentre eles, pois escolher é se fixar em um lado, em um extremo. O problema não está na escolha em si (essa é uma questão para o signo de Libra), mas está no fato da escolha por um polo condená-lo à ausência ou diminuição do movimento. "Deem-me a oportunidade de percorrer os dois polos propostos, pois é nessa movimentação que está o motivo de meu existir". (Possível fala de um geminiano).

Alguém com Gêmeos na Casa IX, relativa à filosofia de vida, terá a necessidade de se mover entre diferentes pontos de vista, culturas e conhecimentos, como quem percorre as ideias para tocar cada uma delas e seguir adiante para a ideia seguinte, e não como quem as avalia para torná-las um valor definitivo para si próprio. Assim, essa pessoa poderá não ter aquilo que denominamos "valores" ou "princípios", isto é, certos conceitos que guiem seu comportamento, mas terá o interesse em especular a respeito dos muitos princípios possíveis que poderiam norteá-lo. Uma falta de valores consistentes pode advir desse comportamento. Como uma bússola pode nortear alguém se seu ponteiro gosta mais é de girar experimentando todas as direções, e tem nesse girar seu verdadeiro norte?

Um resultado comum a essa posição do signo de Gêmeos é a pessoa ficar perdida quando precisa sair de um problema, e ter dificuldade para ganhar uma direção que julgue positiva, quando lhe for necessário transcender uma perda baseando-se em valores maiores do que a coisa perdida. Essa pessoa poderá dar voltas em muitas direções, sem encontrar saída. (Lembremos que, ao ter Gêmeos na Casa IX, Touro ocupa a Casa VIII, o que faz com que dois fatores mantenham a pessoa na crise sem sair dela: Touro na VIII conserva a crise, Gêmeos na IX não lhe dá uma saída estável o suficiente para acreditar nela ou envolver-se em definitivo com ela.)

Esperar que esta dinâmica encontre um norte, rumo ou princípio definitivo e estável, é esperar algo que não é de sua natureza. É tentar fazer com que o mecanismo execute função que não lhe é própria nem adequada, é como abrir uma garrafa com uma chave de fenda: pode ser possível, mas é forçar um uso, forçar um comportamento ou uma propriedade imprópria ao mecanismo. Qual é, então, a função de Gêmeos quando presente na Casa IX de uma carta astrológica?

Se os problemas desta dinâmica começam quando as duas fases de seu tempo se confundem em uma agitação que não vai a lugar algum, seu funcionamento é pleno quando há movimento rítmico entre dois polos, quando há um movimento que oscila, que balança. Esse movimento balançante não significa indefinição, mas significa não impor solução antes de ter percorrido o caminho, antes de estabelecer relação com os valores que está a lidar em uma dada situação. Em outras palavras, dar tempo para maturar um valor ou princípio orientador, enquanto percorre as muitas ideias que sua curiosidade quer explorar; "dar tempo para maturar" significa não apenas deixar o tempo passar, mas, enquanto certo tempo transcorre, mover-se em torno de algumas ideias sem fugir de uma a outra, mas estando realmente com cada uma delas, ambientando-se nelas. A resposta seria, quanto à função de Gêmeos na Casa IX, a que os valores da pessoa dependem das ideias que ele respira, em que ambiente de ideias ele respira, que não importa tanto se ele prefere esta ideia àquela, mas em que atmosfera de ideias a pessoa está imersa e, então, realmente respirá-las, isto é, relacionar-se com elas.

Nesse respirar ideias, a função Gêmeos é mais percorrê-las do que realmente se fixar em alguma delas. Esse movimento entre valores, princípios e ideias, que é o significado da Casa IX, leva a vislumbrar aquilo que está além dos valores e das ideias, leva a uma percepção daquilo que está por detrás da formulação dos pensamentos. Como disse um filósofo grego, "o uso apto da metáfora indicando uma vívida percepção de relações" (ARISTÓTELES apud POUND, 1976, p. 37), ou como disse o poeta do século XX, Ezra Pound, "a dança do intelecto entre as palavras" (1976, p. 37); essa é a dança geminiana no âmbito da casa IX.

O astrólogo Dane Rudhyar diz que o maior dom para o signo de Gêmeos é aprender *a arte de deixar as coisas acontecerem*, o que se torna claro mediante a explicação do funcionamento do mecanismo. A arte de deixar as coisas acontecerem é a arte de se mover conforme a onda do tempo nos leva para um polo, depois para o outro, é a arte de viver um movimento cuja ordem no tempo é sua qualidade intrínseca. Rudhyar fala ainda de Gêmeos como um portal, com seu indicador gráfico representando duas colunas mais seu teto e seu piso, como o limiar ou porta para outro lugar, outra etapa, outro porvir: é o passar-por-através-de que caracteriza o signo de Gêmeos, é o deslocamento pelo portal e não a porta em si.

Em Gêmeos, de nada adianta impor uma resposta. Como diz o breve poema evocado para este signo: "Tentei escrever o Paraíso... Não se movam, ouçam falar o vento, esse é o paraíso." Impor uma solução, impor mesmo que seja um Paraíso, não é aqui a função ou a solução. A calma para as coisas se estabelecerem a seu tempo, "não se movam... esse é o paraíso"; a escolha da atmosfera na qual mergulhar em calma, "ouçam falar o vento", essa é a condição necessária.

O passar-através-de é mais um deixar-se levar – o que pressupõe ser passivo a um movimento maior que há à volta – do que propriamente forçar um movimento por iniciativa própria. Escutar o movimento em torno, embebedar-se desse movimento, fazer dele o seu próprio mover-se, entrar em ritmo com a pulsação universal (no que dela pode ser percebido e vivido no entorno imediato): essa sutil relação entre imobilidade e movimento, entre calma e ânsia, dá o equilíbrio exigido pela dinâmica geminiana. Não é preciso forçar a respiração para respirarmos, basta relaxar o organismo e este respirará por si, naturalmente, como se dissesse "ouça falar a respiração".

Vamos agora observar outra possível expressão da dinâmica deste signo. Se vocês repararem no modo de conversar de alguém com fortes características geminianas poderão perceber a "imposição receptiva" atuando. A condução das ideias na conversa segue motivos e caminhos que não são propriamente partilhados pela outra pessoa com quem o tipo geminiano conversa. Este fala como se seus pensamentos e palavras tivessem vida própria, independente do outro e da conversa que está sendo travada – e isso apesar de estar conversando, o que deveria significar estar receptivo ao outro. Alguém que tenha o signo de Gêmeos na Casa III de sua carta astrológica, por exemplo, comunica-se com os outros por meio de palavras, formas verbais, textos e formulações de pensamento, as quais desconsideram aqueles com quem se comunica. A comunicação passa a ser unilateral, feita de aforismos e pontuações, como se o signo fosse apenas Quente e Seco, quando originalmente deveria conter mais Úmido do que Seco, e ser atividade de mão dupla.

Lembremos que Quente é um movimento que se inicia e se enraíza na dinâmica Seco, e que dessa raiz se expande até a crista da onda, onde Quente se torna Úmido. O desenho do capítulo 4 é esclarecedor nesse sentido. Assim, parece que a raiz Seco de Quente é realmente forte em Gêmeos, sobrepondo-se à sua natureza real de par "Quente e Úmido"; parece que Gêmeos é um composto "Quente e Úmido" cujo Quente não se expande o quanto deveria – alcançando sua crista em Úmido –, preferindo permanecer próximo à sua raiz, a Seco. Essa não é propriamente sua natureza, mas uma tendência forte presente em sua natureza.

De fato, no desenho mencionado, Gêmeos ocupa dentre os três signos de Ar a posição mais próxima a Fogo, mais próxima a Seco. Não obstante, Gêmeos é signo de Ar, legitimamente, e embora angariando a proximidade a Fogo, inclusive por Gêmeos trabalhar atiçando a vitalidade pela respiração, sua dinâmica é aérea, portanto, de comunicação – o que a ênfase excessiva em Seco impede.

O ato de respirar consegue manter um ser vivo não somente pela respiração feita no momento presente, mas também e, necessariamente, porque ela irá continuar no momento seguinte. Fazer uma única respiração não é garantia de nada para os processos fisiológicos de um ser vivo. A continuidade ritmada da respiração é o que mantém a vida.

Assim também na comunicação geminiana, no exemplo deste signo na Casa III, a fluidez da conversação e da troca, a possibilidade em aberto do passo seguinte da conversa, sem interrupções abruptas e unilaterais, a suave continuação da comunicação em uma fluência que aparenta ser sem fim, são os atributos do bom funcionamento da dinâmica geminiana. O legítimo anseio de ir adiante, de se expandir, de ser Quente, na dinâmica deste signo não pode ser abandonado, sob o risco de Seco se impor. Mais do que conquistar uma respirada única, mais do que emitir sua ideia ou mensagem, a dinâmica geminiana se coloca como o suave movimento contínuo e rítmico de quem acolhe a ideia ou mensagem que vem de fora, em uma conversação, com o intuito de manter-se em movimento da comunicação, de se manter vivo na interação com o outro.

Trazendo agora à baila um conhecido comportamento geminiano, quando este signo está determinado, digamos, à Casa VII (mas análise análoga valerá também para outras Casas de relação afetiva, como as V e XI): estabelecer duas relações afetivas ao mesmo tempo, e não estar efetivamente em nenhuma delas; quando surge um conflito em uma, escapole para a outra; quando o conflito se dá na outra, volta para a primeira, não estando por inteiro em nenhuma delas. Estar por inteiro significaria estar em uma relação seja quando ela está em momento de harmonia, seja quando está em momento de conflito. Seria o caso de perguntar ao tipo geminiano: se você quer viver as sutis percepções dos dois momentos que compõe a experiência afetiva, por que cargas se dirige a outra relação quando a primeira entra em conflito, por que não viver os diferentes aspectos, a harmonia e o conflito, em um *mesmo* relacionamento, por que buscar supostas harmonias subsequentes em diferentes relações em vez de realmente viver os pólos opostos que existem em uma única relação? Por que querer apenas inalar? Há algo vivo, mesmo um relacionamento, que realmente consiga se manter dessa maneira?

A resposta, fosse o caso de responder com sinceridade, seria que se busca contato apenas com o polo mais fácil, o polo que não incomoda, que não custa, que não prende, que não compromete o movimento; mesmo que para isso tenha que eleger dois polos, cada um em um relacionamento diferente. O movimento se falseia entre polos que não pertencem a um mesmo conjunto, o que quer dizer que estes não são verdadeiramente polos, mas apenas pontos distintos, sem relação entre si. Falar de dois polos pressupõe que há dinâmica de forças entre esses dois pontos.

Mover-se entre dois pontos não é a dinâmica geminiana. Mover-se entre duas relações diferentes não é a real dinâmica a que nos leva o signo (essa é uma corruptela ditada por conveniências outras). Mover-se entre as diferenças dentro de um relacionamento, aceitar todas as suas faces e se relacionar livremente com todas elas, ritmicamente estar aqui e ali de modo a vivificar um relacionamento – essas são as belezas que interessam legitimamente à dinâmica geminiana.

12

CÂNCER

Ó mar salgado quanto do teu sal
são lágrimas de Portugal.
(Fernando Pessoa)

Câncer tem sua dinâmica formada pelas qualidades primordiais *Frio predominando sobre Úmido com aporte Seco*. O signo de Câncer é quando o movimento de contração (Frio) e a plasticidade (Úmido) alcançam seu ponto limite, passando a ter reações em resposta ao ambiente que lhe afetou (Seco). É um tempo de transição entre os elementos Água e Terra, a transição entre o mar e a terra, a beira-mar, o lugar ocupado pelos caranguejos.

Câncer é o terceiro signo a aparecer na sequência das subfases do tempo do elemento Água. Não obstante, na ordem do Zodíaco, Câncer é o primeiro signo de Água a aparecer. No Zodíaco, na presença primeira do signo de Câncer, o elemento Água primeiramente aparece em sua transição para o elemento Terra, antes mesmo de Água ter se mostrado em sua plenitude nos signos de Escorpião e Peixes. Essa posição nos diz do aspecto transitório da natureza aquática, desse elemento ser um estágio de transição do tempo, no qual nada permanece, no qual o estado de mudança é sua única certeza. A natureza aquática em Peixes e em Escorpião mal consegue responder diretamente algo ao mundo a partir do que lhes impressiona, como veremos adiante. Entretanto, o signo de Câncer tem uma capacidade de resposta que não há nos demais signos de Água.

Assim, Câncer, ao preceder os outros dois, indica que a sequência evolutiva do elemento Água dentro das etapas do Zodíaco começa na capacidade de reação terrosa ao ambiente e se desenvolve em uma cada vez menor resposta ao exterior e uma cada vez maior acolhida às experiências vividas, trazendo-as para uma experimentação mais e mais interiorizada e subjetiva, culminando no signo de Peixes, o último da linhagem zodiacal, no qual se está à mercê de tudo – e do todo.

A dinâmica canceriana reúne a absorção do que o mundo lhe traz, a acolhida aos estímulos que absorve do mundo, por meio de Frio e Úmido, com uma pequena – mas decisiva – capacidade de responder ao mundo a partir do que lhe estimulou, que corresponde ao aporte Seco. Absorver um estímulo e reagir a ele, impressionar-se com algo e responder ao que lhe impressionou, sentir e reagir:

essa é a dinâmica canceriana. A fronteira entre Água e Terra, entre receber uma impressão e reagir a ela, a "beira-mar" entre realidade e imaginação é o universo no qual reside Câncer.

As qualidades primordiais Frio e Úmido compõem uma dinâmica de absorção forte, por serem duas qualidades passivas, de contração e introjeção, de acolhida e recepção impressionável. Por meio dessas qualidades, Câncer opera trazendo para dentro de si o que lhe toca desde o mundo e se plasma àquilo que trouxe para si. Esse é o principal da dinâmica canceriana, como o é de toda dinâmica aquática: assimilar de modo a se plasmar àquilo que assimila.

Mas diferentemente de Escorpião, no qual a dinâmica de interiorização não tem fim (pois Úmido sozinho não oferece resistência alguma) e o plasmar-se se torna tão interiorizado que ingressa na categoria do que podemos chamar legitimamente de transmutação, em Câncer, a presença de Seco, diminuta que seja, põe limite ao processo de interiorização: chega o momento em que a sensibilidade àquilo que recebe do mundo, suas sensações, suas percepções, suas impressões, diz, por assim dizer, "alto lá!" e o mecanismo passa a reagir a essas impressões, gerando gestos e atos que retornam ao mundo aquilo que se passou dentro do mecanismo, a partir do que lhe havia tocado desde fora.

A natureza canceriana não tem propriamente capacidade de ação, aquela ação com base em uma motivação ou vontade nascida legitimamente dentro de si, como um movimento próprio, o que seria o caso dos signos de Fogo. Sua natureza é reativa: os gestos que toma em direção ao mundo exterior têm por origem aquilo que o próprio mundo exterior causou em sua interioridade. Assim como a Lua reflete a luz do Sol, não emite luz por si mesma, a mecânica canceriana atua sobre o mundo, lançando sua luz, ou gestos, sobre o ambiente em volta; mas não o faz por vontade própria, por luz própria, e sim por pura reação ao que o mundo circundante lhe causou, tal qual a luz emitida pela Lua é sempre a mesma luz recebida por ela, mas modificada pela natureza pálida de sua superfície.

Ser afetado constantemente por tudo o que acontece no ambiente circundante, ter sua interioridade preenchida à mercê do que se passa ao seu redor, é perturbador para este mecanismo. A ordem interna de um conjunto de propensões dinâmicas, seja ele qual for, é colocada em crise quando, devido a fatores externos, não pode se manifestar a contento. Os signos de Água são conhecidos pela vulnerabilidade ao meio, mas, dentre eles, somente Câncer reage ao ambiente, por conter a propensão Seco, por ter a capacidade de em alguma medida responder de volta. Essa resposta é, fundamentalmente, a de controlar seu mundo imediato de modo a fazer com que sejam atenuados, contidos ou suprimidos os fatores perturbadores que possam lhe afetar. Essa é a reação padrão da dinâmica canceriana: reagir para se proteger do que lhe fez reagir. Assim sendo, suas reações têm por fito se assegurar de que o meio não lhe traga coisas para serem absorvidas as quais ache ruins, as quais lhe sejam indigestas, enfim, assegurar-se de que o meio não lhe seja hostil.

O sentido de proteção e segurança para si mesmo é o que orienta as reações cancerianas. Suas antenas são altamente perceptivas quanto a qualquer coisa que vá lhe perturbar, afligir ou desequilibrar. Busca, então, antepor a elas algum tipo de barreira protetora, alguma garantia que preserve seu equilíbrio e *bem estar*.

Por ser refém do ambiente e do que deste possa lhe perturbar, Câncer atua no sentido da autopreservação; dentre todos os signos, é o mecanismo que melhor representa nosso instinto de autopreservação. A busca por preservar seu bem estar, isto é, preservar as melhores condições para que nada lhe perturbe, leva esta mecânica, no extremo de sua atuação, a evitar os esforços e se tornar temerosa de tudo o que lhe custe desacomodação.

Assim como o caranguejo vive no ponto mais baixo das terras, o ponto mais estável e seguro, isto é, a região do encontro da terra com o mar, assim como o caranguejo anda sempre por perto e em volta de sua toca (ou loca, a depender de ser caranguejo de areia ou de pedra), assim também o tipo canceriano se move pelo mundo à procura do lugar em que se sinta bem, no qual garanta sua preservação, de algum modo.

Alguém que, em sua carta astrológica, tenha o signo de Câncer na Casa V – relativa à expressão amorosa e criativa – buscará na vida amorosa proteger-se de seus próprios sentimentos, buscará garantir-se de que não irá sofrer com o que possa sentir no amor, assim como em qualquer expressão sentimental e criativa. Mostrará timidez para com seus próprios sentimentos, na medida em que estes podem ser fonte de perturbação em seu equilíbrio e bem-estar. Melhor não arriscar sentir tudo o que sente. A vida amorosa de Câncer na Casa V se estabelece dentro dos limites do que não oferece perigo, do que lhe é conveniente quanto a se sentir confortável dentro da situação, tal qual caranguejo que passeia perto de sua loca sabendo que a qualquer momento poderá ter que voltar correndo para seu lar-esconderijo, sob uma ameaça ou outra, real ou pressentida.

Contudo, este mecanismo, mais do que sua própria segurança à revelia do que se vai fora, deveria buscar o *equilíbrio* entre o que se passa fora e o que se passa dentro de si mesmo. O bem estar buscado não deveria ser se autopreservar à custa do ambiente – chantageando e manipulando a seu favor –, e sim uma preservação do conjunto de sua integridade junto com a preservação do ambiente em que vive. Isso porque não é possível de verdade manipular a ponto de impedir que o ambiente atue sobre ele, embora essa seja sua reação primeira e instintiva.

Encontrar verdadeiro bem estar exige estabelecer relação de harmonia com o entorno, em vez de estabelecer muitas pequenas barreiras, escudos, carapaças e outras providências a bloquear o que seu medo venha a temer. Atuar em função do medo de se desequilibrar, em função da insegurança latente, é caminho sem fundo, é poço sem volta.

Nesse ponto, o estudo da mecânica de Câncer se assemelha à ecologia, o estudo do ser em relação ao seu *habitat*. Manipular o ambiente para fazer dele um local mais aconchegante para si é a meta da mecânica canceriana. Entretanto, isso pode ser feito por dois caminhos: buscando o equilíbrio com o ambiente, responsabilizando-se por beneficiar o conjunto no qual está inserido (e, com isso, melhorar seu lugar por melhorar sua relação com esse lugar), ou do ambiente pegar para si o que lhe nutre e protege, sem retornar nenhuma retribuição real para esse ambiente (exceto apenas pequenos favorecimentos para atrair cuidados para si mesmo), safando-se das obrigações para com o lugar que ocupa, ou as repassando para os outros. As relações de simbiose entre os animais, entre animais e vegetais, entre animais e elementos de seu ambiente físico, seriam um exemplo, na Natureza, de maneiras da atuação canceriana acontecer em interação de favorecimento positivo com o conjunto do ambiente.

Alguém com o signo de Câncer na Casa IV – relativa à família e ao lar – tem a tendência a se apropriar de sua casa e do ambiente familiar para seu benefício exclusivo, desconsiderando os interesses dos demais habitantes da casa, fazendo dela exclusivamente um regalo seu, à custa dos demais. Cuidar da qualidade do ambiente da casa, desde os cuidados práticos com o bom funcionamento desta até os cuidados com a ambientação emocional entre as pessoas, seria a atuação do mecanismo Câncer em sua plenitude. Câncer é cuidar de seu lugar, é estabelecer-se em seu lugar de modo a preservá-lo e cuidar bem dele, pois isso é também o cuidado consigo mesmo.

O "lugar" canceriano é aquele em que encontra seu bem-estar. Encontrar seu bem-estar é mais do que *encontrar* um lugar, é construir esse lugar, é trabalhar em favor de tornar um lugar, a princípio favorável e benfazejo, *o lugar* em que estabeleça sua segurança, a partir de sua contribuição para com o lugar. Para ter um gesto assim, precisará assumir a responsabilidade sobre seu bem-estar. É deixar de cobrar dos outros e a culpar os outros e o ambiente pelo que de ruim ou desagradável lhe aconteça. É fazer-se participante efetivo do lugar que escolheu, das pessoas e condições com as quais se colocou na relação, e assumir a responsabilidade por isso.

No exemplo de Câncer na Casa V, é a relação amorosa na qual a disposição, em lugar da defesa emocional, é ir atrás da melhor condição de entendimento, em que as afinidades emocionais são exploradas e vividas a ponto de a pessoa se sentir segura em todos os 'cômodos' do relacionamento, e não apenas em um lugar ou outro da relação em que saiba estar preservada sua segurança e sensibilidade. É abrir-se à relação, buscando o melhor nela, em vez de se fechar defendendo-se da própria relação.

Na vida amorosa e na relação com os filhos, outras situações da Casa V, a completude da natureza canceriana está em cuidar efetivamente das pessoas que ama, despendendo o melhor de sua sensibilidade a favor delas, é imaginar as coisas boas que pode propiciar a elas e realizar isso dentro das possibilidades vigentes no lugar em que convivem. Como retorno, natural e não forçado, nem imposto, nem cobrado, o ambiente lhe será amoroso, amistoso, realizando o bem-estar almejado. Este mecanismo precisa fazer um esforço um pouco maior do que esperaria de início e em benefício efetivo do conjunto a sua volta para então, e só então, saindo da linha mecânica automática e ingressando no nível mais alto possível a esta mecânica, atingir sua plenitude.

No caso de alguém que tenha o signo de Câncer na Casa VI – relativa ao trabalho e afazeres de rotina –, a ação se dará no sentido de se preservar do envolvimento com qualquer esforço mais solicitante e procurar pontos de acomodação mais fáceis no trabalho, isto é, fugindo dos trabalhos que exijam mais de sua performance pessoal e dando preferência àqueles em que possa garantir um retorno produtivo ou aprovação, sem se expor demais aos esforços. No trato com a saúde, é como se os desconfortos do corpo, seus desequilíbrios e doenças, não pudessem ser suportados, por contradizer frontalmente seu anseio por bem-estar. Assim, pode haver uma recusa a cuidar da saúde e a fazer os esforços necessários para manter os padrões do próprio bem-estar, que seria sua real necessidade nesta Casa. A busca por bem estar permanece, então, como ato puramente imaginativo: imagina-se que o corpo está bem, pois que qualquer constatação contrária a isso será profundamente dolorosa. Quando a realidade contraria sua expectativa, a imaginação é seu refúgio, é o lugar (inexistente) onde cultiva o bem-estar, um bem-estar que não satisfaz, mas mesmo assim acalenta certa satisfação frágil, facilmente quebrada por qualquer condição de realidade que se apresente, o que obrigará, então, a dinâmica canceriana a uma defensividade ainda maior, agora impedindo que qualquer dado da realidade venha a perturbar seu paraíso de sonho.

Aqui, a saída do automatismo da mecânica canceriana está, como está em toda parte, em se ocupar com uma ação positiva em lugar de se ocupar com a esquiva ao desconforto e com a defesa de seus pontos de acomodação. A ação positiva, em contraposição à reação defensiva, é usar sua imaginação em favor do que vá se animar e se propor a construir enquanto hábito de rotina para promover a boa saúde, assim como promover bons resultados no trabalho. Por exemplo, imaginar hábitos efetivamente saudáveis e que lhe sejam também agradáveis, e colocá-los em prática, mesmo que com esforço, até que estes se tornem uma "segunda natureza" e sejam vividos, então, com naturalidade; isto é, passem a fazer parte de seu bem-estar.

Com o signo de Câncer ocupando a Casa VII na carta astrológica, a pessoa terá disposição romanceada e imaginativa quanto a quem são os outros com quem se põe em contato e com quem forma suas parcerias e uniões, assim como terá visão romanceada de como são suas relações – pois esta Casa é relativa a esses assuntos. Os sentimentos que sente a respeito da outra pessoa, e da relação com ela, sobrepuja a realidade. No fim das contas, contam menos a pessoa do que o efeito de bem-estar – ou de mal-estar – que ela cause àquele cujo signo de Câncer ocupa a Casa VII. O efeito gostoso ou desagradável causado pelo outro é o que é considerado, e não a própria pessoa que está ao seu lado – esta poderá passar muito tempo sem ter reconhecida sua presença real.

Os limites entre imaginação e realidade são incertos para a dinâmica canceriana: aquilo que ela recebe do mundo se confunde com o que sente a respeito. Essa confusão é fato corriqueiro na psique humana, mesmo que alguns achem estranho que alguém se dedique a tentar separar o dado objetivo da reação subjetiva que temos partir deste dado, como se o dado e a reação fossem sempre uma mesma coisa, como se para a percepção humana fossem mesmo inseparáveis – e dentro da reatividade automática da psique talvez sejam realmente coisas inseparáveis, pois que a reação natural (mas incompleta, não plena) desta mecânica é tomar como realidade aquilo que se sentiu.

Na beira do mar, a linha exata que separa a fronteira entre a areia e as águas do mar está em constante mudança. Tanto as marés diárias como cada pequena onda do mar alteram a fronteira do que é mar e do que é terra. É sabido que caranguejos se movimentam junto com as marés, acompanhando a beira-mar conforme ela se desloca para lá e para cá, à procura do lugar preciso onde estejam mais bem adaptados e protegidos, em especial os espécimes que vivem dentro d'água – e talvez sejam mesmo estes os representantes mais característicos do nosso signo de Câncer, pois vivem mergulhados nas águas da imaginação, mais do que apoiados em suas patas sobre o chão firme da realidade (mais Úmido do que Seco).

A fronteira entre o que é imaginação e o que é realidade também se movimenta de maneira variável e inconstante, ocupando a cada momento um lugar diferente dentro da estreita faixa na qual realidade e imaginação se transfundem sem deixar absolutamente claro o que pertence a um e o que a outro, em analogia bastante exata ao que se passa entre terra e água à beira-mar.

É nessa faixa cambiante entre o imaginado e o vivido que ocorrem as relações daquele que tem Câncer na Casa VII – e estes comentários valerão igualmente quando aplicados a este signo nas Casas III e XI, respectivamente das relações cotidianas e de amizade. O ambiente lhe afeta; sua mecânica absorve (Frio) e se sensibiliza com (Úmido) o que está ao seu redor. No entanto, suas reações ao que lhe afeta são igualmente atuantes (Seco). Embora reação ativa e física de volta em direção ao mundo exterior, Seco é também parte da imaginação que nasce como ato reativo ao que lhe sensibilizou. É como se o predomínio de Úmido sobre Seco encharcasse Seco e tornasse mesmo as ações que propõe objetivas muito mais imaginárias e imaginadas do que efetivas sobre o mundo dos fenômenos exteriores. Por outro lado, Seco também afeta a ação receptiva de Úmido, tornando essa sensibilidade, que seria acolhedora, em sensibilidade que anseia responder de modo pertinente e efetivo; contudo, pelo predomínio de Úmido, desse lado da ação do mecanismo também temos a subjetividade e a imaginação predominando sobre a maneira de acolher: acolhe-se a própria sensibilidade, a dor ou o prazer resultantes do estímulo exterior, mais propriamente do que o estímulo exterior.

Assim, nos relacionamentos nas Casas III, VII e XI, Câncer atuará por uma imaginação que confunde suas sensações interiores com o ambiente exterior.

Conforme as pessoas lhe afetem desta ou daquela maneira, procurará enredá-las e envolvê-las por meio de sua emotividade e de sua imaginação, por meio de gestos que denotem as emoções que está a sentir. Por exemplo, ao desejar certa coisa, a dinâmica canceriana irá pressionar emocionalmente a outra pessoa a se constranger em direção àquilo que, em verdade, é o canceriano quem deseja. Irá agir indiretamente, criando certo clima à sua volta, para, deste modo, sugerir à pessoa ao seu lado que isso aborrece e causa mal estar a ela, enquanto que, na verdade, está a causar mal estar ao próprio canceriano. Sob essa "ação emocional", a outra pessoa se verá pressionada a ir em direção ao que agrada ao canceriano, e isso irá formar uma espécie de "escudo emocional protetor" em torno dele, funcionando, então, como anteparo para nada de desagradável ou perturbador chegar a ele. As escolhas dos amigos, companheiros e pessoas próximas se dão, neste caso, segundo o critério de quem poderá lhe dar proteção e quem não. Para tirar a mecânica canceriana do nível de seu próprio automatismo, a ação voluntária requerida aqui é a de fazer da relação um bom lugar para ambas as pessoas viverem, acima de se proteger do outro. A boa vontade para com as necessidades, os interesses e a maneira de ser de seu semelhante é a chave para a atitude canceriana evolutiva nessas Casas.

Já com o signo de Câncer na Casa VIII, a falta de delimitação entre as propensões Úmido e Seco dá lugar a uma disposição instável e imaginativa nos aspectos materiais e íntimos das parcerias, assim como nos compromissos com o mundo e as pessoas. Os acordos compromissados perdem sua objetividade: o que foi combinado com alguém será subjetivado, adulterado e modificado conforme o gosto pessoal, tornando-se diferente do que fora combinado realmente, ora sendo mais isto, ora mais aquilo, conforme as marés da conveniência pessoal diante do compromisso tomado. Esta é uma Casa de delineamento de limites drásticos: vida e morte, o que é e o que não é mais. Câncer nesta Casa atua borrando tais limites, ora imaginando que ainda é aquilo que não é mais, ora imaginando que havia resolvido bem situações que, na verdade, foram deixadas a meio caminho. Alterar o que foi combinado parecerá muito natural, deixando a outra parte da relação insegura quanto ao que possa esperar do que fora acordado. Talvez da parte de quem atua a partir da mecânica canceriana na Casa VIII não pareça assim, mas da outra parte a sensação é de não poder contar com o que foi proposto ou prometido. Aqui, a mecânica canceriana, para atuar com plenitude, deverá, mais ainda do que em outras Casas, acrescentar voluntariamente o sentido de responsabilidade em sua atuação, cumprindo à risca os acordos feitos e os pactos firmados, aceitando lidar dignamente com o que a vida lhe colocou como limite à continuidade de alguma situação. O "lugar" a ser encontrado na Casa VIII é seu justo lugar diante do outro.

A contribuição canceriana para o ambiente no qual se encontra (equivale a dizer, na Casa em que está na carta astrológica) é decisiva para a completação de suas propensões, decisiva para sua realização plena. Dizer que o salgado do mar que banha Portugal é feito das próprias lágrimas do povo português é maneira poética de retratar esta característica canceriana: sou eu quem dou colorido ao meu ambiente, é minha contribuição que dá o tom, salgado ou doce, pesaroso ou alegre, para o ambiente em que vivo. O salgado do mar que me rodeia vem de mim, é derivado de meu próprio sal. Conforme a emoção que eu derrame sobre o ambiente, este irá se colorir deste ou daquele sabor emocional.

A capacidade canceriana para cuidar do ambiente à sua volta, mais propriamente do que fornecer a ele objetos e condições práticas, é a de nutri-lo emocionalmente, concedendo-lhe sua emotividade para com ela compor e tecer a trama de sentimentos sobre a qual se estabelecerão relacionamentos, empatias, afinidades e desafinidades dentro do ambiente. A emotividade canceriana doada ao ambiente colabora decisivamente, enquanto nutriente, para o crescimento e o desenvolvimento das coisas e situações nesse ambiente. O oposto disso também acontece pela ação canceriana: sua participação poderá criar um clima pesado e difícil para qualquer coisa ali crescer, por "salgar" em demasia o mar para além do tempero que contribui à boa alimentação. Desse ponto, não é difícil vislumbrar o motivo pelo qual a dinâmica canceriana é associada ao papel protetor e nutridor da maternalidade, da figura materna, da mãe.

Alguém com o signo de Câncer na Casa XII tende a exagerar dramaticamente seus problemas, deficiências e dificuldades, não apenas passando esse tom pesado, "salgado" demais, para as pessoas ao seu redor, mas principalmente dificultando sua própria lida com os problemas, impedindo-se de superá-los pela carga dramática excessiva com que lhes colore e, assim, perturba sua lida objetiva com eles. Um problema crônico de saúde, que seria contornável ou tratável com uma e outra providência prática, não será tratado sem antes ser vivido em toda a sua exacerbação dramática quanto ao que poderia vir a representar em sua vida se o pior lhe for dado experimentar nessa doença.

Por outro lado, a dinâmica canceriana é hábil para criar um clima emocional favorável à recuperação de doenças e problemas, para si e para as demais pessoas queridas, na medida em que se empenhe com essa orientação. O que decide uma orientação ou outra é a direção que toma sua *fantasia imaginativa*. Ao imaginar um problema imenso e sem solução, o ambiente ao redor e sua própria atitude, o "mundo todo", será timbrado por essa imagem, se tornará salgado demais, e a emotividade reinante que irá nutrir para si e para os outros será indigesta, quer dizer, não contribuirá para a cura e a recuperação de nada, nem de ninguém. Ao visualizar uma imagem positiva para a situação e com ela projetar sua emotividade, para si e para o ambiente, dará sua melhor contribuição para que doenças sejam curadas e obstáculos removidos.

Não obstante, não se trata aqui de apenas imaginar a cura ou remoção. O ponto inicial para a ação plena da mecânica canceriana está na imaginação que, dentro desta mecânica, se dá *juntamente* e *sempre* com uma reação física correspondente. Imaginar é também atuar de acordo com o que se imaginou. Essa é a lei que rege a atuação deste signo.

Convém ressaltar que imaginar que está tudo bem e não é preciso fazer nada, ou imaginar que um anjo prestimoso resolverá tudo a seu favor, são imaginações às quais também corresponderão uma reação de idêntico teor: não será feito nada, não será feito gesto algum, por parte da pessoa, para resolver a situação. A imaginação positiva não é um acalanto doce e irreal a respeito de uma dada condição. Isso seria justamente uma imaginação negativa, pois que, além de ser movida pelo medo de lidar com a realidade, distorce-a a ponto de confundir quanto ao posicionamento participativo e responsável a ser tomado diante dela. Se certas condições da cultura reinante atualmente acham por bem desmerecer do cultivo de intenções positivas e de um estado mental-emocional positivo, esse é um problema que pode afetar bastante ao tipo canceriano, dificultando-lhe encontrar saída para seu funcionamento dinâmico.

A presença do signo de Câncer nas Casas II ou X, relativas a realizações materiais e profissionais, respectivamente, se caracteriza também pela orientação dada por sua fantasia imaginativa. Poderá dramatizar preocupações e receios – imaginando condições terríveis – quanto às suas capacidades ou quanto às condições que irá encontrar. O resultado dessa *desambientação emocional* para lidar com dinheiro e profissão será se envolver com suas preocupações mais do que com a realidade na qual pode ser produtivo e dar conta desses assuntos. Também inibirá o funcionamento do mecanismo Câncer, ao acrescentar defesas além da conta, inibindo, assim, não somente as ações efetivas nessas áreas, como entrando em um estado de medo que em nada corresponde à situação material.

Por outro lado, poderá tomar providências efetivas para a condição material e profissional prosperar, ao ambientar o espaço imaginativo com fantasias positivas sobre o que quer realizar e, também, ocupar-se em levar à prática as imagens positivas que idealizou.

Em Câncer, tudo começa na atitude imaginativa. É nela que pode nascer a superação do automatismo da dinâmica entre Frio, Úmido e Seco. Imaginar o que pode ser feito para melhorar sua relação com o ambiente em torno, o que de melhor pode fazer para sua relação com o lugar em que está. Desse modo, o mecanismo Câncer vai além de sua reação primeira e imediata de responder ao mundo na mesma moeda, na mesma medida em que se sentiu fustigado.

A partir desse comentário, a presença de Câncer na Casa IX é fácil de ser imaginada: sua filosofia de vida será formada pela ambientação emocional que venha a timbrar suas ideias, mais do que pelos pensamentos em si mesmos. Fantasiar a vida com cores pesarosas fará reunir-se a ideias igualmente sombrias sobre o que é a vida, o que é o ser humano, o que poderá ser o seu futuro. Fantasiar a vida com cores vivas e animadas o aproximará de ideias e filosofias igualmente vivificadoras e facilitadoras do caminho a seguir. Fantasiar a vida com cores neutras e apáticas fará reunirem-se em torno dessa apatia emocional ideias igualmente sem força para movê-lo para algum futuro. Cultivar o clima emocional adequará o tipo de pensamento que se estabelece em sua mente e guiará as possibilidades de seu futuro. Como já dissemos, é da natureza canceriana reagir de modo automático ao que sente. Assim, sentir a vida com um tom positivo lhe fará, obrigatoriamente, ter reações positivas diante da vida.

A presença de Câncer na Casa I da carta astrológica se assemelha bastante a esta última posição descrita. O teor da fantasia imaginativa a respeito de si mesmo é decisivo na formação de sua personalidade. Imaginar que se é fraco, o tornará fraco. Imaginar que se é feliz, o tornará feliz. Imaginar que se é um grande compositor ou arquiteto, o tornará um grande compositor ou arquiteto. E assim por diante, com seja lá o que imaginar. Não porque a vida abra uma exceção e obedeça e se dobre aos critérios lançados pela imaginação canceriana, enquanto que não cede à vontade particular de nada mais – pois que a vida tem vida própria. Mas porque a fantasia canceriana colocará os limites para o que essa pessoa venha a ser: ao se imaginar fraca, o máximo que poderá vir a ser é uma pessoa fraca, pois agirá como se fosse fraca – não importando quais sejam seus potenciais ou os de seu destino; ao se imaginar uma pessoa alegre e feliz, o máximo que poderá vir a ser é uma pessoa alegre e feliz – não importando quais seus potenciais ou condições de destino. Essa é a magia possível à mecânica canceriana: recriar a vida, de acordo com sua imaginação, a ponto de a vida se tornar o mais próximo possível do que foi imaginado, como que se curvando à imaginação humana. É desse modo que Câncer, o signo da recriação da vida, o signo da nutrição da vida, gera o lugar que venha a ocupar neste mundo. Qual tipo de imaginação você quereria acalentar se tivesse Câncer na Casa I de sua carta? Aquela que lhe estabelece limites dentro de fraquezas, carências e receios, ou a imaginação que estabelece que seus limites se dão dentro de uma aura de alegria satisfeita, força nutridora e confiança?

No signo de Gêmini, comentamos da importância do fator tempo para as propensões Úmido e Seco se alternarem ritmicamente, gerando assim o funcionamento pleno de sua mecânica. Como se dá a presença do tempo na mecânica canceriana, pois que, tendo igualmente Úmido e Seco em sua composição, não deverá o tempo aqui cumprir papel importante? Afinal, Câncer é o signo que segue Gêmini, e tempo deve permanecer com algum significado aqui também.

Em Câncer, a alternância entre Úmido e Seco é agregada ao movimento Frio, quer dizer, nasce do que é recebido desde o mundo exterior. Úmido se agrega espontaneamente à propensão Frio, pois ambas são de natureza receptiva; além do que, esta é também predominante em relação a Frio. Úmido e Frio atuam unidos como fator receptivo dentro desta dinâmica. Aqui, começa a existir a dinâmica canceriana. O passo seguinte é a atuação de Seco junto com Frio, o gesto terroso de dar forma concreta a algo em direção ao mundo exterior, como reação ao que lhe sensibilizou. A reação ocorre relativa ao que, primeiro, lhe sensibilizou. Aquilo que antes se passou e sensibilizou a natureza canceriana é a base para seus gestos. *O passado é a base de seus gestos.*

Não há muita dúvida quanto ao que dá início ao seu movimento interno. O tempo se estabelece dentro de uma ordem que surge espontânea no signo de Câncer: primeiro, foi algo que lhe sensibilizou; depois, um gesto será feito em relação ao que lhe sensibilizou.

Se em Gêmeos havia a possibilidade de uma desordem temporal, uma ansiosa aceleração do tempo para estar nos dois polos ao mesmo instante, em Úmido e em Seco, em Câncer, o tempo vem em ordem, nasce ordenado. Um polo do tempo se estabelece como fundamental. O passado rege a sensibilização e as ações decorrentes. Aqui, o tempo não é questão de dúvida sobre a mais perfeita ou imperfeita ação da dinâmica de um signo astrológico, mas é decorrência do tipo de ação do signo. Câncer tem o passado como prioridade. Volta-se para o que está no passado, na origem e na raiz, e de todo o impulso emocional que lhe mobiliza a partir de suas origens e da memória das impressões que ficaram marcadas nele. É um signo voltado para o cultivo do passado, das memórias de infância, dos valores antigos ou de alguma vivência emocional ligada à sua raiz. O tipo canceriano quer garantir o seu passado, pois pressente que este lhe concede segurança.

Entretanto, o sonho canceriano de garantir o passado é impossível de realizar. Talvez seja mesmo inútil, pois o passado não precisa de garantia para ter existido. Ele existiu ou não, e isso não pode ser mudado (ao menos, pelos meios convencionais concedidos ao ser humano). Pode parecer estranho dizer isso, mas o passado que não existiu não interessa ao arquétipo Câncer, pois não marcou sua memória. O passado que existiu, que marcou o início dos registros de sua percepção, exerce um fascínio especial para ele. Ou, dizendo de outra maneira mais compreensível a quem não é essencialmente canceriano: só o que tem raízes em seu passado tem sentido e valor.

Na tentativa de não perder a ligação com sua origem, o tipo canceriano colore o tempo presente com cores do passado. Pode fazer isso trazendo objetos que lhe eram queridos na infância ou que pertenceram a um antepassado afetivamente significativo. Pode reinterpretar o momento presente de acordo com os valores de um tempo que se foi, ou mesmo avaliar toda nova situação de acordo com sua memória. Ou simplesmente se negar a participar de situações que já não façam parte de seu repertório original, isto é, que sua família não lhe tenha mostrado.

A parte do Zodíaco chamada de Fundo do Céu está ladeada pelos signos de Gêmeos e Câncer. Nela, se define o polo do "passado" na carta astrológica, o passado do indivíduo, na Casa IV, que tem início na linha do Fundo do Céu. Dentro da sequência zodiacal, Gêmeos vem antes de Câncer e prepara o caminho para o passado se estabelecer. A busca de uma pulsação organizada e de um ritmo em Gêmeos leva ao nascimento do passado como ponto de origem do que virá adiante. Parece óbvio que seja assim, mas o Zodíaco nos diz que essa sequência não é óbvia nem primordial: havia algo antes do tempo se estabelecer em seu passado, havia os signos de Áries, Touro e Gêmeos a preparar o terreno para existir o tempo como o conhecemos. Áries, o impulso para existir; Touro, a busca da preservação e da eternidade no tempo; e Gêmini, o tempo vivo, oscilante e pulsante. Sem esses três primeiros signos, a realidade da dimensão tempo não existiria. Esses são os três primeiros polos para o tempo existir como uma realidade para nós. Câncer é o estabelecimento dessa realidade em seus primórdios, isto é, naquilo que consideramos ser o tempo passado, o único tempo que temos em nossa memória, o registro de ter acontecido.

13

LEÃO

Somente o amor e, na sua ausência, o amor.
(Décio Pignatari)

No signo de Leão o movimento expansivo Quente e a resistência de Seco atuam em harmonia mútua, promovendo expansão coesa e contínua. Esse é o princípio básico do elemento Fogo, é a vontade da vida se expandir, crescer, se afirmar como tal. É a plenitude desse elemento, que encontramos em Áries ainda contida e mais expandida em Sagitário.

Em Leão, a qualidade primordial Quente predomina sobre Seco. O movimento constante de expansão da qualidade Quente é firmado e estruturado pela tensão de Seco. O movimento expansivo cresce progressivamente em ritmo constante, como uma flor que desabrocha, com a segurança e a firmeza de quem tem um princípio vital forte a reger seu crescimento. É firme em seu ritmo expansivo, pois Seco concede a tensão que retém a expansão dentro de certos limites, mas também nunca perde a certeza de seu florescimento: a força vital Quente é mais forte neste signo do que em qualquer outro. A dinâmica leonina mantém seu curso firme na mesma toada, levemente retido pela tensão que o faz caminhar com passos seguros em sua demanda por dominar porções cada vez maiores do mundo. Leão quer fazer do mundo um reinado seu.

Depois de Câncer encontrar seu lugar no mundo e estabelecer com ele uma relação fértil e harmoniosa, Leão quer fazer desse lugar o seu reino.

Com a expansão de Quente fortalecida e efetivada por Seco, sem este causar bloqueio ou retenção, e lhe acrescendo o poder de manter constante o movimento expansivo, diferentemente dos demais signos astrológicos, a mecânica leonina parece não ter ponto de obstrução. Realmente não há bloqueio nesta mecânica. Ela avança em sua expansão serena e firme, sem encontrar (em si mesma) um ponto que a force a recuar ou a acelerar, parar ou se perder, dispersar-se ou se encravar em si mesma. Muito provavelmente foi devido a essa natureza sempre a mesma, sempre expansiva da vitalidade, que lhe é inerente, que o signo de Leão foi associado ao Sol, estrela centro do sistema solar e, portanto, sinal celeste do centro da carta astrológica, o centro de vitalidade sempre constante em nosso sistema planetário, o qual nasce todo dia no horizonte a leste, que sempre faz o dia nascer. Assim como o sol nasce a cada dia, Leão conserva constante o movimento de expandir sua vitalidade.

Tudo parece simples na dinâmica leonina. A vida quer se mostrar em sua vitalidade fundamental. Há a força para isso acontecer e a vida cresce naturalmente. E é mesmo a *simplicidade* o dom que faz esta dinâmica funcionar em seu melhor.

Parece não haver nada a fazer com relação à dinâmica leonina, que não deixá-la em sua natureza ser plena por si mesma. Deixá-la crescer dentro da ordem natural que ela própria estabelece, deixá-la desenvolver-se expressando *sua* vitalidade ao *seu* modo. A dinâmica leonina parece fadada à plenitude. Como o sol que nasce espontaneamente (ao menos, assim o é para nós humanos) todos os dias e ilumina nossas vidas, como uma flor que brota espontânea em meio às plantas e alegra nossa vida. A pessoa que tenha uma ênfase especial de Leão em sua carta astrológica terá uma impressão parecida, como assim também é na região em que está Leão em nossa carta: tudo ali soa como se *devesse* ser de uma plenitude espontânea. É por sentir que é de seu merecimento alcançar a plenitude espontaneamente que nasce o contentamento leonino, um contentamento pela fácil captação da alegria possível contida no viver.

Esta é uma das faces da *simplicidade* no comportamento leonino, descrita por Rudhyar, em seu livro *Tríptico Astrológico*. A simplicidade de ser o que é, simplesmente, pois que o funcionamento natural de sua mecânica é aquele que mais se aproxima da plenitude, sem necessitar aporte ou esforço para se completar.

Mas não nos enganemos com essa primeira impressão. Como quando olhamos para o sol e seu brilho nos cega, e não captamos direito a primeira impressão da imagem do sol, a força luminosa de Leão não permite enxergar seus aspectos internos. As coisas não correm somente como transparece na superfície leonina.

A plenitude desta dinâmica não se dá espontaneamente, embora pareça quase chegar perto disso, aos olhos leoninos ou das pessoas a sua volta. Não obstante, esse engano não é causado por uma intenção deliberada. Ele se dá por forças naturais, por assim dizer: se a força do sol não fosse capaz do brilho que nos cega ao tentarmos olhar para ele, talvez sua força não esquentasse e iluminasse a superfície terrestre suficientemente para a vida orgânica ter nascido. Assim também, se o caráter leonino não fosse tão forte e onipresente, talvez não fizesse fluir a vida de maneira tão pujante dentro de cada ser humano. Há que haver um coração batendo, um sol brilhante que mova e dê vida ao que lhe está interligado: esse é o signo de Leão.

É em sua relação com o todo no qual está inserido que ocorrem os bloqueios na mecânica leonina. O sol não brilha no vazio, o coração não bate se não interligado a um corpo que dá sentido à sua pulsação, à vitalidade que põe em movimento – e esse corpo, embora o conjunto corpóreo seja a razão de sua pulsação, interfere e interage com a pulsação vital do coração. Assim, os bloqueios da dinâmica leonina não se dão em sua própria mecânica, mas devido ao fato de ela *não existir nem funcionar isolada* de outros fatores, sejam outras dinâmicas astrológicas, sejam as substâncias que compõem o mundo e que dão corpo a estas dinâmicas (e veremos como o coração leonino teima em se isolar para funcionar à parte, em território exclusivo). É no confronto entre sua manifestação e o mundo ao redor que se dão os problemas. A primeira impressão é a de que os fatores externos à dinâmica leonina atrapalham sua real grandeza, sua plenitude espontânea. Essa é a impressão para a percepção leonina, isto é, para alguém que tenha ênfase neste signo ou para todos nós, na Casa em que Leão se encontra em nossa carta: *deveria* haver uma plenitude aqui, mas o mundo teima em não deixar isso acontecer.

Veremos como a perturbação à realização leonina plena se dá tanto pelo que o mundo possa tolher de seu movimento quanto, mas, principalmente, pela maneira como esta dinâmica não admite ser tolhida, interrompida, atrapalhada ou negada em suas manifestações, e reage emperrando a si mesma, negando-se a ser o que é. Na clássica colocação leonina: "ou é como eu quero, ou eu não jogo, não brinco, não participo".

Apesar de ser o signo da máxima força expressiva da vida, é também o signo da suscetibilidade máxima a qualquer coisa que se anteponha em seu caminho, que perturbe ou atrapalhe aquilo que anseia manifestar. A natureza leonina não compreende que não há como sua vitalidade se manifestar em todo momento e situação da maneira exata como ele sente que deveria se manifestar. A dinâmica leonina não sabe consentir que suas motivações sejam contrariadas ou questionadas. Quando acontece a contrariedade ou o questionamento, entra em ação sua suscetibilidade extrema.

Em termos de qualidades primordiais, essa suscetibilidade se dá pela perfeita ordenação impositiva de seu movimento expansivo, a qual se ressente diante das perturbações que alterem aquilo que considera ser a ordem perfeita que emana de seu coração. Assim como qualquer alteração no ritmo cardíaco é imediatamente sentida por todo o organismo, por vezes lançando-o em estado agudo de alerta, assim qualquer alteração nos domínios leoninos coloca todo o reino em alerta; quer dizer, uma pequena resistência que o mundo coloque a um gesto seu será sentida pelo leonino como uma negação integral a todo o seu ser, fazendo surgir uma reação desproporcionalmente grandiosa e que mobiliza todos os seus exércitos e tudo o que puder lançar mão para recompor sua ordem expansiva perfeita e certa. A certeza de que é o portador da luz, da vida e da alegria, faz de Leão signo de um autocentramento extremo em seus valores, vontades e certezas.

A presença do signo de Leão na Casa VII, por exemplo, faz esta dinâmica tão altaneira e calorosa em sua autoexpressão, que ocupa com suas motivações e vibrações o espaço do relacionamento com os outros, como se a capacidade de se relacionar fosse um dote todo especial seu, como se aquilo que colocasse na relação fosse naturalmente muito mais interessante do que aquilo que as demais pessoas pudessem colocar. A expansão estruturada de Leão cuida muito bem de suas relações, parcerias e alianças. Leão quer que elas sejam um grande êxito, como em toda posição leonina. Ele almeja o brilho e a plenitude, o que o leva a fazer muito pelo que considera ser a relação; entretanto, sem necessariamente contemplar o que os demais participantes gostariam que fosse a relação.

Aqui podemos entender uma limitação da mecânica leonina: ao se mover expandindo apenas suas motivações em direção ao outro e ao relacionamento, o tipo leonino permanece fechado em seu círculo de intenções e gestos, cria um mundo à parte do outro, contraditoriamente, ao procurar estabelecer parceria ou aliança. Ocorre um fechamento dentro da ordem de suas ações, um exclusivismo dentro do que lhe parece ser de uma perfeição natural; mas, na interação com os outros sente que essa ordem é perturbada, ou que ela perturba aos demais.

Para que perturbar meus sentimentos, minha nobreza, minha natural plenitude, ou mesmo por que perturbar as outras pessoas? Para que abrir mão de meus domínios se dentro deles há uma sensação de plenitude que não encontro nas demais coisas? Por que me abrir para o que não é tão bom nem tão ordenado? Em contraponto, podemos perguntar: de que serviria um sol que não se ofertasse para o sistema solar e, ao contrário, se fechasse e mantivesse como exclusivamente seus os seus raios de luz? Essas questões, embora não sejam articuladas com todas as palavras na mente leonina, manifestam-se em seu comportamento. São questões que esclarecem o ponto em que a mecânica leonina se bloqueia.

A verdadeira plenitude de Leão surge na disposição para sair do círculo fechado e fazer sua ordem interna brilhar para fora do reino fechado no qual mantém estrito e perfeito domínio, permitindo que outros participem livremente do mundo que criou. Tal qual o coração que está a serviço do corpo sem que com isso perca sua realeza e seu papel de centro vital, a natureza vital leonina rege o todo do qual participa, e toma para si de modo natural a soberania sobre tudo o que o cerca.

Assim, Leão na Casa VII poderá atuar contribuindo vivamente para as pessoas com quem se relaciona, colaborando vivamente com seus relacionamentos – e de fato, Leão na Casa VII, precisa se sentir assim tão vital e contributivo para os demais – e, ao mesmo tempo, permitindo que os outros desfrutem dessa sua contribuição sem que o tipo leonino faça dela um meio de dominação. O sol dá livremente a luz, a gravidade e o calor, liberando-os para o espaço sideral, para o que está ao redor. A dinâmica leonina se torna realmente plena ao espargir para os outros a alegria, a afetuosidade, os sentimentos nobres e o sentido de justiça – não importando qual retorno obtenha, quer dizer, não se ressentindo com o que possa advir em troca, seja aplauso ou descaso. A doação da vitalidade é sua completação. Em Leão, o movimento Quente expansivo deverá se impor, a modo de Seco, não para dominar os outros, mas *para fazer chegar até os outros* a força vital que comporta. E assim criará um reino; não um reino que lhe pertence e sobre o qual diz se estenderem seus domínios, como faria um velho rei das fábulas, mas um reino no qual alimenta de vitalidade aqueles que se colocam ao alcance de sua alegria e bem viver. A plenitude da atuação de Leão na Casa VII é sempre e simplesmente ceder de sua vitalidade para o bem dos outros. Aparentemente é uma cessão sem retorno algum, um ceder pela alegria de ter o que ceder – e isso é sua natureza fundamental.

O conceito de *simplicidade* relativo ao signo de Leão assume um segundo caráter, o de tomar ações sem a inquietação do que advirá como retorno do que faz. Ser simples como uma flor que se abre, pois que é da natureza das flores se abrir. Flores não ficam inquietas com suas performances. Flores se abrem. Nesse sentido, há uma simplicidade que é o próprio movimento de abertura da flor, a beleza do desabrochar da vida, que é bonito em si e só pode ser bonito, diante do qual não faz sentido a flor exigir aplauso que confirme ser o florescimento da vida. É como um ator que tem uma performance especial em nome da beleza da performance, sem se pautar pelos aplausos que possam advir da atuação. Em sua plenitude, o signo de Leão é a simplicidade, como a quietude da flor a se abrir, como o silêncio de um raio de sol.

Alguém que tenha o signo de Leão na Casa X, em sua carta astrológica, exercerá forte autoridade nos papéis sociais, na profissão e diante das responsabilidades que a vida colocou em suas mãos. O anseio de domínio de Quente e Seco encontra terreno fértil nessa Casa, relativa às honras e dignidades assumidas ou conquistadas no mundo – uma Casa de expansão e crescimento, um ponto de ápice da carta astrológica. Leão nessa Casa, de algum modo, quer dominar bastante inteiramente as situações sob sua guarda, brilhando com seu comando e fazendo florescer o melhor, *segundo seus critérios*, no reino sobre o qual lhe foi dado reinar. A maneira como arbitrará as situações sob seu comando é a chave para saber que caminho tomarão as ações. Os resultados alcançados dependerão do critério válido para cada leonino em particular, o qual irá orientar sua vontade de comando. E, por depender de diferenças particulares, podemos encontrar aqui alguns resultados diferentes, embora em todos o processo dinâmico seja o mesmo. As diferenças se enquadram, em suas linhas gerais, a três possibilidades: na primeira, a mecânica leonina irá se impor querendo resultados a todo custo, atuando de maneira ditatorial; na segunda, a mecânica irá se impor de modo equilibrado, gerando conquistas que beneficiam o mundo e que consideram e integram as pessoas que colaboram nas conquistas; na terceira, a sensação de merecimento dominará a tal ponto que a mecânica se satisfará com a sensação de seu próprio potencial; neste terceiro caso, o tipo leonino de Casa X achará que seu potencial é merecedor de que tudo aconteça sozinho, e que nada precisa fazer, esperando, então, que os êxitos aconteçam por si.

Esse terceiro caso revela outro lado da dinâmica leonina: seu valor intrínseco pode funcionar, em sua imaginação, como passaporte suficiente para que as graças dos bons resultados sejam depositadas a seus pés. Assim, há a sensação de que a expansão e o florescimento são inevitáveis e *deverão* acontecer de todo modo. Esse é outro possível fator de bloqueio. Por conta disso é que, algumas vezes, encontramos um vazio de realizações onde está o signo de Leão, ou seu planeta regente, o Sol, quando a interpretação astrológica básica diz haver ali grandes êxitos e conquistas.

O signo de Leão posicionado na Casa V – relativa ao amor, à expressão criativa e aos filhos – indica sentimentos amorosos que concentram seu calor em torno da própria pessoa mais do que se movem em direção à pessoa amada; ou se fecham em círculo concêntrico querendo que a pessoa amada venha para dentro desse círculo, que ela habite o reino de seus sentimentos mais do que os sentimentos se voltam para a pessoa amada para lhe aquecer e enobrecer. Ocorre um fechamento em torno da idealização do amor, que tende a satisfazer profundamente, enquanto que se aproximar da pessoa amada, ou dos filhos, como que quebra o encanto de perfeição daquilo que foi idealizado nos movimentos internos de seu coração. É como se ao se aproximar da pessoa amada esfriasse o amor que sente. O amor guardado em seu coração parece mais belo do que quando vivido nos embates e imperfeições da existência.

Naturalmente, uma boa dose de doação amorosa é necessária para a plenitude amorosa acontecer. Uma flor que teme se abrir e não se abre, nunca será realmente uma flor. Aqui, também a expressão criativa carece justamente de *expressão*, havendo um grande anseio criador que tende a permanecer adormecido acalentado no calor aconchegante de seus próprios potenciais. Uma flor que não se abre poderá sentir-se flor. Não obstante, pelo fato do mundo ao redor não compartilhar da flor fechada, seus melhores atributos – tais como cor, aroma, forma – não se atualizam, não acontecem, permanecem guardados. A dinâmica leonina fica a meio caminho se não houver um esforço voluntário para partilhar seu melhor, em termos criativos e amorosos, vencendo o receio de perder a vida dos sentimentos que tanto deseja partilhar, e com isso sentir-se plenamente vivo. É preciso vencer o receio do desapontamento ou de alguma situação desconsiderar o valor de seus sentimentos e criações.

Leão posicionado na Casa IX tem atuação semelhante: os ideais e valores são fatores vitais fundamentais, são uma extensão de sua sensação fundamental de estar vivo. Contudo, a expressão desses valores em seu comportamento ficará a desejar na medida em que eles viverão apenas na imaginação muito mais do que moldarão o comportamento expresso. Há o receio (velado) de não estar à altura do que idealizou a respeito de si mesmo. A dificuldade natural para aplicar os valores morais na prática da existência levará a não se arriscar em praticá-los. Acabará vivendo tais valores mais na imaginação ou em cobranças feitas às outras pessoas e a si mesmo, do que os aplicará como fator de orientação para seu próprio comportamento.

Aqui também será necessário um gesto de doação: a visão positiva da existência, a alegria de viver, a confiança no melhor do ser humano deverão pautar sua maneira de ser, não importando diante de quais situações esteja, quais desencontros venha a conhecer, quais adversidades encontre pelo caminho. Essa atitude requer uma força, e é justamente esta a força contida na posição de Leão na Casa IX, força a ser colocada em ação sem meias medidas: crescer e elevar-se em direção à plenitude do ser humano. Um sol que brilha no alto ilumina e esquenta mais do que o tímido sol poente.

A presença da dinâmica leonina na Casa II, assim como também na Casa VI, relativas às lidas financeiras e aos trabalhos na rotina, indica o anseio por dominar esses âmbitos da existência, fazendo deles áreas que estejam sob seu completo controle. A qualidade Quente quer fazer a vida material se expandir, crescer, prosperar; a qualidade Seco faz questão de preservá-la de modo estruturado, firme e seguro. O anseio de crescer com segurança e controle sobre seus domínios materiais e sobre sua rotina é a resultante dessa combinação.

Esse misto de expansão e preservação tem dificuldade para chegar à ação plena na realidade material, sempre resistente a obedecer aos intentos humanos. Assim, a ação leonina será, em alguns casos, contida pelo receio de não ser obedecida de pronto pela materialidade, trazendo uma especial insegurança ao lidar com os assuntos práticos; em outros casos, quando devidamente estimulada em sua confiança, a ação leonina se dará pelo pulso forte com o qual comanda seus negócios e a gana com que defende seus bens e seu território, e como estabelece uma rotina própria de vida.

Já o signo de Leão na Casa III – relativa à comunicação e à interação – aportará capacidade sedutora à maneira de comunicar e interagir, com um brilho na maneira como apresenta as ideias e faz as pessoas se encantarem por elas, tornando-as algo de valor e prestígio. O domínio seguro de Quente e Seco surge aqui a modo de conquistar por meio da comunicação, de fazer com que seus interesses, ideias e motivos de comunicação cheguem com força até as outras pessoas, até aqueles com quem se comunica. A comunicação que interessa à natureza leonina é comunicar seus intentos, suas motivações, sua alegria, sua vida, enfim.

Naturalmente que isso não é o que se poderia chamar apropriadamente de comunicação; é mais autoexpressão do que troca. A autoexpressão comunicativa é uma habilidade natural a Leão na Casa III. Contudo, na outra mão, quer dizer, quando se trata de receber a mensagem dos outros, de ouvir o que os outros lhe dizem ou de ver as pessoas e o mundo a sua volta, a dinâmica leonina não responde como seria necessário. Ela foi feita para a expressão firme, não para receber nem acolher. Assim, a comunicação é unilateral: muito mais falar do que ouvir, impor do que acolher. A dinâmica leonina é particularmente incompatível e incompleta quando aplicada à comunicação, levando a pontos cegos de percepção e a deficiência nos próprios órgãos da percepção. O gesto voluntário a ser inserido é o de dar lugar ao outro na comunicação: tanto cuidar de ser didático para o outro ao se comunicar quanto conter um pouco de sua natureza unilateral, para o outro ter sua vez de falar e ser escutado em sua fala.

Leão na Casa XI – relativa às relações de amizade e à participação social – leva para as amizades o fogo da paixão, para o convívio social leva o anseio não de igualdade, mas de ser o centro das situações e relacionamentos. A natureza expansiva de Quente quer subjugar as pessoas em seu meio social, quer afirmar seu valor e seu brilho. Os amigos que recebam sua força, seu brilho, sua nobreza – estas se expandirão em direção a eles – o que é fator de regozijo, diversão, alegria – mas pode ocupar um espaço inconveniente se a expansividade dominadora for deixada solta. Um leão deixado solto em meio a um parque causará apreensão nos que passeiam no parque. Nessa Casa, é necessário o mesmo tipo de interação e troca, como na Casa III: a amizade pressupõe um dar e receber, uma igualdade na interação. Ao Quente e ao Seco do Fogo leonino deverá ser acrescida voluntariamente uma automoderação quanto às fronteiras de sua expressão e domínio. É preciso ver até que ponto é justo, agradável e jubiloso para os outros receber sua luz solar, e a partir de que ponto esta começa a cegar e se tornar abrasadora. Assim também na Casa IV – outro setor da carta relativo ao convívio em grupo, o convívio em família –, exigirá a mesma moderação sobre sua natural expansividade, sobre a emanação do calor que, ao mesmo tempo, aquece as pessoas ao seu redor e as submete à sua vontade.

Com o signo de Leão na Casa VIII – relativa tanto às crises e mortes quanto à fronteira do que não é mais seu, do que não lhe pertence –, a ânsia leonina de domínio quer se estender até o limite do possível, ou ainda tentar ir ao impossível. Quer impedir que aconteçam mudanças fora de sua área de controle, ou mesmo impedir que elas aconteçam, peremptoriamente, incluindo-se aí o acontecimento da morte. Essa ânsia não é razoável e há uma boa dose de sofrimento por ver-se às voltas com a tarefa impossível de impedir que a vida mude e que as coisas e pessoas vão embora ou tenham seu destino próprio. Nessa Casa, a natureza do signo de Leão também não encontra terreno fértil para se expandir livremente como gostaria. A força leonina se ressente por ter que lidar com o que está fora do seu reinado. Abrir mão do controle lhe é muito difícil, contraria-lhe a natureza fundamental.

O domínio seguro de Quente e Seco é como a mordida do felino que não quer largar sua presa. E, no tocante ao imponderável, o fato de ter que *largar a presa*, isto é, admitir que há pontos sobre os quais não terá controle, pode levar a uma espécie de desistência prévia diante de lutas que considere arriscadas ou improváveis de vencer. Há um receio de se arriscar no campo do que não conhece nem comanda. Aqui, a dinâmica leonina tende a abrir mão do que sente não fazer parte de seu reino, em um menosprezo que relega à desimportância o que não se submete a ela. Surge o medo de lidar com tudo aquilo que previamente não domina. Outra reação possível de sua dinâmica é buscar todos os poderes ao seu alcance para controlar tudo o que de antemão sabe que será muito difícil ou impossível controlar. É a mordida que não larga a presa mesmo quando isso o levará ao prejuízo ou a algum tipo de perda ou de morte.

A atitude necessária para esta dinâmica desempenhar-se bem aqui é a de se ajustar aos limites que encontra, avançando aos poucos sobre esses limites, conquistando-os e, progressivamente indo além, como é mesmo de seu feitio, mesmo quando a conquista e a vitória não lhe são favas contadas. Na verdade, a atitude voluntária é persistir em seu movimento natural, sem recuar e se reprimir ao se assustar por algum medo, nem se aplicar em um avanço de domínio que lhe destrambelhe o ritmo e os limites com os quais tem que viver.

A presença deste signo na Casa XII é bastante semelhante à na VIII, apenas que se lá era o enfrentamento de campos desconhecidos do além, na XII há o enfrentamento das dificuldades próprias, a admissão de que algo pode não ir bem em sua própria pessoa; esse é o tipo de consideração com a qual a dinâmica leonina lida mal. A força vital está associada, nessa Casa, à lida com os problemas; há uma incongruência: o melhor só surgirá diante do pior. Com Leão na XII, há uma grande força para lidar e dominar os problemas, assim como para superar os obstáculos que se anteponham em seu caminho. A força leonina não deixa de existir por estar determinada à Casa XII. Entretanto, há uma perda da confiança na força, como se dela não pudesse lançar mão, não fosse correto lançar mão que não diante do pior. A força é presente. Evocá-la é que se dá timidamente. Trazer sua força potencial à tona não ocorre antes de se chegar ao limiar. Se as coisas puderem ser resolvidas sem o concurso de sua força vital, sem a ação de sua vontade pessoal, a pessoa de signo Leão na Casa XII preferirá assim. Permanece a sensação de haver uma fonte interior de luz perfeita, mas esmaecida e quase que perdida no limiar do horizonte: um sol nascente que ainda quase nem mostrou sua luz, que é apenas pressentida indiretamente nas cores da aurora refletidas nas nuvens. Essa imagem, não obstante sua poética, revela o que é preciso para Leão tornar plena sua força nessa Casa: a certeza de que depois das primeiras luzes da manhã, ainda suaves e quase sem o poder de iluminar, nascerá o sol, a força plena. Acreditar em sua força é evocar sua força, para essa posição leonina. Há que se ter um gesto de fé – fé na força timidamente pressentida, mas capaz de sobrepujar a noite antes onipresente – como ponto de partida para a potência da mecânica leonina atingir sua plenitude.

Já a presença do signo de Leão na Casa I – relativa à identidade básica – apresenta uma face ainda não considerada para esta dinâmica. Independendo de tudo o mais para se manifestar, manifestando-se na identidade própria da pessoa, a natureza leonina aqui deveria – era de se esperar – realmente atingir sua plenitude, sem encontrar obstáculos pelo caminho nem se deixar diminuir por bloqueios. Não obstante essa primeira perspectiva, o que vemos na presença do signo de Leão na Casa I é uma relutância em a pessoa ser plenamente leonina. Aqui, a pessoa sente diretamente o esforço que é necessário para suprir de combustível à fornalha solar, para que ela brilhe e emita seu calor e sua luz. A dinâmica Quente em seu máximo é de um efeito poderoso, mas é também o ponto de máximo consumo de vitalidade dentro das subfases do tempo, isto é, dentre os signos. A sensação de se autoconsumir, mesmo que em função de seu próprio prestígio e brilho, não condiz com a certeza inicial desta dinâmica: de que tudo de melhor lhe está garantido, pois que a vida está a seu favor.

Com Leão na Casa I, a pessoa tem a sensação de que sua vida é gasta, utilizada, aplicada na produção de seu próprio desabrochar; e isso não lhe parece certo, levando a mecânica leonina a se "economizar", isto é, evita tornar plena sua atuação e realização, pois o consumo vital necessário para isso lhe parece um grande risco. É um querer viver sem o risco de se despender. É querer reservar-se o direito de receber os dividendos de um calor e de uma afeição que não foram ainda derramados sobre as pessoas à sua volta, uma espécie de garantia prévia antes de se doar – algo semelhante à presença deste signo na Casa V, como descrito anteriormente.

O princípio vital leonino é crescer firme em direção ao alto, à plenitude. Corresponde ao momento do tempo em que é preciso juntar mais energia para ser consumida na fase decisiva do crescimento, em direção ao ápice da vida. Sagitário, como veremos adiante, é já a vitalidade liberada, lançada para o futuro sem chance de ser contida. Em Leão, temos o tempo decisivo dessa liberação vital: uso minha vitalidade em nome do que eu quero? Ou contenho essa vitalidade para um uso futuro improvável, apenas uma economia atual para depois nada fazer com a energia que nem sequer existirá mais em estado vivo? Viver plenamente, viver simplesmente. Esse é o tempo leonino.

Espremida entre a não doação (economizando-se emocionalmente) e o fácil ressentimento diante das negações do mundo, a natureza leonina se congestiona, se fecha em si mesma. Começamos vendo como o funcionamento de sua mecânica praticamente parecia não conter bloqueios. Vemos agora que os bloqueios existem e quão perniciosos podem ser, mais até do que em outros signos, devido ao tanto a mais de energia vital que os bloqueios acumulam no funcionamento da mecânica leonina.

Com o signo de Leão na Casa I, mais do que em todas as outras Casas, é preciso encontrar um meio de vazão para a vitalidade aí presente. A frase poética "Somente o amor e, na sua ausência, o amor" se refere a essa necessidade de dar expressão à vitalidade (amorosa) que brota espontaneamente da fonte leonina. Naturalmente, há o preço a ser pago, comentado antes, o esforço de produzir essa força vital por seu organismo físico-psíquico; preço este exigido pelas qualidades primordiais que compõem a fase do ciclo de tempo denominada Leão. Mas, custando muito ou não, a vitalidade será produzida em sua interioridade, não há outro modo da fonte funcionar. A vitalidade será criada e estará disponível, viva, à mão. Não vivê-la é, de certo modo, morrer com ela. Vivê-la é a única alternativa: na ausência do amor, o amor. Essa é a difícil simplicidade leonina.

14

VIRGEM

Como dois e dois são cinco.
(Dito Popular)

Virgem é quando a qualidade Seco se torna mais forte e predomina sobre Frio. É quando a resistência da qualidade Seco é mais forte do que o movimento de contração da qualidade Frio. A contração que absorve para dentro de si mesma é impedida, para além de certo ponto, pela resistência forte de sua própria estrutura.

Como vimos em gráfico, anteriormente, a localização de Virgem dentro da onda do tempo é próxima da curva em que a propensão Seco predomina sobre Frio, ou ainda, utilizando outra colocação, é quando a antecipação de Seco tem primazia sobre a qualidade primordial Frio.

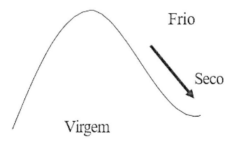

Imagine um aspirador de pó com um filtro que tenha uma tela de trama bem fechada colocada dentro do tubo de aspiração, a qual permitisse somente às partículas mais diminutas passarem para dentro do aparelho. Imagine ainda que essa tela de trama fechada se entupiu com os grãos e partículas de medida igual à dos vãos da trama, no limite entre começar a passar por ela e entalar na passagem, ficando aí presas. Imagine, por fim, que essa tela que filtra o que vai para dentro do aspirador de pó se entope com o uso e passa a não tolerar mais a passagem de praticamente pó algum. Esse aparelho de aspirar pó, equipado com essa tela tão criteriosa quanto ao que ela permite passar, ao ficar sujo pelo uso, não cumpriria mais a sua função. Usar um aparelho assim tão criterioso em seu trabalho requer limpeza e manutenção constante, para que possa funcionar direito. Um aparelho assim corresponde bem de perto à mecânica de funcionamento do signo de Virgem.

A força de sucção para dentro do corpo do aparelho corresponde à qualidade primordial Frio, com seu movimento de contração, a puxada para dentro de si mesmo, o poder de absorção. A tela de trama bem fechada, a qual resiste à passagem do ar e das partículas, puxadas através do cano do aspirador, corresponde à qualidade Seco, e sua forte resistência na composição deste signo. Assim, o jogo de tensões entre Frio e Seco pode ser visto no funcionamento desse aparelho aspirador: puxa para dentro e, ao mesmo tempo, resiste a aceitar absorver o que é puxado para dentro.

Visualize que enquanto esse aparelho está funcionando, com seu motor ligado gerando a força de sucção, há muitas partículas sendo trazidas de encontro à tela de trama bem fechada. As partículas que passaram facilmente pela tela são absorvidas e, mais importante, ao passarem pela tela, deixam de tensioná-la, deixam de tensionar o sistema, pois uma vez absorvidas, tanto a resistência da tela (Seco) quanto a força de sucção (Frio) deixam de agir sobre elas. Entretanto, as partículas que ficam presas na tela tensionam a própria tela, pois são pressionadas contra ela pela força de sucção, assim como exigem mais carga da força de sucção (mais trabalho do motor) que continuamente atua sobre elas, embora não consiga movê-las.

Há um desgaste de todo o mecanismo, a cada partícula que é retida no filtro. O mecanismo funciona menos – filtra de modo pior o que absorve –, quer dizer, passa bem menos elementos pelo filtro, e ele funciona com mais esforço, pois além de ter que filtrar em meio às partículas retidas que obstruem os buracos de passagem na trama da tela, seu esforço de absorção ainda força mais as partículas que, não filtradas, entopem o filtro. Com o tempo, acontece o que toda dona de casa às voltas com um aspirador de pó, sabe: é preciso trocar o filtro entupido e sujo por um filtro limpo que permita as partículas passarem por sua tela. Depois de certo tempo, o filtro antes limpo e arejado, de tanto prender partículas – e é essa a sua função –, suja e se entope, impedindo o aparelho de funcionar. Inclusive o aparelho pode queimar, ao forçar demais a sucção contra um filtro que impede a passagem de tudo.

Filtrar com bastante rigor: é isso o que a propensão Seco faz dentro da mecânica do signo de Virgem. O extremo rigor se deve à forte presença dessa qualidade, em seu predomínio sobre Frio.

Succionar de maneira contínua, mas sem nunca forçar demais sua própria estrutura, é o que faz a propensão Frio dentro desta mecânica. Nunca forçar demais, se deve à presença menos forte dessa qualidade.

A mecânica virginiana quer absorver, mas, mais do que isso, faz questão de filtrar e discriminar muito bem o que será absorvido. O movimento de absorção encontra sentido em seu trabalho quando a absorção é capaz de trazer algumas coisas e não outras, quando à absorção se soma e se destaca o efeito de discriminação do que é absorvido e do que não é. Selecionar o que trará para dentro de si e o que não trará é a natureza fundamental do signo de Virgem. O qual, aliás, tem por indicador a figura de uma virgem, quer dizer, aquela que ainda não fez a escolha de quem trará para dentro de si, aquela que está a selecionar aquele a quem irá se unir.

À figura de uma virgem, acrescentam-se duas espigas de trigo, uma em cada mão. Essa é a imagem a simbolizar a escolha e, mais especialmente, uma escolha em particular: aquela escolha efetuada sobre os resultados de um processo, a separação entre o joio e o trigo na colheita do que foi produzido ou plantado.

Essa escolha se dá por atrito contra a resistência de Seco. O que passar por sua resistência, será aceito; esse é o método de escolha virginiano. Muitas máquinas de separação e distinção funcionam exatamente deste modo: uma movimentação que causa atrito contra peneiras, filtros ou outras peças, que separam os diferentes materiais jogados na máquina. Nada será aceito ou considerado válido sem antes apresentar alguma resistência contra isso. A *negação à aceitação* é o princípio ativo da mecânica deste signo. Por isso mesmo, o signo é denominado "virgem", e não "grávida".

O princípio da *negação*, que não aceita facilmente algo que venha ao seu encontro ou para dentro de si, faz a mecânica virginiana reter em sua superfície a maior parte do material com o qual se põe em contato. Como na tela do filtro do aspirador ficam retidas as partículas maiores, que não devem ir além desse ponto (e para isso existe o filtro), na natureza virginiana, quase tudo com o que ela se põe em contato permanece em sua superfície. Importa menos a essa natureza absorver alguma coisa, nutrir-se, preencher-se ou abarrotar-se; importa mais entrar em contato com tudo e nada absorver, desde que se esteja em processo de seleção; importa o *contato* em si mesmo, a experimentação física daquilo com o que se coloca em contato.

Tocar as coisas, entrar em contato com elas, manuseá-las, é a motivação fundamental da natureza virginiana. Como alguém que se satisfaz tocando as frutas em uma barraca na feira livre e, não importa que estejam belas ou não as frutas, se satisfaz ao tocá-las, olhá-las, cheirá-las, experimentá-las por meio de todos os sentidos – talvez menos o paladar, pois realizá-lo supõe comer a fruta, e já vimos como a Virgem é aquela que não experimentou do fruto.

Não trazer para dentro, mas também não deixar de estar perto do objeto de sua experiência sensorial. Esta é a dinâmica resultante do predomínio de Seco sobre Frio. O contato entre sua superfície e o ambiente é a região da atuação deste mecanismo. Não se trata de se aprofundar sobre a natureza do mundo exterior, nem de se aprofundar em sua própria interioridade, mas conhecer a fundo os modos e os meios de se estabelecer o *contato* entre esses dois mundos. A membrana tênue que separa interioridade e exterior é mantida intacta. A pele tênue que comprova a virgindade deste signo é alcançar o máximo de eficiência quanto aos meios de contato, é conhecer os melhores meios, é tornar-se o mais eficiente dos experimentadores.

Não nos espantemos, então, de ser o signo das operações mais complexas e delicadas, do fazer mais preciso, do grau de detalhamento mais esmiuçado (ou mais maníaco), da habilidade com as mãos e da inteligência na manipulação (no sentido físico, de lidar com as mãos – e não no sentido emocional, de controle), da superficialidade no trato com as situações (reservando-se o direito de lidar sem se aprofundar, seja com pessoas, situações ou sentimentos), do sentido utilitário mais estrito, da economia de meios na lida com o viver e no trabalho com as questões que a vida coloca em seu caminho.

Em uma carta astrológica, se encontramos o signo de Virgem na Casa XI – relativa aos amigos, à participação social e aos sonhos de vida –, podemos dizer que a pessoa dá um tratamento utilitário, superficial e econômico para esses assuntos. Utilitário, no sentido de procurar um sentido útil e prático para suas interações sociais e de amizade, assim como para seus sonhos que, mais do que visualizações idealizadas e utópicas, levarão em conta as matérias-primas e as situações disponíveis a partir das quais serão feitos, em vez de serem feitos com ilusões ou tijolos inexistentes. Superficial, no sentido de que o interesse pelas amizades poderá envolvê-la em lidas práticas, mas não nos sentimentos ou afinidades profundas, pois que o contato se dará nutrido por afinidades funcionais. Econômico, no sentido de procurar relações que levem a alguma forma de eficiência e de resultado vantajoso em termos concretos; ou ainda, no sentido de relações que lhe proporcionem o mínimo de desgaste; idealmente (dentro do tipo de idealismo caro ao tipo virginiano), as duas coisas.

Mas podemos dizer também da habilidade para firmar suas relações sociais, para prestar serviço e cuidar das relações de amizade, para forjar sonhos de vida perfeitamente exequíveis – embora possam ser sonhos ausentes da matéria-prima da qual são feitos os sonhos; são realizações da lógica, mais propriamente.

Há certa dureza no modo de atuação da dinâmica virginiana, o que se depreende, assim espero, com facilidade da descrição feita até aqui. Esta dureza no trato com pessoas, situações e sentimentos e pensamentos – e relativo ao predomínio de Seco – é incompatível com assuntos que requeiram sentido de acolhida, compreensão e enlevo, ou idealismo. O espírito é prático, movido mais por necessidades concretas que urgem do que pela abrangência do olhar ou do sentimento.

Em uma Casa como a XI, relativa às relações humanas de amizade, há um esfriamento da afeição e quanto à aceitação da emotividade sua e do outro. Pode haver – e haverá sem dúvida – ajuda ao outro naquilo que o tipo virginiano perceber que pode ajudar em termos práticos e imediatos – e nesse sentido irá propor-se a fazer coisas e se envolver *com suas mãos* em atividades de apoio ao outro. Os demais signos, provavelmente, não se atreveriam a fazer isso com tamanha participação.

Contudo, terminada a tarefa, não restará, provavelmente, algo como um sentimento ou vínculo com o amigo, mas a sensação de um pequeno dever cumprido ou uma satisfação por aquilo realizado em conjunto com o outro.

Em outros casos, quando a mecânica virginiana não atuar com plenitude, haverá um travamento no gesto de estender a mão até seu amigo ou à situação social da qual participa. A habilidade para se colocar próximo das pessoas e situações estará prejudicada. O excesso de Seco impedirá a qualidade primordial Frio de trazer o mundo para perto de si, ou seja, de aproximar-se do mundo (ou da outra pessoa), a ponto de interagir. O crivo crítico de sua tela de trama bem fechada o tornará impermeável ao contato. O aperfeiçoamento dos *meios de contato*, sua função essencial, será impossibilitado pela indisposição ou negação ao *contato*. Não tolerar o contato passa a ser sua reação, pois no excesso de Seco há a sensação (falsa) de saciedade, de que nada mais é necessário, de que seus sistemas não comportam mais nada e que nada lhe desperta o apetite à vida. A intolerância se instala. O desinteresse e o desânimo tornam-se a atitude para com o mundo e as pessoas, que parecem lhe incomodar como o fazem os alimentos ou substâncias para aquele que é alérgico a eles: seu organismo físico-psíquico passa a ter reações desproporcionais e despropositadas. E temos aqui a descrição do processo de bloqueio deste organismo, o qual o impede de atingir a plenitude de seu funcionamento e de sua função.

Seco predomina sobre Frio, no signo de Virgem. A proporção desse predomínio, todavia, não pode ser tal que impeça Frio de exercer seu movimento de absorver o que vai fora, trazendo-o para dentro. A virgem não deveria permanecer virgem para sempre. A escolha do noivo acertado não pode ser obstáculo ao casamento. Ou deixará de ser chamada de *escolha*, passando a ser mais bem designada de *negação*. Este signo poderia mais apropriadamente ser caracterizado pelos "preparativos para deixar de ser virgem". Essa ideia deve estar contida no símbolo da "virgem" o qual traz embutida a seguinte questão: só faz sentido designar uma virgem enquanto tal mediante a possibilidade latente de união carnal. Afora isso, será chamada de mulher, denominação que embora possa trazer embutida a qualidade da virgindade, abrange bem mais do que esse quesito, enquanto que a designação de "virgem" coloca o foco em um *momento*: aquele que se define por uma negação, sim, a negação *ainda* da união carnal, mas uma negação prenhe de desejo de afirmação: a virgindade atiça o desejo carnal de maneira especial (e achar que isso é mera convenção social é desconsiderar a reação do ar ou de outra substância qualquer preencher o vácuo, assim que lhes for dada a devida chance).

O desejo de se desfazer de sua virgindade, isto é, de se por em contato e comunhão com o que lhe venha de fora, faz parte da mecânica virginiana. Não obstante, realizar esse desejo é deixar de ser virgem, é deixar de ser o que até então lhe definia. Há uma dúvida perene na psicologia da dinâmica virginiana: realizo o intento que me define nesta fase e deixo de ser o que sou, ou me preservo dentro de minha natureza de "escolhedora", estando sempre a escolher e nunca definindo e me entregando definitivamente à escolha? Em princípio, nenhuma das duas opções pode ser sua plenitude, pois que uma anula a outra.

O signo de Virgem define o momento, no nível físico e psicológico, de um processo que transita para vir a ser o que ainda não é e que, para isso, deixará de ser o que era. Virgem é um signo de transição; é o signo que encerra o primeiro hemiciclo do Zodíaco e dá ingresso ao segundo hemiciclo. É um signo que se define pelo que deixará de ser – e, uma vez deixando de ser, nunca mais voltará a ser. E assim são os tipos virginianos, oscilando em suas dúvidas, questões e jogos de contato com o mundo, sempre desejosos de se aproximar, nem sempre se permitindo envolver com quem ou com aquilo do que se aproximaram, pois sabem que o envolvimento e a fusão darão fim à sua propensão, o que equivale a dizer no reino das qualidades primordiais, darão fim à sua existência. Virgem é um signo de sacrifício.

As fases transitórias entre querer absorver, selecionar o que será absorvido e, então, assimilar, compõem o desenho da dinâmica virginiana. Isto é, as três fases em seu conjunto são a dinâmica virginiana plena e completa. Se o fluxo dinâmico é interrompido na segunda fase – se a seleção se torna rejeição, se a escolha se torna negação, se a proximidade se torna intolerância – a dinâmica virginiana se torna incompleta. Quer dizer, a rejeição, a crítica e a intolerância não são verdadeiros atributos deste signo. Mais propriamente, são decorrências de seu mau funcionamento, são sintomas do bloqueio que ocorre em sua mecânica.

Assim, no exemplo desta dinâmica atuando na Casa XI, quando atuando nos limites de seu bloqueio natural, Virgem não realiza completamente o vínculo da amizade, nem opta por investir-se por completo em um sonho de vida. O gesto voluntário a ser acrescido para a mecânica virginiana suplantar seu ponto de bloqueio, e passar para além desse limite em direção a uma plenitude até então insuspeitada, é o de admitir efetuar uma escolha, é selecionar um amigo com quem se amigar, selecionar um sonho com o qual sonhar.

Esse gesto requer, antes de tudo, que haja uma aproximação aos amigos e aos sonhos possíveis, requer haver *tolerância* ao contato, boa vontade e boa disposição para participar do convívio com estes. Nesse sentido é que Rudhyar define a *tolerância* como o dom necessário a Virgem, para sua completude. A tolerância para se aproximar, a tolerância para com o contato físico, a tolerância para admitir perder os contornos que lhe definiam até então para, só então, cumprir sua função de trazer os interesses, motivações e formas do outro para dentro de si mesmo e, absorvendo o outro em seu próprio organismo, fundir-se a ele, deixando de ser o que era antes e, sem sequer tornar-se o outro, dar início a algo que antes não existia, gerar um novo ser – o que se completará somente no signo seguinte, Libra, ou mais verdadeiramente se completará ao longo da realização do segundo hemiciclo zodiacal. Virgem é a porta através da qual se descortina a possibilidade de uma vida nova, é a porta de ingresso para a segunda parte do Zodíaco. Transpassar a porta é um ato sem volta.

A presença deste signo na Casa II – relativa às posses e aos bens materiais – significa haver capacidade de lidar habilmente com os objetos físicos, com os bens materiais e com as leis da sobrevivência material, mas também uma, por assim dizer, indisposição natural para lidar com tudo isso. E, talvez, esta seja definição válida para o signo em todas as Casas da carta astrológica: habilidade, mas indisposição; avidez por realizar, mas aversão por completar a realização. Sua plenitude peculiar, alcançada somente no conjunto da parte seguinte do Zodíaco, faz parecer que nunca será alcançada – ou melhor, que mediante sua plenitude terá que desaparecer à medida em que esta se realiza.

Na prática dessa Casa, isso significa não querer se *rebaixar* a lidar com a vida material e com os assuntos da sobrevivência, no sentido em que sente que poderá desaparecer (em importância, em valor próprio, em contornos definidos de si mesmo) ao lidar com dinheiro; isto é, ver diminuída sua importância por lidar com esse assunto. E, realmente, a natureza virginiana exige que desapareçamos, que tenhamos os contornos de nossa identidade primeira borrados, para cumprirmos efetivamente sua função. Essa postura está presente nos trabalhos atribuídos tradicionalmente a este signo, como a atuação de enfermeiros e cuidadores em geral, nos quais o serviço a ser prestado é maior e engloba aquele que presta o serviço, de uma maneira tal que sua importância pessoal é diminuída na exata proporção em que sua tarefa é cumprida da maneira mais exemplar. Admitir essa diminuição da suposta importância pessoal é, portanto, condição para a mecânica virginiana atuar plenamente na Casa II – e em todas as Casas da carta. Lidar com a sobrevivência material e cuidar de seus bens materiais é se colocar a serviço dessas tarefas, acima de qualquer pretensão de ser valorizado nesse ato ou de preservar algum tipo de "identidade forte" ou reserva pessoal diante das tarefas a que estará proposto nessa lida. Dedicar-se ao trato com a sobrevivência, sem reservas, é, portanto, a atitude voluntária requerida.

A presença do signo de Virgem na Casa VI – relativa a afazeres de rotina, trabalho cotidiano, conforto físico e hábitos de saúde – é compreendida na mesma linha de exposição. A dedicação sem reservas a esses assuntos é o fundamento da atitude para avançar para além do ponto de bloqueio do mecanismo. A habilidade natural para o trato com o trabalho e a saúde deve ser colocada em prática, não se deixando enredar nas resistências que se apresentarão diante das tarefas que estão em suas mãos. Aproximar-se das tarefas, escolher os meios para lidar competentemente com elas e sustentar a disposição até terminar de cumprir a tarefa são os três estágios da mecânica virginiana, quando esta atinge sua plenitude na Casa VI.

Já na Casa X – também relativa ao trabalho, mas no sentido da carreira profissional (e não apenas de tarefas particulares), assim como de todas as responsabilidades assumidas diante do mundo – a presença do signo de Virgem indica algo além da atitude sugerida para a Casa VI. Cuidar de uma responsabilidade tem um sentido a mais do que cuidar de uma tarefa. O nível de empenho e envolvimento exigidos é maior; e, proporcionalmente, é maior a resistência da mecânica virginiana, pois esta trava diante de uma imposição, o que é deduzido do fato de se negar a absorver seja lá o que for e que lhe obrigue a desconsiderar seu crivo crítico. O sentido de responsabilidade força a cumprir a tarefa mais do que o simples fato desta estar em suas mãos. À força de cumprir, surge a resistência a cumprir.

O resultado é adiar compromissos, esquivar-se da pressão das responsabilidades (embora possa apreciar o prestígio advindo da *posição* de responsabilidade) e não cumprir até o fim o que tem como papel cumprir (embora deseje secretamente que as coisas se cumpram por si mesmas, por certo ato mágico qualquer ou por contar com apoios que julga virem em seu auxílio).

Naturalmente, há a habilidade para gerenciar responsabilidades, administrar um conjunto de tarefas e fazer frente a seja lá o que lhe seja colocado como incumbência. A questão da virgem não é estar apta ou desejar realizar seu papel, mas estar disposta a efetivamente *imolar-se* no cumprimento desse papel. O sentido de importância pessoal, atribuído naturalmente a toda posição de autoridade, faz com que a dinâmica virginiana, quando atuando na Casa X, queira menos ainda se desfazer de sua importância em prol do cumprimento da tarefa pela qual a autoridade lhe foi conferida. Preservar a pompa da autoridade sem a devida prestação de serviço à qual a autoridade foi conferida é o erro virginiano nessa Casa. O que equivale a dizer, ter grandes habilidades e competências, mas relutar, para dizer o mínimo, em colocá-las em prática para o benefício daqueles a quem cuida e que estão sob o manto dessa sua autoridade. A atitude aqui requerida é admitir dissolver, ao menos em parte – e o quanto possível em partes cada vez maiores –, a sensação de importância própria, valorizando o papel que lhe é dado, de contribuir para o mundo. Seria a posição astrológica do funcionário ideal, embora, na prática, encontremos poucos funcionários ideais com esta posição em suas cartas.

A posição de Virgem na Casa VII – relativa a uniões, parcerias e relação com o outro – revela uma atitude desconfiada e cheia de reservas perante o outro. A dinâmica virginiana, embora afeita ao contato com o outro e com o mundo, a princípio, está a léguas de distância de admitir uma união, uma igualdade ou paridade com o mundo ao seu redor ou com alguma outra pessoa. Há o desejo de proximidade com o outro, de inspecionar o que há daquele outro lado denominado "o outro", mas à medida que a aproximação começa a cobrar considerar o outro em pé de igualdade com o quanto considera a si mesmo, isto é, cobrar participação compartilhada, a natureza virginiana tende a encontrar seu ponto de bloqueio, que é relutar em absorver o outro em si mesmo, e daí, então, passa a criticar o que quer que encontre no ou venha do outro, em resumo, passa a não tolerar o outro como ele é, por parecer não ser o melhor "outro" com quem se fundir.

Na explicação mecânica primeira, na analogia com a dinâmica de sucção e filtragem do aspirador de pó, é o filtro altamente resistente à passagem – ou mesmo entupido pelo acúmulo de resíduos das sucções anteriores, isto é, dos relacionamentos anteriores – que impede a aproximação até estar ao lado do outro. A aproximação se faz por trechos, por pedacinhos. Não há uma união propriamente, mas algo que mais se assemelha a uma troca de favores no que houver interesse comum ou de conveniência na relação. Não há uma aceitação do outro, mas a aceitação do que o outro possa lhe trazer de útil e funcional. A sucção é seletiva, e as pessoas não se compartilham umas com as outras.

O antídoto para esse estado de coisas não pode ser abrir mão de sua filtragem e seletividade. Não é possível eliminar ou fazer deixar de existir e atuar uma dada qualidade primordial em um signo – ou em qualquer outro indicador astrológico. O que é possível é administrar mais consciente e voluntariamente as propensões dinâmicas; pois estas propendem, mas não obrigam a que sejam só elas a estabelecer sua atuação; propendem a uma dinâmica, mas não obrigam a uma forma final determinada (não fosse assim, toda posição astrológica registraria um evento definido e sempre igual, e a prática da vida vivida nos mostra de maneira bastante óbvia que as coisas não acontecem desse modo).

O antídoto possível ao predomínio de Seco sobre Frio na mecânica virginiana é fazer os melhores preparativos possíveis para que a interação com o outro venha a se dar. Fazer um acordo racional e bem proporcionado a respeito de como se dará a relação ou associação. Estabelecer boas normas para a aproximação e o contato. E deixar que o global de sua natureza humana se encarregue de, pelas vias estabelecidas nessas ações, preencher o relacionamento de modo que as duas pessoas nele envolvidas venham a se encontrar de maneira plena, *apesar* das regras estabelecidas para o contato e – e isso é o mais importante – *por causa* das regras estabelecidas para o contato.

Chegamos aqui a um ponto paradoxal no signo de Virgem. Contudo, um paradoxo que já traz seu sentido explicado no que dissemos antes a respeito da função Virgem se completar somente quando da atuação global do Zodíaco. A natureza virginiana não completa sua função enquanto parte dentro de um todo (como todo signo é parte, embora em Virgem esse fator se destaque com especial evidência por justamente ter que se fundir ao todo com especial força), enquanto não se souber parte do todo e não souber que permanece vivo e presente nos processos seguintes do todo, e não apenas em seu próprio momento, sua própria posição, sua própria vida particular. Sacrificar-se enquanto parte para permanecer vivo, enquanto participante do todo. Esse gesto, necessário à completude virginiana, é especialmente necessário quando o signo se encontra em uma Casa como a VII: o encontro entre dois seres humanos só se dá quando a totalidade destes se encontra. Lançar os trilhos para esse caminho ser percorrido é o que pode ser feito pela natureza virginiana. No mais, terá que recorrer a sua sensibilidade inata para se perceber parte de um todo e deixar que o todo aja em seu nome, pois que o todo tem meios muito além do que alcançam as mãos virginianas (que não alcançam onde a mão do homem jamais pôs os pés).

Naturalmente, essa atitude não está ao alcance de um processo mecânico. É preciso que a consciência possível ao ser humano entre em ação, em alguma medida, para o processo se completar. Talvez por isso, Virgem seja o único signo a ter uma figura humana como símbolo (afora os signos do elemento Ar, que têm símbolos humanos). Virgem é dos mais humanos dos signos, no sentido de requerer um tipo de conduta que somente um ser humano, no que ele tem de mais humano, é capaz.

Essa relação especial de atração entre a parte e a totalidade da qual faz parte está presente em qualquer Casa em que este signo esteja posicionado na carta astrológica.

Voltando à Casa VI, no que tange os cuidados com a saúde, a presença de Virgem nessa Casa indica o quanto são importantes os tratamentos e cuidados práticos para estabelecer um estado saudável do corpo. Contudo, saúde é um atributo integral do organismo; a soma dos pequenos cuidados, por grandes e abrangentes que possam ser, nunca alcançam a totalidade do que um corpo precisa, nunca criam realmente vitalidade, mas organizam melhor ou pior a vitalidade existente no organismo. Colocando de outra maneira, a vida se incumbe de produzir a vida no corpo, a própria vida se incumbe de fazer circular a vitalidade nos órgãos físicos e, assim, constituir um estado saudável. O trabalho virginiano nessa Casa é remover os obstáculos à circulação vital, é se purificar do que possa causar bloqueios à fluência da plena vitalidade pelo corpo.

Com o signo de Virgem na Casa XII, também relativa à saúde, há idêntica necessidade: desobstruir bloqueios, se aliviar de retenções excessivas, purificar-se do que impede o fluxo vital e o estado global de saúde. Os tratamentos que cuidam da totalidade da circulação de vitalidade são especialmente indicados para essa posição do signo de Virgem. A limpeza e a ordem são condutas-chave para se livrar dos bloqueios existentes nessa posição astrológica. Na Casa VIII, Virgem atua, em seu bloqueio, retendo o que está em tempo de ser eliminado, fermentando o que não teria mais lugar, tentando recuperar ou dialogar com o que já não tem mais vida. Essa posição exige quebras bastante radicais diante da resistência apresentada pelo mecanismo virginiano, com o que os processos de eliminação têm algo de drástico e radical, quando acontecem. Na Casa IV, Virgem atua como organizador das relações familiares, contemplando os aspectos práticos dessas relações e do ambiente doméstico, talvez ficando na superfície dos sentimentos que aí existem. Considerar o sentido maior da família, que não é apenas conforto material, é o gesto necessário para esta dinâmica realizar sua função plena: ajudar as pessoas de seu meio familiar no sentido humano.

A presença do signo de Virgem na Casa III indica um processo de purificação dos meios de contato com o mundo próximo. Se, em particular, indica a purificação dos meios de comunicação, e estes incluem o discurso verbal, há algo de mais físico e corporal na comunicação virginiana. Este signo na III denota uma sensibilidade física ao ambiente circundante, muitas vezes uma hiper-sensibilidade ao *tatear* as pessoas, os lugares, os ambientes, como que um instinto hiperperceptivo quanto ao que buscar e o que encontrar em seus contatos. A purificação e o aprimoramento dos meios de contato e comunicação se darão, portanto, no apuro da sensibilidade com que percebe o ambiente quanto ao que deve ser absorvido deste ou não, quanto ao que pode lhe fazer bem ou não. Mais do que apurar as palavras e os pensamentos emitidos, embora estes estejam em seu pleno direito ao serem aí incluídos, é o apuro quanto ao que é absorvido (Frio) ou percebido do ambiente ao seu redor, quanto ao que deve ou não ser trocado com o mundo circundante. O que fica na superfície da "mesa de troca" é lidado nessa mesma superfície, aperfeiçoando os meios e os modos de trocar, assim como aperfeiçoando os objetos (sejam eles coisas físicas, sentimentos ou pensamentos) colocados para troca. Importa menos aqui o que será trazido para sua vida, e mais como possa aprimorar o ambiente no qual está inserido – e nisso consiste sua comunicação.

A presença de Virgem na Casa IX – relativa ao cultivo de valores e à filosofia de vida – é indicativa da grande seletividade quanto ao que terá valor realmente. O espírito crítico afiado retém em suas malhas as ideias, os valores e os ideais, sejam aqueles a quem encontra pelo mundo, sejam os valores e ideias que traz consigo mesmo. Purificar os valores com que se coloca em contato, sejam eles encontrados no mundo exterior ou em sua interioridade; não admitir como integrante de seu ser nenhum valor ou ideia que não tenha sido burilado o suficiente; resistir tanto a considerar que qualquer ideia ou valor já tenha sido burilado o suficiente que queda sem definir um valor que lhe oriente com proficiência. A dúvida e o questionamento crítico podem se tornar seus "valores" supremos. Nasce um ceticismo que pode amparar tanto a atitude saudável de questionar os valores que lhe são apresentados a ver sua consistência, sua coerência e seu sentido, quanto a crítica niilista que não admite que algo pode ter sentido, coerência ou consistência, atacando por princípio todas as ideias que se tente construir e dar valor.

O gesto voluntário requerido aqui é o de lidar com ideias e valores sabendo de seus limites diante da experiência direta com a verdade, sabendo que esses limites são representações de verdades que só podem ser experimentadas pela totalidade do ser humano – suas emoções, sua mente, seu corpo. Virgem na Casa IX terá que imolar as ideias por vivê-las integralmente enquanto prática pessoal, mergulho vívido em alguma filosofia de vida, retirando as ideias do plano abstrato no qual imaginara encontrar a pureza.

A presença de Virgem na Casa V, semelhantemente à IX, faz dessa pessoa alguém que questiona e critica seus sentimentos, motivações e desejos. Duvidar da consistência de um sentimento amoroso é, no mais das vezes, motivo para diminuir sua força ou, como se diz, esfriá-lo. Por outro lado, há o ímpeto para traduzir em gesto prático os sentimentos que venha a sentir, o que faz com que tenha gestos afetivos sem que, necessariamente, reconheça o sentimento que esses gestos portam. Experimenta o sentimento em seu comportamento, mas quando este lhe é apontado como sendo uma manifestação emocional, um sentimento, um gostar, irá se espantar ou mesmo não admitir de pronto. Em seu melhor, é um amor que cuida do outro. Mas com certa timidez quanto a admitir o que sente, mesmo que seja admitir o quanto lhe é necessário e o quanto gosta de cuidar daquele outro alguém em especial.

A presença de Virgem na Casa I resulta, nessa mesma linha, em autocrítica e questionamento de seus valores e motivações, e, mais ainda, de seu valor como pessoa. Ao reconhecer que não encontrará seu valor em nenhuma das partes de si mesmo – em nenhum de seus "pedaços", por assim dizer – e compreender que encontrará seu verdadeiro valor no conjunto de tudo o que lhe identifica como a pessoa que é, como um ser em crescimento, ser que está por vir a ser, e que disso resulta a grandeza humana assim como resulta o sentido maior de sua identidade, que é o de uma identidade em permanente anseio de aprimoramento.

15

LIBRA

Dize-me, em sã consciência, por que cargas, nós que lançamos largas redes na água, devemos retalhá-las e antepor ao amplo oceano um débil coador?
(Walter S. Landor / Augusto de Campos)

Na dinâmica do signo de Libra *Úmido predomina sobre Quente*.

A impressionabilidade e a sensibilidade (Úmido) são mais fortes que o poder de ação e motivação (Quente), gerando sua linha principal de reação: facilidade para receber estímulos exteriores e dificuldade para dar direção pessoal a eles. "Direção pessoal" é manifestação de qualidade Quente, pelo anseio de extroverter seus motivos.

A qualidade Quente faz esta dinâmica se mover de maneira centrífuga, em diversas direções. Pela presença de Úmido, não há resistência para esse movimento de expansão. Por conter menos Quente, proporcionalmente, o movimento expansivo se dá sem romper a coesão interna, dada por Úmido (coesão plástica e sensível, como em um líquido). A mesma qualidade Úmido faz o mecanismo receber e se conformar aos estímulos exteriores, criando assim duas fontes de movimento: uma interna mais fraca (Quente) e uma externa mais forte (Úmido). Embora queira expressar suas motivações, a dinâmica libriana muito mais aceita os motivos que venham de fora, do ambiente, dos outros.

Passa a ocorrer um jogo entre as duas fontes de movimento e estímulo, a interna e a externa. Costuma-se dizer que esse jogo busca o equilíbrio, no que poderia se pensar numa igualação entre as duas fontes de força, como pratos da balança se compensando com o mesmo peso (libra [antiga medida de peso]). O equilíbrio, na verdade, é a busca de não romper a *ligação* entre as duas forças operantes, pois que estarão puxando desordenadamente para diversas direções. Ainda mais que a qualidade Úmido absorverá estímulos vindos de muitas situações externas, ao mesmo tempo.

Libra é um mecanismo de *ligação*, mais propriamente do que de equilíbrio, no sentido de igualdade de pesos.

A qualidade Úmido contém a *possibilidade* de movimento. Na verdade não é movimento por vontade própria, mas é estar disponível para se mover conforme o estímulo que lhe chegue. A qualidade Quente é movimento em si, exige automobilização todo o tempo. A qualidade com menor presença (Quente) estimula movimento sempre, a qualidade predominante (Úmido) estimula movimento de modo ocasional e com direções variadas, pois varia de acordo com o ambiente. Esse jogo de forças resulta em ter uma direção estabelecida e, ao mesmo tempo, estar obrigado a assimilar as mudanças de rumo assim que surge um estímulo.

Esta dinâmica se assemelha bastante ao funcionamento de uma balança, em seu modelo antigo e mecânico, com dois pratos laterais e um ponteiro central (o fiel da balança) que aponta para o centro até que algo seja colocado em um dos pratos. Imagine a oscilação da balança enquanto é obrigada a esforços para manter a ligação entre os dois pratos e o fiel. Todo o conjunto deve se manter inteiro. Manter uma direção em meio às mais diversas solicitações poderia ser uma definição do mecanismo Libra.

Uma balança cujo prato afunde perante um peso e se separe do conjunto (o fiel e o outro prato) de nada serve. O afundamento da motivação libriana não é sua melhor resposta, o que equivaleria a uma conformação pura e simples perante o estímulo exterior. Isto é, uma balança quebrada, ou um mecanismo Libra inútil, pois nada une, apenas se conforma e se resigna.

Alguém com Libra na Casa X resmunga que nunca consegue definir sua vocação profissional, pois as situações estão sempre mudando, oportunidades interessantes surgem, obstáculos acontecem, sugestões cativam, enfim, todo tipo de oscilação é causada pelas circunstâncias que envolvem sua profissão, sem antepor uma motivação própria.

Alguém com Libra na VII não se define por completo em uma parceria, porque existem sempre outras possibilidades atraentes por perto. A todo estímulo, uma oscilação, sem antepor a própria motivação. Essa oscilação leva à soltura do prato da balança de seu conjunto. É assim que tendemos a agir no setor em que está localizado o signo de Libra na carta astrológica.

Imagine uma balança que quando você coloca um peso sobre um prato este se solta e cai. O que você faria com uma balança dessas? O que você faria com um lado seu que a todo estímulo cede? Ceder não significa concordar com o estímulo ou solicitação, mas diante dele transigir espontaneamente.

A junção da motivação pessoal com os estímulos solicitados por diversas direções, ao acaso, conjuntamente ou em tempos alternados, é a função da dinâmica Libra.

No mecanismo da balança, o elemento de junção é representado pelo fiel da balança: a intenção de dar sua palavra, dar unidade e direção às impressões recebidas. Um prato representa as motivações internas (Quente) e o outro prato, onde pululam estímulos, representa as impressões externas (Úmido).

O prato das impressões externas não pára quieto, e não há o que fazer. O mundo solicita e estimula. Esse prato é o predominante, não no sentido de mais pesado, mas de ser aquele que receberá maior número de impactos (Úmido predomina). Equivale ao prato em que se coloca o objeto a ser pesado.

O outro equivale ao prato em que se colocam os pesos, segundo os quais, será medido o peso do primeiro. Este é o prato da motivação pessoal. As intenções devem ser mais estáveis e conhecidas do que os estímulos que chegarão, assim como os pesos são marcados (1 quilo, 500 gramas) e previamente reconhecidos, enquanto o objeto a ser pesado é qualquer.

Libra é sentir o peso e, para isso, necessita *antepor um peso seu* àquele que lhe chega, só assim a balança determina a resultante, fielmente ao conjunto.

Você levaria para casa as batatas que um feirante colocou na balança, não antepôs peso algum e lhe disse "são dois quilos, minha senhora (ou meu senhor)"?

No setor em que temos Libra na nossa carta, "levamos para casa" situações avaliadas com semelhante critério: não antepomos nada a uma solicitação ou antepomos subjetivamente uma avaliação abstrata e tendenciosa, como a do feirante que fez o prato da balança valer o quanto lhe convinha.

A dinâmica do signo de Libra vive a sensação de ser inútil colocar em jogo sua vontade diante dos estímulos e opções externos, tão mais numerosos e fortes. Essa sensação foi descrita, poeticamente, como a de "antepor ao amplo oceano um débil coador". Diante disso, a tendência libriana é desistir de antepor qualquer gesto, motivo ou direção pessoal, como alívio da frustração de perceber o pequeno poder de sua vontade.

Ao invés de cumprir a função libriana de *ligação* entre os dois pratos, do mundo interior e do mundo exterior, essa dinâmica passa a operar no sentido de harmonizar as forças externas, de pré-harmonizar todo estímulo que lhe toque, ou então no sentido de harmonizar as forças internas para que estas se manifestem somente pré-harmonizadas em relação ao exterior. Gostaria de, assim, evitar as dificuldades em cumprir sua função. Termina não cumprindo a função, termina separando os estímulos internos e os estímulos externos, ao invés de procurar uni-los.

No primeiro caso, a dinâmica libriana atua a partir do modo como recebe o estímulo externo, trabalhando-o segundo sua motivação. É a reação libriana bastante conhecida de "receber encantadoramente".

Os dois pratos da balança se unem noutra configuração: a dinâmica libriana passa a interferir em tudo o que se passa no ambiente, tentando promover uma harmonização prévia das situações e estímulos que lhe cheguem. Não antepõe sua vontade às solicitações, mas tenta fazer com que as solicitações lhe cheguem já condicionadas por seus motivos. É difícil dizer "não" quando esse mecanismo nos recebe encantadoramente, criando um envolvimento gratificante e acolhedor. Aliás, muitas vezes, nem se percebe quando já foi dito um "sim".

A atividade de embelezamento estético do ambiente é uma boa imagem desse processo, onde utiliza suas capacidades para dar um padrão de ordem (estética) ao mundo, passando a conviver somente com estímulos associados à beleza e harmonia das formas.

Esse gesto não se refere somente à "decoração de interiores", atividade associada ao signo, mas ao "embelezamento" como aquele feito por alguém com Libra na Casa VIII, tratando com extrema cortesia e se desdobrando em delicadeza com alguém que esteja lhe devendo algum dinheiro ou de quem tenha um compromisso a exigir. No caso de ser cobrado em algum compromisso material, responderá com palavras amáveis sobre os malefícios de um atrito naquela situação ou sobre a possibilidade de formarem vínculos futuros ainda mais satisfatórios, se a dívida atual for perdoada.

Ou outro alguém com Libra na IV, que contorne todos os atritos entre os familiares e ponha panos quentes entre as pessoas mais difíceis, procurando evitar que situações desagradáveis lhe cheguem desse campo de experiência. É uma forma de defesa, sem dúvida, pois que a extrema sensibilidade o leva a absorver todo estímulo, e, se estes forem desagradáveis, isso lhe afetará fortemente.

Ao invés de estabelecer um convívio positivo com determinado ambiente, a natureza libriana procura tornar o ambiente o mais agradável, harmonioso, refinado e ausente de conflitos, mesmo que tudo isso ocorra apenas na superfície do convívio, o que basta para que os estímulos conflitantes não cheguem até ele, permanecendo distantes, ao menos provisoriamente.

Se fôssemos raciocinar como o mecanismo, poderíamos pensar assim: "se minha função é a de ligar e receber calorosamente, como posso cumpri-la diante de um estímulo desagradável ou difícil? Terei que receber e acalentar também o que me fere e perturba?" Perante um questionamento assim, o mecanismo se posiciona de modo a evitar todo conflito.

Como veremos adiante, a função deste mecanismo tem solução além do nível do agradável ou desagradável.

No segundo caso, todas as motivações pessoais são pré-avaliadas, desse modo, facilitando (pela distorção das motivações pessoais) o trabalho de ligação com o exterior. Como no tribunal ou em um negócio em que as partes formam previamente um conchavo facilitador, isto é, um acerto à parte da ordem das coisas.

Se não há possibilidade de antepor a qualidade Quente (por ser menos presente) à sensibilidade ao exterior (Úmido), então passa a usar o poder de atuação para fazer com que suas motivações se manifestem já pré-harmonizadas com relação ao ambiente em que as colocará.

Alguém com Libra na Casa III irá procurar conhecer os pontos de vista de seu interlocutor antes de falar, procurando, então, seguir a linha já colocada pelo outro. A dinâmica libriana atuando na Casa III, não fará de seus pensamentos o fio condutor de uma conversa, mas valorizará o que o outro traz, como forma de criar uma simpatia de superfície, sem realmente entrar no assunto.

Alguém com Libra na Casa I fará esse conchavo internamente, consigo próprio, avaliando as condições do ambiente para encontrar o que os outros estarão de acordo em receber de sua pessoa. Mostrará de si apenas aquilo que possa se ligar com facilidade ao mundo.

O libriano de ascendente pré-harmoniza sua identidade antes que ela se manifeste. Desse modo, se tornará uma pessoa agradável, fácil de conviver e de se ligar aos ambientes, mas com base no subterfúgio de alterar o valor de sua identidade. A aguçada sensibilidade percebe o que de si poderá incomodar ou interferir no ambiente, evitando tudo aquilo em si mesmo que possa significar ruptura, conflito ou desunião com o mundo.

Bem, esse é um mecanismo de ligação e de união. Mas quando isso é executado a qualquer custo, criam-se finalidades para este mecanismo que estão em desacordo com sua função. Libra não tem a finalidade de unir a qualquer custo, nem a finalidade de evitar conflitos.

Libra tem a função de ligar na medida em que a coesão seja permitida. A qualidade Quente é menor, significando que não se trata de impor sua vontade para que a união se dê. A qualidade Úmido confere alto grau de adaptabilidade e receptividade a este mecanismo, a base de sua função de *ligação*, mas Úmido é a mais passiva das qualidades primordiais, portanto seu poder é definido pelo quanto consegue resistir saudavelmente aos estímulos, isto é, o quanto consegue ligar sem se despedaçar.

Há limites a serem respeitados em sua capacidade de promover união.

Outra forma, ainda, de atuação da dinâmica de Libra é fazer com que seus motivos estejam presentes nos estímulos. A natureza libriana procura e encontra algo exterior que represente seu motivo e faz uma aliança (afinal, seu mecanismo é de *ligação*) onde esse algo passa a ser o "responsável" ou coparticipante de seus motivos pessoais. Ou ainda, encontrando o que possa se tornar um estímulo contrário, procura evitar, apaziguar ou formar alianças, de modo a aparar as arestas em relação a estes. Promover um atrito entre dois possíveis estímulos perturbadores é uma forma de aparar arestas alheias.

Alguém com Libra na Casa VI terá sócios que o ajudem a desenvolver um hábito de saúde ou uma atividade de trabalho. Por exemplo, ao lhe ser recomendado correr ou alguma ginástica para espantar o sedentarismo, buscará alguém que também queira fazer ginástica e irá fazer seus exercícios *com* essa pessoa, e não por ser necessidade sua. Poderá até mesmo convencer docemente essa pessoa dos benefícios de uma boa ginástica, para conseguir um parceiro.

Nessas formas de reação de Libra, deixa de existir o jogo claro entre os dois mundos, de seu interior e do ambiente, com os pesos sendo avaliados e unidos conforme a possibilidade de aliança. Desse modo, os dois mundos estranhamente se isolam por se confundirem: o mundo interno das motivações não convive com o mundo externo, a não ser após inúmeras filtragens desfiguradoras, e a possível ligação entre ambos é perdida.

O sentido de "libra" (peso) se torna mais claro: seu peso e sua medida dará o teor de tudo à sua volta, indiretamente. O fiel da balança encontrará seu repouso em uma direção previamente determinada, sem que os dois lados da questão se encontrem.

Além de interferir nos estímulos, Libra pode ainda simplesmente definir por conta própria a resultante do conjunto estímulos + motivação. Essa é outra possibilidade de reação: ao invés de concordar em participar do jogo de interação entre os dois mundos, dita a resultante sem ter passado pelo mecanismo de pesar e avaliar judiciosamente os dois mundos.

A palavra final é dada, como é próprio deste mecanismo cujo design é de ligação entre polos ou forças diversas (não necessariamente contrárias). Mas é dada a palavra final sem que a avaliação seja feita.

Como uma balança viciada ou cuja capacidade de mediação esteja defeituosa, o mecanismo Libra passa a emitir "palavras finais" que não consideram nenhum dos dois mundos. Essa é uma reação em que o mecanismo está comprometido, não é livre, como necessita ser livre o mecanismo libriano para que seu fiel balance à vontade conforme os impulsos que lhe cheguem de todos os lados até que, por meio dos sucessivos balanços e de forma natural, encontre o apontamento de uma direção.

Permitir-se esse grau de desprendimento (de si e das circunstâncias), ocupando a aparentemente frágil posição do total mediador sem personalizar, é algo impossível no plano mecânico.

É difícil visualizar fisicamente um mecanismo capaz de desprendimento de todas as forças, as suas inclusive, e de ter reação desembaraçada em relação a todas elas. A resistência do atrito entre materiais, a inércia presente em todas as forças, as inclinações naturais e os tempos necessários de ajustamento criam embaraços para a livre participação.

Toda balança tem o seu pendor pessoal. Na prática, toda ela tem no mecanismo alguma ênfase (libra) maior para um lado ou outro. O mecanismo, ao pesar as forças, interfere e altera a composição dessas mesmas forças, devido aos seus pendores.

O que deveria ser uma união ou ligação imparcial, se torna tendencioso pelas inerências do mecanismo, inserindo um peso pessoal na função de união. Como um juiz de paz que, ao fazer um casamento, acrescentasse acordos nupciais de sua lavra. Digamos que, sendo um apreciador de um café da manhã requintado, acrescentasse ao contrato nupcial que está celebrando uma cláusula prescrevendo algo assim como sendo um dever à esposa alheia. Um juiz de paz não tem a função de julgar, mas unir, a partir de certos requisitos legais. Ele não interfere nem nas leis, nem nas pessoas que casam, ele preside a cerimônia de enlace. Assim como deveria fazer uma balança mecânica que tivesse perfeito equilíbrio, presidindo a ponderação de pesos segundo as leis que regem os pesos (gravidade etc.) e não segundo leis ("pesos") pessoais.

Devido à resistência natural de toda força ou reação em operação, este mecanismo é inviável dentro da mecânica material. Somente a capacidade autoperceptiva e de autocompensação das tendências naturais permite o funcionamento pleno da dinâmica de Libra.

Trata-se de uma participação mediadora e ponderadora imparcial com relação a si mesmo, o que significa imparcialidade, ao mesmo tempo em que se reconhece os motivos que o lançam a estabelecer contato com o mundo (não obstante, sem anular seus motivos).

Pode-se quase definir tecnicamente a necessidade de "duas pessoas" dentro de uma, para que essa atuação ocorra, uma defendendo seus motivos, outra ponderando imparcialmente. Talvez até de três pessoas dentro de uma, como se estabeleceu nas cortes de julgamento, com um advogado de defesa, um promotor e um juiz.

Isso feito por uma única pessoa pressupõe uma qualidade não mecânica, uma administração voluntária que observe, conheça e compense suas tendências, assim como as do ambiente, de modo a se tornar um mediador imparcial.

Por exemplo, alguém com Libra na Casa III, ao conversar com alguém, levaria em consideração o modo de pensar, a capacidade de atenção, os registros associativos, o grau de interesse no assunto e a disposição desse alguém, ao mesmo tempo em que teria firme em mente o que pretende dizer, sua colocação pessoal, se comprometendo em criar uma ligação entre o conteúdo do que comunica e a receptividade do outro, assim como em criar a ligação entre o que escuta do outro e seus pensamentos.

Alguém com Libra na X, para ter uma atividade produtiva perante a sociedade, necessita considerar, em um primeiro momento, as circunstâncias concretas em que está socialmente inserido e as inclinações quanto à atividade que quer desenvolver para, no segundo momento, se comprometer ligando suas inclinações à realidade social.

Rudhyar define o *desembaraço* como sendo o maior dom para o signo de Libra. Esse dom pode ser facilmente entendido no desembaraço da balança para oscilar, cedendo imparcialmente aos dois lados do mundo. Quando funcionando bem, esse mecanismo oscila, balança e se inclina com total desembaraço em relação às forças que operam na própria dinâmica. Quando funcionando mal, as resistências internas criam um embaraço e a consequente perda da liberdade. Não se trata aqui de resistência útil a ser administrada, como aquela definida para Áries, mas de uma resistência impeditiva para o cumprimento da função Libra.

A aceitação de todas as forças que estão em jogo, sem acentuar nem omitir nenhuma delas, é o primeiro passo para seu adequado funcionamento. Dessa atitude, nasce a condição necessária para se manifestar a resultante das forças em jogo e como estas vincularão a pessoa à situação. A partir disso, a pessoa poderá concordar ou não em participar do jogo que se abriu.

Além disso, diante de como se dará a vinculação (ou união), a pessoa terá o *posicionamento* de si mesma perante o conjunto de tudo à sua volta (como o fiel da balança indica uma posição resultante dos pesos dos dois pratos).

Essa noção de posicionamento inclui o seu tamanho em relação à ordem existente, a posição particular que ocupa em relação a ela e a necessidade de um modo específico de harmonia em relação ao todo, sugerindo a determinação de um compromisso específico para a sua participação na totalidade das coisas. O resultado da dinâmica libriana não é uma forma de atuar, mas uma orientação para a mente, orientação que inclua possibilidades maiores que os anseios pessoais.

O débil coador pode não conter nem dominar todo o oceano, mas filtrará o necessário para pescar o quanto necessário para aquele pescador, para equilibrar a vida daquela pessoa perante as forças do mundo em que vive.

16

ESCORPIÃO

[...] à purga eterna de uma sina impura depois de um gôzo fundo até a bôrra.
(Décio Pignatari)

Escorpião é formado pelo *predomínio da qualidade Frio sobre Úmido*.

Escorpião é o mecanismo em que o movimento de contração predomina sobre a impressionabilidade e a sensibilidade: uma pequena parcela de impressões vindas do ambiente é intensa e totalmente interiorizada.

Ao contrário de Touro, em que a resistência de Seco adensa o que capta, o mecanismo Escorpião se molda plasticamente ao que capta.

A qualidade Frio leva à interiorização, à contração. A qualidade Úmido não oferece resistência à contração, moldando-se a ela, se contraindo também e deixando Frio atuar livremente até o ponto em que a contração seja inviável, isto é, até que Frio não tenha "espaço para dentro" para se contrair mais. Úmido não oferece resistência e a qualidade Frio se contrai até uma dimensão abaixo daquela em que começou atuando.

Por dimensão abaixo, se considera uma dimensão de tamanho ou densidade menor (por isso *abaixo*) do que aquela em que iniciou o processo de contração.

Imagine-se amassando uma bolinha de papel até chegar ao mínimo de espaço que ela consegue ocupar. A partir desse ponto, seria necessária tal pressão que deslocasse os átomos e partículas que compõem o papel para que ele continuasse se comprimindo e ocupasse espaço ainda menor. Uma pressão dessas teria uma intensidade tal que alteraria as características do papel em outra dimensão (atômica), que não aquela de sua presença física.

Assim atua o mecanismo Escorpião, como um sorvedouro sem fundo e sem fim que deságua em outra dimensão, onde se dão processos além de nossa vista e em um nível de interioridade incapaz de ser percebido pelo senso comum. O termo "interioridade" aqui não tem o sentido de mundo interior ou íntimo, mas da interioridade como a estrutura do átomo com relação à matéria.

O conceito de transformação atribuído a Escorpião tem o sentido estrito de *transformação para outra dimensão*. Transformar bananas numa torta de banana não é ao que se refere a transformação da dinâmica de Escorpião. Torta e banana pertencem à mesma dimensão, seja dos alimentos ou da matéria sólida. Se das células ou moléculas da banana extraísse energia calórica ou elétrica, ou ainda o elixir da vida, ou outra potência superior à dimensão sólida da banana, então se teria a transformação escorpionina.

Levar uma situação, estímulo ou objeto à sua dimensão inferior e nela encontrar uma potência superior, a sua quintessência, corresponde ao processo escorpionino. Assim como no átomo infinitesimal encontramos a energia atômica, mais poderosa que qualquer outra produzida na dimensão dos corpos sólidos.

A dinâmica de Escorpião atua absorvendo fortemente (radicalmente) uma pequena parcela de impressões percebidas do ambiente, como quem extrai todo o nutriente de uma pequena quantidade de alimento que ingeriu.

Um sentimento, uma situação, uma pessoa percebida pela dinâmica de Escorpião é captada e retraduzida naquilo que contém de mais essencial. Essencial como o sumo, a "alma", o extrato concentrado do significado presente na coisa. Essa dinâmica responde somente ao essencial dos estímulos. Estímulos que contenham pouca significância ou cujo extrato seja aguado lhe serão de pouco interesse.

A necessidade de intensidade em todas as experiências, de chegar ao âmago das coisas, de entrar em contato e extrair o essencial de cada pessoa ou situação é uma característica marcante deste mecanismo em ação. Chegar ao sumo da questão é vocação da dinâmica de Escorpião, sendo que o restante não lhe desperta interesse.

Alguém, por exemplo, com o signo de Escorpião na Casa X terá como profissão lidar com a essência das pessoas, das plantas, de algum nível da existência, enfim. Com Escorpião na Casa XII, desejará chegar à essência dos problemas e das dificuldades.

O mecanismo que trabalha com o sumo das coisas tenta chegar ao essencial em tudo aquilo com que se ponha em relação. Toda impressão que do ambiente toca o mecanismo cala fundo, causa forte pressão interior: tudo é sumo a ser buscado.

Vocês já devem ter visto como ficam secos, só a casca presa na teia, aqueles insetos cujo sumo a aranha devorou.

A reação de Escorpião a essa tradução das impressões que vêm do mundo é reelaborar uma tensão emocional sobre os estímulos. A alta concentração cria uma rigidez e um poder que se assemelha à vontade, como se possuísse a qualidade Seco. Toda e qualquer percepção gera um "desejo", em um impulso parecido com vontade, mas sem caráter próprio, e sim estabelecido na dependência do fato exterior, na qual está atado ao estímulo que gerou o desejo.

Escorpião é o mais prisioneiro dos signos, prisioneiro do que lhe cala fundo, de sua reação emocional forte, do desejo que o ata às impressões que recebe e às situações que geraram as impressões. As compulsões emocionais são sua prisão.

É ao que se refere o verso "purga eterna de um sina impura depois de um gôzo fundo até a bôrra".

A partir de algo que foi introjetado até desaparecer do espectro visível, a reação do mecanismo é potencializada em uma dimensão tal na qual surge uma reação intensa, mas passiva: estar desejoso com relação ao estímulo, em um grau de paixão além do controle de suas forças.

A Natureza utilizou-se do mecanismo Escorpião quando inseriu o "desejo sexual" como elemento de conservação das espécies. O impulso sexual está além do controle dos organismos vivos, como uma lei que lhes é superior, a conservação da espécie sendo superior até à preservação do indivíduo.

Há os exemplos na natureza de diversos animais que arriscam a vida ou são devorados em sequência à consumação da reprodução sexual, normalmente os espécimes machos, como em algumas espécies de aranhas. Ou os exemplos do extermínio em massa dos indivíduos de uma espécie, como certos roedores, quando há excesso de população, escassez de alimento ou qualquer outro desequilíbrio que ponha em risco a continuidade da espécie.

Como veremos adiante, também o mecanismo Escorpião, ao transfundir a força de duas dimensões, está voltado para a transformação de conjuntos maiores do que a pessoa em si mesma.

Com os humanos, em relação à sexualidade, associada a este signo, acontece situação semelhante. Esse é um impulso que leva as pessoas a irem além de seus limites, pelo dom da criação da vida (coisa impossível ao ser humano realizar por suas próprias mãos, mas milagre possível pela obediência à compulsão natural que é o sexo), pelo que as pessoas são capazes de fazer, descontrolando-se devido ao desejo sexual, ou pelo dom de "recriar" a si mesmas, ao se desenvolverem no nível do Espírito (dom associado à utilização interior da energia sexual).

Nos três casos, o sexo, como Escorpião, leva além, fazendo surgir características do mais fundo do ser humano, seja aquilo que lhe é mais baixo e escondido no caráter, seja o mais elevado, pelo mistério do renascimento espiritual, ou pelo dom da concepção da vida.

Há uma sensação de poder em partilhar a força natural de Escorpião. Em relação à pessoa de Escorpião, os outros sentem que estão a participar de algo que "nada mais seria capaz de lhes dar". Só que Escorpião está, normalmente, como os demais, sob o fascínio desse poder, vítima que tenta se passar por senhor.

Como a figura do vampiro, prisioneiro de sua desgraça, morto-vivo, nem desta nem daquela dimensão, transeunte do nada, que desse mistério obtém o fascínio com o qual tenta arrastar as demais pessoas.

A qualidade Úmido é como que "esmagada" por Frio e deixa de existir neste mecanismo, como se *ela* passasse para outra dimensão. Em seu lugar, no máximo de contração, surge a tensão da qualidade Seco.

Imagine a bolinha de papel que você tensionou no início deste texto até que ela se solidificasse mais que o próprio papel do qual é constituída. As características da qualidade Seco, coesão, estrutura rígida e tensão, estarão presentes nela.

O ponto crítico deste mecanismo não é um bloqueio, como em Touro, mas uma transformação, de Úmido em Seco, transformação inadequada à função do signo de Escorpião, a qual o torna aquilo que não é.

Frio e Seco conservam, congestionam, ganham poder de atuação concreta, como mostrado em Touro.

Frio e Úmido recebem e se plasmam ao que recebeu.

A força de resistência (Seco) escorpionina passa a ser o impulso de atuar, de realizar seus desejos e de controlar tudo aquilo que lhe cale fundo. Pois, se os estímulos mexem tão fundo assim no mecanismo, que reação automática de autopreservação deveria ser esperada que não a de controlar aquilo que aprisiona seu âmago?

Alguém com o signo de Escorpião na Casa VI desejará ter um controle absoluto sobre sua atividade, com isso, negando aos demais saberem no que trabalha, escondendo as técnicas que utiliza ou, de alguma forma, não deixando seu trabalho nas mãos dos outros. Por outro lado, esse mesmo desejo de controle pode significar trabalhar dentro dos subterrâneos mais internos, pois "o invisível domina o visível", conhecendo e tendo nas mãos o poder de quem conhece o íntimo de cada passo da atividade. Pode ainda controlar emocionalmente o ambiente de trabalho e os colegas.

O contato com o poder regenerador de dimensões mais vastas, que deveria passar através deste mecanismo, para redimensionar o que se pusesse em contato com ele, passa a ser um poder que Escorpião usa para se proteger.

Assim o vampiro, que faz de sua morte mal resolvida um poder. Em vez de usar desse "poder do nada" para seduzir e levar as moças para arder no meio caminho entre dimensões, sua saída é passar logo para outra dimensão.

O mecanismo Escorpião deveria não se identificar com o poder que por ele passa, nem se identificar com o que de mais denso e grosseiro precisa passar para ir à outra dimensão se regenerar. Deveria admitir a capacidade que tem de se aproximar o mais próximo possível de outra dimensão sem se fundir inteiramente a ela (uma dimensão de força, que suporta toda a realidade visível, como a força do átomo para com a matéria).

A complexa função do mecanismo Escorpião é ser o portal que atrai os conteúdos do mundo, leva-os ao limite de sua capacidade de existir e, por uma transfusão do além, os transforma.

Este mecanismo suga os sentimentos e percepções das pessoas e situações (penetra no mais fundo delas, é a impressão que se tem). Conduz os sentimentos e percepções ao limiar das dimensões, e de lá voltam redimensionados, mudados em sua estrutura molecular, naquilo que lhes sustenta.

Atado pelo desejo à situação ou pessoa que o estimulou, os sentimentos e percepções, quando retornam a esta dimensão, depois de transformados, se dirigem especificamente àqueles que causaram o estímulo. Diversos efeitos desse direcionamento fixo são descritos para o comportamento escorpionino, como a perseguição, a vingança ou a capacidade de cura.

Alguém com o mecanismo Escorpião atuando na Casa IX, por exemplo, mostrará uma desconfiança para com os preceitos éticos e uma necessidade de rever (redimensionar) os valores filosóficos e espirituais. Mais do que construir os valores que lhe sirvam de guia, a dinâmica de Escorpião se envolverá com os modelos filosóficos e os valores que percebe que precisam ser redimensionados. Poderá seguir a tendência de perseguir aqueles que pensem de determinada maneira ou seguir o caminho da reflexão profunda sobre a filosofia ou os valores em questão.

As causas últimas serão seu padrão de avaliação de qualquer valor existencial ou espiritual. Pelo fato de causas últimas quase nunca serem encontradas, os sistemas de valor não lhe fazem sentido.

O ingresso e a saída desta vida, não apenas nos extremos de tempo de cada pessoa, sua concepção e morte, mas a cada momento em que isso ocorre à pessoa, trazem sentimentos e percepções que só podem ser regenerados pela transfusão de outra dimensão.

Sentimentos comuns, como a tristeza por um fracasso ou engano, a frustração por uma afeição que não se desenvolveu ou a alegria por um acerto, podem ser sanados, recuperados ou ampliados sem se mudar de dimensão.

A morte, a solidão última do ser humano, a perda, e também a criação da vida, contêm sentimentos que exigem a transfusão de outra dimensão. Podem estar presentes em fatos corriqueiros, apesar de não serem sentimentos corriqueiros.

Como para uma criança, cujo sapatinho da boneca preferida se perdeu no caminho movimentado para casa, e não há o que fazer, mesmo que os adultos tentem. Ela (a criança) percebe o implacável da situação e se depara com a separação e a perda definitiva de algo que, para ela, era fonte de alegria. Nunca mais vai vê-lo, nunca mais brincar com aquele sapatinho, com o qual nutria fantasias até um instante atrás.

"Como pode, brincava com ele num instante e noutro estou separada para sempre? Que outra criança o terá encontrado na rua, será que vai tratá-lo com os mesmos sentimentos com que eu o tratava (tomara!)?".

Abre-se um vazio pela perda, solidão ou morte, e o mesmo ocorre quando se dá um nascimento. O vazio em que se apoia a estreita dimensão da existência humana.

O signo de Escorpião convive com os limites em que nossa dimensão toca esse vazio, levando para lá o que não vai permanecer mais nesta dimensão, e fazendo de lá fluir o que faça um sentido mais amplo do que o da nossa curta (e estreita) existência. Essa é a verdadeira regeneração ou transmutação de Escorpião.

Onde quer que vá, levar as bênçãos curativas de sua presença regeneradora é a função do mecanismo Escorpião. Mas é também tendência do mecanismo se absorver naquilo com que se põe em contato, transformando-se naquilo.

Onde está Escorpião em nossa carta astrológica, nos envolvemos com o que de "mais denso" extrairmos naquele âmbito (tanto fazendo se em nós ou no mundo). Por "mais denso" pode-se entender a quintessência da experiência ou aquilo que é mais denso no sentido do grosseiro, próximo do fundo, da borra ou do fim, aquilo que desta dimensão só encontra solução em outra. O envolvimento com esse "mais denso" deveria ser sem identificação com ele, fazendo com que o mecanismo Escorpião atue deixando passar as forças regeneradoras.

Por exemplo, alguém com Escorpião na Casa XI absorverá, por esse mecanismo, toda a maledicência, o ressentimento, o medo e as densidades emocionais mais pesadas presentes no convívio social. Seus próprios sentimentos se timbrarão desse teor negativo, levando-o a atar-se às situações e pessoas que sentirá necessitarem de regeneração.

Como, então, transformar algo, esta que é sua função, se ele próprio se funde com aquilo que deveria transformar? Como atuar depurando tudo o que atinja o fundo da experiência humana sem se identificar negativamente?

Não há como um mecanismo automático de absorção de impressões não se identificar com o que absorve, afinal, está indo parar em seu interior e preenche sua interioridade. Este é o ponto limite de seu aprimoramento dentro das reações automáticas, dentro de sua mecânica convencional.

Aqui começa a atuação voluntária, além da reação automática de Escorpião.

Ser capaz de não se envolver com os estímulos, não obstante cumprindo sua função de absorvê-los é a linha de atuação voluntária para Escorpião. O astrólogo Dane Rudhyar define como o maior dom para o signo de Escorpião a *não-identificação*.

Esse dom permite absorver intensamente as impressões que lhe chegam, levando-as à sua dimensão inferior e nela encontrando uma potência superior, sem considerar a si próprio enquanto mecanismo, como finalidade desse processo, mas sim como um meio pelo qual se dá o permeio de outra dimensão nesta. A não-identificação o leva a se deixar envolver e permear pela dimensão além, regenerando situações, relacionamentos e ambientes, enfim, o conjunto do qual participa.

Este é um mecanismo que não tem seu funcionamento pleno que não pela inserção dos valores de *desprendimento com relação a si próprio*. Não necessariamente de altruísmo ou dedicação ao outro, mas de se considerar um meio pelo qual certas forças fluem em benefício do equilíbrio do conjunto à sua volta, e não daquilo que necessita ou gostaria para si próprio.

Assim como a energia sexual, disponível para a procriação, o aperfeiçoamento da espécie e o desenvolvimento espiritual em nenhum de seus três níveis têm objetivos de cultivo da satisfação pessoal, assim também o mecanismo Escorpião tem caráter *transpessoal*, isto é, sua função transcende a pessoa humana.

Se a energia sexual, em sua passagem pelo corpo físico, é capaz de conceder ao homem um vislumbre das sensações e do poder criativo da divindade, talvez a experiência que mais se aproxime da experiência transcendente, assim também o mecanismo Escorpião, ao ser o vazio a ser transpassado pela onda de uma dimensão superior, se funde à emoção completa que tanto almeja, tanto em termos de intensidade quanto de encontro com um significado final e absoluto.

O desprendimento com relação aos motivos pessoais, isto é, aos desejos intensos e aprisionadores, é o traço voluntário a ser acrescido em nossas reações na área de vida em que temos o signo de Escorpião. Concebido em termos grandiosos, como a ausência absoluta de motivos pessoais, o desprendimento se torna inviável para as pessoas comuns. Trata-se de ousadia para poucos.

Concebido em uma dimensão acessível, o desprendimento pode ser um valor inserido voluntariamente em muitas situações da vida. Abrir mão de controlar subterraneamente *todas* as situações na área de vida em que o mecanismo Escorpião atua por nós é uma forma de desprendimento. Isso significa aceitar fluir na corrente dos aconteceres, sem guardar uma reserva de poder para si (talvez uma fatia menor de poder).

Deixar de crer piamente que seus motivos são inapeláveis, absolutamente verdadeiros, e que tudo tem que girar e ser feito em nome deles, isto é, deixar de sucumbir tão integralmente a eles, é outra forma de desprendimento.

Alguém com Escorpião na Casa VII, por exemplo, tenderá a não aceitar nada que venha de outra pessoa e que ela mesma não agarre para si; nem deixará ninguém participar da vida dela, que não no círculo restrito ao qual deu permissão. São modos de controlar a participação e a troca, assuntos da Casa VII.

O que vier do outro, deixar que venha sem reservas nem desconfiança. Por exemplo, a pessoa de Escorpião na VII participar de uma viagem com alguém, e ir do começo ao fim, sem reservas quanto a partes da viagem da qual o outro participa, dividirem o mesmo meio de locomoção criando a necessidade de partilhar as escolhas no caminho, confiar que o outro cuide de afazeres em comum (sem vigiá-lo, por garantia), ou acompanhar de bom grado o que o parceiro venha a escolher de itinerário sem seu consentimento.

A *entrega* ao convívio e à junção dos interesses e motivos de ambas as partes, sem se colocar em primeiro lugar no convívio, nem restringir o convívio a um perímetro específico onde "só ali pode", é o princípio de ação voluntária.

Nesse ponto, convém lembrar que Escorpião tem grandes semelhanças com Áries, os dois mecanismos voltados para a afirmação de seus motivos. Áries, por querer conquistar a partir de seus apelos internos, Escorpião, por querer controlar os apelos externos. Ambos são regidos pelo planeta Marte.

Por outro lado, o *desprendimento* necessário a Escorpião para não se identificar com seus desejos é o mesmo atributo que Libra necessita para tornar-se capaz de atuação voluntária. Esses dois signos já foram um só e mesmo signo, no tempo em que o Zodíaco era composto por onze signos, Escorpião sendo uma continuação intensificada de Libra.

Identificar-se com seus motivos leva o mecanismo Escorpião a querer controlar. Em condições de atuação mecânica, isto é, em qualquer situação de vida, procure envolver um escorpionino em algo, procure saber o que lhe agrada, do que gosta, o que lhe cativa. Nada nem ninguém poderá saber como e onde ele se colocaria nas mãos de outro, nem que esse outro seja a própria força da vida.

Procure saber, por exemplo, de alguém com este signo, digamos, na Casa VIII, quais seus desejos com relação às posses de outrem; ou ainda, procure abrir suas defesas e sua guarda, chegando a tocar algum ponto de sua interioridade que ele próprio não esteja lhe mostrando em suas (dele) mãos.

De alguém com Escorpião na Casa III, procure saber o que essa pessoa pensa ou qual pensamento se oculta por detrás de todas as palavras e gestos com que se comunica. Com discrição, fará você voltar os olhos para as palavras e os gestos externos: nada de vasculhar dentro. A fonte do poder, que parece tão necessário a Escorpião, está naquilo que ele controla e os outros não.

Não que seja superficial em seu pensar, pelo contrário, busca a mensagem última em seus contatos. Contudo, trará as percepções para serem recicladas em seu íntimo, como característico de Frio.

Tocada pela transfusão do poder transformador vindo de outra dimensão, a percepção assim transformada será um trunfo (do qual só a sua mecânica é capaz) do qual não deseja abrir mão, pois com ele se defenderá das próprias percepções que tocaram seu íntimo.

Ao acrescer o valor de *desprendimento*, isto é, não ser Seco, mas ser Úmido, na situação de Escorpião na III, ou de qualquer Casa astrológica, o poder transformador se fará presente onde seja mais agudamente urgente. Para isso, é preciso confiar nele, pois a direção e o fito com que se manifesta está por conta do próprio poder transformador, não está nas mãos de Escorpião.

Esse mecanismo é um portal para se abrir aos poderes que constituíram a vida, para que estes possam revalidá-la uma vez mais – ou não.

17

SAGITÁRIO

É preciso? É preciso!
(Beethoven)

A dinâmica interna ao signo de Sagitário é formada por *Quente predominando sobre Seco com aporte Úmido*: a expansão de princípios (Quente) associa-se à imposição de sua estrutura (Seco) e também à receptividade ao meio (Úmido).

O movimento expansivo tenso e coeso – Quente e Seco, como em Leão – encontra-se na fase mais próxima da crista da onda, "adiante" daquela de Leão. Úmido começa a se fazer presente e se agrega ao movimento tenso expansivo. À força, acrescenta-se flexibilidade. Por esse acréscimo de flexibilidade, a força se torna ainda mais forte. Não pela rigidez, nem pela imposição, e sim porque a flexibilidade agregada permite à força expansiva se expandir de maneira elástica, acomodando melhor sua expansão às condições do entorno, o que poderíamos chamar de uma expansão mais inteligente, por ser mais adaptável. O que se perde em rigidez, se ganha em movimento elástico.

A manutenção firme com mão fortíssima, típica de Leão, o controle dominador de Quente e Seco, dá lugar à volúpia expansiva de Sagitário, a querer ir sempre além, e além e mais além. Em Sagitário, os limites existentes parecem sempre restrição ao seu anseio de movimento, enquanto em Leão os limites de seus domínios são uma garantia de definição do que lhe cabe, de qual é seu mundo. O mundo de Sagitário deveria, segundo sua própria mecânica, estar além do que está colocado até então.

A força ágil expressa no galope de um cavalo é imagem imediata desta combinação feliz entre força e flexibilidade, da dinâmica que arremete confiante e forte em direção à crista da onda, que vive para se orientar ao clímax da expressão vital. Atingir esse clímax se dá em outro elemento – Ar – e em outro signo – Libra – mas Sagitário parece não saber disso. A tênue presença do elemento Ar em sua constituição (Úmido entra apenas como pequeno aporte) lhe faz experimentar a sensação de que o clímax está próximo.

Atingir o clímax da expressão vital tem um caráter bem diferente de Sagitário. O clímax da onda vital é o momento de equilíbrio suspenso entre Quente e Úmido – quando o movimento expansivo no seu auge se exaure e se abandona às forças externas – enquanto que Sagitário tem muito mais de Quente do que de Úmido, sendo esse apenas um vislumbre da fase Úmido que virá. Sagitário tem mais empolgação por atingir algo (mais Quente) do que realmente é o signo da meta ou da culminância atingidos. Sagitário é o signo da flecha ansiosa pelo disparo, não do alvo – nem sequer da flecha orientada para um alvo ou se aproximando desse alvo. É o signo da flecha ansiosa pelo disparo que se lhe faz iminente. Sagitário é o signo do movimento da flecha, do deslocamento forte da flecha, da flecha em direção a.

E aqui surge a primeira questão da dinâmica sagitariana: o entusiasmo com sua força esfuziando é maior do que a capacidade de *orientar essa força*, pois sua orientação irá oscilar entre suas autoafirmações (Seco) e as adaptações ao meio (Úmido). Mais entusiasmo do que orientação, mais voluptuosidade automotivada do que sentido de finalidade para seus atos: é pura celebração da vida, é o prazer de ser flecha voando viva, plena de vitalidade. Este mecanismo dinâmico parece se satisfazer em soltar-se ao movimento, perdendo o sentido de consequência, como uma flecha que não importa se está apontada ao alvo ou não, quer apenas sentir que a força que a impulsiona foi liberada – não importando para o quê.

O motor de arranque mais potente do Zodíaco arranca para o quê? Para onde galopa o cavalo, quem ou o que lhe dá a orientação e conduz sob rédeas orientadoras toda essa força exuberante?

O símbolo de Sagitário não é um cavalo, mais propriamente é um centauro, ser mitológico metade cavalo, metade deus. A força muscular do galope do cavalo está inteiramente preservada no centauro, e lhe é acrescido o tronco, os braços e a cabeça pensante de uma divindade de compleição humana. O centauro tem dois troncos: o tronco deitado do equino, com suas quatro patas, e o tronco vertical da divindade, que une cabeça e braços humanos ao tronco deitado do cavalo. Podemos pensar ainda como um tronco único que da horizontal se eleva à vertical, uma coluna vertebral de dupla orientação: parte horizontal, paralela e afeita à terra, e parte vertical, apontando para o céu, a sustentar a cabeça que olha para o alto e os braços que apontam para o alto a flecha que o centauro, um arqueiro, traz preparada para o disparo.

Podemos supor que a coluna vertebral horizontal do cavalo acumula a força que a capacitará a subir na vertical. Essa seria a orientação fundamental para a força do signo-centauro. A força acumulada que, pelo acúmulo, transcende seu nível e se eleva nos dá a indicação sobre a orientação fundamental inerente ao signo: a elevação, a transcendência. Não se trata de buscar orientação no mesmo nível da energia acumulada, fazendo escolhas de direita ou esquerda, norte ou sul, leste ou oeste, mas orientar-se para além do plano em que estava estabelecida: do animal em direção ao divino; e, no meio desse caminho, está o humano.

Inegavelmente, o símbolo do centauro para este signo diz ser um mecanismo cuja natureza intrínseca tem algo de unir a capacidade do pensamento inteligente, da visão alcançada pela mente, ao vigor instintivo do animal: a força do braço que abre o arco e dá potencial de movimento à flecha unindo-se à visão que olha para onde a flecha é lançada, unindo-se à mente que escolhe seu alvo e direciona a flecha.

A direção da flecha sagitariana é o alto. A força extra que contém é devida ao seu passo ser a subida – em termos das qualidades primordiais, subida em direção à crista da onda: a subida para superar a sua fase e entrar em outra, além.

Alguém que tenha em sua carta o signo de Sagitário na Casa II – setor da carta astrológica relativo a posses materiais – será motivado a ir além de seus recursos pessoais, com o sentido de expandir suas posses e seu dinheiro; será motivado por transcender sua condição material; desconhecerá os limites do que é seu e do que não é, na volúpia de alcançar resultados extraordinários. Não obstante esse ímpeto típico do empreendedor visionário, ao desconhecer limites, não somente visionará possibilidades além das imediatas como também – e este é o problema aqui – não saberá em que realidade se apoiar para realizar a empreitada que visualizou.

A flecha parte de um apoio, o arco, que é onde está acumulada a tensão que a impulsionará para o alto; na ausência de apoio, não há força – por maior que seja – que possa lançá-la. Essa pessoa poderá imaginar muitos objetivos financeiros e verá todos como igualmente possíveis, ao basear seu entusiasmo sem considerar as condições práticas de seu ponto de partida. Dessa predisposição automática, resulta a dispersão dos esforços e a perda das oportunidades, o baixo rendimento produtivo e a diminuição dos recursos resultantes, não obstante sua disposição para expandi-los. A essa predisposição, faz-se necessária uma atitude reparadora que coloque foco sobre uma direção de prosperidade escolhida e que considere as condições iniciais de apoio e base da qual estão partindo seus esforços.

O "alto" pode, como vimos no exemplo acima, ser considerado estar no ponto mais alto e melhor de uma determinada condição. Contudo, o "alto" contido no arquétipo Sagitário é outro, é a transcendência, a passagem de um nível para outro, uma transformação da qualidade e não simples acréscimo de quantidade. Lembremos que Escorpião precede Sagitário, que Escorpião é a porta de entrada para o impulso transcendente sagitariano. Assim, a real transcendência sagitariana no exemplo acima, na Casa II, está mais propriamente na finalidade que dá aos seus recursos e nos motivos que o movem a alcançar seus recursos materiais (para onde aponta a flecha) do que em ansiar ganhos materiais de grande monta ou usufruir desses ganhos convertidos em benefícios puramente materiais.

Saber de onde estar partindo, saber em que alvo quer chegar. Essa delimitação de suas condições torna a flecha capaz de atingir, com seu movimento, algo a que está proposta, ou a ausência dessa delimitação de base torna dispersa a força toda que possa por em movimento.

Considerando alguém cuja carta tenha Sagitário na Casa XII – relativa a problemas, doenças, dificuldades, obstáculos –, temos a situação em que a pessoa se debate forte e vivamente contra seus problemas, suas doenças, suas dificuldades e obstáculos sem, no entanto, ter ação efetiva que a liberte desses fatores limitantes.

O otimismo motivado pelo excesso de confiança em sua força leva a uma visão equivocada do que sejam seus problemas. Parece que será fácil se desembaraçar do problema, a ponto de agir com displicência diante dele, preservando, assim, o problema pela falta de acuidade no trato racional e inteligente com ele. A limitação que permanece igual e intransponível enfurece ainda mais o mecanismo Sagitário que, embora pudesse fazer disso um aumento de força e convicção para superar suas limitações, devido ao fato de a concentração não ser o forte deste mecanismo – seu impulso é logo liberar o tanto que acumulou –, acaba se tornando mais e mais disperso em suas ações (ou reações) diante de doenças, problemas e obstáculos, cada vez tendo menos paciência para lidar com o que lhe limita, chegando ao ponto de, em alguns casos, desistir antes mesmo de começar a lutar contra os obstáculos em sua vida, contrariamente ao que se esperaria de um mecanismo feito de elemento Fogo, como Sagitário.

Aqui, a flexibilidade sagitariana, isto é, sua inteligência adaptativa ao mundo, poderia funcionar para lidar estrategicamente com obstáculos e problemas, dosando suas forças na medida do realmente necessário para ações efetivas de superação de um dado problema ou limite. Ter a paciência – ou seria a humildade? – para utilizar apenas parte de sua força contra o problema, sem se impacientar em logo saltar olímpico por sobre o obstáculo; ter a inteligência salutar de pensar na doença, para então considerar as possibilidades de cura, sem achar que sua vitalidade de todo modo dará conta de tudo, enfim, aproximar-se de seja lá o que for que lhe perturbe a vida, ser próximo do problema a ponto de olhá-lo de perto, de usar seu tempo para ser bom entendedor do que lhe aflige, *antes* de se lançar contra suas aflições, é o gesto voluntário requerido ao mecanismo Sagitário.

A proximidade a seja lá o que for – problemas, como no caso da Casa XII, condições materiais, no caso da II – é a atitude como capital para toda e qualquer casa em que se tenha o signo de Sagitário, é a chave para a modificação consciente de sua mecânica expansiva elástica e seu aspecto inconsistente e inconsequente. Dane Rudhyar chama a este dom necessário ao sagitário de *camaradagem*, isto é, de colocar sua energia onde está, na *câmara* onde está, no ambiente próximo e naquilo que lhe é próximo, em lugar de almejar lançar sua energia para longe, para as distâncias inatingíveis. *Ser camarada* com a situação em que está, com o lugar em que está no momento, com as condições materiais que tem, com as condições de saúde em que se encontra. Ser camarada com as pessoas é comungar com elas as mesmas atividades e problemas nas lidas cotidianas, é viver em companhia dentro de alguma espécie de limite definido. Essa camaradagem não trata de ser amistoso ou sorridente, mas de aceitar estar próximo ao que lhe é próximo, ao que perfaz sua realidade imediata. É dela que a flecha pode ser lançada. É a partir dela que se delineiam os alvos possíveis à flecha.

Alguém com Sagitário na Casa VII – relativa a relações, parcerias e uniões – irá invadir o relacionamento com seus ímpetos, motivações e movimentos exuberantes; tenderá a desconsiderar o ritmo do outro, tal é o envolvimento com sua própria dinâmica; terá até a intenção de considerar a outra pessoa (Úmido), mas na verdade irá considerar sua própria exultação diante da pessoa (predomínio de Quente e Seco), achando sinceramente que está a considerá-la. Pela presença de Úmido e sua capacidade de perceber e acolher o que vai fora, o mecanismo Sagitário realmente percebe algo do mundo e das pessoas à sua volta. Mas Úmido funciona subordinado a acalentar o fogo e elevar as labaredas de seus próprios ímpetos e motivos, o que funciona como dinâmica autônoma. A pequena percepção do outro incendeia suas imagens, sentimentos e necessidades, que se avolumam exageradamente a cada vez que recebe uma impressão de fora.

A dinâmica sagitariana atua de maneira impositiva no âmbito dessa Casa, ao encarar o outro através de seu próprio entusiasmo, do arroubo de suas motivações e convicções dogmáticas, em vez de encarar o outro em termos daquilo que o outro é e apresenta ser, do que o outro traz para o ambiente do relacionamento, da situação que partilha com o outro. Exemplo disso é o tipo sagitariano de Casa VII, que passa batido pelo que a outra pessoa lhe traz, sequer enxerga o gesto do outro quando este não corresponde ao que esperava; ou que se aborrece profundamente quando a outra pessoa não age de acordo com o desenho que programara para ela. Ser camarada, aqui, é deixar vir do outro o que venha do outro, e interagir com esse material humano – em vez de interagir com seus próprios dogmas, ao exigi-los do outro. Ser camarada é não julgar o que venha do outro e, em lugar disso, considerar o que veio do outro e interagir com o outro como ele é, sem obrigá-lo a se distorcer para caber em seus julgamentos.

Sagitário nessa Casa jura que está agindo em nome da outra pessoa, ou do relacionamento, quando na verdade age em nome de suas próprias motivações diante da pessoa: faz do outro uma parte de si mesmo, não em uma integração legítima, mas subordina a dinâmica do outro à sua. São as relações em que uma das partes domina a outra, impondo seu ritmo vital ao relacionamento; as decisões são unilaterais sob o disfarce de abrangerem ambas as partes. O bem de uma das pessoas torna-se o bem comum da relação.

A atitude voluntária dentro do mecanismo Sagitário, quando este atua na Casa VII, é fazer com que a parcela Úmido atue receptivamente ao outro, de verdade, em vez de acolher apenas o que nasce na própria mecânica sagitariana. Para isso acontecer, é preciso escolher que seja assim, é preciso refrear ou moderar sua movimentação voluptuosa, para Úmido exercer seu papel de direito dentro do mecanismo: receber, acolher, render-se ao outro. A sensação de se render a seja lá o que for é muito estranha para este mecanismo, que a recusa com toda a força de suas quatro patas. O lado divino sagitariano, capaz de olhar para o outro – e, mais do que isso, de realmente enxergar o outro –, é deixado para trás pelo instinto autoafirmativo do lado animal. O centauro se cinde ao meio. O signo dos valores humanos torna-se desumano.

A face flexível sagitariana facilmente fica aquém daquilo a que estava proposta inicialmente, em suas intenções de ampliação e expansão: ao flexibilizar em favor da afirmação de suas próprias motivações, em vez de flexibilizar em favor da aproximação ou união ao outro, é como se a flecha morresse no próprio arco sem ser disparada, toda sua energia potencial não é libertada em direção ao alvo, pois o alvo externo deixa de existir, tudo o que é externo deixa de existir, as metas a que pretende se lançar deixam de existir: existe apenas a tensão presa no arco que quer se libertar de qualquer modo; a grandeza do signo de Sagitário torna-se um avolumamento de tensão que anseia seu próprio alívio sem necessariamente chegar a coisa alguma.

O gesto, voluntariamente escolhido, de dar a Úmido a liberdade de agir em função do que está fora de si mesmo é também o gesto de libertação do mecanismo da tirania de sua própria força. Aceitar interagir com o ritmo da outra pessoa, aceitar a condição material da qual parte para seus projetos futuros, aceitar os problemas tais como eles são – e estes serem os pontos de partida para a flecha ser lançada –, é, simultaneamente, a liberação de sua visão para delinear uma meta para além desses pontos de partida, uma meta que lhe engrandeça, para a qual possa dedicar sua grande energia, dedicar o arco amplo de seu movimento vigoroso, é definir o alvo para a flecha, é ter um foco em direção ao qual projetar sua força.

A carta astrológica que traz o signo de Sagitário na Casa IV nos fala de alguém cujo comportamento revela contradição de base, pois essa Casa é relativa ao lar, ao ambiente doméstico e familiar, ao espaço que habitamos e aos limites que consideramos como nosso porto seguro, é a Casa relativa ao passado, ao que já foi, enquanto a dinâmica sagitariana quer avançar além dos limites, quer ir além, é o signo relativo a lançar-se ao futuro.

Sagitário na IV indica o anseio de renovar o passado, o que se mostra no anseio de viver uma espécie de "família expandida", a qual comporte muito mais do que seus pais lhe deram, e que a faça viver algum modelo amplo e universal em seu lar; poderá sair de casa para viver no mundo, estabelecendo padrões universais maiores do que tenha recebido efetivamente em sua formação. A ânsia de renovar o passado pode fazer a pessoa ansiar aprimorar os modelos comportamentais, psicológicos e sociais que recebeu em sua formação; poderá ter uma relação menos acomodada e passadista com sua família de origem e com os paradigmas que formaram suas crenças. Contudo, a ânsia de renovar o passado poderá também fazer com que menospreze a família que tem, sendo ela "menor" do que o almejado, julgando-a insuficiente ou não à altura do que mereceria. O que deveria ser o ponto de origem para a vida florescer é rechaçado, é impugnado como inválido; e o tipo sagitariano de Casa IV passa a ansiar e buscar outra origem e raiz. Naturalmente que o passado é como é, e não pode ser modificado desta maneira, escamoteado por um artifício de julgamento, condenação e troca do que já foi por algo que, na verdade, nunca poderia vir a ser em outro passado. A flecha aqui como que acerta o próprio pé: deixa a pessoa sem base de apoio para a vida.

O aposento da casa é a câmara, o lugar fechado e delimitado que pode abrigar uma ou mais pessoas. Partilhar o mesmo aposento, a mesma câmara, é o que nos torna camaradas, trabalhar ou descansar dentro de mesmas condições de lugar e interesse. Ser camarada com sua própria família, com os valores em meio aos quais cresceu e se formou e, a partir disso, aprimorar o que de suas raízes quer ver crescer – e, por contraste, ver ficarem menores aqueles aspectos que não quer realçar de suas origens – é a maneira verdadeira de ampliar sua origem. É sempre possível fortalecer as raízes de uma planta – inclusive a ponto de fazer nascerem raízes novas ou das antigas raízes ramificações mais fortes –, mas não podemos extrair suas raízes e implantar outras. Sagitário na Casa IV é movimentar o que considera de maior valor em sua origem, absorvendo mais isso em seu futuro, é movimentar a família e a casa para que tudo aí melhore e cresça.

O signo de Sagitário na Casa VIII evoca, em suma, a ânsia de superar a morte (essa Casa é relativa à morte, às perdas, crises e transformações). Desconsiderar a morte pode ser tanto considerar que existe algo além dela, de que estar além da morte é adentrar seus segredos e isso dar a essa posição a ânsia por conhecer os segredos do além, quanto pode ser não dar atenção a situações-limite, a crises e ao que está por mudar, confiante em seu poder de impedir que transformações se realizem ou em seu poder de fazer frente a seja lá o que se perca, morra ou transforme. Os problemas não precisam ser cuidados, pois que ele é muito maior do que qualquer problema que lhe acometa. Sua atuação aqui se aproxima muito de sua presença na XII: a dinâmica sagitariana atua como se fosse maior do que os problemas a tratar, "supera-os" falsamente pela autoindulgência, ao desconsiderar existirem os obstáculos ou doenças. Naturalmente, isso é um blefe. A Casa VIII significa justamente as situações que não podem ser superadas pela vida humana, os momentos-limite. Não obstante, a dinâmica sagitariana nega moldar-se por limite algum. Mesmo aqui, quer saltar por sobre a situação imediata – o confronto com a morte ou a perda – e julgar-se já além do que está em seu imediato; mesmo aqui, *ser camarada*, partilhar o que está na mesma câmara, partilhar o que vive no imediato, é o que necessita o mecanismo Sagitário para sair dos limites da atuação automática e atingir a plenitude de seu funcionamento.

Há uma questão de conduta que envolve este signo: a dúvida moral de se é realmente preciso mudar algo em sua dinâmica automática, pois que esta lhe parece tão bem resolvida e benfazeja, na medida em que supera tudo (mesmo que apenas a modo de blefe ou no otimismo de sua imaginação), que não parece ser preciso mudar nada em si mesmo. Qual motivo lhe levaria a querer se aprimorar? Sagitário, no íntimo, julga que não precisa se aperfeiçoar. Não que as pessoas deste signo pensem racionalmente isso; é o mecanismo Sagitário que atua como se não precisasse mudar nada em si mesmo, como se precisasse apenas atuar sobre o mundo e engolfá-lo com sua movimentação vigorosa para que então tudo corra muito bem. À conduta autoindulgente contrapõe-se a questão colocada por Beethoven na margem da partitura de seu último quarteto de cordas: "É preciso? É preciso!". O anseio de superação e transcendência, legítimo a esta mecânica, somente se completa quando uma atuação voluntária junto a este mecanismo se imbui do quanto é preciso abrir mão da energia folgazã, concentrando-a em um objetivo definido e compartilhando essa energia e sendo camarada com o mundo imediato. Mas é preciso tal atitude? A presença da metade divina do centauro-arqueiro em seu indicador dá testemunho de que, sim, é preciso.

Sagitário nas Casas VI e X, relativas ao trabalho cotidiano e à profissão, respectivamente, impele a arrancar para adiante em busca de prosperar em suas atividades e responsabilidades. Não obstante, Sagitário aqui não coloca o devido foco em uma meta que faça convergir o grande potencial de ação e movimento para uma conquista definida, assim como também não considera as condições práticas e materiais nas quais está e das quais parte em direção à aventura das conquistas. Uma seleção natural ocorreria na escolha da meta, descartando as impossíveis e inviáveis, caso fosse feita uma observação atenta, considerasse a situação e os recursos imediatos, que fizesse deles seu ponto de partida. Ser camarada com seus papéis de responsabilidade, não passando do ponto do que pode ser viabilizado, ser camarada com seus colegas e chefes trabalhando *junto* com eles, em vez de passar adiante o que lhe cabe fazer, ser camarada, enfim, de si mesmo, ao não se atirar em situações que desintegram suas forças por obrigar-se a ir além do possível: essas são atitudes que levariam a dinâmica sagitariana à sua plenitude nesses setores da carta.

A presença do signo de Sagitário nas Casas III e XI, relativas à comunicação e aos amigos, respectivamente, é indicação da ânsia comunicativa e afetiva sobrepujarem o equilíbrio e a justa medida nos relacionamentos. Na Casa III, temos uma comunicação unilateral, feita de mais fala e imposição por se fazer ouvir, do que de escuta ao outro. Nessa casa, revela-se a semelhança entre a mecânica sagitariana e a geminiana: o fator Úmido em ambos os signos se encolhe diante da força semelhante conjugada entre Quente e Seco: a capacidade de acolher e, portanto, de ouvir, diminui consideravelmente. Na Casa XI, o movimento para expandir seu afeto, isto é, para exultar pelo que sente junto às pessoas, é também maior do que a disposição para receber e compreender as pessoas em sua própria natureza. Acrescentar boa vontade e atenção para com as pessoas para quem se derrama sua afetividade, a "correção" da distorção de Úmido, é o fator voluntário capaz de fazer a afetividade social efetivamente se derramar sobre as pessoas com quem se relaciona. Deixada à ação mecânica de suas qualidades primordiais, a natureza sagitariana ama aquilo que sente, mais do que ama o objeto ou pessoa amada.

O que nos remete à presença do signo de Sagitário nas Casas I, V e IX – relativas, respectivamente, à identidade, à expressão criativa e amorosa dessa identidade, e à expressão de suas aspirações e mentalidade. Nessas Casas, Sagitário mobiliza suas forças vitais para se mostrar em toda a sua potência: as ações da pessoa são mobilizadas por seus valores e aspirações de uma maneira tal como se somente ela tivesse valor, somente suas opiniões, visões e intenções tivessem valor. A "captura" de Úmido pelas qualidades fortes – Quente e Seco – se acentua nessas casas. No amor, o sentimento amoroso é sentido com tanta intensidade que a pessoa amada chega a não caber dentro do campo de visão da pessoa com Sagitário na V. Nas aspirações, seus valores são tão mais legítimos que quaisquer outros, que não há diálogo, não há troca; os valores por mais belos que sejam, morrem em sua própria praia sem nada semear, sem nada renovar. Na definição da identidade, há dificuldade de se renovar com a constância que a própria natureza sagitariana pede, devido à falta de alento novo, de respiração, decorrente da diminuição da interação com os outros.

Abrir mão da expansão totalitária de sua força, de modo a interagir e se adaptar *ao* mundo e *também a favor* do mundo à sua volta, é fazer a qualidade primordial Úmido retomar o papel que originalmente tem na mecânica sagitariana, papel este que tende a se perder por conta dos aspectos automáticos por que essa mecânica envereda, com o predomínio dos fatores autoafirmativos Seco e Quente fazendo "exigências" para Úmido se colocar a serviço destes. É preciso força de caráter para abrir mão dessa força instintiva em nome de uma completação maior do que a liberdade instintiva de se galopar pelo mundo pelo puro gosto de gastar energia no galope.

18

CAPRICÓRNIO

Cultivar o deserto como um pomar às avessas.
(João Cabral de Mello Neto)

Capricórnio é quando a contração de Frio e a resistência de Seco estão abrandados pela presença de Úmido, na passagem do elemento Água para Terra. É quando a dinâmica terrosa ainda não se afastou totalmente da natureza aquática. A rigidez material está atenuada, havendo lugar para a sensibilidade perceptiva. A dinâmica deste signo é formada por *Frio predominando sobre Seco com aporte Úmido*. Capricórnio é o único signo de Terra que sonha, embora talvez não desconfie disso.

Em suas linhas principais, a dinâmica capricorniana se assemelha à dinâmica fundamental do elemento Terra, descrita para Touro: absorve o que dela se aproxima, aumentando sua consistência, e assim, condensa o objeto exterior e o próprio mecanismo. É uma dinâmica que quer fortalecer a si própria, firmando sua estrutura, o que, por consequência, paralisa, mesmo que parcialmente, seu movimento. Como os demais signos de Terra, Capricórnio tende a se estabilizar enquanto dinâmica, tende a sair do plano puramente dinâmico das qualidades primordiais e ingressar no plano dos corpos e das substâncias.

Se houvesse somente Frio e Seco, o movimento de contração levaria a comprimir cada vez maior sua densidade. É o poder de conservação e materialização descrito para o signo de Touro. Todavia, Capricórnio se localiza em fase anterior do tempo, a qual contém ainda armazenada a qualidade primordial Úmido, mesmo já estando na subfase Frio e Seco.

Na onda do tempo, Capricórnio é o primeiro signo do elemento Terra. Em Capricórnio, temos a passagem do elemento Água para Terra, a união entre mundo interior subjetivo e ação dirigida a realizar coisas concretas no mundo exterior. Úmido está presente apenas como aporte às qualidades fundamentais, Frio e Seco. Nascendo no tempo que vai de Úmido a Frio, *o impulso inicial da mecânica capricorniana se dá pela sensibilidade*, pela percepção, pela imaginação, como se sua natureza fosse aquática. E um lado de sua natureza realmente é aquático, aquele lado que inspira a buscar na subjetividade, na interioridade, os motivos que deem sentido para suas ações. No entanto, pela pressão do predomínio das qualidades "mais fortes", Frio e Seco, a ação capricorniana logo esquece e se desprende de seu impulso inicial emotivo e sensível. O que inicialmente o mobilizava, logo se perde, logo é esquecido.

Na prática, temos que o forte envolvimento com a ação física, voltada para coisas e consequências externas, o faz esquecer do motivo por que começou a se mexer.

Capricórnio atua a partir do que dita sua sensibilidade, diz seu início em Úmido. E assim, começam suas ações, para logo se perderem de sua origem e passarem a espelhar motivações e pressões exteriores – e temos aqui o motivo pelo qual a aprovação exterior torna-se importante para a natureza capricorniana: Capricórnio se perde de sua aprovação interior, de suas motivações, ao se esquecer que seu tempo começou em Úmido, ao se perder de sua origem, ao não armazenar devidamente o que lhe mobilizara de início.

Como dissemos antes, a cabra com rabo de peixe, o indicador deste signo, se esquece que tem rabo de peixe, rastro de sua natureza aquática deixado para trás, e pensa que é somente cabra, inteiramente cabra, e se dispõe a subir montanhas, montanhas que toma como suas metas, conquanto esquecido que está de seu rabo de peixe, do quão subjetivas são suas motivações. Esse não é o seu ponto frágil, como acabará pensando ser, mas é sua capacidade inerente de sentir, isto é, de navegar pelas águas da emoção, e da sensibilidade à própria interioridade, da qual provêm as motivações que lhe são legítimas. Assim, integrar suas ações objetivas com a subjetividade que lhe habita é a função da mecânica capricorniana, para se tornar o ser que potencialmente é, para se tornar uma totalidade coerente dentre seus aspectos díspares de peixe e cabra.

A composição das qualidades primordiais de Capricórnio se assemelha muito à de Câncer. Ambos os signos são compostos pelas propensões Frio, Seco e Úmido, predominando em ambos o Frio. O que varia é que em Câncer há mais Úmido do que Seco, e em Capricórnio, mais Seco do que Úmido. E além de serem semelhantes enquanto composição, enquanto propensão dinâmica, sua formação é, estranhamente, mais similar ainda. Câncer e Capricórnio têm sua origem na qualidade primordial Úmido, que no correr da onda do tempo se aproxima da qualidade Seco por meio da movimentação de Frio. A diferença sutil – mas decisiva – é Câncer estar em um tempo próximo a Úmido e Capricórnio estar no tempo mais próximo a Seco, dentro da mesma subfase do tempo; uma variação sutil, tão sutil quanto a que separa o futuro do passado: o *agora*, o momento do tempo em que estamos, mas que quase nunca é percebido por nós. Câncer e Capricórnio simbolizam, no Zodíaco, o que nos tira do momento presente: uma ânsia pelo passado, uma ânsia pelo futuro.

É como se Capricórnio margeasse a beira do signo de Câncer. Embora na ordem do Zodíaco ocupem posições opostas, o alto e o baixo do Zodíaco respectivamente, zênite e nadir, formando o eixo do passado e do futuro, esses signos se opõem do mesmo modo que o mar e a areia na beira-mar, separados por um átimo, zona limite entre dois mundos: totalmente próximos e, não obstante, totalmente opostos. Dois mundos distintos, tal como se distinguem passado e futuro, embora estejam muitíssimo próximos a cada momento presente, margeando um ao outro no *agora*, como mar e areia sempre a se encontrar, se beirar, sem, no entanto, nunca serem um.

De agora para o passado, de agora para o futuro: Câncer e Capricórnio. Capricórnio na Casa I, relativa à identidade, nos fala de alguém cuja personalidade se afasta, se esquece e se perde da origem primeira de seu ser. Embora a dinâmica capricorniana comece a funcionar se sensibilizando com essa origem, ela logo é atraída pela ação em direção ao futuro, para as realizações que deverá fazer e, então, logo se afasta das motivações essenciais que deram início a seu modo de ser. Então, passa a querer ser alguém reconhecido aos olhos dos outros por seu valor, alguém que "faça sentido" para si através de olhos alheios, já que para si mesmo o que lhe movia perdeu o sentido. Então, Capricórnio busca definir sua identidade, dando-lhe alguma forma concreta, certificando-se de que está a seguir algum valor admitido socialmente, que receba a aprovação das pessoas e do mundo. Este gesto rompe a integridade de sua identidade, pois que a referenda ao que não é legitimamente seu.

O instante da perda de continuidade e integridade entre a motivação subjetiva e a ação objetiva é o momento de bloqueio para a dinâmica capricorniana. Entre a sua raiz Úmido – o rabo de peixe de seu indicador – e seu corpo Frio e Seco – a cabra –, há uma intersecção impossível, um hibridismo que não pode ser superado, aparentemente. Há que se omitir que esta cabra tenha rabo de peixe, até porque há uma montanha a ser escalada, há árduas tarefas adiante, para as quais não ajuda em nada saber-se arrastando uma cauda de escamas e nadadeiras. Melhor esquecer do que está atrás de si, mais fácil perder sua integridade e cumprir as tarefas, do que fazer o esforço – quiçá impossível, ainda por cima – de a cabra subir a montanha sendo metade peixe de mar. A perda de integridade é uma facilidade indevida, caminho de menor esforço, que desvia a dinâmica capricorniana de sua plenitude: por meio dela, realiza as tarefas e objetivos concretos, mas deixa para trás seus próprios anseios. Capricórnio abandona o sentido da motivação para a ação que está a cumprir. Úmido é a raiz de Capricórnio, sua origem no tempo, tal qual a parte peixe lhe é o rabo, a parte de trás, seu "passado". Capricórnio passa, então, a fazer coisas, ter muitas ações, fazer muitas coisas, mas sem a devida integração com sua subjetividade, com os motivos soprados por sua sensibilidade.

Na Casa I, o gesto voluntário que levará Capricórnio a recuperar a integridade individual será esvaziar a preocupação em agradar aos outros e ser reconhecido como "de valor" pelo mundo, com suas titulações e prestígios, e preencher-se com um maior interesse em agradar a si mesmo, em se fazer sensível ao que realmente lhe agrada, mesmo que não reforce o prestígio que o mundo lhe atribui. Um primeiro passo nessa direção é aceitar diminuir o ritmo intenso de fazeres e de preocupações com coisas por fazer, para se dedicar ao cultivo da sensibilidade voltada à autopercepção. Respeitar sua sensibilidade pessoal é a atitude a ser fomentada, mesmo que pareça não levar a nada de prático nem de útil. Aliás, a realização do signo de Capricórnio não se dá no campo das ambições práticas e materiais, embora pensar assim seja equívoco comum na prática astrológica. Capricórnio se realiza ao desempenhar o que sua subjetividade lhe pede que seja feito. Suas verdadeiras ambições são inteiramente incompreensíveis aos olhos das outras pessoas, pois que são pessoais, subjetivas, intransferíveis. A realização de Capricórnio é realizar aquilo que percebe ser o seu destino, o seu desígnio, soprado em seu ouvido pela sensibilidade que lhe faz perceber um sentido na vida para além de sua concretude pura e simples. O prestígio que o mundo venha a lhe conferir nunca lhe satisfará – a insatisfação tende a levá-lo a buscar mais e mais prestígio exterior, o qual nunca chegará a contentá-lo de verdade, sempre faltará algo: faltará a presença de si mesmo, faltará atender àqueles "caprichos" que são, em verdade, expressão de seu desígnio.

Capricórnio, quando posicionado na Casa VII, firma suas relações, alianças e parcerias sob a óptica do outro, submetendo-se ao anseio do outro, mais do que movido por suas próprias motivações. Respeitará com rigor a formalidade dos acordos e alianças, como se esse fosse o ponto forte, o ponto que dá sustento ao relacionamento. Assim, ser "correto" diante de seu par é, antes de tudo, limitar-se a se permitir cumprir o que julga ser o seu papel dentro da relação, restringindo-se ao que imagina que lhe é permitido pelo outro, como que se "rebaixando" a ser apenas o cumpridor de um papel no relacionamento, saindo fora da igualdade intrínseca à relação a dois. E, mais, não respeitará apenas a formalidade do que foi acordado entre as partes, mas respeitará também e, mais ainda, o que a outra pessoa traz como seus motivos e necessidades, de maneira tal que apenas o respeito ao outro comporá o conteúdo do relacionamento, não haverá respeito por si mesmo, suas motivações pessoais ficarão fora da relação. Dessa postura, decorre a sensação de se escravizar em demasia à autoridade do outro. Sem a atuação de Úmido, deixada para trás pelo mecanismo capricorniano, a contração de Frio torna-se autorrestrição e inibição diante do outro.

Na medida em que o aspecto automático de sua mecânica prevaleça, uma atitude autorrestritiva e inibida estará presente em qualquer Casa astrológica em que se encontre o signo de Capricórnio.

A conduta voluntária requerida para a mecânica capricorniana tornar-se plena em sua atuação é respeitar a natureza subjetiva de sua interioridade, é conferir autoridade a suas motivações, é saber-se portador de motivações subjetivas que, embora difíceis de definir ou mesmo de perceber, são a única coisa capaz de dar sentido ao que faz. Essa conduta para a Casa VII é deixar de conferir autoridade apenas à outra pessoa e passar a conferir igual autoridade a si mesmo, deixando de se inibir diante da grandeza, da importância e do valor atribuídos errônea e excessivamente ao outro. A relação a dois deverá tornar-se um campo fértil para cultivar seus desejos, caprichos e interesses.

A atuação forte da natureza Frio e Seco de Capricórnio, em um âmbito de acolhida emotiva, como na Casa IV – relativa ao lar e à família –, gera situações conflitantes entre a busca de satisfação emotiva e a construção excessivamente formal de relações familiares. Cumprir o que agrada à família é mais importante do que promover o bem estar para si mesmo em seu ambiente doméstico e familiar. Ver todos satisfeitos à sua volta, isto é, fazer as coisas que lhe parece irão agradar aos demais e, assim, realizar seu "papel" dentro da família, é o que lhe parece necessário cumprir acima de tudo. Naturalmente, esse "papel" é pautado pelo olhar do outro e a satisfação dos outros não corresponde à sua própria satisfação – embora esse tipo de paridade lhe soe coerente, dentro de uma coerência que não existe. A insistência em fazer o que lhe parece ser seu papel familiar isola a pessoa de seu meio, isola-a das pessoas com quem deveria se sentir amparada e acolhida. Mais propriamente, suas necessidades sentimentais e a segurança emocional não são atendidas a contento, como se os outros à sua volta não alcançassem o que se passa em seu íntimo, como se os familiares desconsiderassem suas necessidades pessoais.

Na verdade, quem não alcança esse íntimo é a própria pessoa de Capricórnio na Casa IV. Seu isolamento é um isolar-se de si mesmo, de seus próprios sentimentos. Superar esse bloqueio da mecânica capricorniana exige, neste caso, o relaxamento quanto à ânsia de satisfazer as pessoas em seu lar e família, em primeiro lugar. Relaxar quanto a satisfazê-las abre o espaço necessário para a pessoa se tornar perceptiva a suas próprias carências e necessidades que porventura existam. Em segundo lugar, colocar-se diante dos familiares, colocar o que sente e pensa com certa desenvoltura, como se fosse dona do espaço em que vive, tanto quanto as demais pessoas que nele habitam. A confiança em firmar um lar próprio e fazer de sua moradia um porto seguro são consequências para o cumprimento dessa atitude voluntária.

Já a presença de Capricórnio na Casa X – relativa à carreira profissional – indica a confluência entre a realização material e social com a dinâmica capricorniana de fazer uma construção de contornos externos firmes e cuja força aponta para a exterioridade. Realizar uma carreira bem sucedida e bem construída parece ser uma tarefa encaminhada com naturalidade, por esta posição astrológica. Contudo, a questão é a ausência de vínculo entre os êxitos alcançados na carreira e a motivação profissional desta pessoa. Poderá realizar-se em área que não é a sua vocação, ou mesmo nem sequer saber direito que há uma vocação dentro de si, a qual anseia ser exteriorizada. As realizações externas encobrirão muito facilmente, nessa Casa, a ausência de vínculo com sua interioridade, já que a integridade estará perdida, e não obstante os bons resultados obtidos aos olhos do mundo serem satisfatórios – quer dizer, serem satisfatórios em certa medida, suficiente para dar a impressão de realização, embora esta possa não resistir a uma análise mais profunda, que talvez nunca venha a ser feita.

A plenitude de atuação da mecânica capricorniana na Casa X depende de se fazer uma autorreflexão a respeito dos impulsos e inflexões presentes em sua interioridade, os quais não tenham sido atendidos, e cuja carência se evidencia mesmo quando se conquistam resultados exteriores que o mundo considere satisfatórios ou notáveis. Trata-se de olhar para dentro e perceber o que vai em seu interior, o que almeja realizar como contribuição para o mundo, o que percebe ser seu desígnio realizar, um desígnio que é só seu – e que, por conta disso, sentirá como não sendo reconhecido pelos olhos do mundo. A sensação de que o reconhecimento profissional nunca é suficiente, e que as honrarias e dignidades a alcançar estão ainda e sempre muito acima do que foi conquistado até agora (não importando o grau de conquista alcançado), decorre do tipo Capricórnio na X não reconhecer o desígnio ou motivação que traz em seu interior, e não realmente da falta de reconhecimento exterior. Curiosamente, é bastante comum pessoas com Capricórnio, ou Saturno, seu planeta regente, presentes na Casa X, trabalharem em campos de atividade relativos ao *design*, seja de objetos, casas, traçados urbanos. A busca de um sentido de destinação à materialidade – isto é, de desígnio – é, de diversos modos, a questão relativa a essa posição astrológica.

O que eu serei no futuro? Qual missão, desígnio, destino ou *dharma* me compete (muito mais do que quais competências me levam a conquistar uma meta de sucesso)? O que gera a meta capricorniana deveria ser a sensação de ser destinado a ela. Como toda sensação, traz algo de incerto, de não ser avaliável por instrumentos objetivos, nem replicado como uma lei geral. Capricórnio traz um sentido de individualidade diferente de Áries: lá, era *ser* um indivíduo, aqui é fazer algo que, em seu bojo, contenha sua individualidade.

O Frio e o Seco capricornianos, capazes de realização material, quando presentes nas Casas II ou VI de uma carta astrológica, funcionam realizando com certa facilidade os assuntos práticos dessas Casas, a lida com as fontes de provimento financeiro e com a rotina executiva do trabalho. A lida com a resistência e a inércia presentes em qualquer realização concreta é desembaraçada e competente por parte do tipo capricorniano, desde que tenha contatado uma motivação que lhe estimule a enfrentá-las. Essa motivação poderá nascer de cobranças e exigências externas, como algum tipo de penúria que obrigue a trabalhar compulsoriamente, o que o fará trabalhar a contragosto, pois que movido por motivação exterior negativa e pesarosa, e não por um legítimo impulso de realização pessoal no âmbito financeiro e produtivo. Trabalhar para dar conta da sobrevivência material, forçado por alguma contingência – como, por exemplo, ter que arcar com as despesas de toda uma família – é a maneira mais comum desta mecânica ser posta em ação. Mais raro é encontrar alguém com essa posição em sua carta que tenha se permitido mover-se por um desejo pessoal de realização nesses campos. Por isso é tão comum encontrar pessoas com essas posições astrológicas que se submetam a rotinas de trabalho ou a condições materiais que fundamentalmente prejudicam seu equilíbrio pessoal. É cultivar o deserto em sua vida, julgando cultivar um pomar: em nome de supostas realizações materiais que lhe trariam bem estar, causar-se condições desérticas e inóspitas de vida, ao se dedicar além da conta ao que não queria estar fazendo.

Alguém com Capricórnio na Casa V irá se defender de seus próprios sentimentos. Essa Casa é relativa à expressão emocional daquilo que somos e do que queremos, o que pressupõe estar em contato com a emotividade presente em nosso interior. É justamente esse contato que se perde na ação da mecânica capricorniana, o que torna a presença deste signo nessa Casa particularmente difícil de realizar-se a pleno. O acréscimo de propulsão para se aproximar de sua emotividade, dado pela Casa V a Capricórnio, deveria, a princípio, lhe inspirar a se corrigir da inibição primordial e intrínseca e, superando esse automatismo, recuperar o contato com sua interioridade, com sua raiz nascida na qualidade primordial Úmido, e, assim, mostrar seus sentimentos amorosos, seu romantismo e sua natural vocação a criar formas artísticas, movido por seus sonhos mais pessoais.

Entretanto, não é bem isso o que acontece. Embora a emotividade esteja aqui presente com força especial, em se tratando deste signo, ela é, ao mesmo tempo, negada enquanto é afirmada. Esse paradoxo se dá no modo de expressar-se com sarcasmo e ironia, isto é, mostrando seus sentimentos como se fazendo pouco deles, retirando deles o valor enquanto emoção sentida ou brincando de sentir aquilo que, no fundo, está mesmo a sentir, mas não pode ser admitido à luz dos olhos seus e dos outros.

Uma natureza profundamente amorosa, capaz de grandes atos em nome de seu amor, atos tão imensos que são inimaginados pelas outras pessoas, é o que o signo de Capricórnio traz como promessa para a Casa V. Para essa promessa se cumprir, é preciso voltar-se para o que sente, para suas paixões, seus anseios criativos e afinidades emotivas, levando-as a sério, como se lhe fossem vitais – pois o são; é preciso cultivar seus sonhos mais férteis na vida amorosa, em vez de se deixar ficar cultivando sentimentos inexistentes e, consequentemente, desérticos e estéreis. Confessar seus sentimentos para si mesmo é a atitude primeira necessária para a plenitude capricorniana na Casa V. Há um pomar a ser cultivado, e não apenas um deserto a ser encarado como obrigação.

A presença de Capricórnio na Casa XI tem um funcionamento muito próximo ao da Casa V, somente que, em vez de se dar na afetividade pessoal, se dá no campo da afetividade social. Há a facilidade de os sentimentos afetivos serem menos pessoais, sendo mais coletivos e impessoais, o que não exige à mecânica capricorniana atentar para sua interioridade. Entretanto, atribui aos amigos um papel de fidelidade e constância que dificilmente pode ser cumprido a contento, pois que a dinâmica de Capricórnio, desejosa de realizar-se aos olhos dos outros, exige desses "outros" viverem uma amizade de tal modo realizadora de sua interioridade, a qual foi deixada de fora pelo próprio capricorniano, que naturalmente essa formulação das coisas não faz muito sentido. Também no âmbito social, sua postura contém algo de sarcástico ou amargo, transformando as mágoas causadas pelas imperfeições das relações de amizade e dos amigos em um descrédito generalizado pela raça humana e pelo que se pode esperar das pessoas.

Quanto aos projetos de vida, ou, melhor dizendo, quanto aos sonhos de vida, naturalmente estes terão um caráter de projeto muito mais do que de sonho, com a particular caracterização de serem projetos racionalmente apoiados no que a realidade imediata e concreta exige, do que apoiados em sonhos, isto é, nos desejos desejados pela própria pessoa. A atitude a ser voluntariamente colocada nessas linhas de ação é retomar o sentido original com que se engajou aos amigos e ao meio social do qual participa, é retomar o sentido original de seu projeto de vida. É valorizar mais o sentimento que o une aos amigos, localizando existir aí um sentimento, do que se ressentir diante das falhas possíveis destes. É ter uma participação em seu ambiente social com base no que lhe move a contribuir para esse ambiente, mais do que esperando um reconhecimento que nunca o fará se sentir completo. É retomar o sonho de vida com que iniciou a vida adulta, sempre voltando a ele como parâmetro e referência de onde gostaria de chegar com sua vida.

A presença de Capricórnio na Casa III indica a preocupação em fazer uma comunicação bem construída, em desenhar com precisão cada elemento a ser comunicado ou trocado. "Fazer bem feito", dar uma "boa forma" para aquilo que faz é característico da ação conjugada das qualidades Frio e Seco, como foi descrito para Touro, e presentes também na mecânica capricorniana. Nessa Casa, o *fazer bem feito* se refere ao modo de se comunicar, seja emitindo suas mensagens, seja recebendo as mensagens dos outros. Contudo, esse "bem feito" irá se referir muito mais à forma e à formalidade da comunicação do que propriamente aos conteúdos que se deseja comunicar, pois é nessa parte que surge a subjetividade das pessoas a se comunicar, e, como temos visto, a porção subjetiva é aquela que a mecânica capricorniana tende a renegar e a não entrar em contato. Assim, a comunicação e as trocas tendem a se dar dentro dos limites do que é formalmente correto, do que está nas convenções aceitas e do que pode ser aceito por todos, universal e impessoalmente. Sua comunicação se distancia dos conteúdos pessoais, de expor sua pessoalidade, seus apelos, desejos e sua emotividade. Receber e ouvir o que os outros lhe dizem será também mantido distante de conteúdos pessoais que lhe sejam comunicados.

A natureza capricorniana não é ausente de sensibilidade, nem de emotividade. Como descrito antes, o que acontece é o afastamento desse aspecto humano pela ânsia de realizar e fazer, a qual toma conta e diminui o valor possível atribuído à sensibilidade existente em sua natureza e que também precisa ser vivida e expressa associada à sua boa capacidade realizadora. No campo da comunicação, a separação e a perda de integridade entre esses dois mundos tende a restringir a capacidade de troca e comunicação a apenas aspectos objetivos e concretos. Poderá, assim, se especializar com êxito em comunicar-se sobre assuntos técnicos. Entretanto, os momentos em que a conversação com alguém passa dos limites da formalidade causam apreensão e são difíceis de lidar. A ironia e o sarcasmo são formas possíveis de a inteligência e a argúcia recobrirem com graça sua dificuldade, e assim se defender da lida com sentimentos ou outros pontos de acesso à sensibilidade. O gesto voluntário requerido à presença de Capricórnio na Casa III é o de manter a integridade entre objetividade e subjetividade, sem escamotear com laconismo ou sarcasmo a presença de aspectos pessoais ao se comunicar, nem escapar pela tangente do silêncio, silêncio ao falar ou ao ouvir, tão oportuno para se manter distante.

A presença do signo de Capricórnio na Casa VIII – relativa ao fim dos processos, às crises, às perdas e à morte – pretende tornar objetivos processos quase inteiramente subjetivos: a sensibilidade humana diante desses assuntos. Algo muito parecido acontece quando este signo se encontra na Casa XII – relativa aos obstáculos, inimigos internos e externos, e doenças crônicas. Há uma tentativa de objetivação dos problemas da vida, como se estes fossem somente questão de uma correta e adequada lida racional da qual nasçam as adequadas providências objetivas para que nada disso venha a existir. Nessas Casas, Capricórnio atua à margem da esperança, da caridade e da abnegação emocional, como se esses valores relativos à alma humana não fizessem sentido; como se apenas providências racionais e objetivas fossem suficientes para lidar com os aspectos incompreensíveis e misteriosos da vida; como se a morte, a vida, a sexualidade, o destino, fossem um dia ser, finalmente, capturados dentro das tramas da razão e pudessem ser reduzidos a processos e providências cabíveis em um laboratório científico ou repartição pública.

Não obstante, a função de Capricórnio é manter indene a delicada integração entre subjetividade e objetividade. Nas Casas VIII e XII (e também a Casa IV, é preciso acrescentar), mais do que em todas as outras, essa integração é fundamental para a saúde psicológica do indivíduo. Essas Casas representam assuntos cuja lida subjetiva é muito mais decisiva para o equilíbrio psicológico do que apenas providências práticas – embora estas sejam igualmente importantes, são aquelas as que darão o tom de harmonia ou desarmonia para com os assuntos dessas Casas, sempre um pouco, ou muito, além do que nossa pequena vontade pessoal consegue controlar. Para a natureza capricorniana manter sua integridade nesses âmbitos é preciso fazer tudo o que seja possível fazer para lidar com inteligência e objetividade com problemas, doenças, crises, términos e perdas, e, além disso, ter a grandeza de alma para admitir que seus melhores cuidados e capacidades estão aquém do requerido nessas lidas, mantendo-se assim emocionalmente equilibrado entre o possível e o impossível.

Já na Casa IX – relativa à filosofia de vida e aos valores que norteiam as ações – temos situação bem diferente, pois nessa Casa se faz valer o tanto de vontade que o ser humano é capaz de despender para orientar sua vida; não se trata de Casa de retorno de ações do passado, mas sim de orientação futura para suas ações. É a sede capricorniana de atingir suas metas concretas e visíveis voltada para o futuro, a direção no tempo que lhe é afim, com a qual tem empatia natural. É a cabra direcionada para escalar e subir ao alto da montanha.

A presença do signo de Capricórnio na Casa IX faz a filosofia de vida ter contornos pragmáticos, dentro dos quais vale aquilo que é eficiente para atingir os objetivos ambicionados. A eficácia parece ser sempre a escolha mais correta. Eficácia é algo que pode ser avaliado exteriormente, a partir de um padrão universal e objetivo, sobre o qual todos deveriam concordar. Sob esse ponto de vista, os princípios de valor que possam ser avaliados exteriormente são aqueles escolhidos para serem os regentes de seus atos. Assim, as leis da Natureza são boas referências sobre as quais alinhar princípios do que seja bom e correto. O sentido de harmonia e de funcionamento competente e pleno da Natureza soa como sendo a tábua de princípios a partir da qual estabelecer seus critérios de bem e de mal, de certo e de errado. Embora a tábua de princípios naturais seja um critério válido para processos naturais, e dentre eles estão incluídos alguns dos aspectos da vida humana, nessa tábua de princípios naturais não está inscrito *tudo* o que um ser humano vive.

Mais uma vez, os aspectos subjetivos humanos são suprimidos quando das escolhas feitas automaticamente pela mecânica capricorniana. Sua orientação de vida torna-se restrita ao que funciona e ao que conduz a resultados, o valor da vida humana transforma-se em somente atingir metas e resultados. E, naturalmente, a perspectiva de não atingi-los colocará em sofrimento o tipo capricorniano, pois, ao não ser bem sucedido, irá considerar também que não foi "bom", que não agiu "bem", que falhou moralmente. Esse critério confuso que não distingue entre bom resultado e princípio moral não parece ser um problema dentro das leis da Natureza, pois nela o resultado final, a harmonia de tudo quanto existe na Natureza, é tanto o seu princípio "moral" – a harmonia – quanto sua eficácia – o funcionamento perfeito de e entre todas as suas partes.

Integrar a propensão Úmido às propensões Frio e Seco, e, portanto, tornar plena a atuação do mecanismo Capricórnio, na Casa IX, significa se sensibilizar com o aspecto "humano" dos valores escolhidos para reger sua vida, significa ter um padrão de valores que considere os aspectos subjetivos do ser humano, suas inquietações, suas buscas, suas ânsias de aprimoramento íntimo e de crescimento humano. Valores que apontem para as mais altas conquistas humanas como sendo aquelas que valorizem o próprio sentido do humano, em vez de se pautar pelos resultados exteriores alcançados por uma ou outra pessoa. A integração capricorniana é aquela que nasce de uma união entre a subjetividade e a objetividade, da união real entre esses aspectos aparentemente tão irreconciliáveis quanto um corpo de cabra e o rabo de um peixe.

Ao ocupar a posição mais alta no Zodíaco, Capricórnio simboliza o ponto máximo que o ser humano pode alcançar em sua trajetória pelo Zodíaco, isto é, na vida. Capricórnio ocupa a posição do sol a pino, ponto que na carta astrológica recebe o nome de Ascensão Reta do Meio do Céu, ou simplesmente Meio do Céu, simbolicamente o ponto mais alto das realizações. A elevação em direção a este ponto se dá com o signo de Sagitário e é atingida ao iniciar o signo de Capricórnio. Curiosamente, esses signos que ladeiam o ápice do Zodíaco têm em seus indicadores dois seres inexistentes para nossa realidade: um centauro e uma cabra com rabo de peixe, dois seres híbridos, metade isto, metade aquilo, talvez um indício do quanto esse ponto mais alto do Zodíaco e da vida humana não pode ser atingido dentro das realizações humanas comuns. O lado divino do centauro, que compartilha com seu lado cavalo a figura mitológica, pode ser facilmente entendido como indício da elevação necessária a uma pessoa para, superando sua condição humana, chegar ao ápice da realização que lhe é possível.

Mas por qual razão uma cabra com rabo de peixe ocupa o lugar acima do divino centauro, o que terá esse ser híbrido, junção desajeitada e *nonsense* de dois animais inferiores, de superior até mesmo a um semideus? Não seria de se esperar que no alto do Zodíaco se colocasse uma figura mais deslumbrante ou celebrativa de qualidades humanas superiores do que este animal que nem anda nem nada direito, cuja escalada em direção ao alto, desejada por sua metade cabra, é impedida por sua outra metade peixe de mar? Ao simbolizar o "fazer" mais elevado ao ser humano, o que quererá dizer um híbrido tão exótico e pouco competente para com as ações mais básicas, como a locomoção?

Sem pretender responder a todos os significados presentes em simbologia tão eloquente, talvez se possa começar a pensar no assunto pela fragilidade da junção entre cabra e peixe. Há algo de frágil em Capricórnio, diferentemente do centauro, cuja fusão entre cavalo e divindade une a força animal e a força divina; são dois planos distintos, mas que trazem suas forças peculiares para compor este ser, um semideus. Peixes e cabras não têm, simbolicamente, muito de força ou de poder; são seres comuns, sem o porte digno e honrado de um cavalo, sem a grandeza de alcance de um arqueiro divino. Peixes e cabras têm em comum o espírito cordato daqueles que sabem da modéstia de seu lugar dentro da ordem da Criação. Como quem sabe que as tarefas comuns são sua atribuição principal e que, para cumpri-las, basta seguir fazendo coisas bastante simples, ou mesmo simplórias, sem muita graça para os olhos de uma plateia ou da cobiça mundana.

O que há de excepcional não é cada ser em si mesmo, o peixe e a cabra, mas sim a união desses dois seres aparentemente díspares. A união entre realizações objetivas no mundo exterior e a subjetividade da vida interior – esses dois universos que aparentemente seriam tão próximos, mas que o animal-indicador de Capricórnio nos diz serem tão distantes que sua união é rara e especial, uma verdadeira anomalia entre o que se encontra cotidianamente em nossas existências – é o grande feito possível ao ser humano, é o máximo a que um ser humano pode chegar nessa sua existência sob o Sol do Zodíaco. A integração entre nossas ações e nossa subjetividade ou, mais apropriadamente, nosso coração, é o feito supremo. Estar no mundo existencial e nele realizar nossas obrigações ou desejos, sem nos distanciarmos de nossa vida interior, equivale a dizer, sem nos distanciarmos de nossa essência espiritual – simbolizada pelo rabo do peixe, sinal premonitório do que virá a ser pleno no signo de Peixes –, é o grande feito simbolizado por Capricórnio.

Antes mesmo de se situar plenamente em sua natureza espiritual no último signo do Zodíaco, que essa natureza se faça presente quando das realizações principais do ser humano nesta terra, quando atinge o ápice de seus feitos, ou de seus afazeres, para usar uma palavra menos prenhe de glória. Feitos ou afazeres, realizações importantes ou sem importância, tanto faz. Capricórnio simboliza a fragilidade do que se realiza neste mundo. Contudo, Capricórnio simboliza também que o sentido desta frágil vida humana se assenta em sua essência espiritual, o que não a torna menos frágil – aparentemente talvez a torne mais frágil ainda diante dos embates da existência, como denota a incompetência de locomoção da cabra-peixe –, mas confere sentido às realizações existenciais, quaisquer que sejam, gloriosas ou simplórias, grandiosas ou corriqueiras.

Que nenhum gesto seja feito sem que seu coração esteja junto e lhe inspire a tal gesto. Essa poderia ser a *lei da integridade*, lei a ser respeitada por todos na Casa ocupada pelo signo de Capricórnio na carta astrológica. Que sem o concurso do sopro vital que nos anima, nada seja feito por nós. Caso contrário, o que for feito será gesto morto, ausente de significado real. Se isso parece algo que deveria acontecer espontânea e naturalmente ao ser humano, o indicador eloquente de Capricórnio nos diz exatamente o oposto: é algo que não encontramos naturalmente, é algo que só existe quando inventado artificialmente, quando criado voluntariamente pela consciência possível ao ser humano.

19

AQUÁRIO

*Meus pés não tocam mais o chão, Eu pairo acima do céu estrelado,
Para depois da Lua taciturna, Para depois de Júpiter e Saturno,
Eu passo com um zunido forte,
Passo feito um raio por Capricórnio, E me atiro no abismo negro
Da noite absoluta e ilimitada
Onde eu giro e giro eternamente.*
(Armand Renaud)

No signo de Aquário, o movimento expansivo Quente predomina sobre a flexibilidade de Úmido. A expansão de Quente não tem o que lhe coloque freios ou cause atrito, e por causa disso ultrapassa limites e se expande até os horizontes mais amplos. Aquário é o signo no qual a vida se expande em seu máximo. É o signo do Homem, maior feito da vida.

A expansão da vida é também a expansão da percepção do ser vivo. Em Aquário, à medida que a vida se expande a perceptividade do ser vivente se expande junto. Quente (expansão) leva Úmido (percepção) em seu colo, por assim dizer, aos confins das possibilidades do que um ser vivo pode vir a perceber. A percepção mais ampla possível ao homem é propiciada pelas qualidades primordiais que compõem o signo de Aquário. As percepções nascidas da ampla perspectiva aquariana têm o poder de captar o todo, têm o poder de síntese do conjunto das coisas. Essa característica atribui a este signo o conhecimento e a sabedoria. Aquário é o aguadeiro que derrama sobre os humanos, seus iguais, o conhecimento captado por sua mente, a qual alcança as longínquas alturas da percepção.

Não tanto pelas leituras que faça, nem pela habilidade em tecer belos pensamentos e interessantes correlações, como o fazem Gêmeos e Libra, seus antecessores do elemento Ar no ciclo zodiacal, mas porque Aquário expande toda e qualquer pequena impressão percebida ao máximo de suas possibilidades, este é o signo da abertura das portas da percepção e da compreensão. A mecânica aquariana opera expandindo sua interioridade (Quente) em relação àquilo com que se põe em contato (Úmido). Mas a proporção entre receptividade e expressividade não é igual, Quente prepondera sobre Úmido. A recepção é menor, a expressão maior. Uma pequena impressão vinda de um fato qualquer provoca forte reação criativa, o que faz a dinâmica aquariana viver em um estado de excitação constante por aquilo que percebeu. Diante de qualquer pequena coisa deste mundo captada por sua percepção, esta se expande até os confins das possibilidades de perceber a pequena coisa. Quente é mais do que Úmido, este não coloca freio sobre aquele, toda pequena impressão se expande e arrasta a mente aquariana aos confins do possível e, veremos em detalhe adiante, ultrapassa mesmo o possível e ingressa no mundo da utopia.

Há também um modo abrangente de participar de situações e relacionamentos, devido à força (Quente) de suas percepções (Úmido). Pela natureza receptiva de Úmido, quanto maior a expansão da qualidade Quente, mais ela abarca, abraça e acolhe tudo a sua volta. Aquário é o signo da abertura para abraçar o mais possível a realidade. Alcançar as maiores distâncias e os horizontes mais vastos para conseguir dar o abraço que mais abranja e abarque a tudo e a todos. Contudo, alcançar as maiores distâncias faz com que se afaste, se distancie do que lhe é imediato: quanto mais amplo e abrangente o abraço aquariano, mais distante se torna de quem lhe é próximo – um dos paradoxos presentes na dinâmica aquariana, composta pelas qualidades primordiais opostas, Quente e Úmido, a mais ativa e a mais passiva dentre elas.

Não se trata de uma distância na horizontal, no mesmo plano da realidade da qual se afastou, como alguém que está distante tantos metros ou quilômetros de outro alguém. A dinâmica aquariana se afasta como que para cima, para o ponto de vista capaz de abarcar o maior conjunto possível – o que, em termos geométricos encontra-se em um ponto *fora* do plano a que pertencia. A dinâmica aquariana, inclusive, faz questão de marcar sua diferença em relação ao grupo ou ambiente a que pertence. Esta é a marca de sua excentricidade: não admitir estar no mesmo plano dos demais. Tal anseio de diferenciação, de fazer-se sentir como sendo diferente, leva esta dinâmica a se destacar com atitudes que, de algum modo, coloquem a pessoa à margem do comum, que demonstrem, aos seus olhos e dos demais, que ela não pertence ao plano corriqueiro.

Como alguém que se senta no alto da montanha para melhor olhar o vale onde estava a cidadezinha a partir da qual começou sua escalada para o alto da montanha. Aquário olha para o mundo, para a vida, para os seres humanos, seus iguais, desde uma altura suficientemente abrangente e distante, de modo que os sons e a polvorosa rotineira daquela cidadezinha, das pessoas e do mundo não lhe perturbem os pensamentos, não tinjam de impropriedades a clareza de sua percepção.

A infinitude de Aquário, no seu esgarçamento a partir de um certo ponto, traz à mente a série harmônica presente em cada nota musical, na qual, também a partir de um certo estágio, nos harmônicos superiores, assume um contorno etéreo, com o som perdendo materialidade e ganhando um aspecto de aura. É o mesmo que ocorre com a natureza aquariana sutilizando-se rumo às alturas: torna-se inaudível, perde definição "acústica", "sonora"; ou seja, atinge certo limite da linguagem, a partir do qual as coisas não podem mais ser ditas, têm que ser exibidas ou, mais propriamente, só podem ser ditas quando e enquanto vividas.

Aquário é o signo que segue a Capricórnio, na ordem do Zodíaco. E, sendo este o signo da cabra com rabo de peixe que atingiu o cume da montanha, é consequência zodiacalmente natural que Aquário ocupe a posição do alto da montanha, conquistada pelo signo que é seu antecessor na roda zodiacal. Em Capricórnio, o ponto mais alto atingido era a integridade do ser humano. É como se a natureza aquariana se iniciasse com esse ponto de partida: em sendo o humano um ser íntegro, que alturas ele pode alcançar? E, é desse ponto de vista elevado que a dinâmica aquariana se relaciona com o mundo ao redor. É do alto da montanha que o tipo aquariano procura ouvir as conversas trocadas entre os moradores da cidadezinha lá em baixo. A humildade e o sentimento de igualdade parecem não fazer parte de sua atitude fundamental – por mais que seja tido como o signo da igualdade.

Uma coisa é subir até o alto da montanha, ver o mundo de lá de cima, e voltar à cidadezinha para então partilhar com seus concidadãos a visão elevada que obteve.

Outra coisa é subir até o alto da montanha e lá ficar, apreciando o movimento das pessoas cá em baixo – isolado do burburinho desagradável de uma cidade com aqueles seres humanos "fatigados por sua jornialidade no tediário" –, imerso em seus pensamentos a respeito de seus concidadãos e, não obstante, distante deles. Lá de cima, nosso escalador imaginário poderá permanecer com seus pensamentos por mais tempo, praticamente se esquecendo de voltar ao seu lugar de origem. Esses pensamentos poderão mesmo voltar-se para seus amigos na cidade, para o quanto seria legal eles saberem do que ele sabe agora, o quanto a vida deles seria mais fácil se soubessem o que ele sabe, e como sua própria vida seria mais agradável se, lá em baixo, encontrasse também a paz e a proteção tranquila que encontrou nos ares rarefeitos da montanha isolada. Há sim um anseio de igualdade, mas combinado com o anseio de diferenciação – paradoxo da dinâmica aquariana.

Mergulhar no alto do conhecimento e da sabedoria e, desse mergulho, retornar à vida comum, trazendo consigo – trazendo em seu *ser*, seria a expressão mais precisa – a sabedoria absorvida, é o movimento completo da dinâmica aquariana. É o papel do aguadeiro, daquele que distribui a água – que faz cessar a sede – para os outros. A plenitude aquariana é alcançada não quando atinge o lugar mais alto de seu voo, mas quando traz os frutos do voo para, com eles, organizar e dar sentido ao que se passa na terra. O aquário que simboliza este signo está tombado, está vertido, está a deixar escorrer seu conteúdo. Aquário é chamado também de o *aguadeiro*, aquele que agua, que verte a água de seu recipiente. Como o regato que nasce pequeno na montanha e cujo volume d'água cresce à medida que desce para a planície, tornando-se aí, e só aí, um grande rio capaz de saciar as gentes, a sabedoria aquariana se torna consistente quando aplicada na existência. É no ato de disseminar a sabedoria por meio de sua presença e de seu comportamento expresso que o tipo aquariano encontra a plena realização de seu papel. Só onde há sede um aguadeiro faz sentido.

Na Casa astrológica onde se encontra o signo de Aquário, vivemos a experiência do contato facilitado com percepções amplas da mente e a dificuldade de trazê-las para nossa própria existência no âmbito da Casa.

Por exemplo, em uma carta astrológica com este signo na Casa VI – relativa aos afazeres e confortos de rotina, no trabalho e no cuidado pessoal – ocorre uma distância entre o que a pessoa sabe ser mais eficiente e certo, e sua atitude na lida prática efetiva com estes assuntos. Há uma percepção de como resolver as situações práticas da vida e como lidar com elas. Em sua mente, irá resolver os afazeres com os quais está envolvido, mas faltará colocar mãos à obra. Há o anseio oculto de que as coisas se resolvam por si mesmas, que a ordem geral do mundo, como se algo assim existisse, fizesse funcionar seus trabalhos, dando conta de seus afazeres, e também fosse a causa de um estado orgânico saudável. Essa maneira de lidar com um aspecto prático da existência, na qual há mais idealização do que ação concreta, deixa uma lacuna. Flutuar por sobre os pequenos trabalhos necessários à manutenção da vida não é suficiente para que esses trabalhos se cumpram. O gesto voluntário a ser acrescentado à dinâmica aquariana, nessa Casa, é colocar suas ideias em prática, aplicá-las dentro da realidade *como esta se apresenta*, sem idealizar uma realidade inexistente, para só aceitar colocar suas ideias em prática nessa realidade utópica. A dinâmica aquariana reluta ou se nega a atritar a pureza prístina das ideias captadas por sua mente em uma realidade por demais áspera, como lhe parece ser a realidade das rotinas servis aos detalhes da existência, como aquelas significadas pela Casa VI. Aceitar o contato com o "chão da vida", a realidade prática, é o pré-requisito para o gesto que torna plena a atuação aquariana.

O funcionamento da dinâmica aquariana alcança sua plenitude quando seus pés tocam o chão de volta do alto salto que deu às alturas. Talvez não seja o ponto mais "belo" de seu movimento, o qual estaria na graça elástica da suspensão no alto, mas é o ponto de seu movimento em que sua trajetória se completa.

Imagine um bailarino que em sua coreografia executa um salto, descreve um belo arco desde o chão até o pleno voo no ar, com o corpo alçando formas e condições insuspeitadas para os que estão sentados bem acomodados a lhe assistir nas cadeiras da plateia. O salto que parece estar em seu auge quando o bailarino ocupa o ponto mais alto do arco ascendente completa-se verdadeiramente quando o bailarino volta a tocar o chão com seus pés. A beleza do salto é feita do conjunto, desde o impulso a partir do chão, que deve ser natural quase imperceptível, elevando-se elástico pelo arco ascendente até o alto e descendo suave até que os pés toquem o chão com a naturalidade de quem nunca se despregou nem deixou de ser íntimo do solo. Subir ao céu e tocar o solo novamente, e no arco total desse movimento realizar sua tarefa. Assim também é a dinâmica aquariana: elevar-se acima do comum e voltar ao chão para trazer *no arco total de seu movimento* a beleza, a verdade, a harmonia para aquilo que, sem o acréscimo de sua visão, seria o comum: andar pelo chão, pé depois de pé, em simples caminhada sobre o solo.

A elevação para outro plano *e a volta ao plano dos comuns*, o chão, é o trabalho artístico do bailarino, o salto é um dos momentos supremos de sua arte, assim como o trajeto completo da dinâmica aquariana é a elevação de sua percepção para trazê-la e aplicá-la à assim chamada "realidade comum". A musculatura que o bailarino utiliza em seu salto é a da região da panturrilha, a barriga da perna, parte do corpo relativa ao signo de Aquário. Não apenas o salto em voo é aquariano como a musculatura que permite ao ser humano saltar e voar é relativa a este signo.

Agora, como uma dinâmica Quente e Úmida, expansiva sem freios até o infinito, volta ao chão do qual iniciou sua expansão? Em que parte dessa dinâmica está o retorno do movimento ao solo firme?

Vimos na mecânica do signo de Leão, relativa à expansão firme da vida, que não há um bloqueio na própria dinâmica, e como o bloqueio surge na relação com o mundo à volta. Aquário é o signo complementar a Leão, tem algo a ver com Leão, e reparte com ele, neste sentido, igual característica: em ambos, o predomínio da qualidade Quente supera as tensões e relaxamentos de Seco e Úmido, respectivamente em Leão e Aquário, e segue em frente em seu movimento. Não há bloqueio dentro da dinâmica aquariana, como não havia na leonina, e esta idealmente se expande até o infinito. Contudo, no limite da expansão, quando a qualidade Quente já gastou todo o seu potencial expansivo, e a qualidade Úmido não sustenta o movimento (como Seco sustenta Quente, em Leão, e dessa combinação vimos surgir a afirmação da vida), o movimento aquariano perde sua potência e se esgarça, se desvanece – não mais se expande, permanecendo em uma espécie de estado de suspensão, seu movimento é inconcluso. Não há bloqueio, mas tampouco há conclusão. Não há um retorno a coisa alguma propriamente, há um esgarçamento do movimento. Há um tempo que se alarga indefinidamente. Em lugar de afirmar a vida, à maneira leonina, o signo de Aquário representa da vida não sua força, mas sua capacidade de percepção elevada ao máximo. Em sua ilimitação inconclusa, Aquário se torna o mais perceptivo dos signos zodiacais. Mas no que vai dar essa dinâmica se ela parece não ter volta, não ir a lugar algum, apesar de ir mais longe do que todos os outros?

Dentro do Zodíaco, esse movimento esgarçado e evanescente irá se tornar o signo de Peixes, o qual nasce do predomínio da qualidade primordial Úmido, que é a qualidade que restou de Aquário, depois que Quente se desgastou até não mais poder. Mas, considerando dentro da dinâmica aquariana, antes que esta se transforme em outra coisa na sequência do tempo zodiacal, o que se passa com Aquário nesse limite em que nada mais acontece, em que sua natureza Quente tanto se espraia que como que desaparece?

A qualidade Quente em Aquário se expande, "levando consigo" a qualidade Úmido. Uma não oprime, nem contém, nem segura a outra, ambas seguem expandindo juntas. Esse movimento parece infinito em si mesmo (como o movimento de Leão também pareceu infinito). Afinal, é a vida em si mesma mostrando-se perceptiva ao que se põe em contato, fascinada por tudo aquilo que é capaz de tocar em seu movimento – e talvez não se pudesse esperar nada diferente da vida.

Como todas as demais dinâmicas representadas pelos signos astrológicos, quando tomada separadamente, uma a uma, esta também não se completa, não se manifesta plenamente. Há um engendramento interno à própria dinâmica que faz com que, quando manifestada nos planos físico e psíquico, ela funcione bem somente até certo ponto. Tomadas no conjunto do Zodíaco, isto é, em sua natureza essencial em sua própria dimensão, o terceiro palco, as dinâmicas dos signos se seguem umas às outras e, ao final de uma dinâmica surge a seguinte, como consequência zodiacalmente natural; assim, idealmente o ciclo do Zodíaco se completa sem entraves. A Vida se manifesta de acordo com as doze distintas fases expressas no Zodíaco; que, aliás, quer dizer justamente vida, é um diminutivo da palavra 'vida' em grego antigo. Zodíaco é em resumo o ciclo da vida.

Aquário tende mesmo ao infinito, a uma conclusão aberta, a se expandir sem mais voltar, semeando distantemente a vida que porta. Mas a vida, contida em Aquário, deverá ser semeada. A dinâmica expansiva não permite ficar guardada no aquário, no pote de vidro que encerra o líquido da vida. Semear, espargir, disseminar *para os outros*: essa é a função da expansão aquariana. Afinal, o aguadeiro verte a água de seu pote para as outras pessoas, não para si mesmo. O ponto final de Aquário não está em si mesmo, está nas demais pessoas, naquelas que, de algum modo, recebem o que dele deságua. Daí a imagem da subida à montanha e a descida para trazer sua visão para as pessoas da aldeia lá embaixo. Daí a imagem do salto do bailarino que se eleva e volta para a terra. O retorno para alguém ou um grupo de pessoas – coisa que a princípio parece *não estar presente* no desenho da dinâmica interna de Aquário – é, na verdade, o fator que completa a dinâmica aquariana. O que está ausente, o que está por se completar, mas não é completado até o limite do alcance de sua dinâmica, é o que dá sentido a Aquário. Este é o signo da *utopia*.

Assim, no exemplo da Casa VI, a dinâmica aquariana proporá soluções utópicas para a lida diária com os afazeres, proporá soluções ideais e pouco viáveis para situações que exigem lida prática imediata. Essa é uma Casa que se refere aos detalhes concretos da existência, àquilo que está muito próximo de nós a exigir solução e adaptação no próximo passo que daremos em nossa rotina. Aquário nessa Casa sugere adiar o imediato em nome do futuro, em nome de possibilidades maiores que talvez nunca venham a ser instaladas, mas cujo vislumbre torna desinteressantes as soluções imediatas que teriam que se dar às lidas rotineiras.

Aproximar a utopia idealizada da realidade premente é ir do alto do salto do bailarino até seu pouso (suave) no chão, é descer da montanha trazendo a visão ampliada para o vilarejo, é aceitar as lidas práticas a que se está submetido e nelas introduzir, de algum modo e em alguma medida, as melhorias e ampliações vislumbradas. É colocar o conhecimento a serviço de melhorar as coisas, com a humildade de quem reconhece que a mera satisfação de se abarrotar de conhecimento não é plenitude de verdade, é antes inchaço, e que somente a distribuição das boas ideias aplicando-as na prática do bem viver, para si e para todos a sua volta – as ideias aquarianas são por natureza abrangentes, todo-abarcantes – é que encontrará a satisfação de ter sua função realizada plenamente.

A presença do signo de Aquário na Casa X, relativa à carreira profissional, indica idealização da carreira com projetos de grande envergadura e toda uma supervisão das possibilidades sem, no entanto, haver ação correlata ao que é vislumbrado e visualizado. Mais uma vez, uma Casa relativa à realização material exigindo da natureza aquariana descer ao chão das realizações concretas. Mais uma vez, devido a sua natureza, não haverá a completude do gesto, a idealização permanecerá ideal abstrato, enquanto as situações concretas da profissão correrão por alguma outra via, distante do que idealizou e deseja. Mais uma vez, há a necessidade de entrar em cena a partilha aquariana com outras pessoas para, *por intermédio delas*, realizar sua própria carreira profissional. A dinâmica aquariana, que não se completa por si mesma, completa-se por intermédio do compartilhar suas abstrações elevadas com outras pessoas e por intermédio dessas pessoas ver realizarem-se seus projetos profissionais. Por exemplo, alguém com grandes conhecimentos técnicos e visão muito bem estruturada a respeito da fabricação de um certo produto, poderá, por si mesmo, não ter nenhum motivo para colocar em prática todo esse conhecimento; irá trabalhar com outras coisas, desvinculadas de seu conhecimento principal;

entrementes, um amigo poderá lhe propor sociedade, organizando a empresa que terá por base as ideias do sujeito de Aquário na Casa X e junto com ele levará essas ideias à realização. De algum modo, é por meio dos outros que a dinâmica aquariana completa seu circuito. Aquário vai à realidade pelos outros.

Este signo, colocado na Casa II, relativa às posses financeiras e aos bens materiais e de valor, indicará uma ação efetiva sobre esses assuntos quando premido pelas necessidades de outras pessoas, ou premido por efeitos de uma interação social que lhe exige certa condição financeira, mais do que pelo seu interesse pessoal em aplicar suas possíveis boas ideias para ganhar, administrar ou gastar seu dinheiro. Administrar um conjunto de posses e bens de uma coletividade lhe será admissível, cuidar do patrimônio de um conjunto de pessoas ou de um grupo lhe será mais natural do que pensar em termos de ganhar dinheiro só para si. A natural incompletude da dinâmica aquariana, mais uma vez aqui, se completa pela entrada em cena daqueles que possam se beneficiar de sua inteligência. É o retorno que vem dos outros o que lhe completa. Essa condição coloca a dinâmica aquariana à mercê de um retorno o qual não controla diretamente, um retorno que depende de fatores além de suas mãos e de sua ação direta. Há que se ter certa confiança não nas pessoas diretamente, mas em alguma providência maior, para se lançar nessa empreitada. Por outro lado, essa condição permite à mecânica aquariana na Casa II atuar em rede com muitas outras pessoas ou condições que lhe permitem abranger um espaço que, por meio de suas próprias mãos, nunca alcançaria. Trabalhar em cooperação com muitas pessoas é a maneira aquariana de tratar de finanças e, inclusive, cuidar de resolver a questão de sua sobrevivência material, também relativa a essa Casa. Não se trata de um desprendimento em relação a questões financeiras nem de uma disposição fraternal para com o dinheiro de todos, mas sim uma maneira particular de alcançar seus objetivos pessoais: cooperando com algum conjunto no qual esteja inserido produtivamente.

Há analogia entre esse modo de funcionar e a circulação sanguínea de retorno, uma parte da fisiologia corpórea regida por este signo. Não há um órgão que bombeie o sangue de volta para o coração (como há o coração a bombear o sangue para todo o corpo). Há as veias, naturalmente. Mas não há um órgão a bombear o sangue pelas veias desde as extremidades do corpo para o coração. Há todo um sistema de fatores que, em sua somatória, fazem o sangue fluir de volta ao coração; desde o próprio eco da batida cardíaca que empurra o sangue arterial, as contrações da musculatura ao nos movermos e a movimentação de órgãos internos que fazem retornar o sangue venoso até a maneira como são constituídas as veias, diversos fatores ajudam o sangue a retornar ao coração. A circulação de retorno fica à mercê desse conjunto de fatores indiretos que compõem a volta do sangue ao coração. Todo um sistema feito de vários diferentes fatores. Na fisiologia do corpo humano, em um corpo saudável, esse modo de funcionar leva ao resultado pretendido: o sangue retorna.

Para aquele que tem o signo de Aquário na Casa XI, associada ao convívio social e às amizades, essa dinâmica leva a procurar os amigos, mobilizado mais pelos amigos do que por interesses seus próprios; participa de grupos sociais respondendo a um aceno desses grupos. É como se o meio social lhe chamasse a cumprir certos papéis e não pudesse se negar a fazê-lo. Aquário, assim também como, mais ainda, o signo de Peixes, conforme veremos a seguir, se dispõe a completar os elementos faltantes neste mundo, como se seu papel fosse preencher a ausência, cumprindo ele mesmo o papel de retornar, ou entornar até preencher o que está faltando. A participação em interesses grupais e sociais lhe será espontânea e natural, como se só servindo ao grupamento social de que faz parte pudesse obter aceitação desse grupo.

É nesse sentido que Rudhyar diz do *servir* como o dom deste signo, o dom de prestar serviço aos demais. Não se trata aqui do servir virginiano, voltado para tomar cuidados práticos para com outrem, nem o servir subserviente de quem se coloca como serviçal de alguém. Trata-se de ter o espírito voltado para ocupar os vazios que encontra no mundo ao seu redor; serve ao conjunto por nele ocupar as posições que beneficiem o funcionamento do conjunto.

Aqui, vemos uma interessante inversão da atuação aquariana. Ela é toda expansão, tendendo ao infinito, sem nunca voltar para o ponto de origem; não obstante, a dinâmica aquariana acaba se manifestando como um elemento de retorno, atuando a serviço do mundo ao redor: sua expansão é um 'retorno' em relação ao que percebe do mundo, uma devolutiva do que suas percepções lhe trouxeram. No fim das contas, o retorno aquariano, que antes localizamos ser inexistente em sua estrutura, está presente na raiz do gesto de servir à completação do conjunto, que será sua própria completação, sua própria plenitude. Aquário se realiza quando o conjunto do qual faz parte encontrou um estado especial de harmonia, harmonia da qual participe como agente organizador e idealizador, como se a harmonia da situação da qual participa brotasse da visão de harmonia que lança sobre a situação e que, por meio desta, é concretizada.

A circulação de retorno não é o coração, não é o centro vital do organismo. Não obstante, por participar como contraponto à pulsação cardíaca e à consequente distribuição do sangue pelo corpo, de certo modo, a circulação de retorno faz parte do centro vital do organismo ao contribuir indiretamente para a circulação da vitalidade, e participa do controle da vitalidade juntamente com o coração. Temos aqui, uma imagem fisiológica da figura da eminência parda, daquele que comanda e dirige desde os bastidores.

Aquário é o signo da *eminência parda*, aquele que esconsamente rege uma situação, um ambiente, um grupo de pessoas por meio de atuações indiretas, que por seus conselhos, orientações, gestos e, por que não, suas manipulações, indiretamente vão configurar a situação, *comandando* o conjunto da situação, enquanto outras pessoas em posições de destaque parecem ser quem atua e as dirige. O sistema regido por ele, por detrás das cortinas, por assim dizer, obedece a seu projeto mental.

Aquário nas Casas II, VI e X encontrará maneiras indiretas de conquistar sua sobrevivência material. Aquário na Casa XI se associará às pessoas por uma espécie de imantação, atraído por onde houver uma insuficiência, uma necessidade, alguém sedento por algo; seus sonhos de vida surgirão pela pressão negativa do que falta em sua existência, isto é, seu grande sonho de vida é um estado de harmonia global, mais do que feitos particulares neste ou naquele setor da existência.

Aquário presente na Casa VII – relativa às parcerias, associações e ao casamento – tem atuação semelhante à da Casa XI: a união se dá pelo anseio de preencher um vazio, há estímulo para se unir a pessoas e situações das quais receba o apelo para verter seu conteúdo, suas ideias, seu conhecimento. O apelo para verter algo é a colaboração necessária para a dinâmica aquariana se interessar por fazer parte. Por isso, em um relacionamento a dois, muitas vezes o tipo Aquário na Casa VII, depois de um tempo de convívio no qual ajuda com certos interesses ou necessidades de seu par, passa a se desinteressar pelo relacionamento: não há mais com o que contribuir. Os vazios que eram atrativos para o seu tipo de contribuição deixaram de existir e sua presença parece não ser mais necessária. O tipo aquariano se diz, então, aborrecido com o relacionamento. Um aborrecimento que não tem relação direta com a pessoa com quem se relaciona, mas um aborrecimento por não encontrar mais pontos passíveis para sua contribuição ao outro, ou à relação.

Essa impessoalidade em uma relação que deveria ser pessoal e afetiva tende a não ser bem compreendida por seus parceiros. O tipo aquariano se liga a alguém por ter algo a compartilhar, a verter sobre esse alguém. Se não há vertedouro possível, não há interesse pela ligação. Por mais que sua contribuição seja um belo presente, capaz de ajudar a pessoa com quem se vinculou, esta poderá se ressentir de ser dada a ela – a seus sentimentos, por assim dizer – uma menor significação, pois, para o tipo aquariano, o significado da relação está colocado em um ponto projetado no infinito, estará em um anseio de contribuição bastante impessoal para poder se derramar sobre essa pessoa específica, ou se derramar sobre qualquer outra pessoa.

O tipo aquariano de Casa VII, assim como o de Casa XI e também o de Casa III, se relaciona com sua própria necessidade de verter seu conhecimento, mais do que com as pessoas com quem se põe em relação. Fará amigos, formará parcerias, se casará e se comunicará com pessoas sem que estas constituam o foco de seu relacionamento, mas o foco de derramamento de seu conhecimento.

Com a dinâmica aquariana atuando na Casa III, a comunicação será feita com direção única, expondo seus conteúdos, conhecimentos e visões celestiais, isto é, vertendo o que há em seu recipiente, sem dar oportunidade para a outra parte se colocar. Ou ainda, quando a outra pessoa se coloca e passa a dizer algo, o tipo Aquário na III não saberá como receber isso, como escutar o que o outro tem a lhe dizer, pois que ele próprio colhe as informações importantes (ou que julga importantes) presentes no outro por meio de sua percepção expandida. Poderá ser um grande ouvinte de conteúdos que não foram expressos tanto quanto bastante surdo ao que lhe está sendo dito expressamente, pois sua percepção quer chegar longe, não se interessa pelo óbvio, pelo que é colocado de maneira evidente. A comunicação e a inteligência alternam entre serem brilhantes para a síntese e a percepção de conjunto, e deixarem de perceber dados imediatos facilmente perceptíveis por outras pessoas.

Quando na Casa VIII – relativa à morte, transformações e perdas –, a dinâmica aquariana opera com sua percepção colocada nas questões sutis do mundo além das formas, sendo capaz de pressentir o que se passa por detrás das aparências e da cena aberta. Tentará, com sua percepção, obter algum controle sobre o vasto mundo que está além de qualquer controle. Há uma busca por apreender conceitual e racionalmente as experiências emocionais, relativas a essa Casa. Sendo uma Casa relativa à intimidade nas relações e sendo Aquário um signo da amplitude e do distanciamento, resulta em a pessoa se afastar para se aproximar melhor. Não aceitará que os relacionamentos e os acordos e pactos decorrentes lhe tomem a liberdade. Precisará sempre encontrar maneiras de conceituar os acordos e pactos para sentir-se, de algum modo, livre.

Quando se tratar de transações financeiras e compromissos materiais, a dinâmica aquariana poderá não perceber a realidade concreta em que se encontra, a ponto de respeitá-la. Como consequência, a pessoa poderá traçar compromissos muito além de suas possibilidades, lançando-se desavisadamente em oportunidades muito maiores do que havia previsto. Isso pode se tornar um meio de crescer mais rápido, mas tende a ser um crescimento desordenado, com a pessoa correndo atrás do que já foi, suprindo carências com atraso e, ao fim das contas, sob o risco de não conseguir completar a oportunidade de crescimento – quando não, algumas vezes, sem chegar a completá-las.

Quando se tratar de dar fim a alguma situação, negócio, coisa ou relacionamento, esta natureza atuará do mesmo modo, terminando muito antes do tempo

– por assim dizer, terminando antes de ter acabado realmente – ou deixando passar muito do tempo justo para dar fim ao que precisa acabar, por não ter percebido seu término. Os atrasos e adiantamentos em seus compromissos, em especial o primeiro caso, serão comuns, como se vivesse em outro tempo e outro espaço, inalcançável pelos demais, quando do cumprimento de seus acordos e compromissos.

O gesto voluntário necessário aqui para a dinâmica aquariana atingir seu funcionamento pleno será considerar o outro na mesma medida em que considera seus altos ideais, buscando uma elisão entre os dois lados da situação. O aspecto Úmido deverá funcionar mais ativamente, por assim dizer, terá que ser reforçado em sua dinâmica, recebendo o outro com o mesmo apreço e consideração que dedica às suas próprias ideias de como as coisas devem ser. Em um exemplo bastante simples, mas talvez difícil de ser colocado em prática por este tipo, trata-se de ser pontual diante de um compromisso com hora marcada, sem adulterar imaginativamente a hora do compromisso com considerações autoexplicativas, isto é, que deem primazia a seus motivos em lugar de considerar o que foi combinado com outrem.

Na Casa XII, a dinâmica aquariana atua expandindo sua visão a respeito das soluções que os problemas requerem, mas, muitas vezes, enxergando soluções que não podem ser ainda aplicadas, soluções visionárias ou utópicas, capazes de resolver o problema imediato muito tempo depois. Naturalmente, as soluções que propõem para superar obstáculos e solver bloqueios, inclusive os de saúde, são muito sagazes e perceptivas, só que sua aplicação costuma requerer uma condição inexistente ou a ser construída; o que não será impedimento algum, se houver a paciência e o empenho para construir a base primeira para lançar-se a construir a solução efetiva. Ou ainda, sua visão dos problemas e agruras pessoais se combinarão com a dos problemas e agruras gerais, os problemas do ser humano enquanto espécie. Por exemplo, para resolver um problema particular e específico de saúde, construir todo um novo hospital para esse tipo de tratamento, criar um novo sistema de saúde para sua comunidade, com regras que atendam a todos os que por desventura venham a ter esse mesmo problema de saúde um dia.

Na Casa IV, Aquário atua expandindo o sentido de família para um grupo muito maior do que o de seus pais, irmãos ou cônjuge e filhos. Este tipo se sentirá como que em família quando participante de um clã ou grupamento com o qual interaja de maneira bastante livre e onde, de algum modo sutil, comande as ações mais do que tenha que obedecer aos laços preestabelecidos. Amizades formam-se conforme uma decisão que aponta para o futuro; laços familiares se formam por raízes que o passado deitou sobre nós e sobre as quais não temos controle. Essa é uma condição inaceitável para a dinâmica aquariana. Que sementes trará enquanto novidade para semear em um ambiente no qual a herança do passado preencheu todos os pontos fundamentais? Aqui parece não haver espaço para a dinâmica aquariana.

Na prática, ao lidar com seus familiares, o tipo aquariano de Casa IV se mostrará liberal e dominador ao mesmo tempo, expandindo sobre eles seus conceitos e sua visão de como as coisas devem ser e, ao mesmo tempo, mostrando interesse a respeito da natureza humana de cada um dos participantes da família, pois considerará esse aspecto como mais relevante, o lado humano, do que fará questão de respeitar os ritos e compromissos estabelecidos pelos laços familiares.

O gesto voluntário necessário para a dinâmica aquariana aqui se estabelecer em sua plenitude é o de verter suas sementes no seio familiar de modo a ampliar o sentido que sua família tenha, realmente para se tornar uma família maior, em todos os sentidos que sinta lhe serem necessários.

Esse gesto requer um convívio mais próximo e imediato com as pessoas e demais condições de seu lar e família, convívio mais próximo do que costuma aceitar, caso fosse deixado solto em sua tendência a se destacar do plano em que estão todos e se alijar da proximidade, indo morar em uma altitude inalcançável, naquele lugar que se costumou referendar como sendo a morada natural do tipo aquariano: a torre de marfim. Essa não é sua morada natural, é apenas o lugar em que vai parar quando permite que sua atenção e consideração sejam deixadas vagando para as paragens que lhe são mais confortáveis – e a ampla distância, a expansão solta da qualidade Quente sem qualquer relação com o entorno é o movimento que lhe é mais confortável, embora o mantenha isolado.

A presença de Aquário na Casa V – relativa ao sentimento amoroso e aos namoros, uma casa sentimental e intimista, a princípio – é indício de uma atitude distanciada e idealizada diante do amor, do namoro e de seus próprios sentimentos. Imaginará namoros amplos, tendendo ao infinito e à perfeição, enquanto poderá ficar incomodado por situações de proximidade que considere excessivas, tais como o convívio rotineiro e uma sequência de obrigações a serem cumpridas junto ao seu amor. Sua idealização de como deve ser o amor pode acabar afastando-o do convívio amoroso direto na realidade, com uma pessoa ali na sua frente, preferindo espargir sua afeição para grupos de pessoas, para aqueles cuja distância permitirá preencher a relação com ideais mais do que com a realidade comezinha. O anseio de liberdade nas relações amorosas é bastante presente e é, de algum modo, vivido em meio ao distanciamento. Não obstante a qualidade Úmido mover-se para acolher e abraçar, o abraço dado pela dinâmica aquariana pode ser algo tão distante que aquele a quem abraça não se sentirá abraçado com a intimidade típica de um bom abraço. Há o calor da qualidade Quente, mas esse calor é doado a tantos, o abraço é tão igual para todos os seus iguais, que se torna impessoal, distanciado, o abraço amistoso e compreensivo dado por um representante da humanidade, por assim dizer, e não o abraço apertado e caloroso dado por um ser humano.

Viver um amor com um ser humano que represente, aos seus olhos, toda a espécie humana, algo como amar o ser humano arquetípico, poderá ser a solução, bastante utópica, mas que parecerá em seus sonhos ser a solução perfeita para a amplitude dos sentimentos que pairam em seu peito. Encontrar esse ser humano inexistente por definição poderá ser tarefa que lhe consuma muitos anos, se o tipo aquariano de Casa V não atentar para a realidade que tem à disposição para viver sua amorosidade. Esse é um caminho que pode render belos poemas e cartas de amor, mas que talvez não encontre ressonância na realidade a ponto de lhe dar uma experiência amorosa plena.

A atitude voluntária requerida para a dinâmica aquariana tornar-se plena em sua atuação na Casa V é a de querer repartir com as pessoas a quem ama seus anseios de grandeza, amplitude e conhecimento sobre a vida e o ser humano, como se o amor fosse mais do que apenas a partilha de sentimentos agradáveis e de autorreforço, mas mais exatamente fosse uma grande experiência, por assim dizer, uma grande viagem, na qual duas pessoas caminham juntas e repartem suas experiências, tanto no nível mental quanto no nível emocional – e, naturalmente, também e necessariamente no nível corporal; o que poderá representar um dos pontos de bloqueio para essa plenitude, na medida em que o nível físico e corpóreo é aquele que está mais distante das grandes idealizações aquarianas. Essa disposição de aproximação, acrescida voluntariamente à natural desenvoltura desta dinâmica, faz a natureza aquariana sair de sua tendência ao isolamento e ao retraimento de contato – justo ela que, em seu fundamento, quer a expansão e busca o contato perceptivo e vivo, mais do que qualquer outra dinâmica zodiacal.

Quando Aquário ocupa a Casa IX – relativa aos valores filosóficos, à religiosidade, à cultura e aos valores e anseios que orientam a vida de uma pessoa –, há afinidade entre signo e Casa. A dinâmica aquariana encontra terreno fértil para se expandir. Uma dinâmica idealista e idealizadora atuando em um setor da existência em que as idealizações são a base para as melhores realizações. Como seus conceitos aparentam ser supremos a tudo mais, por terem uma aparência mais criativa e verdadeira (mais Quente) do que aquilo que é percebido da realidade (que Úmido), essa posição astrológica faz a pessoa sentir que o mundo idealizado é muito mais belo e atraente do que a realidade crua, que a volúpia da mente é muito mais interessante do que as negociações aborrecidas com a realidade.

Sua atitude moral, por assim dizer, passa a ser a de quem está descolado da vida comum, como se pairasse acima do bem e do mal, como se as coisas importantes desta vida estivessem em outro plano, e não naquilo que vive e partilha com o mundo e as pessoas de seu convívio. Há uma espécie de "reserva especial" em sua cultura, valores e atitudes, como um vinho de grande safra, especialíssima, que nunca é repartido com as demais pessoas, pois não valeria a pena. Essa soberba está aliada, no entanto, a uma visão utópica da vida, que real e sinceramente anseia ver realizada, a visão de um mundo melhor, embora não faça muito para isso acontecer, bastando a si mesmo que pressinta essa possibilidade para sua consciência se acalmar, deixando de lhe ser necessário realizá-la. Assim, cultivar valores culturais, filosóficos ou religiosos de natureza especial e raramente compreensível por outras pessoas será uma maneira de se aproximar da beleza e da harmonia utopicamente visualizadas, mas também será maneira de manter-se apartado de colocar tais valores em prática. A atitude voluntária requerida para tornar plena a atuação da dinâmica aquariana nessa Casa é a velha, mas sempre necessária, disposição de unir teoria à prática – dificuldade maior dessa posição astrológica. Vencer a sensação de que estará diminuindo seu valor próprio ao colocar suas ideias em prática é um dos passos para tomar essa atitude. É preciso, para isso, encontrar um interesse por meio do qual a pessoa possa espargir seu conhecimento sobre os demais, aplicando-o em sua própria vida, em seu comportamento, em seu modo de ser.

O signo de Aquário, quando está presente na Casa I – relativa à identidade fundamental –, tem parentesco com sua atuação nas Casas V e IX. Indica alguém cuja identidade se define pelo que não é ainda, por uma idealização de si mesmo, a qual ocupa o espaço de ser alguém. As partes já formadas e evidentes de seu modo de ser não lhe chamarão a atenção, nem serão consideradas como tendo tanto valor. Por outro lado, os aspectos de sua identidade que a pessoa vislumbra como potenciais, como sementes interessantes para um futuro que ainda não há, serão os aspectos que irá valorizar, a ponto de colocá-la em condição de compreender o potencial do ser humano em geral, o grande potencial da raça humana. O que lhe interessa nas pessoas é seu vir a ser, mais do que aquilo que elas são e, neste sentido, seja lá o que as pessoas forem, será perdoável, pois o valor humano estará, para o tipo aquariano de Casa I, no caminho que projeta para seu futuro, e não naquilo que o trouxe até o momento presente.

Qualquer distinção quanto ao passado de um ser humano lhe será indiferente: preto, branco, amarelo, vermelho, azul, homem ou mulher, alto ou baixo em quaisquer sentidos, são condições a que os humanos nasceram submetidos, originam-se em um passado que não pode ser modificado, e isso não lhe diz respeito. O que cada um de nós fará consigo mesmo desse ponto em diante? O tipo aquariano de Casa I, mais do que qualquer outro, enxergará os demais humanos como companheiros de jornada para um futuro diante do qual todos são iguais:

somos todos sementes de um ser humano ideal, o ser humano do futuro, uma espécie de super-humanos nos quais as melhores sementes humanas estarão um dia plenamente desenvolvidas. Com essa visão de si mesmo e dos homens, *e trabalhando em nome dela sobre si mesmo*, o tipo aquariano realiza a missão de expansão máxima da vida, contida em suas qualidades primordiais.

Do alto da montanha e tendo à frente não a vista do caminho da subida, mas somente o vale que se projeta para adiante do ponto mais alto da montanha, a natureza aquariana não está apta a olhar para trás, para o caminho percorrido para chegar até onde está, mas apta apenas e tão somente a olhar para adiante, para o que se abre a sua frente, isto é, para um futuro ainda não existente. O "não ainda" do futuro é outra face da utopia aquariana. Um futuro com raízes no presente não lhe interessa, pois é continuação e demanda de um passado para o qual não tem olhos. Interessa à natureza aquariana somente o futuro cujas raízes estão por ser lançadas, ou, quando muito, raízes que ele próprio está a lançar com as sementes lançadas por seu gesto de verter o novo. Se Capricórnio ansiava tornar concreta e palpável uma visão ou possibilidade de futuro – e com isso definia que um passado ficou para trás, o caminho da subida até o alto da montanha – e realizá-la ou não era sua questão, Aquário é o signo que admite somente existir o futuro que ainda não está realizado, o futuro idealizado, para mais adiante ainda de onde estão seus pés. O que Aquário verte são, especificamente, sementes do novo, sementes do "não ainda".

20

PEIXES

Um poeta é um pinguim – as suas asas servem para nadar.
(e e cummings)

Peixes, o primeiro dos signos de Água na onda do tempo, é o último signo de Água na ordem do Zodíaco. Nos signos de Água zodiacalmente anteriores, vimos que o predomínio de Frio concedia capacidade de resistência e força interior, no signo de Escorpião, e capacidade de reação ativa e resposta prática, em Câncer.

Embora Frio seja uma qualidade dinâmica de introspecção e contração, é capaz de resistir e responder aos estímulos do mundo, equilibrando-se diante deles. Esses dois signos são combativos, a seu modo, mesmo com sua dinâmica interior formada por qualidades a princípio passivas, como Frio e Úmido. Contudo, neles, a qualidade Úmido, a mais passiva de todas, não predomina em sua composição.

No signo de Peixes, Úmido predomina sobre Frio. A resultante da combinação destas propensões nos apresenta uma condição única bastante diferente da de todos os demais signos; e, com ela, o Zodíaco chega ao encerramento de um ciclo, de uma totalidade, chega a sua plenitude, com um signo que pode ser considerado, em uma visão superficial, como o mais desvalido e impotente dentre todos. O Zodíaco, a vida, o tempo, atingem sua plenitude não no auge da força para fora, para o mundo, mas ao se entregar às forças da vida.

O signo de Peixes é a dinâmica do tempo em que Frio armazena Úmido, com o predomínio deste, localizando-se em um ponto de mutação da onda tempo, passagem na qual a dinâmica Quente, após expandir-se em seu máximo e "desmaiar" da qualidade Úmido, começa a contrair e retornar de volta. No gráfico da onda vital do tempo, Peixes ocupa a seguinte situação:

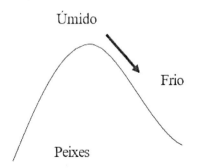

Em Peixes, a plasticidade de Úmido atua com mais presença do que a contração de Frio. A natureza moldável e receptiva de Úmido domina, por assim dizer, o movimento de contração, e esse domínio significa que deixa o movimento contrativo solto, sem conexão ou coerência interna. A propensão Úmido não antepõe resistência alguma à propensão Frio, que se contrai à vontade; mas também não enrijece essa contração tornando-a definida. A contração se dá de maneira solta, flutuante e instável. A medida em que Úmido acolhe e se move conforme as pressões externas, a contração de Frio passa a se mover para retê-las e puxá-las para dentro de si. Como as condições externas são variáveis – são *sempre* variáveis – a movimentação desta dinâmica acontece também de maneira variável, tomando a forma do que está acontecendo fora de si, a cada momento uma forma, um movimento, conforme o mundo se lhe apresenta. Úmido pressionado pelas mudanças que ocorrem ao seu redor torna a dinâmica pisciana impressionável pelo que lhe toca desde fora: torna-a vulnerável, flutuante, acomodável e mimética.

A dinâmica pisciana se assemelha ao funcionamento de uma chapa fotográfica, um filme emulsionado com uma substância tal que, quando exposto à luz, grava as imagens cuja luz se projetou sobre essa chapa, sobre esse anteparo fotossensível. Um filme fotográfico exposto à luz é impressionado com a imagem que está diante de si e grava em si essa imagem, *torna-se* a imagem. A chapa fotográfica passa a ter a imagem externa gravada em si mesma, assim como a dinâmica pisciana torna-se a dinâmica emocional que encontra fora de si. Com uma diferença significativa entre Peixes e o filme fotográfico: este último, quando grava uma imagem em si, fixa essa imagem retirando-a da movimentação da vida e preserva somente o primeiro instante em que se abriu à luz, capta um instantâneo da cena; Peixes é como um filme fotossensível que, após ter marcado em si uma dada cena, logo em seguida está pronto para receber outra imagem, está de novo como um filme *virgem* a cada instante depois de ter gravado uma imagem, e pode continuamente mudar sua imagem interna (na verdade, formam-se imagens sobrepostas) – ou sua forma, colocando de maneira abrangente –, sem que com isso perca nada de sua natureza cuja marca distintiva é, justamente, essa flutuação entre todas as imagens que lhe chegam desde o ambiente.

Quer dizer, mais do que a fotografia estática, a dinâmica pisciana se assemelha ao movimento captado por um filme cinematográfico, pela filmagem da vida em movimento, em seus incessantes movimentos. Não é exatamente por ser ilusão que o cinema é regido por este signo, ou por seu planeta regente, Netuno, mas por ser uma sucessão de estados da mente e da emoção registrados em seu fluxo contínuo. Um filme de cinema é um apanhado de cenas, concatenadas por um roteiro, filmadas por um diretor e sua equipe – visando causar um certo efeito, contar uma história ou levar a uma emoção; e, nesse sentido, é uma ilusão que nos causa algo. Os registros piscianos, o apanhado de impressões que foram impressas sobre o tecido de sua interioridade, entretanto, não têm propriamente um roteiro e uma direção. Se há um roteirista e um diretor para o que está impresso no tecido pisciano, este deve ser o Grande Roteirista e o Grande Diretor, o Regente da própria vida. Pois esse apanhado resulta da vida acumulada no tempo, do conjunto do que foi vivido até o momento e que movimentou a mecânica pisciana. Não se trata de uma ilusão, mas do reflexo da vida, o qual pode ser ilusório quando tomado como se fosse a vida mesma, é, em seu melhor, um *reflexo real da vida*. E esta é uma capacidade da mecânica pisciana: refletir a vida em sua totalidade, compreender a vida sem julgar nem estreitá-la dentro deste ou daquele cânone; isto é, ser compreensivo e compassivo em relação a seja lá o que a vida colocar aos seus pés.

Em uma analogia talvez mais próxima da real natureza pisciana, sua dinâmica é como uma antena receptora que capta as vibrações que lhe chegam, *dentro da gama de vibrações que está apta a captar*. Cada antena tem certas características em sua construção que a tornam capaz de captar certo comprimento de onda, capta alguns comprimentos de onda e outros não. Conforme a regulagem da antena, ela se habilita a captar isto ou aquilo. Peixes é como uma antena de amplo espectro, que capta tudo o que se move ao seu redor, tudo o que impressiona sua percepção, sua sensibilidade emocional.

Imagine uma antena a captar diversas estações de rádio e colocando-as todas para soar ao mesmo tempo em um aparelho de rádio. Ou imagine ainda, o mesmo acontecendo com as imagens e áudios de todos os canais de transmissão captados e reproduzidos em um aparelho de tevê. Agora, imagine todas essas estações captadas e reproduzidas por um aparelho misto capaz de entrar em sinergia com transmissores de rádio, televisores, telefones celulares e tudo o mais que seja emissor de ondas. A sobreposição das múltiplas captações leva a uma sobreposição de múltiplas impressões internas e enseja a que múltiplas expressões queiram ganhar voz nesse estranho aparelho.

Não importa o que seja transmitido pelo aparelho, soará como infinitamente insuficiente perante tudo o que sua capacidade perceptiva captou. Seja tentando emitir a cada vez cada uma das estações captadas e sempre restando muito mais elementos inexpressos do que seja lá o que foi expresso, seja tentando emitir todas as estações ao mesmo tempo e a expressão sendo uma cacofonia ininteligível, uma síntese que nada diz, esse estranho aparelho ficará à mercê das muitas ondas captadas, sem ter muito a fazer com elas. Balançará internamente ao sabor das ondas, sem concluir o que há a ser feito a partir disso tudo. Essa inconclusão natural nascida da profusão de percepções interiorizadas – captadas todas elas sem haver se estabelecido uma hierarquia ou ordem entre elas – é o estado em que se encontra a interioridade pisciana.

Estar aberto à captação. Essa é a essência da dinâmica pisciana. Aceitar tudo, acreditar em tudo, abrir-se ao que estiver ao seu alcance se abrir. Uma captação sem ordem pré-programada, pois que qualquer organização limitará a captação – e o aparelho receptor denominado "Peixes" não foi feito para ser limitado. A ilimitação é sua condição de funcionamento. Caso restrinja-se, não será mais o mesmo aparelho, será outra coisa, se tornará outro signo do Zodíaco; talvez se torne Aquário, ou, quem sabe, Libra, ou ainda Leão, cada um com sua gama parcial de percepções – tanto faz qual signo seja, pois que qualquer parcela do Zodíaco está contida na dinâmica e na expressão pisciana, abrangente o suficiente para que nela possa desaguar todo o círculo zodiacal.

Outra imagem que ilustra esta dinâmica é a da própria água, que toma a forma do recipiente que lhe recebe – e, caso nenhum recipiente a receba, irá tomar a forma que calhar ao espaço em que está – assim também a dinâmica pisciana tomará uma forma circunstancial a cada momento, conforme as pressões que receba do ambiente. Água, o solvente universal, a substância que se combina com quase todas as outras mais e com elas se compõe. A substância que é capaz de limpar quase todas as demais substâncias. Pode-se estar sujo de qualquer outro líquido, mas ninguém dirá que está *sujo* de água; diz-se que estamos *molhados* de água. Essa diferença ao mencionarmos que estamos com água sobre o corpo, ou sobre a roupa, mostra que a água é substância diferente de todas as demais, que tem algo de especial nela que não atua sobre nós propriamente, mas que se compõem conosco. A água é uma presença que, por assim dizer, não tem característica pessoal particular, é líquido neutro, uma espécie de líquido primordial capaz de ser tudo e não sendo nada ainda em particular, tal qual os antigos pensavam o *éter*, como a substância primordial que preenchia todo o espaço sideral sem, no entanto, ter forma, densidade ou característica particular.

A dinâmica do signo de Peixes é como a água (e, neste sentido, dentre os três signos do elemento Água, este é o que melhor representa a essência deste elemento): disposta a intercambiar com tudo, interagir com tudo, se dissolver em tudo e a tudo dissolver, modificar-se para se envolver com tudo, sem mostrar uma característica que se possa dizer seja propriamente sua, ou mesmo que tenha se apropriado em definitivo para ser sua – e essa ausência de característica própria é a própria característica essencial do signo de Peixes.

Peixes é, na onda do tempo, o momento em que há menor poder de atuação para fora, isto é, quando se está mais à mercê de seja lá o que for. É a dinâmica de se plasmar ao que vem do mundo, modificando a si mesmo – ou, mais apropriadamente, permitindo-se modificar – pelo que vem de fora. Aparentemente, esta dinâmica é incapaz de qualquer atuação sobre o mundo, pois que é inteiramente receptivo ao que vem do mundo. Veremos adiante que não é bem assim, pois que não há nada nesta nossa dimensão que seja inteiramente passivo ou inteiramente ativo (como vimos no caso do signo de Leão).

Peixes termina por atuar sobre o ambiente por meio de sua plasticidade. Contudo, é uma atuação tal que resulta em ser a somatória de tudo o que veio antes dele, de tudo o que lhe tocou. Por esse motivo, Peixes é o último dos signos na ordem do Zodíaco: é a somatória de tudo o que veio antes. A atuação que resulta dessa característica é a de compor passivamente uma síntese de tudo o que veio antes dele, de tudo o que existiu até então. Peixes é o signo do rescaldo das etapas anteriores, de tudo o que restou dessas etapas e que chegou intacto ou esfacelado no final do ciclo. As ondas altas quando à ira dos ventos o mar responde. É o que as ondas do mar deitam na beira da praia, e que podemos observar, em especial no raiar do dia, quando as marés noturnas trouxeram do fundo dos redemoinhos marítimos.

A presença do signo de Peixes na Casa IX de uma carta astrológica – Casa relativa aos estudos, à filosofia de vida e aos valores que orientam uma pessoa – terá como marca distinta a variação quanto à orientação na vida, ora se dispondo a isto, ora planejando aquilo, conforme o mundo lhe informe sobre este ou aquele caminho, este ou aquele valor. Sua mente desejará perceber tudo a que é possível uma mente perceber, mas sem estabelecer uma organização para os tipos ou níveis de conhecimento, e sim se misturando com todos os conhecimentos com os quais se colocar em contato, sorvendo-os sem, entretanto, absorvê-los, de modo a se constituírem em conhecimento estabelecido. Poderá ter um vislumbre mais propriamente do que uma visão filosófica ou religiosa sobre alguma coisa. Mais ainda, esse vislumbre irá variar ao longo do tempo, de acordo com novas informações, novas experiências ou novos impactos que a vida lhe trouxer.

A marca fundamental, no entanto, será acreditar na síntese mais refinada que possa vislumbrar quanto ao significado das coisas. Nenhuma informação ou conhecimento parcial lhe servirá. Sua sensibilidade terá afinidade especial com a quintessência das coisas, e é esse faro quintessencial que guiará seu vislumbre do que é a verdade, do que dá sentido ao seu viver. Naturalmente, há dificuldade para colocar em palavras ou mesmo em conceitos tamanha sutileza de percepção. Poderá expressar sua visão de mundo por meio da Arte ou da Religião, muito mais adequadamente do que pela Ciência ou Filosofia. Contudo, não imporá sua visão de mundo sobre nada ou ninguém, mas ficará submetido aos movimentos culturais de seu tempo, vagando em meio às informações culturais em busca de no quê daquilo tudo irá captar algo quintessencial.

Como todos os demais mecanismos dos signos, que estamos a conhecer por meio de suas qualidades primordiais, o mecanismo por si mesmo não se completa totalmente, há algo nele que necessita um gesto consciente e voluntário para que sua função se complete, para que o mecanismo atue plenamente. Vimos também como no encadeamento dos signos no Zodíaco um signo torna-se o signo seguinte, como também ocorre na linha vital do tempo, só que com um encadeamento e uma ordem diferente entre os signos. No Zodíaco, os signos seguem a ordem da vida manifestada; na linha vital do tempo, os signos seguem a ordem da vida ainda em semente.

Peixes sendo o último signo é o elo final da corrente, não um elo perdido que ficou no passado, mas o elo futuro ainda não alcançado, ainda apenas pressentido como potencial humano, o elo final que nos libertará da roda das repetições, das experiências-sempre-as-mesmas de uma vida que, por se repetir sempre a mesma, vai perdendo seu sentido.

O gesto voluntário requerido para a experiência pisciana transcender seus limites mecânicos e se tornar plena é a coragem de se abandonar às ondas que o jogam para cá e para lá e fazem sua natureza sofrer todas as consequências de tudo o que foi até então, as consequências de todos os acontecidos, para então, liberto do passado, pois que todo ele foi compensado, poder transmigrar para o futuro, isto é, ingressar em um ciclo novo, no próximo signo de Áries, que lhe segue no Zodíaco.

Na prática, esse gesto é aceitar pagar os preços necessários para que os processos vividos cheguem ao seu destino, à sua conclusão. Poderá ser, em alguns casos, simplesmente aceitar que certas coisas se concluam, deixar de adiar um ponto final que se faz necessário. Em outros casos, será aceitar liberar-se do que se foi, seja pagando algum preço para que isso ocorra, seja libertando-se emocionalmente daquilo que o prende a um passado aparentemente inconcluso. Em outros casos ainda, será compreender que a vida é do jeito que ela é, não por resignação acabrunhada, mas por ter verificado na prática, de maneira quase científica, que as coisas obedecem a leis e condições e que, diante disso, os resultados encontrados não poderiam ser diferentes, não podem ser modificados, e que, com eles em mãos, só resta nutrir a esperança de se redimir do que já foi para investir em algo novo que possa vir a ser, colocando os pés em um caminho direcionado à aurora do novo.

Em Peixes, convive-se com a sensação de que não adianta fazer nada por si mesmo. Há a predisposição, ou mesmo a necessidade, de que uma força superior e externa a si mesmo venha trazer ordem e redimi-lo da condição de estar entregue a uma perene oscilação.

Nutrir a esperança de renascer renovado é o gesto voluntário pisciano a ser acrescido a sua mecânica, de modo a tornar seu funcionamento pleno. No exemplo de Peixes na Casa IX, relativa à filosofia de vida, é, além de concluir que a vida é do jeito que é, nutrir a esperança de que há ainda um outro lado da vida por ser vivido, que transcende as experiências como as experimentou até ali. Nesse caminho encontra-se a quintessência da busca pisciana para uma filosofia de vida.

A presença de Peixes na Casa III da carta astrológica – relativa à comunicação, ao intelecto e aos contatos com o derredor – indica uma sucessão de impressões emocionais que procuram se encadear com alguma ordem, o que é necessário à comunicação e ao intelecto, mas que se recusam a aceitar qualquer ordenação pois que esta as retira de sua essência flutuante. Assim, na hora de se comunicar, parece que as palavras nunca são suficientes, que são um reflexo por demais pálido do que era para ser falado, que as palavras são insuficientes para dar testemunho do que foi percebido. Do mesmo modo, o discurso intelectual parece não dar conta dos pensamentos percebidos e a organização do dia a dia não dá conta de que tudo o que vislumbrou deveria ser feito e experimentado. A desordem na lida com a vida prática e nas interações resulta de uma desistência desamparada diante da dificuldade de colocar as coisas numa organização que considere válida.

Desistir de organizar, mais do que propriamente a desorganização em si mesma, é o problema pisciano. O desalento diante de tudo o que percebe é o sentimento negativo que bloqueia esta dinâmica. A permissividade, o seu modo de estagnação.

O gesto possível, aqui, é organizar por partes, organizar o possível, mesmo que provisória e precariamente. É aceitar o quanto seus esforços para organizar tudo o que o mar traz a sua porta é insuficiente, pois que não há como programar o que virá do mar. Não há como saber o que o mar trará a cada manhã para a beira da praia. Não há como prever o que a vida trará. Há como não desistir de toda manhã recolher os restos que as marés trazem, seja alguma bela concha, o corpo de um peixe, uma garrafa vazia, um animal marinho estranho, uma corda roída, um emaranhado de algas ainda vivas. O gesto possível é o alento diante do inexorável.

Como, por exemplo, comunicando as ideias de maneira suficientemente clara, mesmo que alguns aspectos do que gostaria de comunicar fiquem de fora ou sejam apenas pressentidos. Para isso, a comunicação poética pode vir em seu auxílio: palavras e gestos que dizem mais do que seu sentido estrito, quando utilizados com a sensibilidade necessária para de seu entrechoque saltarem significados extras, ou mesmo transcendentes. Ou, ainda, ao estudar um assunto, talvez um tema técnico, uma língua estrangeira ou um assunto abstrato, se importar menos com o rigor de seguir o manual de estudo e mais com o rigor de se disciplinar com horários de estudo rígidos para, dentro desses horários, permitir-se percorrer as ideias com movimentos circulares da mente e captar o essencial, a síntese do assunto estudado, antes ainda de se dar conta dos detalhes e de cada parte do assunto, e, a partir da compreensão de sua síntese, conseguir organizar suas partes, ou, ao menos, algumas delas.

E assim, em todas as demais Casas, a desistência quanto a colocar ordem, quanto a usar do discernimento possível, quanto a procurar um corrimão firme a partir do qual se situar, mantém o tipo pisciano mergulhado em um oceano não-mapeado de situações desconexas e sem sentido.

Aceitar que é possível alinhavar alguns pontos e se dedicar com afinco a esse alinhavo é, em resumo, o gesto de desbloqueio para esta dinâmica Úmida e Fria. É o que faz um missionário em uma terra distante quando vê que pouco ou nada fará pelo povo ao qual foi se dedicar: faz esse pouco, realiza esse nada, de modo a esse nada se tornar alguma coisa e, talvez, possa vir a satisfazer a alguns poucos ou mesmo a muitos. Não é ele quem decidirá isso. Ele, por ele, poderá apenas colocar a sua melhor dedicação na direção de alinhavar os pontos que encontra como possíveis de serem trabalhados.

Quando o signo de Peixes está nas Casas relativas à vida material – as Casas II, VI e X –, essa atitude é aplicada quando é movido por um sentimento de que precisa cuidar de sua sobrevivência ou de suas responsabilidades práticas, e, a partir disso, estabelece alguma disciplina prática para cuidar disso, dentro do que for possível fazer.

Quando o signo de Peixes está nas Casas relativas aos relacionamentos – as Casas III, VII e XI –, essa atitude marca o gesto de se envolver com as pessoas sem se deixar arrastar para zonas do relacionamento com as quais não quer compactuar. Trata-se aqui de não desistir de querer dar à relação um conteúdo emocional que considere positivo, um conteúdo que o faça feliz, pois que a plenitude nos relacionamentos talvez não mereça outro nome que não felicidade.

Quando o signo de Peixes está nas Casas relativas à identidade – as Casas I, V e IX –, essa atitude é aplicada quando a pessoa se dispõe a ordenar os diferentes conteúdos que formam sua identidade, assim como os conteúdos emocionais que formam seus gestos amorosos e seus princípios éticos, discernindo entre o que vale a pena ser e viver e o que não quer mais que lhe diga respeito.

Quando o signo de Peixes está nas Casas relativas à vida subjetiva – as Casas IV, VIII e XII –, essa atitude marca o gesto de aceitação abnegada diante das crises, términos e perdas que se fazem necessárias para a libertação do indivíduo. Marca ainda a atitude de reinar soberano nos mares familiares, como aquele que compreende e alimenta a todos, sem nada pedir em troca.

Depois de toda a água evaporada e desaparecida da terra, sob a forma de vapor, a água passa a compor as nuvens que pairam sobre nossas cabeças. A água que nos serviu e alimentou, depois de comprida sua tarefa, subiu aos céus. Da água, nada mais restou aqui embaixo, onde estamos. Em um dado momento, quando a pressão das águas no céu é grande e não se sustenta mais, o que significa ser o momento de aqui na terra estarmos mais carentes dessa água, mais sedentos, o vapor d'água flutuante nas nuvens se condensa e volta a ser água líquida, caindo sob a forma de chuva. A chuva que alimenta a terra, a chuva que lava o mundo, que limpa e traz nova esperança de vida por alimentar um aspecto dessa vida. A chuva é um indicador pisciano. É água que vem do alto, depois de ser purificada pela luz solar (pelo calor do sol, o que equivale a dizer também por sua luz, é que a água evapora). Ao cair, a água cairá limpa, desprendida de toda sujidade que, quando antes na terra, pudesse ter se agarrado a ela.

Assim é com a contraparte humana do que a chuva é para o planeta, a lágrima. Água salgada como o oceano, a lágrima é no microcosmo o que a chuva é no macrocosmo: o anúncio da piedade divina. É a água purificadora do sofrimento, cuja força santificadora neutraliza o rigor inexorável da lei natural, a qual é inclemente e ferreamente terrestre. Peixes é a redenção das experiências vividas ao longo da vida, ao longo de um ciclo. Como a água depois de evaporada pelo calor solar volta à terra purificada, redimida das impurezas e rediviva, a natureza pisciana abre as comportas para que possamos começar um novo ciclo zodiacal redimidos do ciclo que terminou.

O ciclo eterno de evaporação e condensação – eterno enquanto houver água neste planeta, eterno enquanto houver experiência emocional vivida por um ser humano – é o que está simbolizado no signo de Peixes. Em termos de tempo, este signo não é relativo a um instante ou outro dentro das fases do tempo, mas sim à percepção do conjunto de todos os tempos; é pairar por sobre todos os tempos, pertencendo a todos e ao mesmo tempo pertencendo a nenhum deles especificamente, em seu caminho de volta ao início de um ciclo, não obstante, indo para o seu final.

PARTE IV

A LEI ASTROLÓGICA

21

A LEI ASTROLÓGICA

[...] pisavas nos astros distraída, sem saber que a ventura desta vida.
(Orestes Barbosa)

Vimos como as qualidades primordiais mostram sua natureza, como suas interpenetrações formam os elementos e os signos, como a mecânica de seu funcionamento se manifesta nos signos e na vida humana, nos diversos setores da existência, exemplificando de que maneira nossas vidas e atitudes são marcadas pela sua presença.

Uma visão do funcionamento das coisas do mundo foi organizada pelo estudo das qualidades primordiais, em um estudo tipicamente astrológico, no qual a compreensão do fator tempo foi decisiva para o entendimento de como funciona um determinado aspecto da vida humana: a natureza movente e dinâmica da vitalidade que nos anima; ou, como dissemos no início do livro, nosso *cerne movente*.

O papel do cerne movente dentre os diversos fatores que compõem a vida humana foi comentado na Introdução, em particular o caráter essencial que este possui em nossa constituição, em contraponto aos fatores mais externos e de circunstância que vêm a nos compor.

Vimos nos capítulos dedicados à descrição do funcionamento dos signos como sua forma de agir mecânica permite ao ser que vive uma dada dinâmica vital administrar essa dinâmica, isto é, se autoadministrar: um mecanismo capaz de se administrar; um paradoxo que claramente nos diz que, embora de natureza parcialmente mecânica, aquilo que os signos astrológicos representam da natureza humana contém um potencial possível de consciência e ação voluntariamente escolhida. E, assim como com os signos, tudo o mais que a carta astrológica representa da natureza humana está sujeito à possibilidade de tomada de consciência, de administração voluntária e de modificação por parte do ser que a vive.

Vale ressaltar e reafirmar, mais uma vez, que a modificação é possível somente ao próprio ser, à pessoa que vive a dinâmica astrológica, não podendo ser alterada legitimamente desde fora, pois tais tentativas de alteração provocariam somente reações da dinâmica vital – reações mecânicas e, portanto, sem real modificação em seu modo de ser.

O absurdo que é uma ratoeira se autorregular, para tomar uma imagem usada de exemplo para a mecânica do signo de Áries, dá testemunho do quanto estamos a tratar de assunto que, se pode ser pensado até certo ponto por meio de associações, imagens, metáforas e discursos lógicos convencionais, a partir de um ponto determinado não o pode mais. É preciso sair do universo conhecido, como fizemos ao lançar mão da ideia de "terceiro palco" que se localiza fora e além dos campos objetivo e subjetivo, para adentrar outra dimensão. O terceiro palco, o palco da natureza dinâmica "pura", isto é, ainda não manifestada no mundo exterior fenomênico, nem na interioridade de uma psique, é aquele palco no qual existem as dinâmicas da vida em seu estado puro, é o *palco da vida*, no qual estas podem ser manipuladas diretamente pelo ser que as vive.

No capítulo 'Introdução aos doze signos' comentamos sobre a necessidade das qualidades primordiais e sua dinâmica atuarem com a absoluta imperatividade de uma lei para permitir serem manipuladas e modificadas pela consciência do ser que as vive. A característica dessa "lei", seu modo de ser presente em nossas vidas, não diz respeito somente às qualidades primordiais, mas diz respeito a tudo o que a carta astrológica significa. Podemos dizer que há uma *lei astrológica*, uma lei que está inscrita na carta astrológica e, por esta ser individual, individualmente localizada para um ser ou entidade nascida naquele momento, tem por primeira característica ser *lei individual*.

Uma lei que rege os acionamentos da vitalidade desse ser ou entidade, e que está inscrita no gráfico do céu que representa a ação das dinâmicas vitais para um dado indivíduo, o gráfico de seu cerne vital. Para cada carta astrológica há uma lei astrológica única nela inscrita. Em uma dada carta, e somente nessa carta, opera uma lei astrológica relativa à constelação de forças dinâmicas representadas por essa carta, pois que em outra carta astrológica o funcionamento das mecânicas nela inscritas será diferente: para cada indivíduo uma lei a lhe governar, única e individual, a qual lhe é imperativa, lhe é necessária para estar vivo tanto quanto o são as leis gerais que organizam o mundo dos fenômenos físicos, o mundo da lógica e da ética entre seres humanos.

Mas não há contradição ao falarmos de uma "lei individual", que existe somente em um único caso particular, e para a qual outro caso particular terá sua própria lei particular e individual? Uma lei não é justamente uma obrigação geral? Não é da mentalidade corrente conceber leis individuais, mas conceber somente leis gerais. Leis particulares não seriam leis! Seriam desejos, vontades, necessidades, demandas, pulsões, qualquer outra manifestação do comportamento de um ser vivo, tudo menos uma lei. Essa palavra parece fora de lugar utilizada aqui para o que pretendemos chamar de "lei astrológica". Iremos mostrar nesta parte final do livro o sentido justamente que há em existir uma lei individual, e não geral, cuja validade somente existe e somente pode ser compreendida em seu valor e sua validade para o indivíduo que a contém – ou que está contido nela.

Iremos mostrar também que a "lei astrológica", embora lei, é passível de modificações por parte de fatores externos à pessoa, interferindo *desde o que lhe é estrangeiro* em suas dinâmicas, e por parte da atuação da própria pessoa *junto* com sua lei pessoal. Há dois tipos de atuação junto à lei astrológica, alterando-a sem, no entanto, negar sua existência e sua validade. O fato de a lei astrológica comportar atuações outras junto com ela faz com que pareça não ser lei de todo; faz mesmo parecer que qualquer consideração astrológica é rematada tolice.

O que entendemos habitualmente por lei não permite alternativas ou negações e, caso esta última aconteça, não passará sem a devida punição. Alguém que tente contrariar a lei da gravidade sofrerá as consequências; alguém que desrespeite uma lei moral, também sofrerá as consequências. Mas não é assim com a lei astrológica. Esta existe enquanto um misto de obrigação e liberdade. Como diz um aforismo bem conhecido no meio astrológico, "os astros compelem, mas não obrigam". Esse aparente paradoxo entre lei astrológica e liberdade, que tanto nos engana e confunde quanto ao que seja a liberdade humana diante dos fatores astrológicos, e mesmo nos confunde quanto a existirem na realidade fatores astrológicos, será outro aspecto comentado neste capítulo.

As leis universais e as leis da alma

A ideia que temos de lei, de uma lei ou de leis, é a de serem afirmações que cobrem situações gerais. Cada instância individual agrupada dentro de uma lei universal difere de todas as outras, mas desde o ponto de vista da lei, a diferença é secundária, mera questão de oportunidade ou circunstância. O que é comum ao que chamamos de "lei", às leis que conhecemos, é sua universalidade.

Leis da natureza são afirmações a respeito de processos naturais e se referem a certas uniformidades observadas e que podem ser reduzidas a uma fórmula: "isto sempre foi assim e assim sempre será". São as leis que governam todos os processos físicos e químicos, e que são estudadas pelas ciências naturais. A lei da gravidade, por exemplo, expressa o "isto será sempre assim" das leis naturais, e não é um vento que sopra as folhas para cima que causa uma exceção à lei da gravidade, mas, como já vimos no voo dos pássaros, trata-se de confirmação dessa lei, de mera utilização do fato dessa lei existir e atuar "sempre assim".

Leis morais são afirmações de algo que "deve ser", segundo um critério de certo e errado, segundo um princípio de valor. O que "deve ser" é aqui um juízo de valor, um mandamento: "tu deves" ou "tu não deves". Só têm sentido enquanto leis morais, se válidas para todos, indiscriminadamente. A lei moral implica na possibilidade de obedecer e desobedecer à lei, mas isso não retira dela seu caráter imperativo e universal. Mesmo se uma ação contrária à lei moral é cometida, matar, em um caso de legítima defesa, por exemplo, e mesmo que a pessoa que cometeu essa ação não seja punida, a lei moral "tu não deves matar" continua válida.

Leis da lógica são aquelas que nos dizem que se um passo é dado em um raciocínio "então, o próximo passo será assim". As inferências da lógica são dedutíveis por todos. A lógica não é domínio particular de uma mente pensante, mas domínio universal de todas as mentes pensantes. Um pensamento lógico iniciado por uma pessoa pode ser completado por outra, ou por outras pessoas, conquanto estas conheçam as leis universais com que a lógica opera. Uma falsa inferência não invalida as leis da lógica, mas, mais precisamente, confirma-as por suas consequências. As leis da lógica são tão universais e impessoais quanto as leis naturais, e seu "isto será sempre assim", e tão universalmente válidas quanto as leis morais e seu "tu deves". Não obstante, leis lógicas não são um juízo de valor, nem operam no mundo dos fenômenos; uma regra lógica determina quando uma dedução do pensamento é verdadeira ou falsa.

O ser humano está submetido a todas essas leis. Seus pensamentos devem obedecer às leis da lógica se quiserem ter validade enquanto pensamento. Sua conduta deve obedecer às leis da moral se quiser seguir princípios considerados válidos. Seu corpo e suas ações físicas devem obedecer às leis naturais se quiserem ter eficiência no mundo físico. Os aspectos Ar (pensamento), Terra (corpo físico) e Fogo (moral) do ser humano têm suas leis bastante conhecidas pelo padrão cultural que nos abastece de informações a respeito de como viver, de quais serão as consequências de tomarmos este ou aquele partido, de agirmos desta ou daquela maneira.

Não obstante, o aspecto Água (a alma) do ser humano parece desprovido de leis, parece ora terreno de liberdade solta ora terra de incerteza e fisiologia amorfa. A Astrologia é o conhecimento que nos dá a saber quais leis regem nossa alma. Contudo, aqui, as leis não são coletivas, as leis têm sua validade plena apenas para cada pessoa particular, e somente para ela farão sentido – não um sentido escolhido com base em uma subjetividade, ao bel prazer de caprichos ou pulsões, como um "gosto" pessoal, daquele tipo de gosto ao qual não se tem acesso e é admitido válido como se validam as esquisitices de um louco ou os caprichos de uma criança: apenas como concessão a um desvario vago ou inocente.

As leis da alma, isto é, a lei astrológica possui uniformidade em sua validade tanto quanto as leis naturais, e é tão imperativa quanto estas, embora valha para uma carta astrológica específica e possa ter sua natureza parcialmente alterada, mas não invalidada, por ações particulares. A lei astrológica possui um sentido de mandamento tanto quanto as leis morais e, embora como estas possa ser desobedecida, o é em sentido diferente ao que as leis morais podem ser desobedecidas: a lei astrológica não é obedecida por uma decisão conscienciosa de nossa parte, mas por nosso cerne movente ser movido por ela, inexoravelmente. A lei astrológica possui um sentido de consequência que se assemelha parcialmente ao das leis da lógica, embora difira do aspecto categórico do "isto tem que ser então"; a lei astrológica é mais bem formulada como um "se isto, então aquilo". É, portanto, a expressão de uma combinação de liberdade e conformidade à lei, de certa variabilidade ou flexibilidade da própria lei.

Cada lei em seu campo

A lei astrológica tem sua própria natureza, enquanto lei, e atua em seu próprio campo, um campo até agora mal definido e compreendido e que localizamos como sendo o terceiro palco, o palco das qualidades primordiais ou o palco da vida. A lei astrológica atua em seu próprio campo, como fazem as leis morais, naturais e lógicas em seus próprios campos. Ao se confundir o campo de uma lei, esta deixa de ter validade. Ao tentarmos aplicar uma lei fora de seu campo, o resultado será a falta de sentido. Confundir leis naturais com leis morais é achar que "não matar" deveria fazer parte da natureza humana, ou animal, ou ainda achar que a lei física de causa e efeito proverá perfeita compensação aos atos humanos. Confundir leis lógicas com leis morais é achar que se a pessoa fez isto, então merece aquilo. Confundir leis lógicas e leis naturais é achar que se um corpo mais pesado que o ar nunca voou, então, portanto, nunca irá voar; ou ainda, achar que se uma árvore deu frutos, é lógico que todas as árvores darão frutos. Assim também, confundir a lei astrológica com outros campos de lei é desvirtuar sua natureza, é produzir afirmações falsas, é considerar fatos e consequências que não são pertinentes.

Por exemplo, se tomamos a lei astrológica como uma lei moral, consideramos que "obedecer" à nossa carta astrológica trata-se de um dever, e que obedecê-la nos tornará boas pessoas, e desobedecê-la nos tornará pessoas más, ou vice-versa, a obediência nos tornaria pessoas menores e a desobediência pessoas melhores. Tanto faz a avaliação que fazemos aqui, pois que ambas são falsas. A lei astrológica não é lei moral. A relação que temos com nossa carta astrológica não é de dever moral, não é de sermos bons ou maus em relação a ela, não é a do imperativo ético. De tomarmos a lei astrológica como lei moral nasce todo o tipo de equívoco que povoa os ensinamentos da Astrologia com considerações éticas e com afirmações do tipo "tu deves" e "tu não deves".

A Astrologia não trata da organização social, das leis da organização social para tornar o convívio humano mais possível e mais justo. Os deveres para com uma ética justa não são do que tratam a carta astrológica e a Astrologia – que não uma "ética para consigo mesmo", mas isto é já uma ética da alma, por assim dizer, e não uma ética social. Confundir a lei astrológica com lei moral é tomar a Astrologia por religião, por exemplo, e misturar as duas coisas; é embrulhar as informações dadas pela carta astrológica com valores e disciplinas desta ou daquela origem religiosa.

Ao tomarmos a lei astrológica confundindo-a com uma lei natural, poderemos angariar provar dentro do mundo físico e de suas leis que a Astrologia realmente "funciona", que a Astrologia realmente rege situações visíveis e tangíveis da existência. Começamos a falar de marés cujos movimentos têm correlação com a posição da Lua e do Sol, das ostras que respondem a ciclos lunares, de ciclos femininos e sociais que correspondem – às vezes forçadamente, como que forçando uma prova – à revolução da Lua em torno da Terra. E, realmente, alguns fatos físicos respondem às posições do Sol e da Lua. Mas isso não tem ligação alguma com o que a Astrologia nos traz como correlação entre a vida humana e as posições planetárias, como vimos nos primeiros capítulos.

Ao confundir a lei astrológica com as leis da lógica, acabamos tecendo considerações por vezes até mesmo válidas, como aquelas propostas por Kepler em seu livro "Harmonia das Esferas", no qual esse astrólogo-astrônomo expôs as correlações que encontrou existirem entre as órbitas planetárias, a forma dos sólidos geométricos e as proporções da escala musical diatônica, dando a essas proporções análogas em diferentes reinos da natureza o nome de "arquétipos", isto é, de matriz dos tipos possíveis. Contudo, tais considerações, válidas tanto no campo da lógica quanto no das leis naturais, nada têm a ver com o campo mesmo da Astrologia. São pontos possíveis de aproximação entre a Astrologia e as ciências naturais e o pensamento lógico, mas que nos mantêm apenas nas franjas da Astrologia, não nos aproximam do centro desse conhecimento.

A lei astrológica precisa ser compreendida dentro de seu próprio campo, se queremos de fato entendê-la em vez de obscurecê-la por comparações inapropriadas ou divagações aproximativas.

O campo de ação da lei astrológica é, como já dissemos, o terceiro palco, aquele que não pode ser visto pelos olhos, nem tocado pela mão humana, não obstante poder ser percebido indiretamente, como quando de minha filha olhando perceptivamente para o boi imóvel à soleira e o besouro grande subindo a parede branca. O campo de ação da lei astrológica não é o mundo dos fenômenos – e, portanto, sua ação não pode ser fisicamente mensurada –, nem é o mundo subjetivo da psique humana – e, portanto, não se trata de mera imaginação nem de movimentos da percepção particular de um sujeito. A lei astrológica existe fora do mundo objetivo e do mundo subjetivo e, não obstante, é uma lei tão operante e efetiva quanto as leis conhecidas que operam nesses dois outros campos.

Como, então, posso saber que é válida a lei astrológica, se ela não pode ser mensurada pelas magnitudes objetivas do mundo exterior nem pelas correlações psicológicas do mundo interior? E, ainda mais, como posso saber se é válida a lei astrológica *no meu caso particular*, isto é, na descrição que minha carta astrológica permite de mim mesmo, se não há como obter uma validação dessa lei? Como posso chegar a compreender se há uma lei astrológica a reger minha vida ou não?

Essas questões permanecem sem uma resposta satisfatória, justamente quando se tenta chegar a elas por inferências nascidas do mundo objetivo ou do mundo subjetivo. Seja tentando aproximar a Astrologia da psicologia acadêmica ou dos conhecimentos mais avançados da física, o sentido dela nos escapa por entre os dedos da mensuração e do entendimento.

Cerne vital, substâncias do mundo e atitude psicológica

A busca de gêmeos astrológicos, isto é, de pessoas nascidas no mesmo momento e lugar, e, portanto, com cartas astrológicas idênticas, sejam elas gêmeas biológicas ou não, é outra maneira infrutífera de se tentar validar a lei astrológica ou de se compreender como ela funciona e até que limites. Gêmeos astrológicos estão sujeitos à lei de uma mesma carta astrológica, estão sujeitos a uma mesma lei astrológica, na medida em que suas cartas sejam realmente idênticas, caso até bastante comum de ser encontrado. Na verdade, a um dado instante aproximado de três a quatro minutos, nascem muitas e muitas pessoas em uma mesma metrópole, ou até na mesma maternidade; pode-se mesmo dizer que gêmeos astrológicos nascem a cada nascimento: *gêmeos astrológicos são a regra, não a exceção*.

A constelação de forças inscrita na carta astrológica que rege a vida desses gêmeos de momento e lugar de nascimento será a mesma para os dois seres nascidos. Entretanto, outras condições serão diferentes. No caso de duas pessoas nascidas em mesmo tempo e lugar, mas de pais diferentes, a carga genética e hereditária será diferente, assim como a educação, as condições de sua formação e todo o ambiente sócio-econômico-cultural. As substâncias que "recobrirão" as linhas de força dinâmica serão tão diferentes de uma pessoa para outra que tornará árduo ou mesmo impossível identificar, do ponto de vista de um observador exterior, as idênticas naturezas dinâmicas que, não obstante, estarão presentes naquelas duas pessoas.

No caso dos gêmeos astrológicos serem também gêmeos biológicos, eles compartilharão *boa parte* da mesma carga genética e hereditária, da mesma educação e condições de formação familiar, do mesmo ambiente. As semelhanças externas poderão ser bem maiores, e, mesmo assim, será igualmente árduo ou impossível um observador exterior enxergar o que há de idêntico nas dinâmicas de suas vidas, por detrás das diferentes substâncias que preenchem suas linhas dinâmicas e que lhes dão as formas a que nossos olhos têm acesso.

Além do mais, porque mesmo no caso de gêmeos biológicos, haverá diferenças entre o modo como cada um dos irmãos se relaciona com o cerne vital que lhe é próprio, o que modifica a maneira como esse cerne se manifesta – embora o cerne em si permaneça o mesmo. No caso de irmãos gêmeos, ainda mais se semelhantes e univitelinos, pode-se imaginar o quanto será importante o desejo de se diferenciarem entre si, o anseio por se mostrarem seres individuais enquanto sua forma física parece conspirar para fazê-los parecer uma só pessoa, ou duas pessoas intercambiáveis. Essa atitude, que não está presente na carta de gêmeos astrológicos (pois se a própria carta contivesse inscrito o fato de lhe nascerem gêmeos, teríamos momentos em que todas as crianças que nascem são gêmeas e outros momentos em que todas que nascem não são gêmeas, o que não corresponde aos fatos), é uma atitude propriamente psicológica, um anseio humano geral, e não particular desses seres nascidos ao mesmo tempo.

A combinação entre as características de um dado cerne vital retratado na carta astrológica, as substâncias que as condições da existência agregam a esse cerne vital e as demandas psicológicas que também se agregam a ele, tornam difícil reconhecer suas características. Aliás, tornam difícil sequer afirmar que existe de fato algo como um "cerne vital". As substâncias do mundo e a atitude psicológica da pessoa participam, junto com a dinâmica ativa do cerne vital, da formação das características manifestas dessa pessoa, seu comportamento e sua existência. Dessa tríade de componentes, é preciso o quanto possível isolar, por assim dizer, o componente "cerne vital", se queremos conhecer a existência da lei astrológica.

A firmeza decidida de um besouro permanece a mesma, esteja ele subindo a parede ou não, esteja descendo essa parede ou caminhando sobre a mesa; um boi pastando em pé num gramado ou deitado sobre o gramado continua a apresentar a mesma sólida imponência.

Se eu tentar comparar minha carta astrológica e, por meio das diferenças para com a carta de outra pessoa, tento obter comprovação a respeito da validade da lei astrológica, também não irei chegar muito longe. Pelos mesmos motivos antes alegados, a visibilidade das substâncias existenciais, principalmente, irá fazer parecer diferentes dinâmicas que são idênticas ou igualar em sua manifestação dinâmicas que são completamente diferentes em seu cerne. Seja pelas semelhanças de cartas astrológicas, ou por suas diferenças, estamos em um beco sem saída quanto à validação da existência de uma "lei astrológica", tanto pela falta de sentido para a mentalidade corrente existir algo como uma lei individual quanto porque, por todas as aparências, a realidade visível não corrobora existirem esses tais de qualidades dinâmicas e cernes vitais.

Assim, resulta bastante razoável a Astrologia ser incompreendida pelo conhecimento convencional. Ela parece ser apenas uma superstição. Um ato de fé inicial parece indispensável para admitir que aquilo que a Astrologia diz a nosso respeito tem alguma verossimilhança com a realidade.

Autoconhecimento: o entendimento da lei astrológica

A lei astrológica começa a se tornar realidade não quando somos movidos por um ato de fé, mas quando olhamos para dentro de nós mesmos pelas lentes da Astrologia. Olhar para nossa própria interioridade é o ponto de partida para se entender a existência da lei astrológica. Esse é o ponto de partida de qualquer curso de Astrologia que se proponha seriamente a ensiná-la. Não há experiência mais reveladora da verossimilhança de uma carta astrológica com a realidade do que quando nossa própria carta nos é interpretada de maneira competente segundo uma boa técnica de leitura dos sinais astrológicos. Isso porque as dinâmicas retratadas pela carta são visíveis em nosso próprio cerne, mais do que em situações vistas em sua exterioridade. Embora o cerne vital tenha uma existência que pode se confundir ou ser distorcida e modificada pelos processos psicológicos – tais como a idealização da autoimagem, a autorrepressão ou autonegação, entre muitos outros –, é na própria interioridade que melhor se percebe aquilo que a carta astrológica retrata.

Não que se possa confiar na percepção humana, em todos os casos. Pessoas podem, claro, ser supersticiosas e crédulas, crendo em qualquer coisa que se lhes apresente como informação astrológica, por mais tola e ausente de sentido verdadeiramente astrológico que seja essa informação. Contudo, tomar esse caso extremo como a regra da competência humana para perceber a si mesmo é, ao contrário de um ato de fé, uma consideração de má fé na tentativa de uma aproximação imparcial à Astrologia.

Mediante a impossibilidade de se comparar "desde fora" a lei inerente a um ser humano e a lei inerente a outro ser humano, temos que a validade da lei astrológica é vista mais apropriadamente quando a conhecemos "por dentro" mais do que a partir "de fora". O caminho para isolar o fator 'cerne vital' e conhecê-lo é, na verdade, um gesto de *autoconhecimento*. Somente o autoconhecimento é capaz de revelar, *e de revelar somente à pessoa que se autoconhece*, e não a outros olhos, a existência da lei astrológica, aquela lei que opera apenas no nosso caso individual e rege os potenciais e necessidades de nossa alma, rege aquilo que nos anima vitalmente.

O caminho para reconhecer a existência da lei astrológica, a qual rege os movimentos da interioridade que se projetam sobre o corpo físico e a psique, contudo, não pode ser corroborado – ou ao menos não completamente, não cientificamente – por fatos concretos, nem por deduções lógicas feitas a partir da exterioridade. Assim, a validade dessa lei não pode ser comprovada aos "olhos do mundo". Por esse motivo, a Astrologia não é conhecimento que possa ser partilhado, como as descobertas das ciências naturais, como as leis da lógica ou os valores a que um grupo de pessoas considere justo.

Então, como saber que "minha lei" é válida, se tenho somente a mim mesmo como referência e se todas as leis que conheço, e as quais aprendi a obedecer, têm seu reforço – e sua validação – na igualdade de ação (dessas leis) que encontro fora de mim? Como conceber um valor presente em mim mesmo, e retratado pela carta astrológica, se tudo o que conheço de válido é referendado pela sociedade e pelo mundo à minha volta, enquanto o que a carta diz me é *apenas* individualmente válido?

Existirá um valor em mim mesmo, uma lei que me é peculiar e inerente à vida que pulsa em mim, que não é reconhecida pela sociedade e pelo mundo, os quais me educaram a olhar para mim mesmo? Se existe, então a educação que recebi do mundo nunca me levará a encontrar o caminho para a vida que pulsa em mim, para meus valores individuais ou, como se diz, para minha "vida interior"?

Se existe uma lei individual, a qual não pode ser compreendida pelo mundo exterior, somente por minha própria interioridade, como a Astrologia existiu no seio de sociedades, em diversas épocas, dentro das quais foi cultivada? E, ainda, por qual motivo e por quais caminhos a Astrologia foi cultivada embora, em sua essência, contrarie tudo o mais que a cultura social dos diversos tempos e lugares ensina sobre a natureza humana?

A sutileza da lei astrológica impede que saibamos de sua existência pelos meios convencionais dados por nossa cultura, apoiada em demasia em um dos aspectos da realidade: sua forma exterior, sua materialidade. A sutileza da essência do que tem a nos ensinar permitiu à Astrologia sobreviver e ser cultivada em diversas épocas e até mesmo por pessoas cuja mentalidade era contrária ao conteúdo desta, sem que percebessem direito o que cultivavam, ao cultivarem a Astrologia. Tal sutileza permitiu também que a Astrologia existisse, mesmo que inserida em um dado tempo e sociedade, à parte dos valores desse tempo e dessa sociedade.

Aquilo que a Astrologia apresenta de nós mesmos confronta o que a sociedade e o mundo nos apresentaram e sustentam a nosso respeito. A sociedade nos coloca a viver dentro de suas leis gerais – e talvez não pudesse ou houvesse sentido em ser de outro modo. Não há o que esbravejar contra isso, apenas há que situar corretamente a Astrologia. Esta nos diz que há uma lei individual, retratada pela carta astrológica, e que viver segundo essa lei nos aproxima de quem realmente somos no mais íntimo de quem somos, mesmo que tenhamos também que nos adaptar às leis sociais e universais dentro das quais nascemos e vivemos.

A astrologia como chave para perceber a si mesmo

Se existe uma lei que rege minha vida interior, experimentar diretamente a existência dessa lei é o caminho mais certo para a conhecermos, sem dogmas nem superstições. Para isso, a Astrologia nos apresenta seus dados: a carta astrológica e as técnicas para a interpretação de seus sinais celestes. A partir destes, propõe um experimento individual, de modo a não termos que "confiar cegamente" em a Astrologia funcionar; podemos conhecer com nossa própria experimentação se ela funciona. Podemos experimentar, em nosso próprio caso – o único caso de estudo real no campo do conhecimento astrológico – a validade da lei astrológica.

Essa experimentação se faz por meio do estudo da Astrologia e de nossa carta astrológica, associado a nos aplicarmos em modificações sobre nosso comportamento, como foi exemplificado na descrição detalhada dos signos e sua atuação em cada uma das Casas astrológicas. Essa parte do livro expôs os signos funcionando em vários casos possíveis para permitir ao leitor, especialmente se este souber de sua carta natal a posição dos signos nas Casas, a verificação da validade da lei astrológica em descrições ainda que abrangentes e não totalmente individuais, mas já suficientemente particularizadas para que se possa atestar sua veracidade. A descrição dos signos nas Casas não substitui a ida a um astrólogo e a experiência de ter sua carta lida com a competência e a acuidade que somente pode ter a interpretação em um trabalho individual feito por profissional qualificado.

Naturalmente, assim como na interpretação competente da carta astrológica individual, não é a mera leitura dessas descrições que fará constatar sua veracidade; é a percepção observada diretamente no momento em que tomamos uma ação e percebemos o quanto ela de fato corresponde àquela dinâmica; e, mais ainda, é na tentativa de introduzir pequenas modificações em nossa dinâmica inerente, saindo do que ela propõe como caminho mecânico natural, nos fazendo atuar voluntariamente *junto* com essa dinâmica (e não contra ela, como se tentássemos suprimi-la ou distorcê-la), que iremos reconhecer a lei que opera através de nossa carta astrológica, isto é, iremos nos *autoconhecer*. As propostas feitas ao longo da descrição dos signos, além de servirem de inspiração para o estudioso de Astrologia a respeito da atuação dos signos nas Casas, deverá mais ainda servir para o leitor, seja ele leigo ou estudioso, utilizar como meio para aferir quanto sua vida está sujeita a certas dinâmicas, que é o que a Astrologia nos diz existirem e nos comandarem – se não totalmente, ao menos em grande parte.

À medida que descobrimos as linhas dinâmicas que nos são características, os potenciais presentes em nosso cerne, as necessidades inerentes ao que nos anima, então começamos a compreender o sentido e a existência da lei astrológica. Essa lei inscrita em nossa carta astrológica traça linhas dinâmicas que se impõe sobre o comportamento e sobre aquilo que denominamos "nossa vida", "nosso destino".

Embora a carta astrológica tenha a validade de uma lei, isto é, de algo que *precisa ser*; mais apropriadamente, é definida como um potencial que *precisa vir a ser*. A carta é como uma semente, uma espécie de semente da qualidade do instante em que nascemos, em que respiramos pela primeira vez, e cuja energia temporal se impregna em nós e passa a mover nossa vitalidade. Nesse sentido, somos "representantes de um momento do tempo", como disse o astrólogo austríaco Oskar Adler – a qualidade do tempo presente no instante em que nascemos permanece viva enquanto durar a nossa vida: a semente daquele tempo cresce, se desenvolve, dá frutos e morre durante seus embates com os momentos subsequentes do tempo em que vive.

A carta não traz pronta a *forma* que a vida de uma pessoa terá; traz as *linhas de força* em torno das quais se dará essa forma; e, mesmo assim, em alguns casos, essas linhas de força nem sequer se manifestam direito, devido às pressões causadas pelas situações do ambiente nas quais as linhas de força buscam se manifestar.

Assim como as linhas de força físico-químicas de um cristal permitem que o cristal assuma muitas formas possíveis – e basta ter visto duas ou três pedras de cristal de um mesmo tipo para reconhecermos a igualdade de estrutura dentro da variação da forma –, assim também as qualidades dinâmicas representadas pela carta astrológica estruturam as linhas vitais em torno das quais as substâncias do mundo se agrupam e geram as formas de sua existência. Por vezes, alguma substância do mundo é de tal ordem que distorce, perturba ou bloqueia as qualidades vitais que buscam se manifestar.

Em um exemplo simples, alguém de temperamento Fogo, nascido em ambiente familiar ou sociedade de pessoas tolhidas e formais, terá sua expansividade e entusiasmo naturais distorcidos, forçados a se encaixarem na "educação" desse ambiente. Em alguns casos, haverá adaptação do entusiasmo que ainda assim se manifestará, mesmo que de maneira contida; em outros casos, será tão reprimida que a pessoa de temperamento fogoso se verá obrigada a negar sua natureza essencial, advindo daí uma desconexão consigo mesma. Com toda a certeza, neste último caso, aquilo que "virá a ser" não terá nada a ver com o que potencialmente seu cerne demandava vir a ser. Isso não passará sem causar graves problemas para a pessoa. O trabalho de um astrólogo ou de um psicólogo lhe será de grande ajuda, levando-a a reconhecer, admitir, reconectar e manifestar o cerne vital, a partir do qual a pessoa voltará a ser ela mesma.

Em outro exemplo, também simples, temos um ambiente sócio-cultural que exige uma postura guerreira diante das adversidades, ou até mesmo diante das atrocidades presentes nesse ambiente, enquanto nosso personagem hipotético do exemplo tem em seu cerne vital uma natureza aquática, sensível e sonhadora. Esse ambiente exigirá uma postura que irá distorcer sua natureza, ao exigir algo que ela não é. Entretanto, o aspecto plástico e adaptável da natureza aquática terá facilidade para se adaptar "perfeitamente" às exigências feitas pela sociedade, enquanto emergências para sobreviver. Tal adaptação "perfeita" fará parecer que sua dinâmica interior não importa, ou que ela inexiste. Poderá passar a vida toda sem mesmo perceber a presença desse conflito em seu interior. O mundo não notará haver esse conflito e, pelo fato do mundo não notar, a própria pessoa poderá não notar. Sem um cisne à vista, a lhe espelhar, nunca saberá se é somente um patinho feioso. Seu cerne vital como que nunca terá existido ou valido para coisa alguma. Sua criatividade imaginativa aquática, voltada originalmente para perceber e ilustrar os movimentos da alma humana, irá se adaptar para construir sólidas defesas e formas de ataque adaptadas à guerra atroz em que está metida, no ambiente em que nasceu. Criará máquinas de guerra espirituosamente mortíferas, por exemplo. Olharemos na carta astrológica em busca de sua "natureza" agressiva refinada e não a encontraremos. Veremos a alma de um artista. Não foi seu cerne vital que o moveu a fabricar armas com tanto empenho e eficácia, mas a pressão do ambiente em que se formou.

Esses dois personagens hipotéticos, no entanto, poderiam ter nascido em ambientes que lhes facilitasse a expressão de sua natureza e propiciasse condições para desenvolvê-la: o tipo aquático em ambiente favorável às vivências artísticas e o tipo fogo em ambiente propício à ação e ao entusiasmo enérgico. (Esses exemplos são realmente muito esquemáticos. Mais do que relatar um caso completo, se pretende dar uma ideia geral do processo de afinidade e desafinidade entre cerne vital e substâncias e condições do ambiente.) Nesses casos em que o cerne vital encontra terreno fértil para sua dinâmica, a pessoa tem aberto o caminho para realizar sua essência dinâmica manifestando-a por meio das substâncias, das atitudes, das motivações e das formas com que construirá sua existência. No entanto, a mecânica de funcionamento das qualidades primordiais tem seus próprios entraves e limites de funcionamento. Estes impedirão a plena manifestação e realização das demandas contidas no cerne vital, como já demonstrado na explicação da mecânica dos signos astrológicos. Então, mesmo quando o ambiente propicia seu florescimento, o cerne vital encontra barreiras em si mesmo para se manifestar plenamente.

Isso não quer dizer que o cerne movente deixe de conduzir as linhas vitais fundamentais da pessoa. A lei astrológica atua sempre. As linhas de força da vida de uma pessoa são sempre dadas por sua carta astrológica. Não fosse assim, não chamaríamos aquilo que a carta representa de "lei". Apenas que a manifestação natural do que está inscrito na carta astrológica não é a manifestação plena da semente ali contida, não é a manifestação plena de um ser. É parte do caminho para sua realização, sem dúvida. Vivermos o que está inscrito na carta, de maneira natural e espontânea, é o início de realização para o ser humano. Mas não é sua plena realização. Esta é conquistada quando à mecânica das linhas dinâmicas acrescemos uma ação conjunta e voluntária de nossa parte, conforme foi descrito para cada signo – e dessa descrição para os signos depreende-se o que seria tornar viva a ação mecânica das qualidades primordiais para os planetas e todas as relações entre os indicadores dentro da carta astrológica.

O cerne vital compele, mas não obriga. Podemos ler esse aforismo como havendo nele um escape para a liberdade quando diz que os astros "não obrigam". Aí, na verdade, reside o perigo de nos perdemos de nós mesmos, mais do que uma verdadeira abertura a algum tipo de liberdade que nos valha para alguma coisa.

O cerne vital compele a nossa vida a ir por certas linhas, a vibrar segundo certas dinâmicas, mas não é *garantia* para que isso realmente ocorra assim, ou mais propriamente, não é garantia para que ocorra *de maneira a realizar os potenciais aí presentes*, como mostraram os exemplos acima. Como se tentou mostrar também na descrição dos signos quando chegamos à conclusão, para cada um deles, que há um ponto de estagnação próprio de cada uma dessas dinâmicas, e que somente a ação voluntária que acompanhe a dinâmica natural e, em certos casos, garanta sua orientação e, em outros, garanta superar seu ponto de estagnação, fará o processo dinâmico se completar. Se as circunstâncias podem adulterar ou bloquear a expressão do cerne vital, este também contém em si mesmos fatores de desorientação e estagnação.

A ação humana voluntária e consciente é imprescindível para que o potencial vital indicado pela carta astrológica se realize plenamente. Deixadas soltas, a um deus-dará, as qualidades primordiais indicadas pela carta astrológica se perderão pelo caminho, por si mesmas, por seus desvios inerentes ou pelos descaminhos que as circunstâncias lhes imporão à sua revelia.

O cerne vital compele, mas não obriga. Cabe à pessoa completar o serviço a que seu cerne vital compele. Demos na descrição dos signos especificamente a linha de completação que se faz necessária para o mecanismo das qualidades primordiais ali atuantes chegarem a sua realização plena, para o "vir a ser" ali inscrito realmente ser.

A liberdade diante do cerne vital, mais do que escapulir dele e imaginar-se ser outra coisa, está em obedecê-lo, em ajudá-lo a manifestar sua natureza em plenitude. A suprema liberdade diante da lei astrológica é realizar essa lei, é ser cooperativo com sua realização. A realização plena do "vir a ser" da lei astrológica depende do ser vivo que está, por assim dizer, contido nessa lei. E somente ele, por ser ele vivamente partícipe da lei nele mesmo contida, é que pode colaborar para que ela se realize.

Cada passo dado na manifestação da lei astrológica poderia ser de um jeito, pode ser de outro, poderá se dar de outro jeito ainda. Sempre o será dentro de sua dinâmica de origem, mas mesmo assim poderá se dar de diversas formas diferentes e atingirá ou se desviará de sua meta em diversos graus muito diferentes. Somente depois de dado o passo, a lei astrológica mostra a forma que lhe coube naquele caso, naquela manifestação. Um astrólogo, ao interpretar a constelação de forças dinâmicas em uma carta, irá dizer uma coleção de possibilidades de como poderá, naquele caso, a lei astrológica se manifestar. A forma exata que assumirá a lei não pode ser sabida de antemão, embora sua natureza dinâmica possa ser descrita com precisão – a técnica astrológica nos ensina a fazer essa descrição com admirável exatidão.

A suprema liberdade é a obediência à lei

À dificuldade de reconhecermos "de fora" a natureza de nosso cerne vital, temos a carta astrológica individual a nos dar a conhecer quais dinâmicas nos dizem respeito. Aplicar na prática o conhecimento astrológico é nossa atuação participativa junto à lei astrológica, é a construção de nossa vida a partir de nosso cerne vital, de acordo com as dinâmicas que movem a vida nesse cerne. É obrigarmos a lei astrológica a se realizar. Os astros compelem, mas somos nós quem podemos obrigá-los a se realizar, a nos realizar. A suprema liberdade, aqui, é a obediência à lei, é nós obedecermos a lei e a obrigarmos a obedecer nossa ação voluntária, é obrigá-la a obedecer a si mesma, a se realizar em seu melhor. Essa realização é a nossa própria realização, enquanto seres humanos, enquanto seres vivos como uma origem vital definida, ligados a uma linhagem vital – fato misterioso, a princípio, mas que a carta astrológica revela à custa de algum estudo ou da paga de uma consulta com um astrólogo e da escuta atenta ao que ele, em sua competência, tem a nos dizer.

O contato com a Astrologia – e este pode se dar em muitos níveis, e em qualquer nível que se dê esse contato – abre a porta para reconhecermos a trama de qualidades que compõe nosso ser vital. E, mais além, o contato com a Astrologia abre a porta para nosso contato com uma ideia de ordem cósmica, com uma sensação de ordem ao nosso redor e dentro de nós, e com o sentimento de estarmos inseridos em uma ordem maior que nos contém em sua grandeza. Há um poder profundamente regenerador em tal contato, pela recuperação do sentido de ordem pessoal, por nos percebermos fazendo parte de um todo. Mesmo sem compreendermos direito como isso se dá ou a que se refere especificamente em nosso caso, apenas por termos a sensação geral de pertencimento ao cosmos, ingressamos em um outro estado de percepção a respeito de nós mesmos e do mundo, orientado de acordo com o lugar – ou, mais propriamente, o tempo – que ocupamos na vida.

No fim das contas, a lei astrológica individual pertence às leis que organizam o cosmos. Ela, é uma extensão da ordem geral do tempo para o instante em que nascemos, é o reflexo da lei maior em nosso caso pessoal.

A constelação de forças dinâmicas inscrita na carta astrológica é um farol orientador seguro para nossa caminhada em direção à realização íntima e real, para além de realizarmos nossa mera sobrevivência no palco da existência, mesmo que essa sobrevivência tenha todos os adereços que tanto encantam as pessoas em tempos consumistas, em que mais e mais para fora de si mesmas as pessoas são puxadas e arrancadas de seu cerne, no afã de irem a um encontro prometido com uma (falsa e impossível) realização por acumular muitos bens materiais notáveis e prestigiosos.

Contrariamente a essa direção, a Astrologia tem a nos dizer que há uma vida dentro de nós que pede por manifestação, uma vida com linhas de propensões definidas e que, uma vez manifestada, nos trará aquele sentimento de realização que nosso instinto (ou será intuição?) nos diz existir em algum lugar como possibilidade real.

Nada deixa ver que há uma mesma dinâmica interna, como a 'firmeza decidida', em formas externas tão díspares como no boi e no besouro. Para notarmos a existência desse cerne é preciso olhar para além da aparência das coisas. A lei astrológica habita o campo das dinâmicas da vida, que geram nossa vida em particular. O encontro com a lei individual que cada um de nós porta em seu cerne é a porta de acesso aos fatores com os quais podemos operar para nos realizar como seres da vida. Muitas vezes seremos ajudados por reconhecer antes no outro seu cerne vital, quando estamos em busca do contato com o nosso e, por meio do outro, conhecermos a nós mesmos e ao outro.

O sentido da Astrologia se revela, assim, o sentido da própria vida humana. Então, por qual motivo seria mais importante seguir *apenas somente* as leis gerais do mundo, ou dar a elas primazia, deixando de lado a importância vital – literalmente vital – de seguirmos *em primeiro lugar* a lei inerente a nossa própria vida?

Instantes depois do comentário de minha filha a respeito da dinâmica idêntica vislumbrada no boi e no besouro, a porta que dava vista ao bovino foi fechada, o besouro sumiu-se por alguma fresta na parede ou um vão na janela, nem vimos. A conversa continuou na sala do sítio dos amigos. Minha filha distraiu-se com alguma outra coisa. Todo o universo dinâmico escondeu-se novamente por detrás das aparências cotidianas. A vida seguiu seu curso.

PARTE V

ASTROLOGIA E OUTROS CONHECIMENTOS

A Parte V do livro investiga algumas relações entre os conceitos astrológicos apresentados com conceitos de outras áreas do conhecimento. A visão de mundo trazida à tona pelas qualidades primordiais entra em choque com ideias que fundamentam a mentalidade corrente, assim como entra em choque com alguns pontos de vista oriundos de outros conhecimentos. Não pretendo uma análise extensiva dessas discrepâncias e contradições. Tais colocações não se pretendam completas, muito longe disso. Mas comparo alguns pontos – poucos, mas cruciais para nossa relação com o mundo –, ressaltando as confluências e distinções.

Assim, após estudar a fundo as qualidades primordiais aplicadas aos indicadores que formam a carta astrológica, faremos breve digressão a respeito da relação entre as ideias apresentadas e alguns conceitos da psicologia, física, filosofia e da arte.

Passemos ao diálogo da Astrologia com essas áreas.

22

MUNDO INTERIOR E MUNDO EXTERIOR

A primeira premissa do pensamento ocidental que bambeia diante dos pontos de vista aqui apresentados como fundamentos da Astrologia é a noção de que mundo exterior e mundo interior são mundos distintos, com uma fronteira que os separa e torna-os campos apartados para as experiências do ser humano.

Na mentalidade corrente ainda nos dias de hoje, o 'sujeito' do mundo interior e o 'objeto' do mundo exterior têm sua posição garantida, dentro e fora de nós, respectivamente, e não podem ser intercambiados. Surgem como entidades separadas por uma distinção irreconciliável: o mundo interior é feito, por assim dizer, de um tipo de *matéria-prima*, a subjetividade humana, da qual são feitos os movimentos da psique, as imagens da mente, os pensamentos, os sentimentos, os estados de consciência, os desejos e motivações humanos, enquanto o mundo exterior é feito de outra matéria-prima, a saber, a matéria concreta, os átomos e moléculas como estudados e mensurados pela física e pela química, da qual são compostos todos os fenômenos que encontramos no mundo exterior.

Os componentes da subjetividade humana e os componentes da realidade física – também chamada simplesmente de "a realidade", despachando a subjetividade humana para o campo do "não-real", da irrealidade – *não podem ser trocados de lugar*, embora possam interagir e se interinfluenciar: o que é subjetivo permanecerá para sempre subjetivo. Embora possamos construir objetos e situações no mundo exterior movidos pela subjetividade, esta permanecerá fora do mundo exterior, aí estando somente o objeto construído (construído de acordo com as leis do mundo exterior, isto é, basicamente com as leis da física); o que é objeto permanecerá objeto, sem "passar para dentro" do nosso mundo subjetivo, que não por meio de representações próprias do mundo subjetivo, quer dizer, serão reconstruídos com a matéria-prima da subjetividade em nosso mundo interior.

A imaginação a respeito de um gato ou de um arco-íris não pode tomar o lugar do gato ou do arco-íris no mundo dos fenômenos – nem sequer pensaríamos nisso, aliás, soa um despropósito –, pois é óbvio que a representação subjetiva de um objeto exterior não tem condição de substituir com efetividade o objeto do mundo exterior. As pessoas que sofrem uma perda amorosa compreendem dolorosamente isso mais do que qualquer outra pessoa: imaginar a proximidade da pessoa amada não a traz próxima no mundo exterior. Imaginar ou projetar mentalmente uma cadeira não a coloca prontamente a nosso serviço para sentarmos o corpo nela.

Assim também, um objeto do mundo exterior não pode ocupar nossa subjetividade. Não temos gatos, arco-íris, ou seja lá o que for "dentro" de nós, fundamentalmente porque objetos do mundo são feitos de um tal material que lhes impede pertencer ao mundo subjetivo: têm corpo, têm substância material, têm qualidades e quantidades que os mantêm do "lado de fora" do que reconhecemos ser nossa interioridade.

A imaginação, os desejos, os sentimentos e os pensamentos humanos não são feitos de substâncias que possam ser estudadas e avaliadas pela física ou pela química. A subjetividade humana não é feita da substância necessária para fazer parte do mundo exterior, do mundo dos fenômenos, isto é, não ocupa lugar na "realidade". Aliás, se procurarmos o *lugar* ocupado pela subjetividade humana, esse *lugar* irá escapar de nossas aferições mais atentas e perspicazes, escapará dos instrumentos de medição mais refinados. O *lugar* da subjetividade humana não é encontrado nem mesmo no cérebro, embora nele encontremos certas reações que acionam funções fisiológicas *ao mesmo momento em que ocorrem* movimentos da subjetividade.

Os objetos presentes no mundo exterior, por sua vez, são feitos de substâncias aferíveis e averiguáveis pela física e pela química, podem ser mensurados em suas quantidades e percebidos em suas qualidades físicas. Os objetos do mundo são apreciáveis pelos órgãos dos sentidos e pelos aparelhos construídos como extensão destes (o telescópio e o microscópio como extensão do olho, a régua como extensão da mão e do tato, e assim por diante). Perceber os objetos do mundo "fora" de nós é assim e parece não fazer sentido pensarmos que poderia ser de outro modo. A cadeira preta e amarela que está à minha frente obviamente não está dentro de mim, pois meus olhos a veem ali, diante de mim, fora de mim. Então, tudo parece garantir que o mundo exterior com toda a certeza está fora de mim, enquanto o mundo interior está dentro de mim, ou mais propriamente compõe o que eu chamo de "mim", mesmo que eu não consiga definir o que isso é.

O próprio corpo é para nós uma região indefinida, um tanto mais cinzenta, reconhecido ora como objeto do mundo exterior, pois pode ser percebido e mensurado em suas quantidades e qualidades pelo próprio ser que o habita e por outras pessoas, ora como sede da subjetividade, embora qual lugar do corpo seja exatamente a sede da subjetividade permaneça questão em aberto desde sempre, chegando-se a respostas que soam mais poéticas ou hipotéticas do que soam como certezas. Mesmo o corpo sendo o *ponto de referência* principal para a subjetividade que o "habita", ele não se confunde com a subjetividade humana em si. Quer dizer, as fronteiras entre mundo exterior e mundo interior permanecem intactas e intransponíveis, mesmo que possamos ter alguma dúvida a respeito de onde localizar o corpo neste esquema: o que pertence a um desses mundos, por definição não pertence nem poderá pertencer ao outro.

Em linhas gerais, e no que concerne aos nossos interesses, essa é a situação em que se encontra a mentalidade corrente, no que diz respeito a estarmos em um mundo composto por dois campos distintos e não intercambiantes, um interior e outro exterior.

23

SINCRONICIDADE

Quando o psicólogo Carl Gustav Jung se deparou com fatos para os quais não encontrara explicação, criou o conceito de *sincronicidade*, de modo a dar sentido a esses fatos, os quais correlacionavam situações internas de certos indivíduos com situações externas a eles, para os quais não havia relação de causa e efeito entre interioridade e exterioridade, mas que mostravam ter uma correlação forte e definida.

Jung encontrou-se com situações nas quais havia "a coincidência [no tempo] do estado psíquico com o processo objetivo correspondente" (JUNG, 2011, p. 71), sem que houvesse interação ou interinfluência causal entre ambos. O exemplo mais famoso é o da paciente de Jung que lhe contava haver sonhado ganhar um escaravelho de ouro de presente, quando na janela por detrás do Dr. Jung, um besouro faz toc-toc no vidro. A cor do besouro era a que, naquelas paragens, mais se aproximava do dourado. Jung abre a janela, o besouro voa para dentro, "compelido a entrar numa sala escura naquele momento" (JUNG, 2011, p. 31), e Jung pega-o em pleno voo e o estende à paciente, dizendo: "Está aqui o seu escaravelho" (JUNG, 2011, p. 117).

A partir desse e de muitos outros fatos, Jung definiu sincronicidade como sendo constituída "de dois fatores: 1) *Uma imagem inconsciente alcança a consciência de maneira direta* (literalmente) *ou indireta* (simbolizada ou sugerida) *sob a forma de um sonho, associação ou premonição; 2) Uma situação objetiva coincide com este conteúdo*" (JUNG, 2011, p. 41-42). Essa definição, escrita em itálico no original, se inscreve dentro da visão de mundo em que mundo interior e mundo exterior são campos distintos e não permutáveis, portanto, sendo necessário estabelecer um conceito que transponha o abismo entre esses mundos e os reconcilie.

Parece não fazer sentido o estado interno de uma pessoa trazer algum conteúdo ou imagem que *cause* um evento no mundo exterior, sem existir relação de causa e efeito entre ambos. Como o sonho do escaravelho de ouro, ao ser contado, poderia causar ações sobre o mundo objetivo de modo a atrair um besouro levemente dourado para bater à janela da sala? Ou, não menos improvável e espantoso, como poderia o voo do besouro no jardim do Dr. Jung, fora do campo de visão de sua paciente, trazer-lhe à mente o sonho que havia tido dias antes? Isso para não incluirmos a hipótese de como poderia o sonho da paciente atrair o besouro dias depois para dentro da sala, ou esse besouro em particular ter inspirado o sonho da moça dias antes. Tudo isso parece um despropósito.

A possibilidade de ser "mera coincidência" está fora de questão. A argumentação de Jung, em seu livro *Sincronicidade*, deixa claro isso, tanto pela série de experiências com bases estatísticas feitas por ele e por outros quanto pelas situações expressivas presenciadas por ele, nas quais havia fatores internos e externos coincidentes em significado e sem relação causal. Dizer ser "mera coincidência" é um dar de ombros aos fatos encontrados, um desdém por parte do intelecto racional diante de fatos que intui não dará conta do entendimento necessário. Exatamente o mesmo ocorre quando as ciências naturais tratam o tempo como sendo "mera formalidade": um dar de ombros que, em vez de exprimir uma correta compreensão intelectual, expõe a restrição do intelecto, ao não alcançar a abrangência do tema, seja ele o tempo ou a sincronicidade.

Dentro da separação irreconciliável entre mundo interior e mundo exterior, Jung propõe que a sincronicidade entre esses mundos (pois que esta diz respeito especificamente a *mesmos tempos entre esses dois mundos*) ocorre, em primeiro lugar, quando o mundo interior se encontra em um estado especial, em um rebaixamento do predomínio da mente racional, "que confere uma certa predominância ao inconsciente" (JUNG, 2011, p. 72), quer dizer, quando a subjetividade humana se encontra distanciada da racionalidade, mesmo que apenas sutilmente distanciada, *do estado mental que produziu a divisão com fronteiras definitivas entre mundo interior e mundo exterior*, como, por exemplo, quando de um estado emocional mais forte. Comentando outra experiência de sincronicidade, do filósofo Swedenborg, Jung afirma que 'devemos admitir que... uma baixa do limiar de sua consciência... lhe dava acesso ao "conhecimento absoluto"' (JUNG, 2011, p. 72).

Em segundo lugar, Jung recorre aos conceitos de arquétipo e inconsciente coletivo para completar a explicação a respeito de porque e como ocorrem eventos sincrônicos percebidos pela subjetividade de certas pessoas. Define os arquétipos como sendo as "potências ativas do inconsciente" (JUNG, 2011, p. 72), e diz que na maioria dos fenômenos espontâneos de sincronicidade "havia uma ligação direta com um arquétipo" (JUNG, 2011, p. 72). Os arquétipos estão presentes não apenas no inconsciente individual, mas, mais propriamente, são refletidos sobre este a partir de sua presença no inconsciente coletivo. Os arquétipos representam possibilidades psíquicas por retratarem "os acontecimentos ordinários e instintivos em uma espécie de *tipos*" (JUNG, 2011, p. 107). E esses tipos fundamentais, arquetípicos, encontram-se presentes e atuantes no inconsciente coletivo, o qual "não pode ser localizado, porque, em princípio, ou se acha todo inteiro em cada indivíduo ou é o mesmo em toda parte" (JUNG, 2011, p. 72).

Em resumo, a sincronicidade é possível devido à existência de experiências humanas que se estabelecem para além da subjetividade individual, estabelecem-se em uma espécie de subjetividade de todo o conjunto humano, os arquétipos, como Jung os define. Uma situação sincrônica é vivida quando nosso estado de consciência permite acessar essa camada arquetípica e, *a partir disso*, por meio de processos desconhecidos, encontramos eventos exteriores a nós, os quais não foram causados diretamente por nossa subjetividade (nem nosso estado subjetivo foi causado por eles), mas que estão correlacionados a ela em significado e acontecem *simultaneamente* a tais estados.

Jung se diz inclinado "a admitir que *a sincronicidade em sentido mais estrito é apenas um caso especial de organização geral*, aquele da equivalência dos processos psíquicos e físicos onde o observador está em situação de poder reconhecer" (JUNG, 2011, p. 108) que existe esse tipo de organização. Em outras palavras, diz que a organização geral do mundo contém uma equivalência entre processos do mundo exterior e processos psíquicos, mas que esta só é percebida em alguns casos particulares. No fim das contas, Jung afirma que mundo interior e mundo exterior, mais do que poderem interagir dentro de uma relação causal, são firmados dentro de uma *equivalência*, quer dizer, coisas que valem dentro *de algum modo* também valem fora, mesmo quando não há relação causal entre elas.

Com a devida prudência, Jung afirma que o universo é sincrônico, todo ele e todo o tempo; que a sincronicidade entre mundo interior e mundo exterior é seu estado natural, que é a condição fundamental de suas leis de funcionamento. E que somente em momentos especiais de nossa vida, quando o estado da mente se desvia do modelo racional predominante, é que acessamos captar laivos perceptivos dessa condição geral de sincronicidade, não obstante ela estar sempre presente. Isto é, mundo interior e mundo exterior são sincrônicos por excelência.

Com suas afirmações, Jung desafia a bipartição entre mundo interior e mundo exterior, tida como verdade tácita pela mentalidade corrente no tempo de Jung e ainda no nosso tempo. O estudo em profundidade da psicologia humana contradiz o modelo bipartido que por tanto tempo predominou na visão de mundo ocidental.

Reafirmando que esse estado de coisas é particular de certa época e um determinado ambiente cultural – a saber, a nossa época e o nosso ambiente cultural – e que nem sempre foi assim (e, logo acrescentamos, que nem sempre precisará ser assim), Jung ressalta que

> [...] a sincronicidade, para a mente primitiva, era um fato que se explicava por si mesmo e, consequentemente, nesse estágio também não se pensava em acaso. Não havia acidente,

> doença ou morte casuais ou atribuíveis a causas naturais. Tudo era devido, de algum modo, a uma ação mágica... No estágio primitivo, naturalmente, a sincronicidade não aparece como uma ideia em si mesma, mas como uma causalidade 'mágica'. (JUNG, 2011, p. 92).

Houve um tempo, os primórdios da espécie humana, no qual as relações físicas de causa e efeito não eram as causas fundamentais dos eventos que aconteciam aos humanos – e mesmo que as causas físicas pudessem ser também consideradas, não o eram como sendo as causas *fundamentais*. Antes que estas, havia uma causa mágica por detrás de tudo, uma causa não física (embora esta se manifestasse nos e operasse os eventos através dos meios físicos) que era a primeira e verdadeira causa dos aconteceres.

Chamar essa causalidade de "mágica" refere-se a esta não se encaixar dentro do conhecimento que restringe todas as causas ao mundo físico; "mágico", aqui, não é o milagre, propriamente, mas o desconhecido, o "sem causas aparentes", o sem-causa no mundo das formas. Ora, isso não quer dizer que os antigos *eles mesmos* chamassem sua visão de mundo de mágica, ou que considerassem tratar-se do desconhecido ou do assombroso. É mais coerente para com eles considerarmos que se a visão de mundo destes homens dos primórdios estava em consonância com uma ausência de fronteiras entre mundo interior e mundo exterior, a sincronicidade para eles não tinha nada de mágico (como nós usamos tal palavra, para o sobrenatural), mas era justamente o natural, a lei natural, a ciência natural daquele tempo que ditava para eles esta simples realidade: o besouro que eu vejo surgir neste momento voando à minha esquerda diz algo sobre a natureza deste momento, assim como tudo o mais que está ao meu redor e assim também os estados de minha interioridade; o chifre do animal que meu conhecimento sabe conter o mesmo princípio dinâmico que certo estado interior pode estimular tal estado nas pessoas, se ingerido sob a forma de pó (e ainda mais se ingerido em certos momentos), mesmo que quimicamente não exerça efeito sobre os processos físicos envolvidos com esse tal estado subjetivo; a luz amarela do sol desperta a alegria nos homens não por fixar vitamina D em seu organismo, nem por espantar a escuridão causadora do medo, mas porque a "amarelidade" da luz do sol é relativa ao estado dinâmico da interioridade humana denominado "alegria"; o cerne movente de um boi repousando solene e de um besouro subindo decidido uma parede são visíveis e evidentes aos olhos de todos, como sendo uma só coisa, para além da forma aparente desses seres.

Essas não eram superstições ou eventos "mágicos"; era a ordem natural do mundo como vislumbrada por esses homens dos primórdios. A sincronicidade não era algo de se espantar, assim como para nós a gravidade não é algo que nos espante. À queda de uma maçã não atribuímos conotações mágicas ou sobrenaturais, mesmo que não entendamos como acontece a ação gravitacional entre os corpos: sabemos que há uma força gravitacional agindo, ela faz parte de nossa visão de mundo atual. Assim, para os homens dos primórdios, a sincronicidade era o estado natural das coisas, não uma exceção particular e estranha.

Nada disso fora chamado de "mágico" pelo homem dos primórdios, mas de "natural". Nós homens dos séculos atuais chamamos de mágico como concessão complacente ao que julgamos ser superstição ignorante daqueles seres que não sabiam fazer distinções tão óbvias para nós, como aquela entre mundo interior e mundo exterior. Nossa estrutura mental não concebe que possa ser de outra maneira, talvez desde a antiguidade clássica grega, mas com toda a certeza desde a separação cartesiana que cindiu o mundo em interior e exterior criando fronteiras artificiais e criando estes dois mundos como se fossem separados – os quais, em verdade, não existem enquanto tais – em bem de acomodar certa visão de mundo que só é pensável dentro dessa cisão. A separação entre mundo interior e exterior seria, assim, uma distorção construída e implantada na percepção humana.

O próprio Jung, pensando e escrevendo dentro dos moldes da mentalidade acadêmica (portanto, inserida no cartesianismo), precisou acomodar em seus escritos o conceito de sincronicidade como pertencente a uma antiga causalidade mágica, como algo que, embora onipresente enquanto lei, só pode ser percebido em um estado "mágico" diferente da mente racional que produzia seus escritos e seus pensamentos, pois estes tinham que prestar contas à mentalidade cartesiana vigente nos padrões acadêmicos.

A lei da sincronicidade não cabe e não pode ser convenientemente descrita dentro dos paradigmas do pensamento acadêmico e da mentalidade cartesiana, senão nos termos da prudência utilizada por Jung. Lei esta que pode ser definida, em termos amplos, e de maneira independente em relação aos cânones acadêmicos, como sendo: tudo o que acontece em um dado momento do tempo é movido pela qualidade dinâmica desse momento do tempo e contém atuante algo desta qualidade, a qual se projeta igual e indistintamente sobre o mundo interior e o mundo exterior.

24

SINCRONICIDADE E ASTROLOGIA

Carl Gustav Jung anteviu a ligação entre Astrologia e sincronicidade. Em seu livro *Sincronicidade*, no qual apresenta tal conceito, utiliza uma pesquisa de base astrológica como demonstração da validade desse conceito recém-formado.

Não obstante a antevisão correta, as bases do conhecimento astrológico que Jung utilizou são incompletas, dentro da técnica astrológica mais rigorosa. As bases astrológicas que utiliza não são necessariamente aquelas que um astrólogo utilizaria. Suas bases são incompletas, pois não abrangem a totalidade da técnica utilizável no caso, e, mais conflitante ainda, a visão conceitual embutida na técnica utilizada entra em choque com o próprio conceito de sincronicidade, embora isso passasse despercebido. Vamos investigar esses dois pontos, de modo a esclarecê-los.

Na pesquisa apresentada como prova a favor da validade do conceito de sincronicidade, Jung valeu-se de um conjunto de 400 casais, dos quais se estudou a posição por signo de Sol, Lua, Vênus e Marte na carta astrológica de cada pessoa dos quatrocentos casais. O intuito era observar se entre os casais havia predominância estatística das combinações entre os indicadores que a tradição astrológica legou serem especialmente afins com o estabelecimento de casamento entre homens e mulheres.

Com relação à

> [...] união matrimonial de duas pessoas... desde a antiguidade, a correspondência mitológica, astrológica e alquímica tradicional neste sentido é a *conjunctio Solis et Lunae*, a relação amorosa entre Marte e Vênus, assim como as relações destes astros com o ascendente e o descendente. Esta relação deve ter sido introduzida na tradição, porque o eixo do ascendente foi considerado, desde tempos imemoriais, como tendo uma influência particularmente importante no caráter da personalidade. (JUNG, 2011, p. 49).

Com essa perspectiva técnica extraída do conhecimento astrológico da antiguidade, Jung baliza a pesquisa que apresenta em seu livro. São colocações corretas, sem dúvida. Sol e Lua, Vênus e Marte, são *significadores gerais* para o casamento e a afinidade amorosa entre homens e mulheres. Acontece que na carta astrológica operam os *significados gerais* de planetas e signos, mas opera também, e principalmente, seu significado acidental, o qual é derivado de sua determinação local, isto é, da relação com as Casas aos quais planetas e signos estão vinculados em determinada carta astrológica.

Situando brevemente como operam os indicadores astrológicos: cada Casa astrológica está relacionada a um setor da experiência da vida humana; a Casa I se refere aos traços principais da personalidade, a Casa II se refere a posses e condições materiais, e assim por diante. A Casa VII se refere ao casamento, *às parcerias e uniões* (a Casa VII é a Casa do Descendente, e foi incluída por Jung em sua análise). Os planetas e signos relacionados a uma Casa – isto é, vinculados a ela por posição, regência ou aspecto – serão determinantes para os fatos vividos *nessa área de vida,* atuarão sobre os assuntos dessa Casa e não sobre os assuntos das outras Casas. Assim, os planetas e signos determinados à Casa VII serão determinantes para o casamento e a formação de parceria.

Por exemplo, o planeta Saturno posicionado no signo de Peixes na Casa VII – ou vinculados a ela por regência ou aspecto – estarão determinados a essa casa, e seu significado acidental dirá respeito à vida conjugal e às parcerias, mesmo que Saturno e Peixes não tenham as relações afetivas como significado geral. Essa pessoa terá uma vida conjugal de natureza saturnina ou pisciana, o que quer dizer, inclusive, que irá se relacionar com pessoas do tipo saturnino ou pisciano e viver eventos do tipo saturnino ou pisciano na vida conjugal. A pessoa dessa carta terá não apenas uma atitude saturnina ou pisciana com relação a sua vida conjugal, mas os fatos da vida conjugal terão natureza igualmente saturnina ou pisciana.

Quer dizer, a pessoa dessa carta procurará um encontro amoroso e um casamento de natureza saturnina ou pisciana, e não terá como base, necessariamente, as relações entre Sol e Lua, ou entre Marte e Vênus; com isso, essas relações não serão significativas para a escolha de seu par. Para essa pessoa, serão importantes as relações entre outros planetas, talvez entre Saturno e Lua, ou entre Júpiter (regente de Peixes) e Mercúrio, ou qualquer outra combinação, a depender da situação específica de como essa carta constrói os significadores da Casa VII, que é o fator determinante para definir como serão as escolhas, os encontros e os fatos em seu casamento.

E assim, com todas as cartas astrológicas, inclusive com a daquela pessoa com quem a pessoa de nosso exemplo irá se relacionar, o que desestabiliza de vez o sentido de tirar conclusões sobre o casamento com base na análise exclusiva das relações entre os significados gerais de Sol e Lua, Vênus e Marte. Não é assim que a Astrologia funciona – apenas pelo significado geral de seus indicadores. É tecnicamente incompleto interpretar uma carta astrológica dessa maneira. Isso tira muito da precisão da pesquisa apresentada. Aos olhos de um astrólogo, o procedimento seria outro: selecionar os significadores da Casa VII da carta de uma pessoa e ver se estes se relacionam com os significadores da Casa VII da carta de seu par. Quem tiver acesso aos mapas utilizados por Jung poderá refazer a análise estatística.

Cada carta astrológica aponta para uma necessidade diferente de completude, uma necessidade que não se estabelece dentro da lógica da sociedade em que essa pessoa está inserida, nem na lógica de sua personalidade e nem mesmo na psicologia geral de sua pessoa – a carta apresenta uma astrológica particular para cada Casa de um mapa, resultante dos significadores determinados a essa Casa, segundo os parâmetros técnicos conhecidos pelos astrólogos. É a partir desse critério, estritamente astrológico, que foi postulada a existência de uma lei astrológica individual atuante em cada carta.

A Astrologia trabalha com casos individuais, não somente por tratar da carta individual de nascimento das pessoas, mas também porque em cada carta os indicadores gerais (planeta e signos) assumem papéis particulares – e diríamos mesmo, papéis únicos, existentes somente na constelação de forças dinâmicas daquela carta –, o que não foi levado em conta na análise que tentava comprovar a sincronicidade pela relação entre os casais e os ângulos planetários nos céus.

A Astrologia delineia características de temperamento e eventos que são distintas para cada pessoa. Assim, não há sentido em utilizar apenas os significados gerais dos planetas e dos signos, pois, se houvesse somente um significado geral desses indicadores, a vida seria basicamente igual para todos; e somente nesse caso seria válida a premissa de Jung de que em todas as relações consideramos apenas Sol e Lua, Vênus e Marte. A prática astrológica demonstra o quão importante é considerar os significados particulares dentro do mapa (dentro da constelação de forças particular desse mapa) e, mais ainda, que estes são mais determinantes para os eventos no destino da pessoa do que o são os significados gerais.

O significado geral de um planeta não indica necessariamente os eventos relativos à sua generalidade. Assim, Vênus que tem por significado geral o afeto, não será o indicador de casamento ou encontro afetivo, a não ser quando estiver de alguma maneira determinada à Casa VII. Essa afirmação não anula o significado essencial de Vênus para a afeição ou o amor, mas diz que há outros fatores e leis mais fortes operando nesse assunto, nessa carta.

Um segundo ponto a ser comentado é quanto à afirmação de Jung quando diz que alguns dos indicadores por ele utilizados (Ascendente e Descendente) têm "uma influência particularmente importante no caráter da personalidade". Realmente eles têm essa influência, em especial o Ascendente. Não obstante, em Astrologia sabe-se que o delineamento da *personalidade* não leva diretamente a conclusões a respeito de como será o destino da pessoa nesta ou naquela área de vida. Alguém de personalidade exuberante, talvez por ter Sagitário como signo Ascendente, poderá ter uma vida conjugal reprimida e cinzenta, talvez por ter Saturno na Casa VII; e assim por diante, com todas as variações imagináveis. A personalidade geral não implica em destino deste ou daquele tipo nas diversas áreas de vida. Cada carta astrológica demonstra isso claramente.

Jung considera o quadro geral dos significadores e da personalidade e, a partir dele, pretende encontrar o predomínio de certas relações angulares entre determinados planetas. Não é errado pensar assim, e os resultados estatísticos demonstram haver uma ênfase nessas relações astrológicas em meio aos 400 casais. Contudo, esse não é um caminho verdadeiramente astrológico de análise; é, por assim dizer, um caminho da razão comum que se vale de dados e técnicas de interpretação da Astrologia.

A decorrência conceitual desse partido tomado no uso da técnica é que, tomada assim, parece que a Astrologia indica destinos gerais, o que pode não ser discrepante em relação aos conceitos de arquétipo e inconsciente coletivo, pilares utilizados por Jung para estabelecer a ponte entre mundo interior e mundo exterior, e daí construir seu conceito de sincronicidade, mas está em contradição com o caminho que a própria Astrologia abre a respeito da natureza sincrônica da vida humana individual e de tudo quanto existe.

A interpenetração da vida humana individual com o tempo que permeia tudo quanto existe nela e em torno dela se dá, de acordo com a visão astrológica, pela simples existência do tempo enquanto força atuante, o qual transmite suas propensões diretamente ao mundo interior e ao mundo exterior. Não há a necessidade de um "inconsciente coletivo" prenhe de "arquétipos" a intermediar a relação entre dois mundos apartados, o interior e o exterior, que só se uniriam por pontes particulares. Sincronicidade é um estado primordial e natural da manifestação, não é um resultado a que se chega por meio de complexa e árdua construção mental. Interior e exterior transfundem-se todo o tempo, sem que o percebamos. Percebê-lo é ampliar nossa percepção e consciência.

Não é preciso entrar em um estado de "rebaixamento mental" para o "inconsciente agir" e nos darmos conta do estado sincrônico das interações em que nossa vida se dá. Podemos ampliar nossa percepção e consciência de modo a perceber uma dimensão a mais em que estamos inseridos, o tempo da quarta dimensão, em lugar de sua projeção na terceira dimensão, e assim ingressarmos em um estado de vida no qual há sincronia, tudo é tempo oportuno, em suas diversas propensões que se sucedem em uma ordem. A Astrologia nos dá a conhecer essa ordem, abrindo as portas para a experimentarmos.

25

NEM MUNDO INTERIOR, NEM MUNDO EXTERIOR

Segundo a lei da sincronicidade, mundo interior e mundo exterior, sujeito e objeto, estão interligados como as duas mãos de um só corpo, unidas por seus braços e seu tronco, embora não unidas diretamente entre si, como seriam se fossem mãos que vivessem entrelaçadas. Nossos olhos treinados pela visão bipartida enxergam as duas mãos, o mundo interior e o mundo exterior, mas não conseguem entender o que sejam estes braços e este tronco que os une – e, então, soa misterioso e improvável que duas mãos que aparentemente atuam separadas, que parecem existir separadas, tais como o mundo interior e o mundo exterior, atuem, na verdade, formando um conjunto de ações regido por algo que lhes confere unidade, não apenas em momento isolado como quando mãos juntadas em prece, mas enquanto mãos que, embora atuem cada uma a seu modo, são mãos regidas e coordenadas por um princípio único que não pode ser percebido diretamente nas mãos, mas no todo do qual são extremidades.

A percepção com base na visão de mundo bipartida não tem condição de reconhecer o que é esse corpo, o que são os braços, o que une essas mãos. Não há como deduzir a existência da relação entre as duas mãos apenas olhando para a sua forma e a de seus movimentos. Seria preciso enxergar braços e tronco, e isso não é possível dentro do campo restrito da percepção do visível e do tangível. Tal condição estrita relegou a existência desse corpo para o campo do "mito", da "magia", quando não da mera superstição. Quer dizer, a unidade entre mundo interior e mundo exterior foi relegada a ser apenas uma tola superstição de povos menos desenvolvidos.

Considere que não enxergamos o corpo nem os braços de uma pessoa, digamos que estejam recobertos com roupa preta e que ela se movimenta diante de um fundo igualmente preto, de modo que a forma de seu corpo recoberto por roupa preta desaparece contra o fundo preto, mas mesmo assim ainda podemos observar suas mãos a nu em movimento – e apenas as mãos. Imagine essas mãos executando tarefas iguais às que nossas mãos executam nos afazeres de rotina. Veremos mãos que atuam como que separadamente, pois é assim que fazemos boa parte das coisas com as mãos, uma se mexendo de uma maneira, a outra de outra maneira. Não veremos uma coordenação clara no que faz uma mão e no que a outra faz, que não em alguns momentos particulares. Se essa pessoa está a cozinhar, por exemplo, enquanto uma mão faz o gesto de segurar a colher que mexe o alimento na panela, a outra mão pode se afastar e pegar um punhado de sal. As variações são infinitas. Um movimento parece dissociado do outro se não vemos o corpo e a intenção que as une. Pela forma que as mãos assumem e pela qual se movimentam, somente em raras ocasiões entenderemos que atuam coordenadas sob um mesmo princípio que lhes confere unidade, que faz com que pertençam a um só corpo. Cada uma faz uma coisa, aquilo que fazem não é simétrico nem ordenado. Parecerão muito mais dois objetos vivos e soltos, desemparelhados em sua movimentação. Contudo, se entendemos o significado de sua movimentação, por exemplo, reconhecendo a intenção e o ato de cozinhar com os movimentos que lhe são necessários, ou se vemos os braços que as unem e fazem pertencer a um só corpo, poderemos compreender que as duas mãos atuam juntas, que ambas se movem sob uma coordenação única, um princípio único que lhes confere sentido, mas que não as obriga a manter uma forma visivelmente ordenada ou simétrica.

Assim opera a lei da sincronicidade, que diz funcionarem unificados o mundo interior e o mundo exterior, sujeito e objeto, formando uma dança coordenada tal qual mão direita e mão esquerda de um mesmo ser, sem que se possa perceber algum tipo de unidade entre a forma dos eventos internos e externos que não em momentos especiais. A lei da sincronicidade não diz que existe perfeita identidade entre mundo interior e exterior, mas que há alguma relação entre esses dois mundos. Contudo, nossos órgãos dos sentidos não conseguem perceber que há unidade entre formas tão díspares e aparentemente desemparelhadas, como as destas duas mãos articuladas: o mundo interior e o mundo exterior.

A astrologia: integração de interior e exterior

Mão direita e mão esquerda trabalham cada uma com sua função, dentro de certa atividade ou ação humana, como exemplificado no ato de cozinhar. Embora executem funções diferentes, funções que têm uma finalidade que pode ser conhecida, a forma das mãos se movendo pouco ou nada nos informa a respeito do que as coordena e de qual é sua finalidade. O mesmo ocorre entre mundo interior e mundo exterior: são mundos coordenados por linhas de força cujas finalidades não podem ser descritas pelo que percebemos existir se observamos apenas os pontos em que mundo interior e mundo exterior se faceiam. A finalidade e o significado da dança conjunta entre essas duas partes de um mesmo ser só podem ser encontradas no "ser" que dá unidade a esses dois mundos. Contudo, não conhecemos que ser é esse, não temos referências, em nosso conhecimento corrente, a respeito de um "ser" cuja totalidade abraça nossa interioridade e o mundo circundante conferindo-lhes um sentido que só pode ser encontrado nesse ser e não em suas partes – à exceção de um único conhecimento, a Astrologia.

Dentro do ponto de vista bipartido, Jung delineou o conceito de sincronicidade, a partir de pistas fornecidas pela realidade comum, as quais abriram uma janela para essa outra dimensão da realidade – momentos em que essas duas mãos, em sua movimentação, passaram por um trecho de simetria da forma. Nesses momentos, a sincronicidade se tornou visível. Nesses momentos, o par de mãos se colocou espalmado, por assim dizer, uma contra a outra de maneira evidente, como mãos postas em prece, quando visivelmente elas convergem em suas formas resultantes, como no caso do besouro no sonho da moça e o besouro na janela da sala onde ela estava: aí podemos reconhecer que essas duas 'mãos' são uma coisa só. Agora, sujeito e objeto serem uma só coisa não é exceção, não é caso particular; é, antes de tudo, lei geral; pois a lei da sincronicidade atua todo o tempo e em tudo o que diga respeito ao mundo interior e ao mundo exterior de uma pessoa, tal como as duas mãos de um ser trabalham coordenadas pelo ser.

Em outras palavras, nosso ser não se limita a dar vida ao corpo e à subjetividade, mas abrange também o mundo exterior com o qual temos relação: não há fronteira demarcatória da vida dentro e fora de nós; nosso ser vivo abrange tudo aquilo que vivemos fora de nós mesmos. Assim, o que denominamos no início do livro como sendo o "cerne movente" não está dentro do ser; ou melhor, está dentro tanto quanto está fora, no exterior que o circunda e é interagente com esse ser. É o que podemos deduzir do que é demonstrado aqui. Por absurdo que pareça à primeira vista, esta é a conclusão lógica, se permitimos que nosso raciocínio caminhe para além das fronteiras que lhe foram ensinadas como limite para o "razoável". Jung localizou o inconsciente coletivo para além das fronteiras do indivíduo, o que está alinhado com a ideia que ora expomos. Esse foi um passo, dentro da mentalidade ocidental, em direção a reunir, do ponto de vista intelectual, a unidade existente entre mundo interior e mundo exterior. Em realidade, esses mundos estão sempre unidos, apenas a mente ocidental tem passado bastante tempo iludida por uma falsa separação.

Embora a pele que recobre o corpo físico seja uma fronteira visível e tangível para o indivíduo humano, ela é fronteira somente para o corpo físico e não para as demais dimensões do ser humano. Outros aspectos da individualidade transpassam a fronteira física da pele sem cerimônia alguma e, mesmo alguns aspectos de um ser humano só podem ser localizados, por estranho que pareça, "fora" do que localizamos como sendo esse ser humano, a saber, para fora de seu corpo. E não estamos a falar de um aspecto humano como uma ideia ou projeto nascido na mente de alguém, o qual irá afetar outras pessoas em lugares e tempos distantes, como acontece com aqueles que projetaram o Taj Mahal ou a Capela Sistina. O "ser" que projetou e construiu essas obras se projeta para fora de seu corpo e de seu tempo de maneira indireta, por meio dessas obras. O que afirmamos é que nossa presença no mundo – a cada instante que vivemos e em tudo o que pensamos, sentimos e atuamos – é uma presença que ocorre dentro e fora de nós, que nossa presença mais completa não se dá apenas onde está localizado nosso corpo e nossa subjetividade, mas sim em tudo aquilo com que estamos ligados e podemos denominar de 'nosso mundo exterior'.

"Um corpo está onde ele atua"

Para o físico inglês Michael Faraday, "o campo dinâmico que emana de um corpo pertence ao próprio corpo no mesmo sentido em que sua massa, sua forma, sua dureza e sua cor; assim, o campo magnético de um ímã é tanto a coisa 'ímã' quanto a peça de metal que localizamos como sendo o ímã" (ZUCKERKANDL, 1973, p. 304). Em outras palavras, um corpo e o conjunto de seus atributos, que vão além dos limites de sua forma visível e tangível, formam verdadeiramente esse corpo. Zuckerkandl se refere a essa propriedade, dizendo que "um corpo está onde ele atua" (ZUCKERKANDL, 1973, p. 304), e se vale desse conceito para esclarecer como ocorre a relação entre os tons musicais e o espaço, postulando um espaço auditivo fluido em lugar de um espaço auditivo feito de lugares: "três notas formam uma tríade e não um triângulo porque elas designam não três lugares particulares no espaço, mas três estados particulares no espaço (ou, diríamos, de espaço?)" (ZUCKERKANDL, 1973, p. 303). O espaço que a música revela à percepção humana, segundo esse autor, é colocado em termos de "espaço fluido" e de "estados particulares de espaço". Estes apontam para um espaço não localizado "lá fora" ou "cá dentro", mas um espaço cuja característica fundamental não é a justaposição (um lugar ao lado do outro), mas a interpenetração, na qual é possível mundo interior e mundo exterior formarem um todo único (ZUCKERKANDL, 1973, p. 369).

Aqui, temos a física e a música, duas matérias bastante distintas entre si e distintas da psicologia junguiana, a corroborar o que esta e a Astrologia têm tentado nos mostrar, dissolvendo a barreira imaginária criada entre mundo interior e mundo exterior, entre sujeito e objeto.

Esse postulado de Faraday não foi contestado, permanecendo como que adormecido em meio a outros conceitos que ganharam destaque para orientar o caminho seguido pela física, em especial aqueles conceitos que privilegiavam a sustentação da visão bipartida. A física clássica não se opõe à ideia de que uma entidade abrange mais do que sua localização visível-tangível. No pensamento de Faraday, a física clássica admite que um corpo está onde ele atua, quer dizer, o corpo do ímã está também onde atua seu campo eletromagnético, *o corpo está também nas linhas de força do campo magnético que cria ao seu redor*, um campo em torno do qual se organizam os objetos ferrosos que estejam dentro do campo, e, finalmente, está também na própria *organização* desses objetos ferrosos; em outras palavras, o corpo integral do ímã, ou poderíamos também dizer o seu "ser", está presente na organização do mundo exterior ao seu redor, ou, ao menos, nas partes do mundo exterior ao seu redor que respondem às suas linhas de força, ao seu campo eletromagnético.

O próprio Jung, na definição de seu conceito de arquétipo, utilizou comparação semelhante, não obstante, partindo de outra situação física: as linhas axiais físico-químicas que definem a forma dos cristais de rocha. Como já mencionado, embora cada peça de cristal de rocha tenha uma forma que lhe é própria e única, todos os cristais de um mesmo tipo – um quartzo rosa ou uma ametista, por exemplo – formam-se a partir de eixos angulares definidos por reações físico-químicas determinadas para aquele cristal. Aqui, não se trata de linhas de força que atuam "fora do corpo", como no caso do ímã magnético, pois que tais eixos axiais atuam dentro mesmo do corpo do cristal, atuam sobre sua forma; trata-se de linhas de força que atuam nas linhas fundamentais da forma sem, no entanto, defini-la completamente, pois os componentes e condições geológicos contribuirão para dar a cada espécime do cristal de cada tipo a sua forma final. Segundo essas linhas de força, há aspectos determinados na geração da forma do cristal e outros indeterminados, que serão completados somente quando da entrada em cena dos materiais e condições geológicos operantes no substrato físico que irá compor o cristal. Essa combinação entre determinação e indeterminação, ou de diferentes níveis de determinação, iremos estudar mais a fundo adiante. O que temos é a noção de "linhas de força" como sendo atuantes na definição da forma das coisas, tanto em diversos segmentos das ciências naturais, como a física e a geologia, quanto da psicologia junguiana e, principalmente, naquilo que a Astrologia tem a nos mostrar a respeito da formação da vida e dos destinos humanos.

O cerne movente: atuação criativa dentro e fora

Em termos astrológicos, temos que o destino inscrito na carta astrológica não se limita a definir o que se passa "dentro" da pessoa, mas abrange também o mundo exterior que se organiza em torno dela, que responde a suas linhas de força. A carta astrológica descreve tanto as forças dinâmicas presentes na subjetividade da pessoa quanto as forças dinâmicas do mundo exterior *que respondem a ela* – as mesmas forças dinâmicas que atuam dentro, atuam fora, compondo um "corpo dinâmico único" que transpassa a fronteira interior/exterior e compõe, nesse conjunto, a totalidade da pessoa descrita pela carta astrológica.

Podemos imaginar o mundo exterior como sendo organizado pelo campo dinâmico, que também está presente no mundo interior particular de cada indivíduo. Basta imaginar haver limalha de ferro espalhada sobre uma mesa e sobre ela também estarem colocadas algumas peças de ferro imantado. Esses ímãs irão organizar a limalha de ferro existente sobre a mesa; não irão criar novo material sobre a mesa, mas conforme a organização dos ímãs e a força de seu magnetismo, a limalha existente irá se organizar de uma forma determinada, respondendo ao campo magnético gerado pelos ímãs. O campo dinâmico de cada ímã e do conjunto de todos os ímãs criará uma disposição específica para o material sobre a mesa – um desenho particular, conforme a disposição dos ímãs e de seu campo magnético –, gerando uma forma específica para o mundo exterior; e, conforme se altere a posição e o campo dos ímãs, o desenho mudará, terá formas diferentes, não obstante preenchidas com os mesmos componentes. O material sobre a mesa permanecerá sempre o mesmo, não será alterado pela característica dos ímãs, mesmo que se mude a quantidade destes. Entretanto, o desenho resultante para a distribuição dos objetos "limalha" colocados sobre a mesa mudará radicalmente em seu desenho – em seu desígnio, poderíamos dizer – a cada vez que a posição dos ímãs for modificada.

Assim também as substâncias do mundo serão organizadas pelas forças dinâmicas de uma pessoa, de acordo com a constelação dessas forças, como indicado por sua carta astrológica. O mundo ao redor dessa pessoa responderá às propensões indicadas na carta. Certas substâncias do mundo responderão a essa sua constelação particular, outras não o farão, de acordo com a empatia ou ressonância existente entre o cerne movente da pessoa e as substâncias do mundo ao seu redor. Comentamos antes como cartas astrológicas idênticas de pessoas nascidas em diferentes lugares do mundo colocarão em movimento as substâncias aí presentes; com as cartas idênticas, com suas idênticas linhas de propensão produzindo diferentes formas no mundo, de acordo com as diferentes substâncias, mas idênticas em suas linhas de força. Agora podemos explicar mais completamente o que foi colocado antes: as substâncias do mundo irão se organizar ao redor dessa pessoa não como um "mundo exterior" que necessita de ações diretas e causais da pessoa para ser movimentado, mas como um mundo que, embora exterior ao seu corpo físico, localizado fora da pessoa, é partícipe de seu cerne movente e está integrado às mesmas forças que movimentam seu mundo dentro. O destino da pessoa, representado na carta, está presente dentro e fora da pessoa, compõe as situações que lhe acontecem "desde fora" tanto quanto as situações que lhe acontecem "desde dentro", de maneira igual.

Porém, com uma diferença importante, quando se trata do trabalho de aconselhamento astrológico: meu "mundo fora" colocado em movimento pelas forças dinâmicas indicadas em minha carta astrológica está mais fora de meu alcance para ser administrado e modificado, pois que é mais difícil controlar as substâncias do mundo postas em movimento pela minha carta, enquanto tenho contato em primeira mão com as mesmas forças presentes em minha subjetividade.

Pode-se argumentar que nem as substâncias materiais nem a subjetividade são propriedades minhas realmente, que ambas são dois tipos de substâncias pertencentes ao mundo, e que, assim, nenhuma das duas é mais "minha", é mais "eu mesmo", para ser mais facilmente percebida, acessada e administrada por mim. E também não se trata do cerne movente mover primeiro meu mundo interior para este, em seguida, mover o mundo exterior. Caso as forças dinâmicas atuassem primeiramente dentro de mim para, então, depois meu interior atuar fora e moldar o mundo exterior (como inadvertidamente pensamos que acontece), haveria sentido em ser mais fácil perceber e administrar os processos indicados pela carta astrológica enquanto manifestação subjetiva mais do que quando já manifestação de um destino exterior a mim, o qual vem desde o mundo em direção a mim. Mas não é esse o caso. Muitas vezes encontramos o destino de uma pessoa se manifestando primeira e mais vivamente em eventos ao seu redor do que em seus desejos, sentimentos ou pensamentos. Na verdade, o cerne movente atua simultaneamente sobre as substâncias interiores e exteriores, em um único ato desde o terceiro palco.

Interior e exterior: interpenetração

A atuação do cerne movente é mais administrável em meu mundo interior devido à maior força de inércia das substâncias que compõem o mundo exterior e que, uma vez postas em movimento, com maior dificuldade serão obstadas ou modificadas em sua trajetória. Como a atuação do cerne movente sobre as substâncias do mundo exterior (assim como do mundo interior) começa a acontecer no instante de meu nascimento, um evento que venha a me acontecer aos trinta anos de idade, ou mesmo um evento aos seis ou aos sessenta anos, terá sido posto em movimento desde o instante em que nasci. Podemos não compreender direito como atuam essas forças, capazes de tal feito, mas podemos imaginar a mobilização necessária para produzi-los, mobilizando o tempo e o espaço em medidas suficientes para criar os eventos que todo astrólogo sabe poderem ser prognosticados a partir da carta astrológica – na verdade, praticamente todos os eventos significativos da vida de uma pessoa.

No entanto, na medida em que eu administre as forças dinâmicas e as substâncias que compõem minha interioridade – a saber, pensamentos, sentimentos, imagens mentais, motivações, fantasias, anseios, atitudes, dentro de suas caracterizações dadas pelas forças dinâmicas que as movem – essa modificação da interioridade levará a modificações no conjunto "mundo interior – mundo exterior", pois não existindo divisão entre esses mundos, não há como mexer em um sem mexer no outro; apenas que a ponta do novelo mais à mão para começarmos a desembaraçá-lo, aquela que está sob menor pressão do grande enroscado de fios, que inclusive nos impede o acesso a ela, é a ponta relativa ao mundo interior –, não obstante, o processo de modificação ocorre realmente quando a modificação se dá em igual medida no mundo interior e no exterior.

A interpenetração entre mundo interior e mundo exterior é uma das dificuldades que encontramos quando queremos perceber e modificar qualquer traço de nossa personalidade ou comportamento. Um simples pensamento ou imagem recorrente em nossa subjetividade, que a princípio pareceria fácil de ser afastado ou desmobilizado, revelar-se-á difícil de ser demovido de sua presença recorrente, pois está interconectado a uma série de elementos exteriores que compõem, juntamente com o traço interior, uma unidade indissociável. Mudanças internas exigem iguais mudanças externas, e vice-versa.

Essa interpenetração entre interior e exterior não ocorre apenas quando se trata de um indivíduo isolado. Nos relacionamentos humanos, quando uma pessoa sai de cena de um determinado quadro de relações, todas as pessoas envolvidas nesse cenário têm suas situações modificadas, não apenas pelas causas diretas e óbvias (por exemplo, se o amigo que fazia o melhor churrasco deixa de comparecer às reuniões, eles ficarão sem quem faça o melhor churrasco), mas também no que poderíamos chamar de "interação de seus destinos", como quando um ímã é retirado de cima da mesa, em nosso exemplo, e a limalha de ferro se reorganiza toda ela de acordo com os campos de forças dos ímãs que permaneceram. No estudo das cartas astrológicas de um casal ou de sócios em uma atividade vemos como a composição de duas ou mais cartas astrológicas provoca não uma alteração de cada carta astrológica em si mesma, mas altera a resultante da atuação dessa carta, de maneira análoga ao campo magnético resultante da ação de um ímã ou quando da atuação conjunta de mais de um ímã: os campos magnéticos se compõem de maneira nova e geram uma distribuição nova das "substâncias" ao seu redor – bem entendido, das substâncias que respondem à atuação desse campo. Assim é no caso do estudo de cartas astrológicas de pessoas que atuam ou vivem juntas, estudo este chamado sinastria, no qual se estudam as interferências entre as cartas das pessoas envolvidas. Por meio desse estudo, chega-se a conhecer como será o "destino resultante", por assim dizer, do convívio dessas pessoas. Esse "destino resultante" é algo muito diferente do que apenas a soma dos resultados dos destinos de cada carta: cria-se uma resultante única e complexa pela ação conjunta das duas cartas, dos dois campos dinâmicos das cartas, que muitas vezes não tem muito a ver com as cartas individualmente, a depender de como se dá a interpenetração de suas propensões dinâmicas. Caso as indicações retratadas pela carta operassem somente na interioridade das pessoas, e não também em seu "destino exterior", nós não viveríamos destinos tão diferentes conforme nos aproximássemos de uma pessoa ou outra, conforme firmássemos nossa vida ao lado de uma pessoa ou de outra.

Revela-se aqui o sentido de porque na antiguidade a Astrologia era utilizada muito mais para escolher os casais que iriam se casar do que propriamente para o estudo das cartas individuais: a carta individual não pode ser modificada (embora possa ser vivida em diferentes níveis e nisso residir a escolha possível ao indivíduo), mas a escolha de com quem convivemos pode ser feita deliberadamente, e dado que essa escolha afetará profundamente os destinos pessoais, havia os especialistas em conhecer de que maneira podia-se escolher o par afetivo de modo a promover a harmonia e o crescimento. Atualmente, esse conhecimento está praticamente perdido (não o da sinastria em suas técnicas básicas, mas o de como escolher adequadamente um casal de modo a promover o desenvolvimento humano destes que se unem), e a mentalidade de nosso tempo não aceitaria de bom grado que esse tipo de escolha fosse pautado por outros critérios que não os critérios caprichosos e instáveis do que se convencionou chamar de amor.

Um organismo único com redes de interconexões

Ainda outra consideração pode ser feita, a partir da revisão que fazemos a respeito de mundo interior e mundo exterior.

Considerando que todos os mundos interiores de todos os seres humanos estão coordenados com seus mundos exteriores, e que estes, embora possam ser particularizados parcialmente para cada ser humano, são, entretanto, em grande medida um só mundo exterior preenchido por tudo aquilo que as pessoas veem, tocam e percebem fora delas, temos que todos os mundos interiores existem coordenados entre si, pois são coordenados com o mundo exterior que é comum a todos. Por conseguinte, o assim chamado mundo exterior é o grande meio de união de todos os mundos interiores, que estariam por sua vez interconectados, pois todos partilham do mesmo mundo exterior; ou, ao menos, do mesmo material do qual é feito o mundo exterior (como vimos na imagem metafórica dos ímãs e da limalha de ferro sobre a mesa, as substâncias colocadas sobre a mesa são aquelas que lá estão, e o posicionamento dos ímãs agrega e organiza essas substâncias conforme seus campos magnéticos – sem modificar a natureza e o tipo dessas substâncias, mas modificando sua organização, seu desenho, isto é, seu desígnio).

Em resumo, se mundo interior e mundo exterior formam uma unidade, todos os mundos interiores formam também algum tipo de unidade. Podemos pensar que formam um grande organismo único e que toda mudança em um dado mundo interior repercutirá também no mundo exterior que lhe responde e, por conseguinte e por meio da mudança no mundo exterior, repercutirá também nos demais mundos interiores e, em especial, nos mundos interiores que, digamos assim, partilham mais de perto de seu mundo exterior. Ao imaginar mudar um ímã de lugar ou retirar um ímã de cima de nossa mesa, com as modificações subsequentes nos demais campos magnéticos e na distribuição dos objetos ferrosos sobre a mesa, temos uma imagem física do que é esse processo que tentamos aqui descrever, e que acontece em uma dimensão maior do que a física.

Mesmo sem considerar a possibilidade de sermos um único e grande organismo, toda a humanidade sendo um único ser, essa dedução nos leva ao seguinte fato: os mundos subjetivos dos muitos indivíduos humanos estão interligados, formam um grande encadeamento. Podemos imaginar como sendo as múltiplas engrenagens de um aparelho, tal qual um relógio cujo funcionamento final – a marcação de um único tempo – depende do conjunto dessas engrenagens, ou como as células de um único organismo, com seus cromossomos lhes conferindo unidade, ou pode, ainda, ser entendido como sendo a "sociedade", isto é, como o conjunto das ações gregárias dos seres humanos em seu convívio. Contudo, estamos aqui a demonstrar mais do que isso, pois não se trata de ações entrelaçadas no mundo exterior, como essas analogias ou a ideia de sociedade nos proporciona: a conclusão que cabe é que a vida subjetiva de todos os seres humanos existe de forma encadeada. Não que pensemos ou sintamos todos a mesma coisa ao mesmo tempo; a metáfora das mãos deverá ter deixado isso claro. Mas, de algum modo e com alguma coordenação que nos é desconhecida, todas as subjetividades e todas as objetividades se coordenam e se encadeiam a cada momento. Vivemos enquanto seres pertencentes a esse grande encadeamento.

A interioridade dos objetos

Deste ponto de vista, passa a fazer sentido aquilo que os antigos sabiam, ou que os magos de todas as épocas sempre souberam, que não apenas um ser humano é composto por um mundo interior e um mundo exterior que são mobilizados por seu cerne movente, mas também que um dado objeto do mundo exterior participa também de um certo 'mundo interior', contém uma 'interioridade'.

Há uma grande unidade por detrás de tudo, ou, mais propriamente, por dentro e por fora de tudo está a unidade subjacente a todos nós. Assim como também todas as coisas do mundo, o mais simples objeto contém seu mundo interior tanto quanto tem uma forma no mundo exterior dos fenômenos: esse objeto é como que imantado pelos campos dinâmicos do terceiro palco dos quais participa. Os antigos sabiam, por exemplo, que o tijolo parte da construção de um templo religioso e o tijolo parte da construção de uma prisão são diferentes. Não por sua constituição física, pois que os dois tijolos podem ter saído da mesma terra e da mesma fornada, mas por sua interioridade-e-exterioridade participar de linhas de campos dinâmicos diferentes. Esses tijolos são diferentes no que concerne tanto ao seu papel no mundo exterior quanto ao seu mundo interior. Esses dois tijolos, embora possam ser idênticos em sua forma e constituição, pertencem a diferentes aspectos do terceiro palco, são diferentes em sua interioridade, possuem diferentes "mundos interiores", assim como ocupam posições diferentes no mundo exterior – embora sua forma seja a mesma e, aparentemente, possam ser intercambiáveis entre as duas construções sem que haja problema algum. Falar da "interioridade" de um tijolo, ou de qualquer outro objeto inanimado, parece absurdo. Entretanto, o tijolo que faz parte do prédio da igreja participa de um mundo exterior e interior – ou, mais propriamente, participa de um terceiro palco – que difere radicalmente do terceiro palco a partir do qual se projeta o prédio da prisão. Esse tipo de conhecimento faz parte de uma visão de mundo que, hoje em dia, os preconceitos vigentes (expressos ou inconfessados) torna inadmissível, relegando-a ao plano da superstição.

Como também é superstição considerar um ímã como sendo um objeto mágico. A ciência natural revelou a "magia" contida no ímã: trata-se de um campo magnético, um campo de atração e repulsão ao qual respondem certas substâncias, mas não outras. Mesmo assim, o ímã tem algo de mágico para toda criança que brinca com essa peça de ferro e observa espantada que tal objeto metálico atua além dos limites de seu corpo visível e tangível. Como pode um objeto causar ações à distância, atraindo ou afastando objetos de ferro, sem que as causas desse acionamento sejam visíveis? Para uma criança, ou para alguém que não saiba da existência de campos magnéticos, essa capacidade de atração e repulsão só pode ser resultado do sobrenatural. Mesmo depois de explicado em suas causas físicas, o ímã continua sendo uma espécie de representante de forças mágicas para além da ação física pura e simples. Embora o campo magnético atue dentro das leis físicas, o poder aparentemente extrafísico do ímã se presta a simbolizar ou indicar forças que ocorrem em outra dimensão.

Mundos "intermediários"

O termo "magnetismo" foi utilizado desde o século XVIII para designar as possíveis forças não-físicas que emanam dos seres humanos e de outros seres vivos, e que, a modo do campo magnético do ímã, atuam sobre o espaço exterior ao redor, em distâncias e potências que muitas vezes desafiam a lógica do conhecimento a respeito das forças físicas. Embora "magnetismo" seja a palavra empregada, essas forças que emanam dos seres viventes nunca foram consideradas forças materiais e físicas, não obstante as tentativas (fracassadas) de encontrar algum parâmetro ou causa física para ela. O "magnetismo" é, na verdade, a expressão humana e de outros seres vivos das forças dinâmicas presentes no terceiro palco. A atuação direta da mente e do sentimento, de preferência conjugada com certos gestos físicos e outras tantas substâncias do mundo exterior, é capaz de transferir, por meio do terceiro palco, ideias, imagens ou mesmo ações desde um certo lugar ou pessoa neste mundo até outro lugar e pessoa em outro ponto deste mundo, seja ele próximo ou distante, indiferentemente. Como acontece com todas as demais capacidades humanas, tais como a musicalidade ou o talento matemático, a capacidade de mobilizar e movimentar esse magnetismo também se faz presente mais em uma pessoa do que em outra, sem, no entanto, estar completamente ausente em pessoa alguma. Não é de estranhar que poucas pessoas desenvolvam esse magnetismo, ou atuação direta sobre as forças puramente dinâmicas, na medida em que essa possibilidade e, consequentemente, esse dom natural, tenha caído em desuso e esquecimento.

O mundo para além do físico-subjetivo muitas vezes é confundido com o mundo espiritual, aquele no qual habita a Divindade. Mas há ao menos um mundo intermediário, por assim dizer, entre o mundo físico-subjetivo e o espiritual: o mundo das forças dinâmicas puras, que não está contido no mundo físico nem no mundo subjetivo, mas que interpenetra e interatua nestes dois, sem se confundir com o mundo espiritual. O terceiro palco é mais propriamente um mundo vital, o mundo que abriga o mistério da "vida", daquilo que põe em movimento e vivifica as substâncias subjetivas e objetivas; talvez possa ser considerado como um plano intermediário entre o conhecido mundo físico-subjetivo e o mundo espiritual.

Saber astrológico: a consciência da vitalidade que nos move

Não teríamos parâmetros seguros para ir além destas especulações, não existisse a Astrologia e seu conhecimento a respeito da qualidade do tempo, das propensões atuantes por meio do tempo e da constelação de forças dinâmicas que atuam dentro de cada um de nós e fora de nós, fornecendo uma formulação prática e consistente quanto à posição que cada um de nós ocupa dentro desta constelação de fatores interagentes, ao mesmo tempo nos entrelaçando e unindo ao todo, mostrando qual posição particular ocupamos no todo. A Astrologia nos insere no todo, mas, especialmente, aponta a partir de qual posição interagimos com o todo, mostra o lugar que ocupamos no todo e o sentido que isso confere a nossa vida.

A carta astrológica descreve como é o fluxo de forças dinâmicas inscritas em nosso ser, devido ao instante no qual nascemos. Mostra também como a constelação de forças dinâmicas organiza o mundo exterior à nossa volta tal qual organiza o mundo interior. A partir dos argumentos colocados, deverá fazer sentido considerar que aquilo que denominamos "nosso destino" abrange igualmente os estados da subjetividade e os eventos da exterioridade, sem colocar distinção em atuar em um ou outro campo de experiência.

Nós não criamos o mundo à nossa volta (como, aliás, pressupõe a bipartição cartesiana), mas o campo dinâmico que nos inscreve atua também e igualmente sobre o mundo exterior à nossa volta, organizando-o de uma maneira a coadunar, por assim dizer, destino interior e destino exterior. Nosso destino atua sobre o mundo exterior organizando-o de acordo com suas forças atuantes, como que selecionando do mundo o que é compatível e o que não é com as dinâmicas que lhe são próprias – como o ímã que movimenta substâncias ferrosas, mas não atua sobre substâncias não ferrosas. E isso não ocorre por uma vontade nossa, consciente ou inconsciente; seria equivocado designar assim o que acontece aqui. A constelação de forças dinâmicas não ocorre devido a um desejo consciente ou inconsciente; mais propriamente, nossos desejos são movidos por essas forças dinâmicas, nossas motivações são a própria manifestação dessa constelação de forças, nossa consciência potencial ou inconsciência é circunscrita por essas forças. Ela acontece mais propriamente através de nós, ela nasce junto com o nascimento de nossa vitalidade; está presente no cerne vital que nos move. Tomar consciência do tipo de vitalidade que nos move é, assim, a tarefa primeira para passarmos a interagir com essas forças que nos transpassam, mas que também nos dão a vida.

26

NEM SUJEITO, NEM OBJETO

Quando reconheço que a divisão entre mundo interior e exterior é tudo menos uma condição da realidade, que se trata de divisão adicionada enquanto fruto da imaginação humana – por motivos didáticos para a organização do mundo, que seja, mas ainda assim um gesto da imaginação humana –, então é preciso questionar quais os limites do assim chamado "conhecimento objetivo" e quais as consequências de se conhecer o mundo e a mim mesmo, separando o sujeito, aquele que conhece, do objeto, daquilo que é conhecido.

O conhecimento desenvolvido no Ocidente, por bastante tempo, firmou-se como um conhecimento objetivo, isto é, aquele em que a percepção, a mensuração e os modelos teóricos a respeito dos objetos encontrados no mundo dos fenômenos sofressem a menor interferência possível da subjetividade. Separar aquele que conhece daquilo que é conhecido, isto é, separar a subjetividade da objetividade, e valer-se dos dados provenientes só do mundo exterior, é a base da construção do conhecimento Ocidental. Assim, grosso modo, se quero conhecer o que seja um animal como o gato, devo deixar de fora meus sentimentos, sensações pessoais e desejos a respeito de gatos em geral e, particularmente, do gato em estudo. Esse conhecimento tem por base um encontro no qual o sujeito está separado ou pode se separar do objeto.

Ao enfatizar meu encontro com o mundo a partir da divisão entre sujeito e objeto, então aquilo que eu conheço está "lá fora", separado de mim pela linha divisória que torna esse objeto independente de mim, torna-o um "objeto em si mesmo" separado do sujeito que sou. Aquilo é o objeto, eu sou o sujeito; e essas duas entidades distintas vivem em partes diferentes do mundo, tão diferentes a ponto de, em algum nível, poderem interagir sem uma afetar a outra. Nesse tipo de encontro meu com o mundo é possível pensar em estudar um objeto, digamos, o gato mencionado, considerando que posso estudá-lo isolando-o de minha subjetividade, pois que esse isolamento é, dentro desta visão, além de uma possibilidade teórica, uma realidade na qual as coisas existem apartadas.

Nesse modelo de realidade, quanto mais eu me volto para o objeto à minha frente, mais eu saio de mim mesmo, mais eu me esqueço de mim. E quanto mais me afasto de mim, mais me aproximo do objeto que tenho à frente, quer dizer, mais eu conheço "objetivamente" o que está fora de mim. A direção do conhecimento objetivo é para "fora de mim", é a direção na qual eu me ausento de mim mesmo para construir um conhecimento a respeito dos objetos no mundo fenomênico. Eu conheço melhor o assim chamado "mundo objetivo" quanto mais eu desconsidero a mim mesmo (o "sujeito"), pois que só reforçando essa linha divisória obtenho o assim chamado "mundo objetivo": o conhecimento objetivo exige e depende de me afastar da subjetividade.

Assim se construiu o conhecimento das ciências naturais, isto é, das ciências voltadas ao mundo natural fora de mim mesmo, o mundo dos fenômenos físicos. A partir desse conhecimento "objetivo" deram-se os avanços extraordinários da Física, da Química, da Engenharia e da Medicina, enquanto estudo do corpo humano como "objeto" do mundo. As pontes, a água encanada, os edifícios, as obras de engenharia mais impressionantes, os avanços a respeito de como funciona o mundo dos fenômenos, seja ele o espaço sideral ou os átomos e suas partículas subatômicas, seja o corpo físico humano ou as complexas reações químicas do universo, seja a geomorfologia de nosso planeta ou o conjunto de forças físicas que organizam o uso do aço protendido e do concreto na construção de túneis, de grandes edificações, assim como das ligas metálicas e da eletrônica na construção de aviões e naves espaciais, chegando aos últimos avanços da cibernética.

Agora, se o meu encontro com o mundo é de outro tipo, "se a coisa encontrada é de natureza puramente dinâmica, a mera ideia de conhecimento 'objetivo' torna-se sem sentido: um encontro caracterizado por uma interpenetração entre eu e o mundo não pode produzir um 'objeto', isto é, algo existindo 'independentemente de mim mesmo'" (ZUCERKANDL, 1976, p. 369). Essas palavras se referem primordialmente ao contato do homem com a música, com as notas musicais e as forças dinâmicas nela encontradas, pois esse é o centro do estudo de Zuckerkandl; no entanto, se referem também à relação do homem com tudo o que diz respeito ao universo dinâmico do terceiro palco.

O universo dinâmico das qualidades primordiais Quente, Úmido, Frio e Seco é exatamente um universo de interpenetração entre eu e o mundo, entre sujeito e objeto, como vimos extensivamente. Assim, no encontro com o mundo e comigo mesmo por meio do estudo da Astrologia, a ideia de conhecimento objetivo perde todo o sentido. Não há sentido também em falar de conhecimento subjetivo, pois ambos, objeto e sujeito, diante da Astrologia, perdem o sentido. O conhecimento postulado pela Astrologia pertence a outra via, é o caminho do autoconhecimento, no qual o sujeito e o objeto do estudo são, a princípio, um mesmo.

Não obstante a divisão entre sujeito e objeto deixar de preencher todos os sentidos possíveis para o modo de encontro com a existência, "não sucede – como é frequentemente afirmado – que o conhecimento termina neste momento. Sucede meramente que o puramente dinâmico será conhecido de um modo diferente do físico" (ZUCERKANDL, 1976, p. 369). Começa aqui outro tipo de conhecimento, para o qual o estado de interpenetração é seu parâmetro primeiro: é conhecer o que existe e está em relação entre interior e exterior, entre o passado o futuro, entre o físico e o psíquico, entre o visível-tangível e o puramente dinâmico, entre a forma da vida e seu cerne movente.

O estudo das qualidades primordiais não apenas exige outros meios para serem conhecidas como revelam o limite do assim chamado conhecimento objetivo: este não alcança a Astrologia, não alcança o estudo do Tempo, não alcança a compreensão das forças puramente dinâmicas do terceiro palco.

Cai por terra, assim, uma segunda premissa do pensamento ocidental: a de que só é possível construir conhecimento confiável a partir da objetividade, a partir da consideração "objetiva" a objetos no mundo. Não se trata aqui de recairmos em arcaísmos do pensamento, em uma indiferenciação ilusória entre diferentes dimensões do existir. Ganha lugar outra forma de conhecer. Uma forma que pode tanto ser encontrada no pensamento de culturas arcaicas quanto também no pensamento mais avançado da própria física.

A física quântica, os limites da objetividade e a reintegração do todo

A Física do século XX, em especial um ramo desta, a Física Quântica, chegou a esse mesmo limite do assim chamado conhecimento objetivo quando se deparou com o fato comprovado experimentalmente de que a observação do sujeito interfere no objeto observado. Experimentos com partículas subatômicas mostraram que aspectos destas se modificam quando um observador é introduzido no experimento, modificações que se devem exclusivamente à presença do observador e a nenhuma outra causa. A continuidade de um sistema físico estudado é inesperadamente alterada quando o sujeito que observa o sistema objetivo entra em cena. Essa é a situação encontrada na descrição do físico Wolfgang Smith:

> Acontece, porém, dessa evolução contínua e previsível ser interrompida ocasionalmente por certos eventos especiais, os quais podem causar uma alteração abrupta e imprevisível no vetor de estado: diz-se, então, que o vetor de estado "salta". O que causa esses saltos repentinos? Nada mais que o ato de medição, a efetiva determinação experimental de um algum dado observável. Visivelmente é a intervenção do processo experimental que causa o salto do sistema físico, que o faz mudar instantaneamente de um estado para outro sem que atravesse uma cadeia contínua de estados intermediários (SMITH, 2011, p. 260).

Temos a constatação da interpenetração entre sujeito e objeto, entre experimento físico e o observador que mede o experimento, comprovada por outros meios e encontrada em outro ambiente, bem diferente daquele da filosofia da Música, como proposto por Zuckerkandl, e da Astrologia, como proposto neste trabalho. No mundo das partículas subatômicas, constatou-se também a interpenetração entre sujeito e objeto, dentro das condições mais rigorosas dos experimentos da Física.

Diante desse fato, os próprios físicos, aqueles que deveriam defender mais vivamente a distinção entre sujeito e objeto para manter intacto seu modelo de mundo, "concluíram com isto que o limite do conhecível foi alcançado? Certamente não; eles alteraram seu conceito de conhecimento para ajustá-lo à nova situação" (ZUCKERKANDL, 1976, p. 369). Abriram-se novas possibilidades para outras formas de conhecimento, outros caminhos pelos quais o conhecimento é construído.

Abolir a separação entre sujeito e objeto na dimensão das partículas subatômicas subentende situação bastante diferente daquela encontrada quando ouvimos ou fazemos música, ou ainda quando procuramos entender ou experimentar os fatos de nossa vida conforme nos são apresentados pela carta astrológica. O salto que ocorre com o vetor de estado, a partir da mensuração feita por um observador, não tem paralelo com o que acontece na audição musical ou no comportamento humano. Nem seria de se esperar que em dimensões tão diferentes a interpenetração entre sujeito e objeto causasse efeitos idênticos. O que importa é o fato de encontrarmos em diversos níveis de experimentação, do subatômico à vivência cotidiana, o mesmo tipo de encontro entre sujeito e objeto, no qual estes interatuam de modo indissolúvel, tornando a noção de separação entre sujeito e objeto um caso particular da totalidade dos diversos encontros possíveis do homem com o mundo.

Se antes era possível aventar ou mesmo afirmar a bipartição sujeito-objeto como o meio confiável para se produzir conhecimento, pois que este seria purgado dos acréscimos perturbadores da subjetividade e surgiria sob a dignidade de "conhecimento objetivo", com as descobertas mais recentes da Física Quântica, da Música e da Astrologia, o que ocorre não é embaralhar o que antes era conhecido com fatores que lhe desagregam ou desordenam, mas sim uma nova ordem de conhecimento – da qual faz parte a Astrologia, tão legitimamente quanto a Música ou a Física. Os avanços da construção, da medicina e de outros campos que se beneficiaram do assim chamado conhecimento objetivo, permanecem. O que se acrescenta é uma nova gama de conhecimentos nos quais o ser humano volta a ser incluído enquanto participante integrado ao mundo que constrói.

Deste modo, os estudos da Física Quântica inesperadamente se alinham com os conceitos trazidos pelos astrólogos desde a Antiguidade. Veremos adiante que isso não se dá apenas quanto à interpenetração entre sujeito e objeto, mas também em outros dois aspectos fundamentais revisados pela Física Quântica em relação à velha visão de mundo pautada pela Física Mecanicista e pela bipartição cartesiana entre mundo objetivo e mundo subjetivo: as questões postuladas por essa nova Física quanto à determinação ou indeterminação do universo, e quanto ao continuum formado entre matéria e energia. Temos aqui três pares de polos opostos, ou, antes considerados como sendo polos opostos e separados, mas que a nova Física veio a mostrar o quanto cada par de polos é, em verdade, um todo único.

Quando consideramos a existência de um modo de relação entre mundo interior (sujeito) e mundo exterior (objeto) no qual não existe separação, mas interpenetração entre ambos, um fluxo dinâmico contínuo entre sujeito e objeto no qual não há separação e sim continuidade entre os dois, então o tipo de conhecimento que pode surgir deste modo de encontro entre eu e um objeto não pode produzir um conhecimento "independente de mim mesmo". Que nome dar a esse conhecimento é coisa a se fixar nos próximos tempos, pelos pesquisadores de vários campos. Que tipo de visão de mundo irá substituir a visão bipartida ultrapassada já de várias maneiras é algo a ser construído pelos vários campos do conhecimento que se aproximaram desse limite, que põe a descoberto a bipartição como ilusão. Que consequências se abrem a partir dessa nova visão de mundo, que conhecimento será construído, então, abrindo as portas para uma nova relação do homem com sua existência é o que as próximas gerações virão a conhecer. Em todo caso, é a este tipo de conhecimento que pertence a Astrologia.

27

NEM MATÉRIA, NEM ENERGIA

A partir do século XX, os físicos se depararam com a dificuldade de conciliar suas descobertas a respeito das partículas subatômicas com a visão cartesiana bipartida entre mundo interior e mundo exterior. Para esses estudiosos, definir o mundo físico – o mundo exterior – como sendo o mundo mensurável não mais servia como sua definição de realidade física. Na verdade, essas partículas definem-se justamente pela oscilação quanto à possibilidade de serem mensuradas – o que entra em confronto flagrante com a até então definição de realidade física, como sendo o mundo das coisas mensuráveis, isto é, das coisas que possuem extensão e cuja extensão pode ser medida – a *res extensa*, como definida por Descartes, que a ela antepunha tudo o que está dentro do mundo interior, denominando-as *res cogitans*, as coisas cogitadas, pensadas, que existem enquanto pensamento e somente enquanto tal (e pensamento, para Descartes, resume e inclui tudo o que se passa na interioridade humana).

A Física do século XX, e particularmente a Física Quântica, passou a questionar a validade da divisão do mundo nessas duas categorias, embora a mentalidade corrente não tenha ainda absorvido e compreendido a extensão do abalo que as descobertas recentes da Física provocam na estrutura do pensamento separatista.

O conhecimento atual da Física contradiz o modo bipartido de pensar e chega a paradoxos e incompreensões no estudo das partículas subatômicas, não porque o mundo físico subatômico descoberto seja incongruente em si, mas, mais propriamente, por ele não se encaixar nas divisões como as que nos acostumamos a preconceber o mundo. O mundo subatômico encontrado pelos estudos da física parece ser incongruente ou estranho quando visto sob os olhos da bipartição.

Um dos pontos de partida para a grande revisão sobre a ordem do mundo, trazida pela física atual, são os experimentos que, desde o início do século XIX, demonstraram que a luz se comporta simultaneamente como partícula e como onda vibracional, sendo tanto matéria quanto energia ao mesmo tempo em uma mesma manifestação. Depois, descobriu-se que as partículas que compõem os átomos, tal qual os fótons de luz, "comportam-se em alguns aspectos como partículas e, em outros, como ondas" (SMITH, 2011, p. 232) e que, mais propriamente, "as partículas fundamentais da natureza não são na verdade nem partículas nem ondas em sentido estrito"(SMITH, 2011, p. 235). Parece que partículas subatômicas não podem ser caracterizadas como pertencentes à velha divisão entre energia e matéria. São algo outro, que não um, nem outro.

Tanto a energia quanto a matéria que compõem as partículas – e, portanto, tudo quanto existe – podem ser mensuradas por instrumentos. O que equivale a dizer que não importa se são energia ou matéria, essas partículas pertencem ao mundo físico como o conhecemos. Embora suas operações internas possam ser apenas parcialmente entendidas pelo estágio atual do conhecimento da Física, elas pertencem ao mundo físico, em todas as suas características.

Mesmo que nossos órgãos de percepção não alcancem perceber tais partículas, sejam elas energia ou matéria, elas são captadas pelos instrumentos especiais e pelos modelos conceituais criados pela Física prática e teórica, respectivamente. Não as percebemos diretamente como corpos do mundo físico, mas elas são apreendidas pelos instrumentos e modelos da física como pertencentes ao mundo físico.

Quando vamos pensar a respeito das qualidades primordiais dentro desse quadro apresentado pela nova Física, apressadamente poderíamos pensar que estas fazem parte do polo "energia" da realidade física, pois que obviamente não são matéria e algo nelas parece ser incorpóreo como julgamos, mais uma vez apressadamente, ser a "energia". Contudo, não é disso que tratam as qualidades primordiais. A começar que a energia, como considerada pela Física, pode ser mensurada em sua quantidade, assim como ser localizada no espaço, enquanto que as qualidades primordiais não podem ser mensuradas nem localizadas (ou, como as notas musicais, teriam que ser localizadas em "todo o espaço"). Qualidades primordiais são propensões da onda do tempo, isto é, não fazem parte do tempo mensurável em suas partes – como o é o tempo projetado na terceira dimensão espacial. Pertencem ao reino das qualidades, não das quantidades. Definem-se por serem forças que operam "antes" das formas da matéria, mas também por operarem "antes" da energia, como consideradas pela Física. As qualidades primordiais não podem ser chamadas legitimamente de "energia", dentro do conceito físico. Mas, se mesmo assim queremos usar essa nomenclatura, a energia das qualidades primordiais terá que ser diferenciada das demais energias físicas por pertencerem ao terceiro palco, à dimensão do tempo.

Assim, embora as qualidades primordiais possam ser denominadas – ou, mais propriamente, confundidas – com energias, não fazem parte deste aspecto do mundo ao qual tanto o estudo da Física quanto minha percepção direta denominam realidade física. Qualidades primordiais não equivalem à matéria presente no mundo físico nem à energia presente no mundo físico. O passo adiante dado pela Física Quântica, no que se refere a revelar o intrincado íntimo entre matéria e energia como uma só substância universal, não se aproxima mais das qualidades primordiais do que a Física Mecânica havia feito.

O que mais se aproxima das qualidades primordiais são aquelas forças atuantes na música, designadas por Zuckerkandl como qualidades dinâmicas das notas. Interessante notar que nos dois campos de estudo, separados por muitos séculos e apesar da própria diferença da natureza dos assuntos, utilizou-se o mesmo termo, "qualidade", para cunhar as expressões, qualidades primordiais e qualidades dinâmicas, e designar esse componente da realidade. Sejam os astrólogos da antiguidade, que cunharam o termo "qualidades primordiais", ou "qualidades primitivas", procurando descrever as forças operantes no tempo astrológico, seja Zuckerkandl, na segunda metade do século XX, descrevendo as forças audíveis nas notas musicais, o conceito de qualidade foi trazido à frente da cena como aquele que com mais propriedade descreve o fenômeno encontrado.

Como já vimos, as qualidades dinâmicas não são um dado acústico (físico) das notas. Um osciloscópio não registra a qualidade dinâmica da nota, embora registre todas as suas características físicas. A qualidade dinâmica não é também um dado da subjetividade do ouvinte. Ela existe na realidade – em uma realidade nem exterior física, nem interior subjetiva. A qualidade dinâmica das notas musicais existe no terceiro palco tal e qual as qualidades primordiais, e nos faz experimentar forças não físicas que estão presentes na realidade exterior. A música é um fenômeno do mundo exterior, a música soa fora de nós, soa no mundo, e nos faz experimentar um aspecto da realidade que não está contido no binômio matéria-energia. As qualidades dinâmicas não são feitas de matéria ou de energia; sua constituição é de uma "força pura", de uma "dinâmica pura", no sentido de uma força ou dinâmica que não tem contrapartida nem material, nem energética (em termos da Física).

Tal como a Música, também a Astrologia nos apresenta forças que atuam no mundo e que não são efeito material nem são algum tipo de energia, e que, não obstante isso, têm existência na realidade.

Assim, as forças do tempo, as forças da música, as forças da Astrologia localizam-se em outra dimensão que não aquela em que se localiza o continuum de energia e matéria. A descoberta da Física moderna de que matéria e energia são intercambiáveis não diz respeito ao mundo das qualidades primordiais e, portanto, nem às forças existentes na carta astrológica; estas pertencem a outro plano que não o desse continuum. O mundo astrológico de forças e energias está em outro palco, o qual, até o momento, não faz parte do campo de estudo da Física. Aquilo que a Astrologia tem a nos dizer a respeito das forças atuantes em nossa vida não está ao alcance dos estudos da Física, nem mesmo da Física Quântica como esta está estabelecida até o momento.

28

NEM DETERMINAÇÃO, NEM INDETERMINAÇÃO

O Universo é um tecido cuja trama é composta de necessidade e liberdade, de rigor matemático e execução musical; cada fenômeno toma parte nestes dois princípios.
(Wolfgang Smith)

Todo aquele que praticou um pouco de Astrologia, nos primeiros passos de sua prática, se deparou com a seguinte questão: até que ponto as indicações presentes na carta astrológica determinam as situações vividas pela pessoa? Rapidamente confirmando que há algum grau de determinação nessas indicações, a questão para o astrólogo é até que ponto ou em que grau e em que medida as indicações astrológicas determinam as situações na vida de alguém.

Embora todos os astrólogos se deparem com essa questão, ela permanece sem resposta. Ou, mais propriamente, a questão comporta muitas respostas, diferentes quanto ao grau e à fronteira em que se dá a determinação, e também quanto aos motivos e causas que levam à determinação e à indeterminação dos indicadores astrológicos sobre os fatos e disposições na vida do sujeito retratado pela carta.

A mesma questão é encontrada quando, nas Artes, se estuda o processo criativo do artista; só que a questão aqui toma o sentido contrário ao da Astrologia. Nesta, o entendimento da carta astrológica nos leva a perceber que há algum grau de determinação na vida humana. Na Arte, a marca fundamental é a possibilidade de liberdade criativa por parte do artista.

Há fatores determinantes sobre o ser humano, como os da química orgânica e da biologia que acionam o funcionamento do organismo físico, por meio de leis rígidas. As variações dos diversos fatores tornam única cada situação para cada organismo. Mesmo assim, o que pode haver de indeterminação no nível orgânico é muito pouco ou praticamente nada. A biologia e a medicina baseiam-se em leis determinantes e as operam com conhecimento de causa: o organismo estando assim e desde que faça isto então chegará àquele resultado.

Esse não é o caso da Arte e da criação artística. Quando um compositor ou um pintor está realizando sua obra, ele não pode se valer de leis prévias que conduzam seus gestos, ou não teríamos uma obra de arte, teríamos alguma outra coisa. Talvez ele criasse um objeto de uso prático, de acordo com princípios funcionais de causas e efeitos.

Se quero empurrar um pedaço de ferro para dentro de uma viga de madeira, então preciso de um objeto duro e com certo formato com o qual posso bater no pedaço de ferro até que este entre e se fixe na madeira. Essa é a função a ser atendida quando se inventa o martelo. A lógica apresenta o caminho a ser seguido para inventá-lo, e não é despropositado pensar que foi assim deduzida a forma clássica do martelo, pelas necessidades funcionais para um objeto ser capaz de martelar outro. O aperfeiçoamento de sua forma ocorreu na medida em que se impunham necessidades ergonômicas ao seu uso. Por mais que se possa falar em "invenção" do martelo, essa invenção é predeterminada pelas leis da física dos materiais e pela ergonomia.

Quando Picasso se viu sensibilizado pela guerra civil espanhola, quais passos das artes visuais ele deveria seguir, quais leis do significado deveria atender para obter uma expressão pictórica que desse conta dos horrores dessa guerra e os tornasse sensivelmente visíveis aos olhos do mundo? Não encontraremos leis e passos determinados para se chegar a uma obra de arte como "Guernica", de Picasso, assim como também a nenhuma obra de nenhuma das artes. Há um trajeto indeterminado na criação artística, que talvez possa ser conhecido depois da obra feita, mas não pode ser determinado de antemão.

A Astrologia mostra que certos aspectos do comportamento, na natureza e do destino humano são determinados. Essa afirmação abarca tanto os níveis físicos, fisiológicos e instintivos quanto os aspectos da sensibilidade emocional, intelectual e espiritual do ser humano. Isto é o que a carta astrológica revela: determinações, obrigações, fatos incontornáveis em sua essência, situações e atos a que somos compelidos em alguma medida – sejam eles chamados "talentos", "potenciais", "deficiências" ou "destino".

Não obstante, os astrólogos têm observado, juntamente com a demonstração de que há aspectos determinados na vida humana, que há também algo que não está determinado nos fatores indicadores da carta. Parece haver um espaço reservado na vida humana para outras camadas de definição que não a da carta, ou, quem sabe ainda, para uma liberdade de escolha humana para suas ações e situações. Os graus e limites entre determinação, indeterminação e liberdade podem não ter sido ainda estabelecidos com exatidão – se é que um dia o serão –, mas eles parecem existir e se mesclar nos diversos níveis das situações vividas por nós.

Richard Tarnas

Um historiador e filósofo adentrou o campo da Astrologia e propôs um caminho para entender a mescla de determinação e indeterminação que a Astrologia mostra na vida humana. Richard Tarnas (2007) cunhou o termo "astrologia arquetipicamente preditiva", em contraposição ao que seria uma astrologia "concretamente preditiva", para dizer dos limites em que a Astrologia pode ser preditiva, isto é, dos limites em que há algum determinismo contido naquilo que a Astrologia mostra. Ao antepor esses dois tipos de predição, Tarnas parece fornecer caminho para solucionar a questão, ou que, ao menos, coloca ordem nos limites do que é predito pela Astrologia: ela prediz com exatidão no nível arquetípico dos eventos e situações, mas não o faz no nível concreto da existência; a Astrologia prediz as linhas de força que conduzem uma dada situação, mas não prediz a forma final do evento.

A Astrologia não prediz todos os detalhes concretos de um evento – todo astrólogo experimenta isso em seu trabalho. O que Tarnas fez foi propor um limite conceitual para a capacidade da previsão astrológica. Partindo do estudo da carta astrológica de pessoas importantes na história do Ocidente e do estudo de grandes ciclos históricos, o autor afirma que o arquétipo próprio de cada planeta se manifesta de maneira clara nestes dois âmbitos, da história e da vida pessoal, em especial quando a pessoa se projeta socialmente na história humana. Tarnas demonstra com inúmeros exemplos, em seu livro *Cosmos and Psyche*, como há uma psique arquetípica ativa na história humana, e como esta é correlacionada com os arquétipos astrológicos, em especial dos planetas astrológicos.

Nesse trabalho, bastante abrangente, Tarnas insere a Astrologia na perspectiva do conhecimento ocidental, para assim embasar o sentido arquetípico que pretende atribuir aos indicadores astrológicos. Eis um trecho que esclarece o ponto fundamental de seu pensamento:

> Para a clareza conceitual, então, quando considerarmos o significado e a característica de cada arquétipo planetário nos capítulos seguintes, será útil entender estes princípios em três diferentes sentidos: no sentido homérico, como um deus primordial e uma figura mítica; no sentido platônico, como um princípio cósmico e metafísico, e no sentido junguiano, como um princípio psicológico (com sua base kantiana e freudiana) – com tudo isto associado a um planeta específico. Por exemplo, o arquétipo de Vênus pode ser aproximado no nível homérico como sendo a figura mítica grega de Afrodite, a deusa da beleza e do amor, a Ishtar mesopotâmica, a Vênus romana. No nível platônico, Vênus pode ser entendida em termos do princípio metafísico de Eros e da Beleza. E no nível junguiano, Vênus pode ser vista como a tendência psicológica para perceber, desejar, criar ou de alguma maneira experimentar beleza e amor, para atrair e ser atraído, para

> buscar harmonia e prazer estético ou sensual, para se engajar em atividade artística ou em relações românticas e sociais. Estes diferentes níveis ou sentidos são diferenciados aqui somente para sugerir a complexidade inerente dos arquétipos, os quais devem ser formulados não como entidades literais concretamente definíveis, mas mais propriamente como potencialidades dinâmicas e essências de significado que não podem ser localizadas ou restritas a uma dimensão específica. (TARNAS, 2007, p. 86-87).

Temos aqui uma afirmação que muito se aproxima das ideias que apresentamos neste livro: a Astrologia lida com fatores da existência que não dizem respeito à forma final desta, mas a algum tipo de "potencialidade dinâmica" presente nas coisas – e é desse potencial de que trata o conhecimento astrológico. As colocações de Tarnas têm correlação com a diferenciação que estabelecemos entre linhas de forças dinâmicas (nascidas das qualidades primordiais) e as substâncias do mundo, que se agregam em torno dessas linhas de força, tendo como resultado final a vida como a conhecemos.

Contudo, há diferenças fundamentais entre o conceito que Tarnas deduz da aproximação da Astrologia com outros conhecimentos, com vistas a, por assim dizer, validar a Astrologia, e as ideias que neste livro procuramos extrair de dentro da própria Astrologia.

A primeira e fundamental diferença é que, sendo um conhecimento estruturado, a Astrologia possui em si mesma o sentido daquilo para o quê apontam seus indicadores. A Astrologia contém um sentido próprio, o qual se situa antes do sentido homérico, do sentido platônico e do sentido junguiano – para nos atermos aos sentidos colocados por Tarnas – e abrange a todos estes, sem realmente ser ou se reduzir a nenhum deles. As potencialidades dinâmicas para as quais apontam os indicadores astrológicos podem ser chamadas de arquetípicas, míticas ou como quisermos, mas elas são dinâmicas primordiais da vida, existentes não em um ambiente conceitual, não são modos de pensar a existência, mas têm realidade absoluta, são a trama de base da vida e seus movimentos. Não se reduzem a ser dinâmicas desta ou daquela dimensão da existência, não derivam de mitos nem de mitologias, não são movimentos da psique nem forças cósmicas exteriores a nós, abrangem mundo interior e mundo exterior indistintamente, sem que tenhamos que fazer uma costura entre um e outro mundo sobrepondo conceitos diferentes, dizendo que eles se combinam de maneira "complexa".

Os mitos e as mitologias derivam dessas forças primordiais que encontramos em estado puro na Astrologia; os princípios metafísicos ou cósmicos derivam dessas forças primordiais; as forças dinâmicas presentes na psicologia humana derivam dessas forças primordiais. Tarnas percorreu o caminho que vai desde as projeções dessas forças primordiais sobre o mundo até o vislumbre da existência delas, e assim propôs um modo de compreender a Astrologia. Trata-se de caminho coerente, para quem partiu da história e da filosofia para ingressar na Astrologia – e este é o grande mérito de seu livro: criar uma ponte entre esses mundos normalmente mantidos apartados.

Não obstante esse aspecto extremamente favorável da obra de Tarnas para com a Astrologia, o caminho que seguiu encontra um limite quando se trata de trazer à frente do palco os fundamentos da própria Astrologia.

As potencialidades dinâmicas da Astrologia são concretamente definíveis, ao contrário do que Tarnas afirma. Não é preciso despachar o conteúdo astrológico para uma realidade vaga e imprecisa para se aceitar a Astrologia. Não obstante não serem definíveis dentro do que é visível-tangível nem serem localizáveis primordialmente na dimensão do espaço, essas dinâmicas são o cerne da dimensão tempo, ocupam o terceiro palco e precedem o universo visível-tangível das formas. As forças dinâmicas são definíveis de maneira concreta dentro da dimensão em que elas existem, não fora dela.

Quando Tarnas afirma que essas potencialidades dinâmicas "não podem ser localizadas ou restritas a uma dimensão específica" (2007, p. 87), temos aqui a chave para entender o que ele próprio talvez não tenha alcançado: as dinâmicas astrológicas ocupam um palco próprio, mal compreendido pelo conhecimento ocidental, que é a dimensão tempo. As qualidades primordiais que, aliás, é o termo próprio da Astrologia para denominar as "potencialidades dinâmicas" e que Tarnas não utiliza, são as forças do tempo em ação. É sua característica distinta não ter localização definida no espaço, nem no espaço da psique, nem no do mundo exterior, mas pertencer à dimensão do tempo que, como vimos exaustivamente, transpassa essa divisão.

Assim, se o trabalho de Tarnas ajuda a compreender até certo ponto a relação entre determinismo e indeterminismo na Astrologia, essa compreensão não pode ir muito mais além desse ponto, deixando no ar respostas e delineamentos importantes para se compreender como atuam os fatores astrológicos. Naturalmente, alguns conceitos colocados por Tarnas se aproximam claramente da dimensão das qualidades primordiais, tais como os arquétipos psicológicos, as divindades míticas ou as essências platônicas, mas as forças astrológicas existem de uma maneira que só pode ser entendida palidamente por essas vias, por esses seus reflexos no primeiro e no segundo palcos.

Entretanto, talvez essa seja mesmo uma tentação do pensamento nos tempos atuais, quando alguém se aproxima da Astrologia: retirá-la de sua própria natureza para tentar compreendê-la sob uma óptica exterior a ela mesma. Mais do que se despir dos conceitos previamente estabelecidos para adentrar o campo astrológico, com olhos receptivos ao que este tem a nos mostrar, o mais comum é encontrarmos tentativas de explicação do sentido da Astrologia a partir de esquemas de pensamento que lhe são estrangeiros e impertinentes. Entretanto, o edifício astrológico tem uma base que lhe é própria: as qualidades primordiais.

Plotino

Se há um pensador da antiguidade que abordou diretamente a Astrologia, este foi o filósofo neoplatônico Plotino. Aqui temos um pensador que considerou a Astrologia dentro de sua própria estrutura e suas proposições. No segundo volume de seu livro, Enéada, há amplos comentários a respeito da influência astrológica. Especificamente, o "Terceiro Tratado" começa discorrendo a respeito da questão deste capítulo: "o curso dos astros indica o que vai ocorrer com cada ser, mas não produz tudo, como muitas pessoas pensam" (PLOTINO, 2010, p. 23). Vemos aqui uma exposição simples, singela mesmo, do fato encontrado no trabalho de todo astrólogo, de que o curso dos astros indica parcialmente o que vai acontecer. O fato de indicar parcialmente não quer dizer que a Astrologia seja deficiente em suas proposições, mas de que aquilo a que a Astrologia diz respeito é apenas parte do que forma a vida.

A discussão de Plotino a respeito da questão passa por considerações sobre os astros pertencerem ou não à esfera do Divino, por considerações sobre a bondade ou maldade dos astros, quer dizer, de sua natureza moral, e passa ainda por considerações técnicas a respeito da posição relativa de cada astro no momento de nascimento e de como essa posição relativa afeta a natureza essencial do astro em questão. Um caminho bastante diferente daquele que trilhamos neste livro, no qual houve o cuidado proposital de não se fazer considerações sobre a Divindade ou sobre a moral do universo. Tais questões não propriamente contribuem para esclarecer como funcionam e atuam as forças astrológicas, mas discutem as possíveis causas e razões pelas quais existem tais forças. "Por quê" existe relação entre a posição de astros no céu e os acontecimentos da vida humana na superfície terrestre, é uma questão que pode ser tomada no sentido causal: como se estruturou o universo a partir de seu Criador? Esse é o caminho tomado por Plotino. Sua obra versa sobre muito mais do que sobre Astrologia, ela trata da estrutura do mundo; a Astrologia se encaixa em seu trabalho como um dos muitos aspectos da ordem universal considerados pelo filósofo.

No presente livro, o foco de interesse é a Astrologia. Procurou-se o entendimento de como suas forças atuantes se estruturam, não em termos da "ordem divina" sob a qual os astros estabelecem relação com os homens, mas em termos do que as próprias forças astrológicas têm a nos mostrar em seu funcionamento: sendo como são, o que são as forças astrológicas? Esse é o ponto de partida para estudarmos as qualidades primordiais. Por que existem qualidades primordiais, como foi que Deus criou as qualidades primordiais, ou se estas se mostram boas ou más para com a humanidade, são questões nas quais não entramos.

Plotino afirma que as impressões que recebemos dos astros se "misturam com os corpos, com a matéria" e daí resultam na vida como a conhecemos. E, a seguir: "as influências que provêm dos astros se mesclam, e as coisas que são geradas recebem ação dessa mescla, que determina as suas qualidades. A influência celeste não produz o cavalo, apenas age sobre ele. O cavalo gera o cavalo, o homem gera o homem, e o sol apenas coopera na sua formação" (PLOTINO, 2010, p. 34). Essa é uma colocação análoga à de Tarnas, quando este contrapõe predição arquetípica e predição concreta, e análoga à deste trabalho, na contraposição entre as linhas dinâmicas e as substâncias do mundo, enquanto fatores que, em sua mescla, compõem a vida como a conhecemos. Mas Plotino adiciona ainda um terceiro fator, a "razão" do ser humano que, segundo ele, é o fator capaz de administrar as forças astrológicas e as substâncias do mundo, conferindo a elas aspectos favoráveis e prejudiciais.

A colocação de Plotino abrange também a questão do determinismo e da indeterminação das forças astrológicas e das substâncias do mundo. Há algo de indeterminado pelas forças astrológicas e também pelas substâncias do mundo, assim como há algo determinante trazido por essas duas vertentes formadoras. E, para além delas, há ainda a possibilidade da liberdade humana, ou da "razão" humana, como diz Plotino, enquanto terceiro fator a engendrar a realidade a partir desse conjunto de forças. Quer dizer, a possível liberdade humana se encontraria não nas forças astrológicas nem nas substâncias do mundo, mas na maneira como sua razão pondera esses conjuntos de forças.

Física quàntica

Tudo o que conhecemos da Física até o início do século XX mostrava um mundo físico perfeitamente determinado em suas leis que, quando conhecidas, propunham um mundo material de relações de causa e efeito perfeitamente determinadas e invariáveis. A partir disso, enquanto a afirmação do determinismo físico avançava, cogitou-se que tudo na vida poderia ser passível de uma organização racional e determinística dentro das leis da física e da materialidade. Chegou-se a cogitar pensar o comportamento e a subjetividade humanos dentro de um determinismo físico. Chegou-se também a cogitar para a Astrologia o mesmo papel totalmente determinístico sobre a vida humana, em conformidade com o espírito geral da Física e das Ciências Naturais, estas baseadas em leis imperiosas de causa e efeito. Essa "astrologia determinística", como alguns a chamam, tem ainda hoje seus adeptos. Há bastante discussão a respeito do quanto a Astrologia é determinista ou não. Grande parte dessa discussão se deve aos termos usados de maneira imprecisa, muito mais do que às reais diferenças entre a astrologia determinística e as demais vertentes. Naturalmente, as abordagens acaloradas a respeito do assunto fazem parecer grandes as diferenças que talvez nem sequer existam.

Entretanto, não apenas no campo da Astrologia, da Psicologia e dos estudos humanísticos, deixou-se de considerar que o determinismo materialista fosse a fonte de todas as causas e razões para aquilo que o ser humano vive. Na própria Física houve uma revolução sem precedentes e o determinismo absoluto de suas leis caiu por terra. Descobertas no campo da Física Quântica mostraram que o mundo das partículas subatômicas é desenhado por uma mescla de fatores determinados e outros indeterminados, por fatores determinantes e indeterminados – e é a isso que se refere a frase retirada do livro O Enigma Quântico, do físico Wolfgang Smith, colocada no frontispício deste capítulo.

Depois de discorrer a respeito de como a Física Quântica colocou em xeque a divisão bipartida entre mundo interior e mundo exterior, em termos bastante próximos ao colocado neste trabalho, Smith discute também a revolução trazida pela descoberta de fatores de indeterminação dentro do mundo físico:

> Seria possível, em outras palavras, tornar o sistema físico completamente determinado por meio de uma especificação? Sabemos hoje, à luz da teoria quântica, que esta pergunta deve ser respondida negativamente. Não pode haver na realidade uma coisa tal como um sistema físico completamente determinado, para o qual valores exatos de todos os observáveis possam ser previstos. Isso ocorre não apenas porque se é incapaz de controlar ou de monitorar forças externas com a precisão necessária, mas, igualmente por conta de certa indeterminação residual, intrínseca ao sistema físico mesmo, a qual nenhum grau de especificação poderia afastar (SMITH, 2011, p. 113-114).

Trata-se de um profundo pensador e conhecedor dos rumos da física atual, que afirma haver uma indeterminação residual mesmo nos sistemas físicos, até há pouco tempo considerados como perfeitamente previsíveis e determinados. E afirma, ainda mais adiante, que na Física Quântica "não ocorre nenhum conflito entre determinismo e indeterminação e, para falar a verdade, a teoria quântica joga com ambos" (SMITH, 2011, p. 122). O mundo, quando visto em sua natureza interna pela Física Quântica, é feito em partes não iguais, mas interpenetradas, de determinação e indeterminação, e essa é uma de suas características, não se tratando de contradição nem de uma oposição a ser resolvida. O mundo é, em parte, determinado por suas partes, em parte, não determinado por suas partes.

Na Física, encontramos um mundo feito de determinação e indeterminação no substrato da realidade visível e tangível, assim como também na Astrologia encontramos no trabalho operado pelas qualidades primordiais igual interpenetração entre determinação e indeterminação operando conjuntamente. E talvez esse seja o limite do paralelo possível encontrado entre esses dois mundos tão distintos – o das partículas subatômicas e o das qualidades primordiais, haja vista as distinções que os separam: as primeiras são conhecidas e estudadas pela Física dentro das dimensões do espaço, enquanto as segundas são conhecidas e estudadas pela Astrologia dentro das dimensões do tempo.

Não obstante, a combinação delicada e precisa entre determinação e indeterminação que se encontra no mundo das partículas subatômicas nos diz algo do que as qualidades primordiais também têm a nos dizer: um universo que é inteiramente ordenado contém uma ordem feita de oscilação entre determinação e indeterminação, quando este mesmo é visto a partir não somente do mundo das formas, mas também quando o percebemos a partir do palco das forças puras e do mundo infinitesimal das partículas subatômicas.

Astrologia

Pensar uma Astrologia inteiramente determinística é tão fora de sentido quanto pensar uma Astrologia totalmente indeterminada e não determinista. Uma Astrologia em que todas as formas da situação vivida estão rigorosamente apontadas pela carta astrológica está fora da realidade. Não corresponde ao que esse conhecimento tem mostrado, embora possa fazer jus a um gosto, conveniência ou ideologia particular. Uma Astrologia que aponta apenas para tendências inócuas que nada determinam pode também corresponder a um gosto, conveniência ou ideologia pessoal, mas não corresponde ao que a experimentação da Astrologia tem mostrado. A mescla de determinação e indeterminação é o que encontramos na realidade vivida, estudando-a por meio da Astrologia.

Deste modo, conclui-se que falar de indeterminação é obrigatoriamente falar também de determinação, e vice-versa. Somente no convívio de ambos cada um deles pode existir. As proporções e limites de um e outro podem não estar definidos dentro do conhecimento astrológico estabelecido, no entanto, eliminar qualquer um dos dois polos parece já bastante fora da realidade. E, seja lá o que queiramos entender como sendo o livre-arbítrio humano, este só é possível existir dentro desse quadro em que coabitam determinação e indeterminação. É dentro destes, e não somente nos nichos da indeterminação, mas também nos da determinação, que poderá operar o possível arbítrio humano aos processos a que se está submetido.

Quanto a existir arbítrio onde existe determinação, isso pode ser explicado pelo fato de só termos a possibilidade de livre-arbítrio dentro de uma situação, quando conhecemos os limites de nossa determinação dentro dessa situação. Por conta disso, os astrólogos antigos estavam mais certos do que os modernos, quando davam ênfase à determinação do que está indicado na carta astrológica. Qualquer forma de arbítrio e liberdade só existirá verdadeiramente a partir de se delinear os elementos determinados pelas leis pelas quais somos regidos.

Quanto a existir arbítrio onde existe indeterminação, isso se dá por ser nos trechos imponderados pelas leis rígidas que existe a possibilidade de atuação fora da conformidade para com os limites existentes. Vimos anteriormente na descrição do funcionamento dos signos, por meio de suas qualidades primordiais, como tanto os limites da determinação de seu funcionamento quanto as partes indeterminadas desse funcionamento estão contidos nas linhas gerais de atuação das qualidades primordiais. Lá, vimos também que os bloqueios inerentes a cada signo e a solução do bloqueio se dão nas partes indeterminadas do funcionamento das qualidades primordiais.

Portanto, não se trata de, em Astrologia, pensarmos o determinismo como sendo o problema e a indeterminação como a porta para uma possível solução, algo como uma polarização maniqueísta entre "aquele que nos aprisiona" e "aquele que nos liberta", sendo a determinação só constrangimento e a indeterminação o bom salvador. Nas partes determinadas temos a estrutura do que acontece. Nas partes indeterminadas temos tanto os possíveis bloqueios quanto o possível retorno ao fluxo natural das qualidades primordiais.

Tudo isso está fora do campo do visível e do tangível, tanto em termos conceituais físicos e psicológicos quanto em termos experimentais nesses dois campos. Tudo se passa em uma dimensão da qual conhecemos somente sua sombra projetada sobre o mundo das formas, a que vemos e tocamos – como só percebemos diretamente o boi pesadamente parado e o besouro firme em sua subida. O cerne movente das qualidades primordiais segue vislumbrado somente em algumas metáforas, no mais consideradas poéticas demais para terem substância enquanto conhecimento válido.

Assim como ocorre entre determinação e indeterminação, somente condições especiais nos permitem perceber a ligação existente, dentro da Física, entre matéria e energia, entre forma e vibração; na Astrologia, entre cerne movente e forma concreta.

O trabalho de certos fotógrafos, que em seus trabalhos mais do que a forma dos objetos fotografados realça a luz nas imagens captadas, pode nos ajudar a perceber de maneira sensorialmente direta como forma e vibração convivem não apenas próximas ou juntas, mas no mesmo objeto. A luz presente nessas fotografias, quando toca e margeia os limites de certas formas, destaca a vibração presente nelas, faz com que o mesmo objeto – um fio esticado ao sol, o canto de uma parede, a pelugem de um gato em seu espreguiçar – seja também a vibração contida no objeto. Forma e vibração são tornadas visíveis quando a luz margeia de determinadas maneiras a forma do objeto visível. São condições especiais que abrem as portas para que nossa percepção adentre essa dimensão em que matéria e energia, determinação e indeterminação, cerne movente e forma, convivem como algo único, na unidade que lhe é natural e que antecede a realidade vista por nossos olhos e tocada por nossas mãos.

29

NEM CIÊNCIA, NEM PSICOLOGIA

Vimos que a Astrologia não se encaixa no esquema sujeito-objeto, subjetividade-objetividade, que torna separados o mundo interior e o mundo exterior. Vimos também que a Astrologia demonstra haver uma dimensão existencial em que mundo interior e mundo exterior se interpenetram, formando um todo-único no qual não há indistinção entre interior e exterior, mas algum modo de continuidade entre os dois. Vimos ainda as forças às quais a Astrologia se refere não se encaixam nos padrões de matéria nem de energia, como considerados pelas ciências naturais, nem se encaixam nos padrões das forças subjetivas da interioridade humana. E, por fim, vimos que a Astrologia também não se deixa apreender pelos parâmetros de determinação ou indeterminação nos quais costumamos encaixar nossas informações a respeito do mundo exterior e do mundo interior.

A Astrologia não se encaixa dentre as ciências, pois não é um conhecimento a respeito do mundo dos fenômenos do mundo exterior, puramente, nem se encaixa dentro da Psicologia, pois não é um conhecimento a respeito da interioridade humana, exclusivamente. Astrologia é um conhecimento típico do terceiro palco, da dimensão tempo.

As tentativas de explicar ou, mais propriamente, de reduzir a Astrologia nos termos da ciência ou da Psicologia falharam até aqui em explicá-la (embora possam ter sido bem sucedidas em reduzi-la). A Astrologia é conhecimento que pertence inteiramente à dimensão tempo e só pode ser compreendida nos termos dessa dimensão. A abordagem que os antigos utilizaram para isso foram os princípios moventes de Quente, Úmido, Frio e Seco, pertencentes ao tempo.

Esses princípios foram abandonados no meio do caminho. São citados em livros e tratados, sem dúvida, mas nunca são inteiramente compreendidos e inseridos na prática da interpretação de cartas. Ao menos, nos livros de Astrologia não encontramos isso. Resta a possibilidade de esse conhecimento ter sido transmitido oralmente, de astrólogo a astrólogo, mais do que deixou marcas impressas. A essência de um assunto é mais bem protegida e transmitida quando de pessoa a pessoa, de ser vivo a ser vivo, do que pela transmissão indireta por meio de palavras impregnadas nas páginas brancas e frias de um livro.

De alguma maneira, parece que o ser vivo é parte integrante indissociável da transmissão de alguns conhecimentos vitais, tais como o astrológico. Não no sentido óbvio de que todo conhecimento humano só faz sentido e se completa quando absorvido e compreendido por um ser humano, mas no sentido de que não apenas a emissão e a recepção desse conhecimento se completa no ser humano – como é próprio de todo ato de comunicação de conhecimento –, e sim que o próprio meio de transmissão desse conhecimento só pode ser um ser humano. Quer dizer, mais propriamente do que por meio de comunicação de ideias, o conhecimento astrológico é transmitido por meio de uma comunhão humana, inclusive de ideias, mas não apenas delas, e sim uma comunhão que chamaríamos de vital.

A Astrologia está assim inserida no corpo de conhecimentos do qual sempre fez parte, tradicionalmente, as ciências herméticas ou ocultas. Os termos "oculto" e "hermético" referem-se a essa forma de transmissão fechada de conhecimento, isto é, que se dá somente por meio da comunhão entre dois seres humanos, não podendo se dar por meio de textos, livros, experimentos a serem reproduzidos ou qualquer outro meio de transmissão que prescinda do contato direto entre dois humanos. Somente o ser vivo – ou mais propriamente a vida contida em um ser vivo – é capaz de transmitir conteúdos do terceiro palco, conteúdos da dimensão tempo, que é a dimensão onde pulsa a vida, onde se enraízam as qualidades primordiais. Só um ser humano, diretamente, transmite o conhecimento astrológico; discursos verbais inscritos em livros, exemplos de experiências descritos para serem reproduzidos, não podem fazê-lo.

Embora os estudantes autodidatas possam dizer que aprenderam Astrologia com livros e não com professores, e muitos desses estudantes possam ser realmente astrólogos e dos bons, na verdade, o que os tornou astrólogos não foi o conteúdo astrológico legado pelo autor dos livros que leram – foi, isto sim, o trabalho pessoal deles, digamos assim, a dedicação vital deles ao material técnico astrológico que tiveram em mãos. Sem essa dedicação vital que, veremos logo adiante, é idêntica ao trabalho criador do artista, o material astrológico lhe será perfeitamente inútil. Muitas e muitas pessoas que leem livros de Astrologia no intuito de aprendê-la se frustram por não conseguirem compreender nada do que está ali; e não pela dificuldade de entendimento intelectual do que está escrito, mas pela ausência da liga vital necessária para despertar da letra morta o conhecimento astrológico.

Tanto a ciência quanto a filosofia e a psicologia são conhecimentos que podem ser transmitidos por meio do discurso verbal e de experimentos reproduzidos por diferentes pessoas, sem que estas tenham contato direto umas com as outras. As ideias escritas, apartadas daqueles que as pensaram, mantêm seu valor intacto (até certo ponto, ao menos; até o ponto em que são consideradas na construção desse conhecimento) e desenvolvem o conhecimento. Na transmissão do conhecimento científico, os artigos de revistas científicas transmitem o conteúdo científico. Simpósios são realizados e cientistas se encontram. Experiências que podem ser reproduzidas e textos escritos sob o rigor da lógica e do método científico são o principal meio de transmitir e desenvolver o conhecimento científico.

Com a Astrologia não é assim.

A Astrologia depende do astrólogo que lhe dá vida. Com isso, não se pretende que a subjetividade do astrólogo dá colorido ou fornece o estilo para esse conhecimento, mas sim que a Astrologia vive diferente nas mãos de cada astrólogo, por se tratar de conhecimento vital e não de conhecimento intelectual, puramente. Esse fator não permite que a Astrologia seja construída como o são a ciência e a filosofia; esse fator faz a Astrologia ser desacreditada enquanto conhecimento confiável, quando sua metodologia é comparada a desses ramos do conhecimento.

Embora toda a técnica de interpretação da carta seja rigorosamente racional em seus princípios, há algo na Astrologia e no ato criador da interpretação astrológica que parece realmente "subjetivo", "pessoal", "particular", o que a impede de ser aceita como conhecimento "objetivo", como o são a ciência e a filosofia. Nos casos em que as ciências naturais e a filosofia alcançam o nível de ser também uma arte, quando o cientista ou o filósofo conduz um experimento ou pensamento realmente criativo, temos aqui também um certo algo mais, semelhante ao do artista, que diríamos ser o cerne movente do cientista ou do filósofo fazendo viver o conhecimento produzido por eles.

Assim como o mago dos contos lendários precisa se colocar em um estado mental, emocional e físico específico para poder realizar um ato mágico – o que torna o ato mágico intransferível e irreprodutível (outro mago, no seu lugar, não se colocará no mesmo estado vital, mas em outro que lhe é próprio e intransferível, e isso resultará em outra magia) –, assim também na Astrologia, o ato de interpretação de uma carta, o ato mágico do astrólogo, é intransferível e irreprodutível: somente aquele astrólogo interpretará a carta daquele modo, e isso não se deve apenas à subjetividade particular desse astrólogo, a alguma idiossincrasia de seu temperamento ou estilo, ou pela escolha da técnica ou da abordagem utilizada, mas principalmente ao fato de que é a vida que vibra nessa pessoa que ressoará o tipo de conhecimento contido na Astrologia e o transmitirá a outro alguém.

O gesto de comunhão entre o cerne vital do astrólogo e o cerne vital de outra pessoa representado na carta astrológica se assemelha ao gesto criador dentro da Arte, de qualquer Arte, na qual há uma comunhão entre o gesto criador do artista e sua obra, a qual é indissociável de sua natureza vital (no sentido em que usamos esse termo). Há algo transferido pelo artista à obra que não pode ser transferido por outro artista – e não entram aqui questões de competência técnica ou de gosto estético. É o gesto vital de cada artista que é próprio desse artista e de nenhum outro. Não é a subjetividade do artista que entra em cena como elemento criador, embora esta se imiscua no gesto artístico. É no cerne vital que pulsa na pessoa onde nasce o gesto criador.

Há uma grande confusão em torno disso, devido às análises artísticas que foram moda durante anos, nas quais se estuda "a vida do artista" procurando nos eventos existenciais a que ele esteve submetido as causas para ele ter produzido as obras que produziu. Não é a "vida do artista", no sentido das situações objetivas de sua existência e nem no sentido de sua subjetividade, o que impregna essencialmente sua arte, mas sim seu cerne movente. Naturalmente, as substâncias da época, da sociedade e da interioridade própria desse artista estarão presentes naquilo que faz, e nem poderia ser diferente; contudo, não é o que conduz o ato criador. Isso tem escapado aos estudiosos da Arte, os quais procuram as causas da arte de um determinado artista no estudo psicológico de sua subjetividade ou no estudo sociológico e científico das situações vividas por ele.

Há algo na arte de um artista que escapa a esse tipo de estudo. A simples menção de que muitas outras pessoas viveram sob as mesmas condições sociológicas ou em condições psicológicas semelhantes às dele, sem terem produzido arte alguma, ou ainda tendo produzido arte muito diferente, põe por terra essa visão. No período romântico, e considerando apenas a arte musical, para tomar um exemplo ao acaso, temos grandes artistas, artistas menores e pessoas outras que, embora participassem do mesmo ambiente cultural e social, não produziram arte alguma. Dentre os musicistas mais expressivos da arte musical desse período, cada um deles é um cosmo todo próprio, todo particular. A música de um Chopin tem algo próprio que a música de um Schubert ou de um Beethoven, ou tantos mais, não tem, assim como cada um desses tem algo que lhe é próprio, intransferível e irreprodutível por outro artista. E assim é não apenas com os musicistas citados aqui, mas com todo aquele que chegou a colocar marca pessoal criativa em alguma obra, em qualquer tempo ou período, em todos os campos artísticos.

O músico Frederick Chopin compôs um conjunto de prelúdios, reunidos como uma obra única e encadeada. Terminado o trabalho, Chopin voltou a um desses prelúdios e trabalhou vários dias sobre ele, por considerar que ele ainda não estava acabado. Contudo, não conseguiu modificá-lo naquilo que ele queria mudar e desistiu, deixando-o como o havia composto anteriormente. Considerando que o relato que nos foi legado a respeito dessa tentativa não especifica sobre qual dos 24 prelúdios da série trabalhou Chopin, nos é impossível saber qual prelúdio ele considerou ainda não acabado. Para nós outros, cada um dos prelúdios é uma peça acabada e de perfeita integridade musical. Somente o pensamento criativo do próprio Chopin saberia dizer o que havia ainda a transmutar e assim extrair, ampliar e aperfeiçoar ali. Por estranho que pareça, isso não é uma questão subjetiva do artista, não é questão de gosto pessoal ou de temperamento. É a mesma necessidade vital que levou Chopin a se expressar do modo específico como se expressou o que o levou a rever seu gesto criativo por sentir falta ainda de algo. Só o impulso criador do artista sabe o que ele busca; e ainda assim, só o saberá em retrospectiva depois do ato criador consumado, não antes disso.

A criação artística depende intrinsecamente do artista que cria. A obra de arte é una com o artista que a cria, de maneira tal, que, se durante a feitura de uma obra de arte, o artista a interrompe e outro artista toma o seu lugar, este irá criar outra obra, a partir de outro cerne vital.

As tentativas de outros compositores para completar o material deixado por Beethoven para sua décima sinfonia são testemunho convincente de que sem a ação única do cerne vital do artista, uma obra de arte não se completa. As tentativas para completar o movimento sinfônico esboçado por Beethoven resultaram em obras musicais que nada têm de Beethoven, e tampouco se caracterizam como sendo daqueles que trabalharam sobre seus esboços. As tentativas soam inexpressivas. Embora Beethoven tenha deixado indicações escritas para os temas e seu desenvolvimento, tendo em vista a décima sinfonia que nunca completou, o que ele faria com esse material, de modo a criar obra caracteristicamente sua, está perdido para sempre, pois o cerne vital que lhe dava vida não mais existe neste mundo.

O gesto artístico é pessoal e intransferível. A pessoa do artista está intrinsecamente ligada à sua obra, de uma maneira tal que difere totalmente da ligação do cientista com a ciência que ele produz, ou do filósofo com os pensamentos que ele produz. Uma dedução lógica, em ciência ou em filosofia, pode ser completada por outra pessoa que não aquela que a iniciou, sem prejuízo da integridade lógica, científica ou filosófica. Um experimento científico pode ser completado por outro cientista, que não aquele que o iniciou, sem prejuízo para o resultado científico obtido. Não é assim com a criação artística. Uma obra de arte coletiva, isto é, feita por vários artistas em conjunto, costuma ser reconhecidamente desinteressante, desarticulada ou mesmo ruim enquanto arte; perde algo de seu valor artístico. Esse algo é o fio condutor vital que só pode ser dado pelo cerne vital de um indivíduo.

Assim é também com o trabalho do astrólogo, idêntico, neste sentido, ao trabalho do artista criador, e totalmente diferente do trabalho do cientista, do filósofo e do psicólogo. O astrólogo cria uma interpretação a respeito de uma carta astrológica, sendo que no termo interpretação, pesa o cerne vital do astrólogo de maneira decisiva, muito mais do que pesam sua subjetividade ou seu conhecimento técnico (isso é corolário das afirmações feitas até aqui a respeito da Astrologia lidar com o cerne movente dos seres viventes).

Todo estudante ou astrólogo iniciante já se deparou com o impasse diante de uma carta astrológica desenhada à sua frente, sendo capaz de reconhecer cada um de seus indicadores, não obstante percebendo-se incapaz de criar uma interpretação que satisfaça o sentido dos significados que, ele pressente, a carta contém.

Um leigo diante de uma bola de cristal, tendo que dela obter alguma informação, vislumbre, intuição ou qualquer forma de pressentimento, não se sentirá menos perdido olhando para a transparência do cristal, aparentemente ausente de significado, do que o astrólogo iniciante se sente diante da carta astrológica com seus indicadores tão prenhes de significados, mas que lhe escapam à percepção e à organização.

Esse momento se assemelha ao do escritor ou poeta diante da página em branco, do pintor diante da tela em branco, do compositor diante dos pentagramas a serem preenchidos com uma música que ainda não existe. Não há regra nem caminho preestabelecido para o artista iniciar sua obra. Há os cânones de sua arte, e mais ainda da arte no seu período cultural; há o conhecimento técnico a respeito da sintaxe das palavras, ou a teoria do compasso e da escala, ou ainda o conhecimento a respeito da paleta de vibração das cores. Esse instrumental técnico deverá ser conhecido do escritor, musicista ou pintor, respectivamente, se ele quer fazer algo com sentido diante do espaço em branco que lhe desafia a sua frente.

Assim também o astrólogo deverá conhecer os elementos indicadores de sua arte (planetas, signos, casas, aspectos) e conhecer as regras que organizam as relações entre eles. Contudo, nada disso resolverá a questão de dar vida à carta astrológica, como a técnica do artista não lhe resolve como criar sua obra (se esta pretende ser mais do que um simples exercitar-se em alguma técnica). Há algumas indicações dadas por astrólogos experientes a respeito de possibilidades de caminho a seguir, tal como interpretar a carta a partir das triplicidades dos elementos aplicadas às Casas, ou algum outro recurso de aproximação. Mesmo assim, são sugestões, possibilidades sobre o caminho a seguir na interpretação, e não são um fiat lux que faz viver a carta aos olhos do astrólogo.

Nesse ponto entra em cena algo que não costuma receber palavras precisas para ser descrito, mas que é decisivo no ato de criação por parte do astrólogo e do artista. Trata-se do próprio cerne vital do astrólogo, e do artista, com sua dinâmica própria, com seu tempo próprio, que rege tudo em sua vida, e que também regerá – e de maneira especial – seus atos criativos.

É a isto o que se refere a estudiosa de dança Mary Wigman quando, procurando descrever o ato criador na Arte que estuda, diz que "toda pessoa criativa carrega consigo seu próprio tema característico" (apud LANGER, 1980, p. 216). Ou ainda, adiante, usando termos apropriados para nossas finalidades: "Uma arte forte e convincente... sempre cresceu organicamente. Seus transmissores e defensores têm sido aquelas poucas naturezas criativas para quem um caminho de trabalho foi determinado pelo destino" (WIGMAN apud LANGER, 1980, p. 215). Um tema característico que o artista carrega consigo, um destino que determina a criação de uma arte forte e convincente: essas são referências não a alguém predestinado a ser artista, mas àquela pessoa cujo destino, ou tema característico, é capaz de gerar arte significativa. Nessa passagem, em seu artigo a respeito de dança, Wigman se refere àquilo que em nossos termos descrevemos como sendo o cerne movente ou vital. Esse lado do ser humano que habita o terceiro palco, a dimensão tempo, ainda está por ser melhor conhecido em seu papel não apenas na atuação criadora do artista, mas na sua função dentro do conjunto do comportamento humano.

Susanne Langer utiliza as citações de Mary Wigman, em seu tratado sobre filosofia da arte, Sentimento e forma, para discorrer a respeito do gesto criativo, não apenas na dança, mas em todas as artes. Segundo Langer, criar uma forma significativa em arte é mais do que o gesto que faz um artesão para construir uma casa ou fazer um vaso ou outro objeto qualquer. Ela diz que um artefato desses é "simplesmente uma combinação de partes materiais, ou uma modificação de um objeto natural a fim de servir aos propósitos humanos. Não é uma criação, mas um arranjo de fatores dados" (LANGER, 1980, p. 43). E que "uma obra de arte, por outro lado, é mais do que um 'arranjo' de coisas dadas... Emerge, do arranjo... algo que não estava ali antes" (p. 43), e isso é o que caracteriza a feitura da forma significativa em uma obra de arte. Diz ainda que "a feitura dessa forma expressiva é o processo criativo, que alista a suprema habilidade técnica do homem no serviço de seu supremo poder conceitual, a imaginação" (p. 43). E, acrescentamos, a partir das considerações feitas aqui: toda a imaginação criadora, todo o sentimento que o artista nutre a respeito de sua arte, toda a capacidade conceitual do artista são mobilizados de uma maneira particular naquele artista pelo processo criativo a modo de seu cerne movente.

Assim, a forma da obra de arte é concebida essencialmente pelo cerne movente do artista – e, especificamente nesse sentido, é que a interpretação da carta astrológica é igualmente um gesto artístico, um gesto criador, pois é o cerne movente e nenhum outro aspecto da constituição do ser humano que, por assim dizer, põe em movimento o conhecimento contido nos sinais presentes na carta astrológica. O gesto de leitura da carta astrológica é um gesto criador no exato sentido de um gesto de criação artística.

O gesto do psicólogo e do psicoterapeuta difere totalmente daquele do astrólogo. Enquanto este exerce seu papel no momento em que cria uma imagem (e quase sempre cria essa imagem por meio de palavras) a respeito de uma dada carta astrológica, o trabalho do psicólogo segue por caminho bastante diferente. Embora, enquanto ajuda ao ser humano, de certo modo os dois trabalhos possam ter suas semelhanças, fornecendo condições para a pessoa saber mais a respeito de quem ela é, ou de quem poderia ou gostaria de ser, o modo dessa ajuda acontecer é totalmente diferente no caso do astrólogo e do psicólogo – não obstante, na forma exterior, em que ambos profissionais conversam com seu cliente a respeito de suas questões, os trabalhos possam mais uma ver soar muito parecidos. O trabalho do astrólogo é criar uma imagem mental, a mais clara possível, que venha a responder com precisão algo a respeito da pessoa, de seu momento ou de alguma questão que esta lhe coloque. O trabalho do psicólogo não é esse, a começar que ele fomenta que o cliente encontre suas próprias respostas. O trabalho do astrólogo, por outro lado, é criativo no exato sentido de criar uma síntese da carta astrológica, por meio da imagem mental, que venha a esclarecer algo para o cliente. Por mais que o trabalho do psicólogo clínico tenha algo de criativo, esse termo é utilizado no caso do psicólogo, em um sentido geral, em que todo e qualquer trabalho pode ter algo de criativo, isto é, por meio de uma intuição perceptiva, mas não no sentido estrito do gesto criativo na Arte: gerar uma forma, uma imagem, uma síntese, que favoreça a pessoa se articular melhor com a existência.

E, assim como criar uma forma visual, escrita, musical, dramática ou arquitetônica é um meio para estabelecer relação mais articulada com a vida, com maior compreensão e entendimento a respeito de nós mesmos e das questões cruciais colocadas pelo viver, assim também a leitura da carta astrológica tem o sentido de ajudar a compreender aquilo que nos move, o cerne movente que se faz presente no ser vivo a cujo nascimento a carta corresponde.

Criação em função do conhecimento humano, esse é o papel da Arte, esse é também o papel da Astrologia. Ou ainda, no dizer de Langer, "a vida é incoerente a menos que lhe demos forma" (LANGER, 1980, p. 416). Assim como a Arte, a Astrologia ajuda o ser humano a se articular diante da vida, dando forma a sua percepção do que é a vida presente em si mesmo por meio de sua carta astrológica, articulando percepções, emoções e pensamentos diante do emaranhado de situações, eventos e estados subjetivos a que é submetido pelo fato de estar vivo.

Mais do que cultivo do "belo" ou, como é vista nos tempos atuais, como mero entretenimento ou diversão, a Arte visa o conhecimento. Zuckerkandl encerra seu livro comentando a respeito do sentido da Arte:

> A filosofia tradicional da arte ensina que as artes estão preocupadas com as formas, não com os conceitos, com a beleza, não com a verdade; que a verdade permanece como preocupação exclusiva da filosofia e da ciência. Mesmo uma mera olhada nos escassos resultados desta linha de pensamento nos dirá o que pode ser esperado dela. A arte não almeja a beleza; ela usa a beleza – ocasionalmente; em outras ocasiões ela usa a feiúra. A arte – não menos que a filosofia ou a ciência ou

> a religião, ou quaisquer outros dos empenhos mais altos da mente humana – almeja em última instância o conhecimento, a verdade (ZUCKERKANDL, 1976, p. 376).

Semelhante à Arte, a Astrologia almeja o conhecimento e, mais especificamente, almeja o autoconhecimento: leva o ser humano a conhecer a si mesmo, conhecer o cerne vital que o anima, que, por assim dizer, lhe move a alma.

Assim, a Astrologia se aproxima da Arte, ao descortinar a possibilidade de autoconhecer determinado aspecto de mim mesmo: as propensões das qualidades primordiais de minha vitalidade única e particular, propensões estas que são o caminho capaz de me encaminhar a um estado de unidade.

Assim, a Astrologia não é uma forma de Psicologia, no sentido da psicologia acadêmica. Não é também uma forma de Ciência, no sentido das ciências naturais. A Astrologia, contudo, se aproxima da Arte, no pleno sentido de produzir formas – no mais das vezes formas verbais – que ajudam a articular nossa relação com a vida, especificamente com as qualidades primordiais que nos movem.

REFERÊNCIAS

JUNG, Carl Gustav. **Sincronicidade**. São Paulo: Vozes, 2011.

LANGER, Susanne. **Sentimento e Forma**. São Paulo: Perspectiva, 1980.

POUND, Ezra. **A arte da poesia**. São Paulo, Cultrix: 1976.

PLOTINO. **Enéada II, a organização do cosmo**. Petrópolis: Vozes, 2010.

PLOTINO. **Enéada III**. Campinas: Unicamp, 2008.

QUEIROZ, Gregório J. Pereira de. **As qualidades primitivas na Astrologia**. São Paulo: Pensamento, 1992.

QUEIROZ, Gregório J. Pereira de. **Interpretação astrológica**. São Paulo: Grupo Gaia Brasilis, 2005.

RUDHYAR, Dane. **Tríptico Astrológico**. São Paulo: Pensamento, 1987.

RUDHYAR, Dane. **Zodíaco, el latido de la vida**. Barcelona: Obelisco, 1988.

SMITH, Wolfgang. **O enigma quântico**. Campinas: Vide Editorial, 2011.

TARNAS, Richard. **Cosmos and Psyche**. Nova Iorque: Plume Book, 2007.

ZUCKERKANDL, Victor. **Sound and Symbol**: Music and the External World. Princeton: Princeton, 1973.

ZUCKERKANDL, Victor. **Man the Musician**. Princeton: Princeton, 1976.